城市·空间·行为·规划丛书

柴彦威主编

“十二五”国家科技支撑项目(2012BAJ05B00)
国家自然科学基金项目(41228001)

时空间行为研究前沿

The Frontier of Space-Time Behavior Research

柴彦威　主编

东南大学出版社
SOUTHEAST UNIVERSITY PRESS
南京·2014

内容提要

本书是国内第一本反映国内外时空间行为研究领域的前沿著作。全书共由三篇构成，上篇为“理论前沿”，展现了时空间行为研究的理论概念、范式与方法论演进等内容；中篇为“方法前沿”，包括时空间行为研究的分析方法与模型方法及其在大数据时代背景下的最新尝试；下篇为“应用前沿”，集中展示了近年来新的信息技术手段在时空间行为研究与移动性规划等方面的最新应用，展示了其解决城市现代病的有效应用。

本书可供城市地理、城市规划、城市管理、城市居民行为等方向的研究人员阅读，也可供相关专业的师生学习参考。

图书在版编目(CIP)数据

时空间行为研究前沿/柴彦威主编. —南京：东南大学出版社，2014.11

(城市·空间·行为·规划丛书)

ISBN 978-7-5641-5318-2

Ⅰ.①时… Ⅱ.①柴… Ⅲ.①城市学—研究—中国 Ⅳ.①C912.81

中国版本图书馆 CIP 数据核字(2014)第 263416 号

书　　名：时空间行为研究前沿
主　　编：柴彦威
责任编辑：孙惠玉　徐步政　　编辑邮箱：894456253@qq.com
文字编辑：李　倩

出版发行：东南大学出版社
社　　址：南京市四牌楼 2 号　　邮　　编：210096
网　　址：http://www.seupress.com
出 版 人：江建中

印　　刷：江苏兴化印刷有限责任公司
排　　版：江苏凤凰制版有限公司
开　　本：700 mm×1000 mm　1/16　印张：21.75　字数：419 千
版　　次：2014 年 11 月第 1 版　2014 年 11 月第 1 次印刷
书　　号：ISBN 978-7-5641-5318-2
定　　价：59.00 元

经　　销：全国各地新华书店
发行热线：025-83790519　83791830

编写委员会

总序

进入 21 世纪，地理流动性越来越成为塑造人-地关系的核心要素，物流、能量流、人流、资金流和信息流形成的流动性网络正在改变着我们生活的世界。当信息化、全球化、机动化逐渐成为城镇化与城市发展的重要推力时，“变化的星球与变化的城市”就越来越成为科学界的共识与焦点。地理学长期关注不断变化的地球表层以及人类与环境之间的相互关系，因此，地理学日益成为当今科学和社会的核心内容，一个地理学家的时代正在到来。

经过 20 世纪的几个重要转向，人文化和社会化已然成为当今地理学科发展的重要特征之一，人文地理学的研究重点正在从人-地关系研究转向人-社会关系研究。解释人文地理现象的视角从自然因素、经济因素等转向社会因素、文化因素、个人因素等，研究的总趋势是从宏观描述性研究走向微观解释性研究以及模拟与评估研究。与此同时，地理学研究的哲学基础从经验主义和实证主义转向行为主义、结构主义、人本主义及后现代主义等。可见，在以人为本及后现代思潮的大背景下，人与社会的实际问题越来越受到关注。

在学科发展整体转向的大背景下，城市空间研究也经历了深刻的转型。基于时空间行为的个体研究正在成为理解城镇化与城市发展、城市空间社会现象的关键所在。分析挖掘时空间行为本身的规律与特点及其对城市环境和决策制定的影响已成为当下城市空间研究的重要视角和热点问题。有关时空间行为决策与时空资源配置、日常活动空间、城市移动性、生活方式与生活质量、环境暴露与健康、社会交往与社会网络、社会空间分异、移动信息行为等新的城市研究思路，正指向一个更加人本化、社会化、微观化以及时空整合的城市研究范式。可以说，基于个体时空间行为的城市空间研究范式蔚然初现，并向地理信息科学、城市交通规划、城市社会学、健康与福利地理学、女性主义等领域跨界延伸，在交叉融合中不断拓展学科的研究边界与张力，在兼收并蓄中不断充实城市空间与规划研究的学科基础与理论建构。

以时间地理学和行为地理学等为核心的时空间行为研究，注重现实物质性的本体论认识，突出对“区域与城市中的人”的理解，强调制约与决策的互动影响，通过时空间框架下的人类空间行为研究，深化了“人、时间与空间”的认识，建构了以地理学为基础的城市研究与规划应用的时空哲学和方法论。随着时空间行为数据采集、计算挖掘、三维可视化与时空模拟等理论与技术的不断革新，时空间行为研究在研究数据与方法、理论与应用等多个方面展现出新的转向与可能性。

改革开放以来，中国城市经历了社会、经济、空间等的深刻变革。伴随着全球化和信息化的影响，中国城市空间正处在不断重构的过程。城市空间的拓展与重组、郊区的形成与重构、社会空间的显现与极化、行为空间的扩展与隔离、信息空间的形成与异化等成为近几十年来中国城市空间研究的热点。单位制度解体与快速城镇化等促进了城市生活方式的多样化和个性化，移动性大大增强并呈现多元化和复杂化的趋势，交通拥堵、长距离通勤、生活空间隔离、高碳排放、空气污染、公共设施分配不平衡等城市病已经成为政府部门和学术界亟须解决的重大问题，也成为影响城市居民生活质量的关键因素。因此，如何科学地把握居民各种空间行为的特征与趋势，引导居民进行合理、健康、可持续的日常行为，建立重视居民个人生活质量的现代城市生活方式，已经成为中国城市研究与规划实践的当务之急。

中国正在打造经济社会发展的升级版，转变社会经济发展方式、推动人的城镇化与城市社会的建设、加大公共服务和民生保障力度、遏制环境污染等已成为发展的重点所在。城市发展逐步从大尺度的宏观叙事转向小尺度的空间调整，从扩张性的增量规划转为政策性的存量规划，对城市规划的公共性、政策性与社会性提出了新的发展要求。面对转变城镇建设方式、促进社会和谐公正、提高居民生活质量和保护生态环境等目标，城市研究与规划工作者应在考虑土地利用、设施布局、交通规划等物质性要素的基础上，更加重视居民时空间行为的数据采集与挖掘，探索城市居民时空间行为规律与决策机制，提供实时性、定制化、个性化的信息服务与决策支持，加强城市规划方案与居民行为响应的模拟评估。通过基于人的、动态的、精细化的时间政策与空间政策的调整，减缓居民时空间行为的制约，提高时空可达性，促进社会公正。通过城市时空间组织与规划、生活方式与生活质量规划、个人行为规划与家庭移动性规划等重新建构城市的日常生活，从而回归到以人为本的核心价值表述。

2005年以来，由城市地理学、城市交通学、城市社会学等学科为主的学者组成了一个跨学科的“空间行为与规划”研究会，聚焦于人的行为的正面研究，企图建构基于行为的中国城市研究与规划范式。该研究会每年举行一次研讨会，聚集了一批同领域敢于创新的年轻学者，陆续发表了一些领先性的学术成果，成为行为论方法研讨的重要学术平台。

本丛书是时空间行为研究及其城市规划与管理应用的又一重要支撑平台，力求反映国内外时空间行为研究与规划应用的前沿成果，通过系列出版形成该领域的强有力支撑。在时空间行为研究的新框架下，将城市、空间、行为与规划等完美衔接与统合，城市是研究领域，空间是核心视角，行为是分析方法，规划是应用出口。

本丛书将是中国城市时空间行为研究与规划的集大成，由时空间行为的理论与方法、城市行为空间研究和城市行为空间规划等三大核心部分组成，集中体现中国城市时空间研究与规划应用的最新进展和发展水平，为以人为本的城市规划与行为规划提供科学支撑。其理论目标在于创建中国城市研究的行为学派，其实践目标在于创立中国城市的行为规划。

柴彦威

2013 年秋于北京大学燕园

前言

本书是在北京大学召开的“时空间行为与智慧出行国际研讨会”的论文集，也是“十二五”国家科技支撑项目之课题“城市时空行为分析关键技术与智慧出行应用示范”(资助号:2012BAJ05B04)的阶段性成果。

随着国内外时空间行为研究中数据采集与分析手段等的不断革新，时空间行为研究日益呈现出研究数据的多源化、研究方法的科学化、研究对象的个体化、研究主题的应用化等新趋势。借着与现代信息技术及新型研究手段的密切结合，时空间行为研究在城市规划与管理中的应用基础已经初步形成，在个人出行规划、智慧出行服务、智慧交通规划等方面显示出巨大的应用潜力。同时，时空间行为研究也使城市规划从单纯的空间规划走向时空间规划，使城市社会管理更加智慧化与人性化，使面向城市居民的服务更加个性化，使居民的时空间行为更加高效、健康、智慧与环保。特别是在中国走向社会发展、面临社会转型的新时期，城市发展逐渐由经济发展导向转向社会发展导向，人们的生活质量、居民幸福感等社会建设成为焦点，城市交通出行需求管理的精细化、智慧化成为智能交通发展和智慧出行引导的重要措施。

在此背景下，“十二五”国家科技支撑计划项目“智慧城市管理公共信息平台关键技术与应用示范”被立项，其中，“城市时空间行为分析关键技术与智慧出行应用示范”成为重要课题，其目标就是以面向智慧城市管理的智慧出行服务平台开发与应用示范为突破口，引导城市居民的智慧出行，改善城市的交通状况，最终达到提高居民生活质量、优化城市空间结构的目的。

为了更好地借鉴与结合城市规划学、时间地理学、行为地理学、城市地理学、移动通信技术及地理信息系统等学科的国内外研究前沿成果，2012 年 12 月 8 日，北京大学联合北京交通发展研究中心与清华大学等单位，在北京大学守仁会议中心举办了“时空间行为与智慧出行国际研讨会”。来自加州大学伯克利分校、麻省理工学院、荷兰乌特勒支大学、爱沙尼亚塔图大学、香港浸会大学、北京大学、清华大学、中国科学院地理科学与资源研究所、南京大学、同济大学、中山大学、北京交通发展研究中心等高校与研究机构的七十余名城市研究与城市规划学者参加了会议，围绕“时空间行为研究的数据、方法与前沿及其在智慧城市规划、管理、建设中的应用”主题，分“时空行为与智慧出行”、“时空行为数据采集与分析的最新进展”、“时空行为与交通规划管理”、“时空行为与城市空间”四个专场及“时空行为研究在城市居民智慧出行服务中的应用”的圆桌会议等形式，开展了精彩纷呈的学术交流。“时空间行为与智慧出行国际研讨会”突出时空间行为研究的前沿问题及其在智慧城市规划管理中的应用探索，与会学者对新形势下时空间行为研究的数据采集、方法创新与社会理论及规划理念的实践结合等热点话题进行了深入而热烈的讨论。

我们将向与会学者征集的时空间行为研究的最新成果，经整理、编撰后，成为国内第一本反映国内外时空间行为研究领域的前沿著作。在收录会议论文的基础上，我们又向国内外时空间行为研究的知名学者和领军专家特别约稿，以求全面反映当前国际上时空间行为理论、方法与应用研究的全貌。全书共收录关于时空间行为理论、方法与实证研究的论文23篇，其中海外学者的论文9篇。本书共由3篇构成，上篇为“理论前沿”，从时空间行为研究的理论概念、范式与方法论演进等方面对国内外时空间行为研究的最新理论思考给予了集中展现；中篇为“方法前沿”，包括时空间行为研究的分析方法与模型方法以及在大数据时代背景下的最新尝试；下篇为“应用前沿”，集中展示了近年来新的信息技术手段在时空间行为研究中的应用以及在移动性规划等方面的最新应用探索，展示了其解决城市病的有效作用。

“理论前沿”部分包括7篇论文，其中前3篇是英文论文，由北京大学行为地理学研究小组的研究生翻译整理成中文。开篇是国际著名学者、美国伊利诺伊大学厄巴纳—香槟分校地理及地理信息科学系教授、《美国地理学家协会会刊》(AAAG)主编关美宝(Mei-Po Kwan)关于社会科学研究中地理背景的不确定性问题与地理信息系统(Geographic Information System，GIS)方法的论文，是对人类空间行为研究中基本科学问题的宏大思考以及应用地理信息系统方法的引领性探索，由杜洋与肖作鹏翻译。英国伦敦大学学院交通研究中心彼特·琼斯(Peter Jones)教授关于国际交通研究与政策议程中的范式演进的论文是在北京大学学术讲座基础上整理的英文文章，全面深入地解读与评述了从基于车的范式到基于出行的范式、基于活动的范式、基于态度的范式、基于动态的范式四次研究范式的扩展过程，由肖作鹏翻译整理。国际知名交通行为研究专家、荷兰埃因霍温理工大学教授哈利·蒂墨门斯(Harry Timmermans)与其研究助理索拉·拉索利(Soora Rasouli)关于交通出行需求模型及其规划应用进展的英文论文也是在北京大学学术讲座基础上整理的，对活动分析法的模型演进及其特点、实践应用与存在的问题等给出了深入系统的说明，由孙道胜翻译。

“理论前沿”部分其余的4篇中文论文由国内时空间行为研究领域的几位领军学者领衔完成。中山大学地理科学与规划学院教授周素红关于时空关联视角下城市空间结构研究的几个思考是其近年来的最新成果，对中国的时空间行为研究有很强的指导性；南京大学建筑与城市规划学院教授甄峰等的信息时代大数据应用与城市空间研究，是其近年来应用新的信息技术探索创新城市空间研究的最新反映；北京大学城市与环境学院教授柴彦威等面向智慧出行的中国城市时空间行为研究是对智慧城市规划与管理的有益探索；中国科学院地理科学与资源研究所研究员张文忠等对居住环境与居民空间行为的研究则把时空间行为研究引向居住环境研究与建设之中。

“方法前沿”部分包括8篇论文，主要是国内外学者在时空间行为研究方法上的探索。北京大学地球与空间科学学院教授刘瑜等对人类移动模式的多尺度分析方法很有新意；美国明尼苏达大学休伯特·汉弗莱公共事务学院副教授曹新宇(Jason Cao)深入分析了居住自选择在建成环境和交通行为关系中的作用;北京大学信息科学技术学院副教授马修军等指出了基于大数据的时空间行为研究方法的未来方向;北京市城市规划设计研究院高级工程师龙瀛陈述了大数据时代的城市模型研究及其机遇;荷兰乌特勒支大学地理科学学院副教授迪克·埃特玛(Dick Ettema)等人比较研究了不同交通方式下出行时间利用的异同,由毛子丹翻译;中山大学工学院智能交通研究中心讲师胡继华等介绍了公交时空可达性的计算与模拟方法;大连理工大学交通运输学院副教授刘锴等研究了通勤者路径熟悉程度对交通信息感知价值的影响;同济大学建筑与城市规划学院教授王德等实证探索了叙述性偏好法在城市居住环境质量评价中的应用。

"应用前沿"部分也包括8篇论文,其中前3篇是英文论文。荷兰乌特勒支大学地理科学学院教授马丁·戴斯特(Martin Dijst)等通过家的移动性研究来探索基于行动者关联理论的移动性规划,由赵莹翻译;美国麻省理工学院土木与环境工程学院教授本·阿齐瓦·默西(Moshe Ben-Akiva)的研究团队、以克里斯托弗·齐格拉斯(Christopher Zegras)副教授为核心的新加坡—麻省理工学院研究与技术联盟未来城市移动性实验室介绍了新加坡智能手机出行调查的经验以及在未来移动性规划方面的思考,由吴逸思翻译;爱沙尼亚塔图大学地理学院教授雷恩·阿哈斯(Rein Ahas)与比利时根特大学地理学院教授希瑞·西尔姆(Siiri Silm)等人介绍了爱沙尼亚基于手机定位数据的城市隔离研究,由桂晶晶翻译;澳大利亚格里菲斯大学城市研究项目研究员李铁北对出行成本空间分析与交通弱势群体问题进行了再研究;清华大学交通研究所教授陆化普等基于结构方程模型研究了居民交通需求与交通出行行为的关系;香港浸会大学地理系教授王冬根团队研究了北京市居民交通拥堵体验;北京大学建筑与景观设计学院副教授张天新团队研究了中国城市集中式职住分离的特征及其形成;中山大学地理科学与规划学院教授刘云刚团队从信息权利的视角评价了中国城市的竞争力。

虽然本书由我负责总体策划、约稿与审稿及最终统稿,但我的研究团队自始至终给予了大力支持与协助,北京大学人文地理学专业博士生塔娜同学不仅承担了"时空间行为与智慧出行国际研讨会"的筹办与组织等领导工作,而且参与了本书策划、组织编写与翻译、后期校对等全过程,北京大学人文地理学专业的博士生赵莹,硕士生肖作鹏、毛子丹、桂晶晶、陈梓烽、孙道胜、吴逸思、杜洋等承担了英文章节的翻译与校对工作,塔娜、张雪、马昕琳对全书进行了校对。在此一并表示诚挚的谢意。

最后,我要感谢各位作者的大力支持!感谢关美宝教授在论文版权取得方面给予的帮助!感谢北京大学行为地理学研究小组所有人员的积极参与!特别感谢东南大学出版社徐步政老师与孙惠玉编辑给予的厚爱与支持!

柴彦威

2014年春于北京大学燕园

目录

总序 1

前言 3

上篇　理论前沿

1　社会科学研究中不确定性地理背景问题的 GIS 方法 002

2　近 50 年来国际交通研究与政策议程中的范式演进 020

3　基于活动的交通出行需求模型及其规划应用进展 041

4　时空关联视角下城市空间结构研究的几个思考 056

5　信息时代的大数据应用与城市空间研究 069

6　面向智慧出行的中国城市时空间行为研究 081

7　居住环境与居民空间行为研究 097

中篇　方法前沿

8　人类移动模式的多尺度分析方法探索 110

9　居住自选择在建成环境和交通行为关系中的作用 122

10　基于大数据的时空间行为研究方法 134

11　大数据时代的城市模型研究及其机遇 142

12　出行中的时间利用:不同交通方式间的比较研究 153

13　公交时空可达性的计算与模拟方法 167

14　通勤者路径熟悉程度对交通信息感知价值的影响研究 185

15　叙述性偏好法及其在城市居住环境质量评价中的应用 197

下篇　应用前沿

16　家的移动性:基于行动者关联理论的移动性规划 216

17　未来移动性调查:新加坡智能手机出行调查经验 235

18　基于手机定位数据的隔离研究:以爱沙尼亚为例 251

19　出行成本空间分析与交通弱势群体问题的再研究 260

20 基于结构方程模型的居民交通需求与交通出行行为研究 275
21 北京市居民交通拥堵体验的研究 290
22 中国城市集中式职住分离的特征及其形成 310
23 信息权力与智慧城市 323

图表来源 334

上篇　理论前沿

1 社会科学研究中不确定性地理背景问题的 GIS 方法

1.1 引言

社会科学研究中的一个重要问题是考察空间特征如何影响人的行为与经历(例如,投票行为,种族或族群隔离,健康服务设施的利用)。当某个研究利用基于地域的变量来解释或预测个体行为或结果时,通常会使用基础普查区或街区数据,但同时会面临两个基本的研究方法问题。第一个问题比较容易理解,即可修正性地理单元问题(Modifiable Areal Unit Problem, MAUP),也就是空间变量作用效应的分析结果可能会因地理单元的划分方法(Zoning Scheme)或空间单元的尺度而异。这个问题已经受到社会科学研究者的广泛关注,学者们也为之做了很多研究(Fotheringham et al,1991;Cressie,1996;Holt et al,1996;Hipp,2007;Oliver et al,2007)。已有研究大多受奥彭肖观点的影响,认为可修正性问题的解决办法是在具体研究中准确界定和采用最适合的地理单元划分方法和地理空间的尺度(Openshaw,1996)。这些研究注重探讨的是:如何针对研究数据以及区域确定最为适用的地理单元划分、邻里规模和地理尺度(MacAllister et al,2001; Johnston et al, 2007; Weiss et al,2007;Flowerdew et al,2008;Mu et al,2008;Riva et al,2009;Root,2012)。

然而社会科学研究中另一基础性的方法

论问题受到的关注相对较少，即考察地理空间变量对个体行为的背景效应，具体是指，地理空间变量对个体行为作用效应的分析结果，可能受到地理背景单元或者邻里单元的划分方法及其与真实地理背景作用空间的偏离程度的影响。尽管很多有关可修正性地域单元和邻里空间对居民健康效应的文章对此也有关注(Manley et al,2006;Diez,2001)，但明确讨论该问题的本质及其在方法论层面的影响的文章还非常有限。

笔者曾于2012年专门撰文首次对此问题做了全面讨论，并将它称之为地理背景的不确定性问题(Uncertain Geographic Context Problem, UGCoP)。在那篇文章中，笔者认为地理背景的不确定性问题源于空间与时间两个方面的不确定性，空间的不确定性存在于对研究个体产生背景效应的真实空间环境中，时间不确定性存在于个体经历这些背景影响的发生及持续时间。拉姆(Lam,2012)详细讨论了环境健康研究中各种类型的不确定性。笔者认为地理背景的不确定性问题同可修正性地理单元问题一样，基本问题都是对于基于区域的空间变量的研究。然而，它们是不同种类的问题，地理背景的不确定性问题不是基于不同分区划分的使用，也不是基于区域变量的不同空间尺度而产生的。相反，它的产生正是由于在大多数(即使不是全部)社会科学研究中，对真实区域环境的时空格局的认识未达到最优。因而这些依据行政单元(例如人口普查范围)数据的社会研究，对于精确获取个体真实的地理背景或者准确估计空间变量的价值并没有先验理由。而笔者想强调的是：用于解决可修正性地理单元问题的方法，例如针对研究区域及人群找到最优的区域划分、社区规模、聚合方法以及研究区和人口的地理尺度等，无法自动解决地理背景的不确定性问题。地理背景的不确定性问题的产生是因为我们对每个个体所处真实地理背景的时空格局的认识有限，而非由于一个特定区域划分方式、区域聚合方法或者空间尺度的使用。因此，笔者提倡应对地理背景的不确定性问题的潜在混合效应以及未来研究中的解决方法给予充分关注。

本文通过引述关美宝以及其他学者最近的社会科学研究(特别是有关环境健康以及邻里效应的研究)，进一步详细阐述地理背景的不确定性问题的本质，并探索新兴的GIS技术和地理空间技术如何帮助解决相关问题。文章探讨减轻地理背景的不确定性问题影响的可能方式，着重讨论了利用全球定位系统(Global Positioning System, GPS)收集详尽的个人时空数据，建立个体活动空间结构，用定性的和基于网络的地理信息系统来获取人们活动位置以及日常体验的方法。本文也讨论了在未来研究中，解决地理背景的不确定性问题所面临的挑战，强调地理信息系统以及地理空间技术的使用是由于这一问题的本质所决定的，而这个本质正源于人类活动的真实地理背景时空格局的复杂性。最近的研究显示，这些技术可以更好地帮助研究者捕捉人们的复杂活动，以及环境影响下的时空动力，而后者正是许多不同类型研究中描述环境背景单元影响(例如,社区的物质环境如何影响人们的活动)的坚实理论基础(Gulliver et al,2005;Wiehe et al,2008;Duncan et al,2009)。之前的方法都不能像地理信息系统和其他地理空间技术那样达到这个程度,从提倡将先进的地理空间技术应用到实际应用中,解决地理背景的不确定性问题,这并不意味着技术方法优于概念或理论上的思考,因为后者更多考虑了特殊描述是真实地理背景良好近似的原因。

1.2 地理背景与地理背景的不确定性问题

社会科学研究中的一个重点问题是探讨地方、社区和地理背景对人们行为与经历的影响。有关这方面的文献很多,诸如麦卡利斯特与约翰斯顿等人(MacAllister et al,2001;Johnston et al,2007)有关投票行为的研究,希普与布朗宁等人(Hipp,2007;Browning et al,2010)在犯罪方面的研究,以及桑索内等人(Sampson et al,1997)在社会组织方面的讨论。还有很多文献是关于邻里效应的(Galster,2001;Dietz,2002;Sampson et al,2002;Kawachi et al,2003; Ham et al,2012),例如,约翰斯顿检测了英国不同尺度(个体、家庭、社区、选区以及区域)的环境对群众选举投票行为的影响。这项研究显示,当所有小尺度级别(个体、家庭、选区)的特征均被考虑在内后,区域变量就不重要了(Johnston et al,2007)。这说明,环境对群众投票行为的影响主要体现在相对小的空间尺度,而投票行为的区域特征仅仅是数据高度综合后的分析结果。

在关于社区和地理背景对人们行为和经历的影响的文献中,有很多人关注对健康的影响(Curtis et al,1998;Diez et al,2001;Kawachi et al,2003)。健康学者以及地理学者在过去 20 年的研究中阐明了许多关于地方、环境以及邻里效应对健康的影响的重要概念与方法论问题。超越健康行为与结果只与个体和他们家庭的特征相关的一般认识,研究者重新树立了地方或社区作为解释健康行为与结果的重要因素的中心地位。现在被广泛认可的观点是:个体特征不是解释与健康相关的地理变量的唯一因素,因为地方或者社区的特征也对健康产生着重要的影响。

之前对环境健康的研究曾定义了影响个体行为与结果的各种地方特征。这些特征可以被概括为两大类:(1) 物理或环境特征;(2) 社区的社会、文化以及制度特征(Macintyre,1997;Pickett et al,2001)。影响健康的物理特征包括促进健康环境(如人行道、小径、公园)的可获得性,保健服务设施的可达性以及零售商销售的健康食品价格的可支付性。这些主要是针对物质资源或者“机会结构”,具有社会或空间环境的结构特征,这些特征通常会“通过为人们提供健康生活的可能,直接或间接地促进或损害健康”。社区的社会与文化结构通过健康以及与健康相关的行为的共同态度、当地社会联系与凝聚力、集体效能、社区制度、犯罪以及社区劣势的结构维度(例如居住隔离、特殊群体的孤立等)对健康造成影响。这些特点被认为可能是“集体社会的功能和实践”(Macintyre et al,2002)。

在过去的研究中,这些物理与社会环境的因子对各种行为与现象的影响被概括为邻里或环境效应(Sampson et al,2002;Kawachi et al,2003)。然而,在这些研究中,邻里效应的相关结果却并不一致(Inagmi et al,2007;Wilks et al,2010),一个重要的原因是过去的研究中,相同的问题(例如肥胖或体育锻炼)常常使用不同的区域单元来研究。例如,在研究邻里特征的影响(例如土地混合使用和居住密度对体育锻炼或体重的影响)时,定义社区范围有以下几种类型:每个参与者房屋1 km 道路网缓冲区(Frank et al,2005);一个 1 km 或 3 km 的圆形区域 (Berke et al,2007);半径为 0.5 mile(英里)的圆形区域;参与者居住点至其他某地 10 分钟行走的路程;10 mile 半径或者参与者居住点至其他多个地方 20 分钟车程的区域(Brownson et al,2004)。但是,仍然不清楚这些区域单元中哪一个展示了真实地理背景的区域面积与空间构型。过去关于邻里效应(例如社区收入不均衡与种族结构)对于健康(例如肥胖)的影响的研究结果混杂不连续,可能部分就是由于界定的社区范围不同。

需要明确指出的是:研究者对精确的空间构型和对研究现象产生重要社会与物理环境影响的地理区域边界几乎没有先验知识。因为“真正因果相关的”地理背景在大多数研究中是未知的,而常见的做法是使用居住社区作为环境背景单元(Diez et al,2010)。这些单元通常是静态行政单元,如人口统计单元或邮区,或者个体家庭地址的周边地区,也可能是家庭人口普查区域的中心。

但是居住社区并不能准确地展现对研究个体行为或经历产生影响的真实区域(Cook, 2003;Cummins,2007;Matthews,2011;Chaix,2009; Kwan,2009)。例如,青少年危险行为(如物质浪费)不仅受居住区内社会经济匮乏的影响,还受到与朋友或者同龄人在各种非居住场合(例如在学校或其他休闲场所)的互动影响。这些背景的界线混合,因此很难描述清楚,即使可以描述,有些背景单元在地理空间内也不一定连续(例如一些背景单元可能包含几个相互离散的地区),因而不能使用简单的方法分析或呈现(Wiehe et al, 2008)。这些复杂的环境通常并不能等级性地进行组织,也没有嵌套结构,因此不能使用多层次模型来解决。进一步讲,社会环境(例如家庭、朋友、同龄人)与网络并未能显著地用地理术语进行定义,因此也不能描述为有精确界线的地理区域(Diez,2001)。在其他情况下,基于人们意识基础上定义的社区或许更加相关。然而,被不同个体所感知的社区可能与行政定义的社区或人们的活动空间并不一致,或者说,二者存在显著的偏差(Vallee et al, 2010)。

这些困难导致对研究现象产生背景影响的实际地域空间的不确定性。环境影响的动态性以及人类的移动，在另一方面也导致大量瞬时环境影响的不确定性(Chaix,2009;Kwan,2012; Gatrell,2011)。例如，一些空间影响(例如与交通相关的大气污染)可能随着空间和时间的改变而产生高度复杂的变化，这些空间影响可能在一段时间内产生急剧变化，当人们在一天中穿过不同污染程度的环境时，他们所暴露在其中的环境的影响也在变化(Gulliver et al,2005)。进一步而言，某些环境影响(例如来自汽车交通的污染)一天 24 小时都在变化，而其他一些环境影响则可能随着季节而变化。社区的物理与社会特点也会随着时间而变化(Entwisle,2007)(图 1－1)。人口组成以及当地的社会联系随着居民迁居与迁移而改变。当环境或社区影响有可观的时空变化时，仅仅使用一个时间点的数据通常是难以充分评价它们对人们的影响的(Setton et al,2010)。

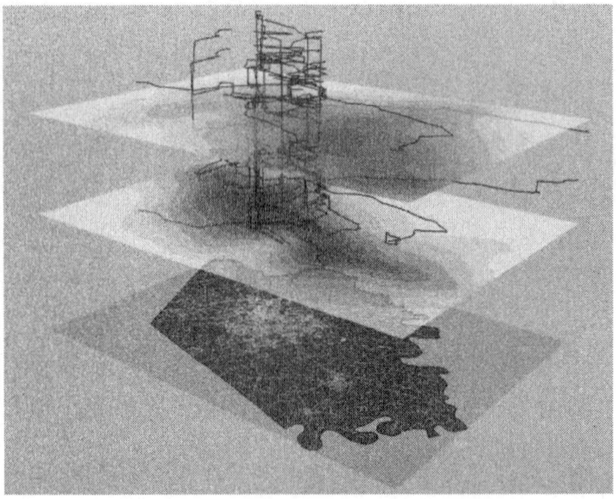

图 1－1 环境风险因子叠加图

进一步讲，过去的地理研究与活动—移动行为研究显示，人们通过四处移动完成他们的日常活动(Hanson et al,1981;Burnett et al,1982;Kwan, 2000)。人们通常在一天之中穿过多个邻里的界线，除了所居住的社区外，还受到其他不同社区的影响(Sampson et al,2002; Matthews, 2011)。这意味着，人们的活动(暴露在环境影响之中的)并不在一个时间点发生，也并非完全发生在传统定义的邻里中。他们所使用的不同物理资源以及他们与朋友、同龄人及其他社会关系的互动，存在于一天的不同时间以及居住邻里单元之外的不同地区之中(Kwan,2009)。因此，居民的住区只是人们消磨时间的场所之一，而并不能够完全涵盖人们暴露在相关环境影响中的区域。也就是说，除了通过空间中的移动来完成日常生活之外，人们也在时间中移动。他们可能在不同时间、同一个城市的不同社区居住(迁居)，或者迁移到其他地区。移动到其他邻里的结果是：人们所受到的周围环境的影响随着时间不断发生变化。

1.3 地理背景的不确定性问题近期研究成果

由于环境影响的时空不确定性影响了人们何地、何时以及经历影响的时间，因此强调地理背景的不确定性问题的出现是非常重要的。这个问题的基础源头大部分(即使不是全部)是由于真实地理背景时空构造的复杂性,对一个人真实地理背景的认识往往是未知的。研究者可以使用合理的概念模型与方法来逼近真实的环境,从而减轻地理背景的不确定性问题的影响,但是仍不能确定人们何时会确定地说,这个问题已经解决。

可修正性地理单元问题的主要分析任务是确定最优的区域划分、社区规模和地理尺度以及比较不同分区方式、不同区划规模对分析结果的影响。然而,解决地理背景的不确定性问题需要更精确地测定与估计"真正因果相关"的地理背景(Diez et al,2010)。如果固守区域数据(即使使用的是很小的枚举单位)的传统空间框架,或者借口针对特定社会问题的研究只有这些数据是可得到的,那么将很难完全理解这个问题的重要性。

地理背景的不确定性问题是一个重要的方法论问题,因为它意味着即使其他因素都相同,分析结果也会因为背景单元的差异而不同(Kwan,2012)。这也许是解释社会与物理环境对人行为与经历的影响的研究结果通常不一致的重要原因。近期研究提供的证据阐明了地理背景的不确定性问题的各个方面。考虑到人们在日常生活中四处移动以及居住区可能并不是各种环境影响中的重要部分,研究使用全球定位系统或者其他移动定位设备收集了人们离家活动和出行路线的详尽数据,为地理背景的不确定性问题提供了重要线索。例如,巴斯塔等(Basta et al,2010)观察发现半数 15—19 岁的被调查者有 92%的时间是在居住区之外度过的;同时,伊尔格图恩等(Elgethun et al,2003)发现,2—8 岁的儿童工作日大部分时间都在学校,而周末大部分时间则在餐厅或电影院等娱乐场所。

在一项关于少女危险行为的研究中,维厄等(Wiehe et al,2008)发现参与者花费 1/3 的时间在距离家超过 1 km 的地方,后来这一距离在许多研究中被用来定义邻里社区,这说明参与者在日常生活中花费很多时间在传统定义的地理背景或邻里社区之外。这项研究也表明除了一天中不同时间的变化,参与者活动地点也发生可观的逐日变化。这些研究揭示了人们的日常位置在一天不同时刻的差异以及日间差异,从而使人们更加担忧在研究健康与社会科学时使用传统静态环境背景单元这一做法可能导致的问题。

而其他研究也表明,环境背景单元的错误设定或者环境影响的不恰当都会导致时间特征混淆的实验结果。例如,关美宝等(Kwan et al,2009)发现三种不同描述的地理背景在大小和形状方面的重要性不同:两种活动空间[标准椭圆、核密度表面]的描述和一种家庭人口普查范围。这些研究观察到,在某一性别与族群中,基于家庭人口普查范围的邻里效应往往趋向于高估社会不良效应对他们的实际影响(因为人们到访的非居住区域可能会减轻他们在自己社区的不良经历)。

在一项对于参与者家庭或工作地点 1 km 内道路网络缓冲区物理特征与体育活动量的研究中,特罗佩等(Troped et al,2010)发现与人们在家或工作地周边的体育活动的物理特征不同，研究结果没有一个物理特征与参与者的全部活动有关。这项研究不仅说明人们的体育锻炼与他们所在的地方有关，同时也暗示只使用参与者家庭社区作为环境背景单元的研究，很难找到物理环境与身体质量指数之间的关系，因为身体质量指数是基于全部的体育活动，而非局限于家庭或工作空间周边的锻炼量。

其他的研究也为此提供了大量的直接证据，这些证据显示，环境变量与研究结果对研究单元的选区很敏感(Zenk et al,2011)。例如，关美宝观察到参与者家庭地址周围圆形缓冲区域的复合剥夺指数(作为一项环境变量)，与来自对参与者全球定位系统追踪得来的 0.5 mile 家庭道路网缓冲区的指数有很大不同。奥利弗等人发现使用家庭地址(依据他们家庭邮区的中心)周边不同的缓冲区作为环境背景单元对结果有很大影响：土地利用特征与线性的道路网缓冲区比与圆形缓冲区有更强的联系；圆形与多边形缓冲区低估了土地利用特征对步行的影响，因为它们包含更多与步行无关或难以达到的区域(例如工业用地)。这些研究指出，环境变量与研究结果都对环境背景单元的选择很敏感(Kwan et al,2011;Oliver et al,2007)。

1.4 过去研究的相关性与局限性

正如上一节所说，地理背景的不确定性问题的产生源于环境背景影响的时空不确定性，而这些背景也影响着人们何地、何时以及经历影响的时间。这个问题的基础源头大部分(即使不是全部)是由于真实地理背景时空构造的复杂性，导致对一个人真实地理背景的研究往往是未知的(Couclelis,2003;Shi,2010;Lam,2012)。减小地理背景的不确定性问题对环境变量和研究结果影响的第一步是建立一个明确环境与结果之间因果关系的概念模型，只有依据这样的概念模型才可以来构建环境背景单元。例如，在一项探索影响人们戒烟行为因素的研究中，索楞逊等(Sorensen et al,2004)提供了一个社会—情境模型，这一模型明确了影响人们吸烟行为的重要邻里或社区因子(例如社会剥夺与社会凝聚力)。

依据环境与结果之间因果关系的合理概念模型，研究者可以确定一个合适的方法，用来更好地靠近真实地理情境。用以组织或提供数据的空间框架以及分析层次(个体或基于区域的群体)对于分析是什么类型的不确定性导致地理背景的不确定性问题以及如何解决这个问题有着很好的启示。很重要的一点是：这篇文章中关于地理背景的不确定性问题的讨论主要基于地域情境变量(例如社区贫困与种族隔离)来解释或预测个体行为或结果(例如使用某种健康服务的个体决策)。在这样的研究中，情境变量与结果变量被放在不同的空间构架中，前者是基于区域的，而后者是对于个体而言的。

同时还有很多社会科学研究关注区域的情境变量与结果变量之间的关系（例如人口普查地区的癌症发病率或者犯罪率），这种调查很有必要，因为它帮助我们确定使用区域汇总数据（通常是能得到的唯一数据）研究在不同地区或者不同社会群体中，环境影响与某一社会现象或者健康现象的可能联系（例如低出生体重率）。一些研究探索环境背景单元的不同描述对于研究结果的影响，发展了解决可修正性地理单元问题、小数据问题的方法。大部分研究基于区域划分以及使用最优回归方案、邻里社区大小或者地理尺度来进行（Hipp，2007；Root，2012；Wang，2010）。例如，郭等人于 2008 年、2011 年为了使小区域的研究扩展到更大的均质区域，从而缓解数据缺乏问题（因为小列举单元人口数量少，从而会在统计估计时产生不稳定的现象），提出并完善了一种方法（被称作最近群体区划方法）（Guo，2008；Guo et al，2011）。木等人（Mu et al，2008）提出了一种修正空间尺度聚合的方法，这种方法能够将小地区单元合并为一个大的单元，从而弱化尺度效应以及回归估计时的空间自相关。王等人（Wang，2010）提出的方法是一种构建更大区域的自动化方法，这通常代表了空间上或者社会经济上比人口普查区域或者邮政代码区域更加相似的地域单元。这样的方法常用来克服小数据问题，并曾应用于分析 2000 年伊利诺伊州晚期乳癌风险。

这些研究在很大程度上有助于包括在基于区域结果变量的研究中确定更优的回归方程或者空间尺度等问题的方法的发展，因此可以减少可修正性地理单元问题的影响。虽然这些研究的分析集中于群体行为、决策或者结果（基于区域的数据），但是对于在给定群体中每个个体的真实地理背景时空不确定的前提下，基于群体的地理情境如何被概念化仍不明晰。生活在相同地域单元（例如人口普查分区或者街区）的个体，可能受到除了自己居住社区外的不同地域单元环境的影响（因为他们会在日常生活中到访很多不同地方），因此，并不清楚一个因果相关的地理背景如何被一个基于区域的群体（例如对于所有住在同一个人口普查区域的个体）有意义地概念化或者描述。由此看来，也并不清楚试图减少可修正性地理单元的影响如何与解决地理背景的不确定性问题相关，虽然它们通过地理尺度与带状聚合的混合效应有助于降低统计偏差。

与解决地理背景的不确定性问题更相关的研究是通过使用多层模型或者通过小面积数据描述特定个体的邻里或者情境单元，解决一些特定方面的问题（MacAllister et al，2001；Johnston et al，2007）。由于对个体行为或者结果的环境影响通常作用在复合层次或复合尺度上，因此如果这些层次是分等级的或者嵌套组织的（例如，区域、县、人口普查范围），多层模型通常会帮助研究者在不同尺度上把握这些影响。例如，莫布利（Mobley et al，2008）等于 2008 年测验了不同层次（地理尺度）的环境变量如何影响女性乳房 X 线照相术的选择。这项研究基于四个层次的环境背景单元（县、医疗服务研究区、初级保健服务领域、邮区)的精细数据构建环境变量,研究发现了在地方尺度上(例如居住隔离)运行的显著环境影响,并推断出,仅仅使用县级层次的因素会忽略很多地方尺度上的重要关系。麦卡利斯特等(MacAllister et al,2001)使用小区域人口普查数据建立了一个针对个体的邻里社区,在 1997 年英国选举调查(BES)中,用来近似每一个参与者的真实地理背景。基于每个参与者的邮政编码与枚举区,使用枚举区域作为建筑模块,为每个参与者定制包含 500 个、1 000 个、2 500 个、5 000 个以及 10 000 个被建立自定义算法邻居的邻里社区。结果笔者认为,这为小空间尺度上传统邻里效应的研究提供了有力的证据。

这些努力都与解决地理背景的不确定性问题有关,但是他们在未来发展地理背景的新概念以及更好的描述方法方面仍有局限性。第一,这些研究使用的数据是基于行政区域的。不管这些枚举单元有多小,这些单元如何联结在一起形成更好的环境背景单元,每个人真实地理背景为何以及如何依据一个社区单元适当大小的先验假设来近似等问题仍不可知。由于人们有着不同的空间移动性,他们的活动—移动模式以及社会交往会以一种复杂的方式在时空中展开,因此他们真实地理情境的空间大小与形状会有很大不同(Kwan et al,2008; Shoval et al,2011)。第二,当个体结果很大程度上受到人们交通路径或者时空移动的影响时(例如暴露在与交通相关的污染中),以及当诸如持续时间或者累积效应等与时间相关的影响变得更加重要时(例如暴露在致癌物质之中),如果不知道他们会去哪里、在那里呆多长时间以及在相关时间内他们的路线,那么建立对人们真实地理背景的近似就会变得很困难。第三,复杂层次模型只有在环境影响是以等级或者嵌套来组织的情况下,才会发挥作用。但是研究也表明,一个人的邻里社区可能会由多个离散的区域组成,因而不能够等级组织(Wiehe et al,2008)。最后一点,当生活在同一家庭的个体受到不同区域的地理情境影响时,他们会有各自特定的环境区域,而在这些研究中所使用的方法却不允许生活在同一家庭的参与者有不同的环境影响单元。

1.5 使用地理信息系统来解决地理背景的不确定性问题

为了克服上述局限并更有效地解决地理背景的不确定性问题,不仅需要将复杂的个体情境时空配置考虑在内的地理背景新概念,还需要描述这些环境背景单元的新的分析方法。基于时间地理学的研究成果,关美宝等(Kwan et al,2008; Kwan,2012)提出了一个基于个体的动态地理背景概念,依据人们去了哪里、在那里花费多长时间以及他们的交通路径来描述地理背景单元。希普等(Hipp et al,2012)也采用了一种基于个体的方法,使用“自我”(Egohood)的概念作为描述个体环境背景单元的基础。“自我”的观点描述了这样一个客观事实:个体是通过将自己作为社区或社会网络的中心来认识自我的。地理背景或邻里的新概念对于未来的研究很有帮助，它检验了基于区域的变量对个体行为或结果的影响。而实施这些新的概念，需要发展和使用新的方法，例如，李等人(Lee et al,2008)发展了一种描述以自我为中心的地方环境的方法，而这些环境单元与行政单元无关。两个适合使用地理信息系统或者其他地理空间技术来解决地理背景的不确定性问题的领域如下：(1) 地理信息系统和全球定位系统以及其他位置感知移动设备；(2) 定性地理信息系统以及混合方法。

1.5.1 地理信息系统、全球定位系统以及其他位置感知移动设备

地理信息系统与全球定位系统技术对解决地理背景的不确定性问题有很大帮助，因为它们可以帮助研究者更好地掌握人们真实地理背景的复杂时空结构，这大部分是通过收集和分析人们的活动数据与环境影响的时空动态数据而得出的。例如，使用地理信息系统描述人们的活动空间看起来很有可能解决地理背景的不确定性问题(Rainham et al,2010)。人的活动空间是由日常活动和出行组成的区域(Arcury et al,2005)，这一空间可以被用来捕获人们在哪里以及花费了多少时间的信息。例如，谢尔曼等(Sherman et al,2005)应用标准差椭圆与三种地理信息系统方法对基于道路网的活动空间进行描述：道路网缓冲区、30 分钟标准出行时间多边形和相对出行时间多边形。在一项使用洛杉矶社区家庭调查数据集的研究中，关美宝(Kwan,2009)将地理信息系统应用到了除家庭人口普查区外的两种活动空间(标准差椭圆与核密度表面)的描述方法上，检验了社区社会经济损失对社区人口体重的影响。这些研究中描述的活动空间是实际的活动空间，它们是根据人们的实际活动位置数据和地理信息系统程序(如标准差椭圆)而构建的。然而，当有关人们时空制约的信息可知时(例如通过活动—移动日志调查进行收集)，这些数据可以使用地理计算算法建立潜在活动空间(Kwan, 1999)。有关这一活动空间的认识，也就是时间地理学所说的日常潜在活动路径地区，在社会科学研究中应用相对较少，因为与实际的活动空间相比，它对数据和地理计算有更高的要求。

虽然活动调查(例如洛杉矶社区家庭调查)提供了人们描述活动空间的有效数据，但人们活动的时间安排以及活动地点之间的路径信息是很有限的。很难使用这些数据来精确地估算人们在每个地点花费的时间，因此其结果是：使用人们活动空间来计算在环境中的暴露量往往是不准确的。为了克服这一限制，可以使用全球定位系统或者其他移动定位设备来详尽地获得个体活动的时空数据，如使用移动手机等来获得(Rainham et al,2008；Wiehe et al,2008；Shoval et al, 2011)。例如，岑克等(Zenk et al,2011)使用全球定位系统追踪参与者以七天为一个研究周期的移动，全球定位系统记录了参与者每 30 秒的时空坐标。这些数据可以被

用来建立两种关于参与者活动空间的描述：一种可以用标准差椭圆来建立，另一种是潜在的日常路径区域。

利用全球定位系统数据的时空高分辨率，研究者可以展示三维(3D)地理可视化的时空路径，并使用各种活动空间的理念来建立更加相关的地理背景(Kwan，2004)。例如，根据时间地理学的研究框架，雷纳姆等(Rainhaim et al，2008；Yuill，1971；Wong et al，2005)收集并使用全球定位系统数据通过建立标准差椭圆来描述参与者的活动空间，这种方法把握住了一系列点的地理分布或者定向趋势。在一项关于俄亥俄州阿巴拉契亚地区无烟烟草使用情况的研究中，关美宝等(Kwan et al，2011)探索了如何使用全球定位系统数据建立更加相关的环境背景单元，使用从参与者中收集来的全球定位系统数据，地理背景的不同描述(例如，潜在路径区域与时间加权的活动区域)被用来产生环境变量的派生价值(例如，烟草广告和社会经济剥夺)，这些描述也包含了使用参与者全球定位系统追踪数据计算的不同宽度的道路网缓冲区。

另一个使用地理信息系统来解决地理背景的不确定性问题的领域是精确评价人们暴露在环境中的影响。这些评价的重要任务包括测定环境影响(例如空气污染)的时空变化并根据人们的时空移动确定环境影响发生的时间。虽然这些任务高度复杂，但地理信息系统可以帮助获取环境影响的时空动态与详尽的个体时空轨迹，并将所有的数据整合在一个合适的分析框架中。格利佛等(Gulliver et al，2005)收集了被调查者 24 小时的活动日志数据，建立了时空暴露模型(Space-Time Exposure Modeling，STEM)，用来评价出行中在与交通相关的污染中的暴露。这一模型实际上结合了地理信息系统中四种不同的小模型，其中每种模型都用来解决暴露评估中的某个特定问题(例如分析空气污染扩散的模型)。

1.5.2 定性地理信息系统以及基于网络的地理信息系统

使用地理信息系统来获取人们在不同环境中的社会交往和经历可能有助于解决地理背景的不确定性问题。一个有前景的领域便是定性地理信息系统与混合方法，用以融合定性与定量的信息。马修斯等人发展了一种名为“地理民族志”的定性地理信息系统方法，用来记录与获取不同地理人种在日常活动和到访地点的复杂性。在这项研究中，他们使用地理信息系统整合家庭与社区民族志，使得研究者可以通过可视化的方法更好地理解参与者生活的复杂性(Matthews et al，2005)。

笔者和笔者的合作者正在进行的一个项目是通过混合研究方法获取并分析美国与墨西哥边境女性性工作者的时空轨迹和恐惧，使用动态环境背景以及暴露测量，来研究她们的健康危险，这个项目使用地理叙事方法来阐明参与者复杂的社会地理背景(Kwan et al，2008)。在叙事分析的一般原则基础上，地理叙事方法对于发现与存储普通人的经历和研究弱势群体隐藏的历史、生活或者回忆是非常有效的。这个项目试图通过使用地理信息系统进行定性的数据分析来寻找整合时空维度和参与者情感的方法。其他的定性地理信息系统，例如扎根可视化(Grounded Visualization)，也有助于发现人们的社会环境背景如何影响他们的行为与经历(Knigge et al,2006)。

研究者也探索了使用基于网络的地图工具和地理信息系统来描述相关的环境背景区域或者社区的方法。谢等人(Chaix et al,2012)曾经研发了一种基于网络的工具，称为维利塔斯(VERITAS)，它整合了各种谷歌地图(Google Map)中的交互地图功能。这个工具可以用来记录参与者对其目的地的到访频率，以及他们对于居住社区和其他活动场所(例如工作地、交通方式、娱乐活动)的联系程度。而且，它为地理学者提供了活动地点的地理编码与可视化、认知社区描述等功能。这个方法尤其有助于获取在非居住区的活动地点信息，进而帮助识别真实的地理背景。

1.6 结论

本文认为地理背景的不确定性问题是一个重要的方法论问题，因为它的提出意味着即使其他条件都一样，分析结果也会随着不同描述的环境背景单元而不同。通过引述相关文献，本文进一步详尽描述了地理背景的不确定性问题的本质，并探索了地理信息系统与地理空间技术如何帮助研究者解决这个问题。本文同时也认为，通过考虑环境背景影响的真实时空结构，地理背景的新概念让我们能够更加准确地为每个个体评价这些影响(或者是邻里效应)。因为不同的人何时在哪里花费时间是有差别的，这些新的看法应当通过个体化的方法来实行，使得在同一个社区或地区，环境背景单元或者暴露级别对于每个人都是不同的。正如在本文中讨论的，使用基于全球定位系统与地理信息系统的数据收集与分析对于减小地理背景的不确定性问题的影响来说是十分重要的。

但是在未来的研究中也面临很多挑战。其一，地理信息系统中复杂的时空数据收集与整合技术是具有挑战性的。大量数据需要大时空数据库的分析，这也是吸引了诸多学者关注的一个领域(Wang,2010)。其二，解决地理背景的不确定性问题需要成熟的测量环境暴露量、刻画参与者移动以及环境影响的动态分析方法(例如，地理计算或者地理可视化方法)。这三个领域的发展对于恰当地描述环境背景单元或者社区是至关重要的。其三，详尽的地理时空数据必然面临着相当大的暴露参与者个人信息的危险，因此在未来使用地理信息系统以及其他地理空间技术来解决地理背景的不确定性问题时，保护个人隐私和保证数据机密成为一项重要的挑战。

(Publication of this chapter was supported by NSFC grant 41228001. The original article was published in [Annals of GIS, 2012, 18(4): 245—255]. The editors thank the publisher for permitting to reprint it in this book)

注释

① 身体质量指数(Body Mass Index, BMI)是一种基于测量人体身高与体重的指标。对大多数人来说,它是衡量人体肥胖的一个重要指数,因此常常被用来将人群划分为不同的重量级别,并筛查健康问题。

② 复合剥削指数是一种获取复杂维度的社会剥削的指标,即生活在特殊社区的个体所体验的社会不公正待遇。复合剥削指数通常作为多个个体剥削分值的标准加权和,这些分值衡量了诸如住房条件、雇佣状况、社会经济状况以及社会服务状况等的水平。

参考文献

Arcury T A, et al. 2005. The effects of geography and spatial behavior on health care utilization among the residents of rural region[J]. Health Services Research, 40(1): 135 - 155.

Basta L A, Richmond T S, Wiebe D J. 2010. Neighborhoods, daily activities, and measuring health risks experienced in urban environments[J]. Social Science & Medicine, 71(11): 1943 - 1950.

Berke E M, et al. 2007. Association of the built environment with physical activity and obesity in older persons[J]. American Journal of Public Health, 97(3): 486 - 492.

Browning C R, et al. 2010. Commercial density, residential concentration, and crime: land use patterns and violence in neighborhood context[J]. Journal of Research in Crime and Delinquency, 47: 329 - 357.

Brownson R C, et al. 2004. Measuring the environment for friendliness toward physical activity: a comparison of the reliability of 3 questionnaires[J]. American Journal of Public Health, 94(3): 473 - 483.

Burnett P, Hanson S. 1982. The analysis of travel as an example of complex human behavior in spatially-constrained situations: definition and measurement issues[J]. Transportation Research A, 16(2): 87 - 102.

Chaix B. 2009. Geographic life environments and coronary heart disease: a literature review. Theoretical contributions, methodological updates, and a research agenda[J]. Annual Review of Public Health, 30: 81 - 105.

Chaix B, et al. 2012. An interactive mapping tool to assess individual mobility patterns in neighborhood studies[J]. American Journal of Preventive Medicine, 43(4): 440 - 450.

Cook T D. 2003. The case for studying multiple contexts simultaneously[J]. Addiction, 98(1): 151 - 155.

Couclelis H. 2003. The certainty of uncertainty: GIS and the limits of geographic knowledge [J]. Transactions in GIS, 7(2): 165 - 175.

Cressie N. 1996. Change of support and the modifiable areal unit problem[J]. Geographical Systems, 3: 159 - 180.

Cummins S. 2007. Investigating neighborhood effects on health-avoiding the local trap[J]. International Journal of Epidemiology, 36: 355 - 357.

Curtis S, Jones I R. 1998. Is there a place for geography in the analysis of health inequality[J]. Sociology of Health &Illness, 20(5): 645 - 672.

Dietz R D. 2002. The estimation of neighborhood effects in the social sciences: an interdisciplinary approach[J]. Social Science Research, 31 (4): 539 - 575.

Diez A V. 1998. Bringing context back into epidemiology: variables and fallacies in multilevel analysis[J]. American Journal of Public Health, 88(2): 216 - 222.

Diez A V. 2001. Investigating neighborhood and area effects on health[J]. American Journal of Public Health, 91(11): 1783 - 1789.

Diez A V, Mair C. 2010. Neighborhood and health[J]. Annals of the New York Academy of Sciences, 1186: 125 - 145.

Duncan M J, Badland H M, Mummery W K. 2009. Applying GPS to enhance understanding of transport-related physical activity [J]. Journal of Science and Medicine in Sport, 12 (5): 549 - 556.

Elgethun K, et al. 2003. Time-location analysis for exposure assessment studies of children using a novel global positioning system instrument[J]. Environmental Health Perspectives, 111(1): 115 - 122.

Entwisle B. 2007. Putting people into place[J]. Demography,44(4): 687 - 703.

Flowerdew R, Manley D J, Sabel C E. 2008. Neighbourhood effects on health: does it matter whereyou draw the boundaries[J]. Social Science & Medicine, 66:1241 - 1555.

Fotheringham A S, Wong D W. 1991. The modifiable areal unit problem in multivariate statistical analysis[J]. Environment and Planning A, 23(7): 1025 - 1044.

Frank L D, et al. 2005. Linking objectively measured physical activity with objectively measured urban form-findings from SMARTRAQ[J]. American Journal of Preventive Medicine, 28: 117 - 125.

Galster G. 2001. On the nature of neighbourhood[J]. Urban Studies, 38(12): 2111 - 2124.

Gatrell A C. 2011. Mobilities and Health[M]. Aldershot: Ashgate.

Gulliver J, Briggs D J. Time-space modeling of journey-time exposure to traffic-related air pollution using GIS[J]. Environmental Research, 97: 10 - 25.

Ham V M, et al. 2012. Neighbourhood Effects Research: New Perspectives[M]. Dordrecht: Springer.

Hanson S, Hanson P. 1981. The travel-activity patterns of urban residents: dimensions and relationships to sociodemographic characteristics[J]. Economic Geography, 57: 332 - 347.

Hipp J. 2007. Block, tract, and levels of aggregation: neighborhood structure and crime and disorder as a case in point[J]. American Sociological Review, 72: 659 - 680.

Hipp J, Boessen A. 2012. Living in your own private Idaho: egohoods as a new measure of

neighborhood[EB/OL]. [2012 - 01 - 26]. http://www.irle.berkeley.edu.
Holt D, et al. 1996. Aggregation and ecological effects in geographically based data[J]. Geographical Analysis, 28:244 - 261.
Inagmi S, Cohen D A, Finch B K. 2007. Non-residential neighborhood exposures suppress neighborhood effects on self-rated health[J]. Social Science & Medicine, 65: 1779 - 1791.
Johnston R J, et al. 2005. Spatial scale and the neighborhood effect: multinomial models of voting at two recent British general elections[J]. British Journal of Political Science, 35(4): 487 - 514.
Johnston R J, et al. 2007. Region, local context, and voting at the 1997 general election in England[J]. American Journal of Political Science, 51(3): 640 - 654.
Kawachi I, Berkman L F. 2003. Neighborhoods and Health[M]. Oxford: Oxford University Press.
Knigge L, Cope M. 2006. Grounded visualization: integrating the analysis of qualitative data through grounded theory and visualization[J]. Environment and Planning A, 38(11): 2021 - 2037.
Kwan M-P. 1999. Gender and individual access to urban opportunities: a study using space-time measures[J]. The Professional Geographer, 51(2): 210 - 227.
Kwan M-P. 2000. Interactive geovisualization of activity-travel patterns using three-dimensional geographical information systems: a methodological exploration with a large data set[J]. Transportation Research C, 8: 185 - 203.
Kwan M-P. 2004. GIS methods in time-geographic research: geocomputation and geovisualization of human activity patterns[J]. Geografiska Annaler B, 86(4): 267 - 280.
Kwan M-P. 2009. From place-based to people-based exposure measures[J]. Social Science & Medicine, 69(9): 1311 - 1313.
Kwan M-P. 2012. The uncertain geographic context problem[J]. Annals of the Association of American Geographers, 102(5):958 - 968.
Kwan M-P, Ding G. 2008. Geo-narrative: extending geographic information systems for narrative analysis in qualitative and mixed-method research[J]. The Professional Geographer, 60(4): 443 - 465.
Kwan M-P, et al. 2008. Reconceptualizing sociogeographic context for the study of drug use, abuse, and addiction[M]// Thomas Y, Richardson D, Cheung I. Geography and Drug Addiction. New York: Springer:437 - 446.
Kwan M-P, et al. 2009. Activity-Space Measures for Studying Spatial Crime and Social Isolation [R]. Las Vegas, NV: Paper presented at the annual meeting of the Association of American Geographers(AAG).
Kwan M-P, et al. 2011. Sociogeographic Context, Pro-Tobacco Advertising, and Smokeless Tobacco Usage in the Appalachian Region of Ohio (USA)[R]. Durham, UK: Paper Presented at the 2011 International Medical Geography Symposium.
Lam N S. 2012. Geospatial methods for reducing uncertainties in environmental health risk as-

sessment: challenges and opportunities[J]. Annals of the Association of American Geographers, 102(5): 942 - 950.

Lee B A, et al. 2008. Beyond the census tract: patterns and determinants of racial segregation at multiple geographic scales[J]. American Sociological Review, 73: 766 - 791, 960.

MacAllister I, et al. 2001. Class dealignment and the neighborhood effect: miller revisited[J]. British Journal of Political Science, 31(1): 41 - 49.

Macintyre S. 1997. What are spatial effects and how can we measure them[M]// Dale A. Exploring National Survey Data: the Role of Locality and Spatial Effects. Manchester: University of Manchester:1 - 17.

Macintyre S, Ellaway, A, Cummins S. 2002. Place effects on health: how can we conceptualise, operationalise and measure them[J]. Social Science & Medicine, 55: 125 - 139.

Manley D, Flowerdew R, Steel D. 2006. Scales, levels and processes: studying spatial patterns of British census variables[J]. Computers, Environments and Urban Systems, 30(2): 143 - 160.

Matthews S A. 2008. The salience of neighborhood: some lessons from sociology[J]. American Journal of Preventive Medicine, 34(3): 257 - 259.

Matthews S A. 2011. Spatial polygamy and the heterogeneity of place: studying people and place via egocentric methods[M]// Burton L, et al. Communities, Neighborhoods, and Health: Expanding the Boundaries of Place. New York: Springer: 35 - 55.

Matthews S A, Detwiler A J, Burton L. 2005. Geoethnography: coupling geographic information analysis techniques and ethnographic methods in urban research[J]. Cartographica, 40(4): 75 - 90.

Mu L, Wang F. 2008. A scale-space clustering method:mitigating the effect of scale in the analysis of zone-based data[J]. Annals of the Association of American Geographers, 98: 85 - 101.

Oliver L N, Hayes M V. 2007. Does choice of spatial units matter for estimating small-area disparities in health and place effects the vancouver census metropolitan area[J]. Canadian Journal of Public Health, 98(1): 27 - 34.

Oliver L N, Schuurman N, Hall A W. 2007. Comparing circular and network buffers to examine the influence of land use on walking for leisure and errands[J]. International Journal of Health Geographics,6:41.

Openshaw S. 1984. The Modifiable Areal Unit Problem[M]. Norwich: Geo Books.

Openshaw S. 1996. Developing GIS-relevant zone-based spatial analysis methods[M]// Longley P, Batty M. Spatial Analysis: Modelling in a GIS Environment. New York: Wiley: 55 - 73.

Pickett K E, Pearl M. 2001. Multilevel analyses of neighbourhood socioeconomic context and health outcomes:a critical review[J]. Journal of Epidemiology and Community Health, 55: 111 - 122.

Rainham D, et al. 2008. Development of a wearable global positioning system for place and health research[J]. International Journal of Health Geographics, 7: 59.

Rainham D, et al. 2010. Conceptualizing the healthscape: contributions of time geography, location technologies and spatial ecology to place and health research[J]. Social Science & Medicine, 70: 668 - 676.

Riva M, et al. 2009. Disentangling the relative influence of built and socioeconomic environments on walking: the contribution of areas homogenous along exposures of interest[J]. Social Science & Medicine, 69(9): 1296 - 1305.

Root E D. 2012. Moving neighborhoods and health research forward: using geographic methods to examine the role of spatial scale in neighborhood effects on health[J]. Annals of the Association of American Geographers, 102(5): 986 - 995.

Sampson R J, Morenoff J D, Gannon-Rowley T. 2002. Assessing neighborhood effects: social processes and new directions in research[J]. The Annual Review of Sociology, 28:443 - 478.

Sampson R, Raudenbush S, Earls F. 1997. Neighborhoods and violent crime: a multilevel study of collective efficacy[J]. Science, 277: 918 - 924.

Setton E, et al. 2010. Gender differences in chronic exposure to traffic-related air pollution: a simulation study of working females and males[J]. The Professional Geographer, 62(1): 66 - 83.

Sherman J E, et al. 2005. A suite of methods for representing activity space in a healthcare accessibility study[J]. International Journal of Health Geographics, 4: 24.

Shi W. 2010. Principles of Modeling Uncertainties in Spatial Data and Spatial Analyses[M]. Boca Raton, FL: CRC Press.

Shoval N, et al. 2011. Use of the global positioning system to measure the out-of-home mobility of older adults with differing cognitive functioning[J]. Ageing & Society, 31: 849 - 869.

Sorensen G, et al. 2004. Reducing social disparities in tobacco use: a socialcontextual model for reducing tobacco use among blue-collar workers[J]. American Journal of Public Health, 94: 230 - 239.

Troped P J, et al. 2010. The built environment and location based physical activity[J]. American Journal of Preventive Medicine, 38(4): 429 - 438.

Vallée J, et al. 2010. The combined effects of activity space and neighborhood of residence on participation in preventive health-care activities: the case of cervical screening in the Paris metropolitan area(France)[J]. Health & Place, 16:838 - 852.

Wang S. 2010. A cyber GIS framework for the synthesis of cyberinfrastructure, GIS, and spatial analysis[J]. Annals of the Association of American Geographers, 100(3): 535 - 557.

Weiss L, et al. 2007. Defining neighborhood boundaries for urban health research[J]. American Journal of Preventive Medicine, 32(6S): S154 - S159.

Wiehe S E, et al. 2008. Adolescent travel patterns: pilot data indicating distance from home varies by time of day and day of week[J]. Journal of Adolescent Health, 42:418 - 420.

Wilks D, et al. 2010. Objectively measured physical activity and obesity prevention in children, adolescents and adults: a systematic review of prospective studies[J]. Obesity Reviews, 12(5): 119 - 129.

Wong D W S, Lee J. 2005. Statistical Analysis of Geographic Information with ArcView GIS and ArcGIS[M]. New York: Wiley.

Yuill R S. 1971. The standard deviational ellipse: an updated tool for spatial description[J]. Geografiska Annaler B, 53: 28 - 39.

Zenk S N, et al. 2011. Activity space environment and dietary and physical activity behaviors: a pilot study[J]. Health & Place, 17(5): 1150 - 1161.

（关美宝　著，杜洋、肖作鹏　译）

2 近50年来国际交通研究与政策议程中的范式演进

2.1 引言

范式与范式转移是科学史研究中的重要概念。通常而言,某个专业领域的科学研究工作都是在所谓的学科范式的框架下开展的。某个领域某一时期的研究范式决定着这一时期研究的主要问题意识、研究方法的确定以及应对政策与策略的制定。不过,有时范式的特征非常清晰,影响比较显著,容易辨识,但有些时候也不尽如此。库恩(Kuhn,1962)在《科学革命的结构》中对此有详细的介绍,并首次提出了范式转换(Paradigm Shift)及科学革命(Scientific Revolution)的概念,认为科学革命通常发轫于研究过程中所积累的反常现象或者异常问题,立足于现有范式不能得到很好的解释,从而促使科研工作者对现有范式产生质疑并寻求建立新的研究与分析框架。以过去五十多年的交通研究领域为例,为了解决机动车保有量及其使用的快速增长所带来的各种问题,发达国家的科研与实践工作者在研究与政策制定的过程中,经历过多次范式转移的情况。不过,交通研究与规划领域中的范式转移,不是革旧推新般的范式革命——突然性地生发出全新的范式,而是既有范式的演进——在既有研究核心的基础上不断扩张,增加新的内容以应对新的学科关切与需求。

笔者曾发表文章提及这个现象，交通研究与规划中的不同问题有着不同的分析工具与建模方法(Heggie et al,1977)，本文将继续就此问题展开讨论。需要说明，笔者所关注的是人的移动等交通者行为，而非物流等货物交通，因此，本文所归纳的范式演变亦主要是狭义的城市交通研究与政策的范式演变(图 2－1)：从最早的基于车的范式(Vehicle-Based，P1)开始，随后依次出现了基于出行(Trip-Based，P2)、基于活动(Activity-Based，P3)、基于态度(Attitude-Based，P4)以及基于动态模型(Dynamics-Based，P5)四次研究范式的扩展。每一次扩展都给交通研究与政策制定带来了新的学科视角、新的思路方法和新的政策工具。与此同时，因为模拟与评估方法的差异，每种范式对数据采集和分析也提出了新的需求。

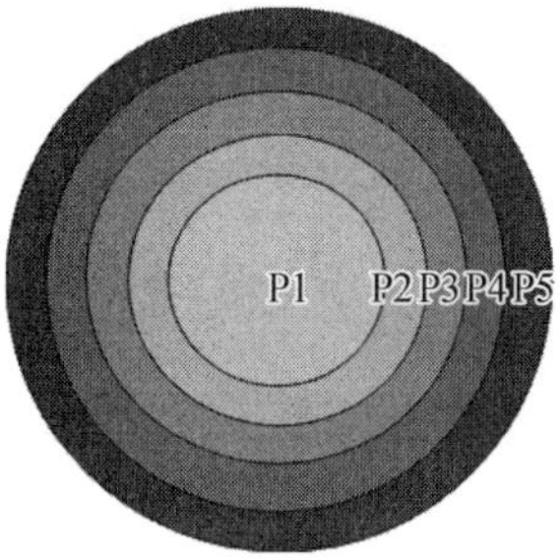

图 2－1　交通研究与政策的范式演进

首先，尽管每次范式扩展在文中是分别加以阐述的，但实际上它们的边界不是也不可能是完全泾渭分明的，范式演进的过程既是连续的，也有同时的。例如，基于巡回的出行分析(Trip Tour)是应该划归于出行为本的范式(P2)或活动分析范式(P3)，抑或部分划归于行为态度范式(P4)或动态模型范式(P5)？其次，范式扩展也并非严格按照前文所述的先后顺序，尽管早期的范式演进基本上按照从基于车(P1)到基于出行(P2)再到基于活动(P3)的路线图，但是行为态度范式(P4)和动态模型范式(P5)却是与前三者同步出现的。再次，不同国家与地区接受新观点与新方法也先后有别。例如，尽管很多早期的概念性思考都源起于英国，但是相比之下，荷兰与美国显然更快地接受了活动分析法并且将之运用到具体的建模分析中。

在简要介绍完每次范式扩展的概念定义、分析方法及其政策应用之后，本文着重阐述了广义的研究方法论、学科基础以及政策性议题等方面的内容。理论模型在服务于现实的分析需求中存在的能力不足也是本文讨论的重点，以期通过分析确定今后研究的发展方向，更好地服务于政策制定与规划应用，同时本文也展望了下一波范式演进的方向，这在交通研究与政策制定中可能具有重要意义。最后，本文讨论了交通政策与研究中演进性而不是革命性范式扩张的意义。

本文认为，作为交通研究范式演进的核心与基础，以车为本的范式仍然深深地扎根在交通专业人员的思维结构中，其在交通研究中的影响仍然无处不在。首先，以车为本的范式从概念到应用有很大的滞后效应，因此，大部分模型和评估方法的依据仍然是半个世纪前就已提出来的以车为本的传统范式。其次，以车为本的范式是范式演进模型的内核，之后的研究范式也被紧紧地联结在这个内核上而不断向外扩展。事后假想，如果交通研究领域完全接受了库恩所谓的“范式革命”的观点，那么，有关人的日常移动行为的交通研究与政策讨论可能会完全不同。

尽管参考了很多文献以及其他国家的经验，本文仍是一家之言，并主要是对英国经验的概括。帕斯(Pas, 1990)曾介绍了交通需求模型，分析其在美国的几次大发展，探讨多学科融合的带动下方法论的进步。相较而言，本文主要讨论的是理论层面的范式与研究框架的演进与转变。

2.2 范式的演进

2.2.1 以车为本的范式

尽管20世纪早期的美国因为汽车产业的快速发展就已经催生出交通工程规划这门科学，但直到第二次世界大战后，西欧国家出现汽车保有量的快速增长才对城市规划产生重要影响，并于20世纪50年代晚期、60年代早期使英国、西北欧国家以及澳洲迎来城市交通与交通规划第一波的大发展。当时，交通规划的主要经验与方法来源于阿兰·沃里斯(Alan Voorhees)以及其他学者对美国芝加哥等大城市交通规划的经验介绍(Boyce, 1980)。因此，正如1963年《布坎南报告》(*Buchanan Report*)以及伦敦与其他大都市早期开展的交通研究所体现的那样，基于当时特殊的背景，交通规划主要的关注点与美国早期的情况比较相似，其目的在于适应机动车保有率及机动化交通需求的快速增长。

当时，城市交通机动化的快速发展，一方面被视为社会经济总量和家庭收入快速增长的必然结果，另一方面也被认为能够支持汽车产业的发展以推动经济发展，能够形成广泛的社会激励促使社会大众购车消费，因而具有很好的经济与社会效益。尽管布坎南以及其他学者(Plowden, 1972)很早就提出警告，认为假如对机动车的增长不采取任何管控措施，将给城市带来严重的环境恶化后果，但是当时大众对机动交通及道路拥挤所带来的环境问题与健康问题还没有形成普遍认识。

值得注意的是，英国交通部于1963年出版的研究报告《城市交通》尽管已经意识到上述问题，但仍然强调城市交通规划的重点是重新设计城市以适应机动车的增长，而不是对急剧增长的机动车数量及其使用加以控制和约束。因此，解决日益增长的交通需求的办法是新建更多的道路，拓宽道路路幅，增强道路服务能力与容量，以及提供更多的停车空间，而很少考虑按照布坎南所提倡的方法调整现有城市空间。这是英国以及其他欧洲国家迈向高速公路时代的开始(Starkie, 1982)，之后这些国家建设了国家高速公路干路网以及高容量的城市道路(如伯明翰的内环路)。

在那个时代，从事交通规划的主要是交通工程师。交通需求预测的主要根据是机动车保有量，需要对家庭收入以及人口总量的增长进行预测，同时假设机动车的使用不受任何控制，然后采用简单增长因素模型去估计道路路面或者交叉口的交通需求。如果有绕行道路的话，就需要采用转换曲线进行校核（Martin et al, 1961）。数据采集的方式主要是路旁的交通量统计以及访谈，部分辅以家庭出行调查。

机动车保有量的急剧增长，就要求建设更多好的、更有连接性的、快速大容量的城市道路系统。在此背景下，在米切尔等（Mitchell et al, 1954）早先提出的概念性分析框架的基础上，很快就发展出更有总体性、操作性的土地利用与交通出行模型，并且吸收了来自社会物理学、经济学等学科的新知识和技术人员的帮助。其一，使用重力模型、熵值最大化以及其他社会物理学工具，研究人员提出了综合性的机动车出行起讫点模型（OD 模型）；其二，经济学家发挥自己擅长评价模型与方法的优势，帮助论证大规模新建道路系统所需的公共投资及其投资回报和财务平衡。不同学科背景的专家围绕城市交通的通力合作很快就取得成效，包括机动车出行需求的生成、出行的分布和分配等模块的三阶段、汇总的交通预测模型应时而生（Lane et al, 1971）。

然而，人们很快就发现必须对大城市的机动车交通及其使用加以限制。在伦敦，尽管有提议建设大范围的城市机动车路网，但是使用三阶段的交通预测模型预测的需求水平通常比规划的道路容量要大很多（Thompson, 1969），甚至规划的道路容量通常也得不到批复（授权）。例如，伦敦内城一条规划好的高速公路的第一期建设方案就招致了公众的强烈反对。保守党当道的大伦敦议会的行政部门还为此于 1973 年黯然下台。在“家比路重要”的口号下，后来上台的工党市议会承诺不再进行大规模的机动车道路建设。这导致了另一个政策问题：如果不建设新的道路，那么如何应对城市交通增长的压力？尽管有人仍在研究如何提高现有道路的效率，如引入单行线、路面停车的管控以及交叉路口的灯控协同（Hart, 1976）。但是，对交通及交通治理本质的重新认识给交通规划与政策研究带来了突破性进展，并且诱发第一次范式扩张：交通规划的目标不应该是如何适应机动车无休止的增长，而应该转向如何适应日益增长的个人移动出行需求，机动车出行只是也应该只是城市居民出行结构的一小部分。

2.2.2 第一次扩展：个体出行范式

在个体出行的范式下，研究重点是人，研究人们如何以最有效率的方式从出发点（A）到达目的地（B）。因此，机动车仅仅是人们出行的一种交通方式而已，没有必要渲染其重要性。相反，对于私家车，巴士、轻轨、地铁、火车等公共交通工具以及步行与自行车，能够使用相对更少的空间运送更多的客流，每个单元面积空间能够承载更多的人,交通运输效率更高。因此,高密度的大城市地区应对机动车交通需求快速增长的重点就从以机动车为本转向为发展其他交通方式。

从个体出行范式出发的分析和模拟需要引入交通分配模型(Hutchinson, 1974),从而产生了四阶段法模型。这项突破受益于经济学家做出的两个贡献。其一,一般成本的概念。将时间等各种因素考虑进去,形成有关出行成本的综合测度,这也是交通经济性分析中对出行时间成本节约所进行的货币化认识和处理。其二,随机效用模型与离散选择模型等理论与实践的发展(Ben-Akiva et al, 1985)。然而,尽管经济学理论意识到交通出行很大程度上是一种派生需求,但有关这一点的认识并没有很好地体现在方法论与模型思路上,而是直接对交通需求进行模拟。

方法论上,本次范式扩张与家庭出行调查(特别是出行日志的使用)紧密相关。但是,也发现这里存在着理论与实践的脱节。具体说来,尽管对个体平均出行发生率的预测至少要根据一个完整的出行日数据,但是模型阶段却主要是仿照最初的机动车出行需求的预测方法,对每次出行独立进行模拟预测。因此,四阶段模型对交通方式选择的预测也是根据单次出行进行模拟,这在理论上毫无意义,因为有关出行方式的决策是基于巡回的而不是基于单次出行的决策。

就政策而言,个人出行范式使政策重点从新建各类道路、停车设施等转向那些能够促使人们从机动化出行方式转向其他绿色、高效的出行方式的政策工具。最初的办法是改进公共交通服务,但是最近其政策应用的内涵大为扩张,如鼓励自行车与步行出行等。随着时间的推移,针对机动车的使用,涌现出了越来越多的限制措施,如停车限制、道路收费等,鼓励人们转变出行方式,选择其他交通工具出行。

在个体出行范式的初期,人们之所以较少考虑步行与自行车的方式,很大程度上是因为方法论的因素。以车为本的模型本质上是汇总性的,关注的是交通小区间而不是交通小区内的出行,因此很少关注短距离的出行,以致数据采集的时候就把步行与自行车出行一并予以排除了。但是,随着时间的发展,对出行的重视激发了人们对日常出行的整体安排以及对目的地的兴趣,考虑人及其出行特征,应收集更加微观精细的、从门到门的数据,采用更加复杂的、非汇总需求的模型对交通需求进行预测。

然而早在 20 世纪 70 年代,因为理论上对出行的产生缺乏了解,实践上在转变社会出行习惯和交通方式等方面成果不彰,加之 1973—1974 年的石油危机给那些汽车主导的社会带来了严重警醒,因此就有意见质疑,个体出行范式是否对人们为什么出行形成真正深刻的认识?如果一部分出行需求能够转向非机动车方式,这种范式到底能否使高密度的城市地区有效应对个人出行需求的快速增长?

石油危机短期内确实带来了交通与出行量的减少以及诸如看电视等非出行

活动时间的增加(Jones, 1983),同时也给人们带来了认识上的回归,也就是需要对交通出行行为潜在因素形成更加深刻的理解,而不能简单地延续过去的研究思路(如根据以前交通量进行推测)。例如,赫吉(Heggie,1978)就曾深入研究过牛津市私家车限制政策的影响,归纳概括了各类家庭的12种应对方式,并且大多数都无法在所谓的个体出行范式下直接进行模拟研究。

这些关切促使英国社会研究委员会(SRC)以及美国国家科学基金会(NSF)资助启动了几个大型研究项目,旨在从社会科学研究的角度,深化对交通出行的理解,这促使了第二次范式的扩展。

2.2.3 第二次扩展:活动分析范式

从活动分析的视角出发,出行只是人们每天从事的各项活动中的一种,通常在日常时间预算中仅占4%左右。它本质上是人们从一个地方移动到另外一个地方参与一系列活动的空间位移,以便人们能够利用特定的设施或者与在这些地点汇集的人们共同参与完成一系列活动。因此,出行是活动参与的派生需求,满足人们活动的参与需求是第一位的,而出行则是次要的。在这个范式框架下,开始能够回答诸如"您某次出行是否必要"等问题,亦能考察人们在出行、其他形式的交流互动与活动之间的权衡,评估交通政策对人们日常生活的广泛影响。

早期的研究立足于两个学者的工作基础上,其一是美国的规划师蔡平(Chapin,1974)有关活动选择的研究,其二是瑞典时间地理学者哈格斯特朗(Hägerstrand,1970)有关活动的时空制约研究。这些研究都有力地促进了活动分析法的发展(Jones et al, 1983),力图全面地理解交通出行行为,并也给交通出行行为分析带来了一系列新的认识与概念。

(1) 影响活动参与的因素是多方面的,诸如需要休息与用餐等生理性因素、职业特征或者家庭照料等社会经济角色,以及个人的决策偏好(如特定的休闲活动)等都与活动参与决策相关。

(2) 家庭生命周期是家庭活动移动模式重要的影响因素。

(3) 活动与出行的时间决策以及日程要求对于研究制约条件下的行为选择与解释活动模式具有重要作用。

(4) 整日日常时间预算是重要的制约因素。

(5) 需要深入理解人们的互动以及交通出行中的多人联合决策。

(6) 信息通信技术或其他就家附近灵活安排的活动对交通出行具有替代效应。

(7) 个人出行的发生取决于家内与家外活动的综合平衡与出行链模式及其复杂性的选择安排。

有关活动分析法的部分研究可以参考一些用德文写就的研究成果。例如,库特(Kutter,1973)提出了模拟个人出行行为中的切分方法,布罗格等(Brog et al,1983)主张情景研究方法,提出了一套用以深度考察家庭活动移动模式及其制约的结构性研究方法。

方法论层面,活动分析法带来了新的数据采集方法,使用活动日志与时间利用调查等方法加强对交通行为的测度,尽可能地收集诸如城市公共设施的具体位置及运营时间等设施供应类型的数据。亦需说明的是,尽管已有很多成果就日常行为进行深入分析,建模的技术在理论层面也有很大发展,但迄今为止,如何将活动分析法应用于实际的城市模拟与评估等研究上仍是个很大的挑战。

由于收集完整的活动日志数据平添了很多复杂性以及调查成本,加之这种数据采集方法主要是由社会学家率先使用,交通研究以及工程人员并不是很熟悉,因此,很多交通研究仍然使用相对综合的出行日志调查数据作为替代,通过主要出行目的、某地的时间分配等变量推断外出活动模式。尽管这也能得出一些非常有用的结论,帮助交通分析的技术进步,但是至少在两个重要方面仍然没有全面完整地贯彻活动分析的范式:其一,对家内的活动考虑不足甚至是直接排除,忽视了家内活动对活动移动模式及其时间决策的制约,没有考虑家内活动与家外活动参与之间的权衡。其二,存在研究假设过度简化的现象,即每个目的地及活动只有一个主要的出行目的(Khorgami et al,2010),但一般来说,每次出行是有 1.2 个左右的活动目的。

活动分析法是非常概念化的,它大大拓展了有关人们为什么出行的讨论范围,并且为政策制定者提供了一系列的政策工具。例如,调整活动的时间安排会对交通出行产生影响(灵活的工作时间可以减缓交通高峰压力),鼓励在家工作或者使用远程信息技术服务(如网络购物以及配送)可以替代个人出行减少交通量。然而,尽管热衷于讨论远程办公、居家服务等政策,但是除了朱姆科勒(Zumkeller,1996)曾同时收集过交通出行和电子通信等两方面的行为数据外,很少有大规模数据调查试图完整地收集这些方面的信息。

在更高的层面说,活动分析的研究范式也引发了交通政策主要目的的大讨论,到底是服务于车,还是服务于个体出行的移动性需要,抑或是用以改进设施的可达性而无需各项设施的重新调整布局?最近更有讨论,研究交通政策如何帮助减缓社会排斥与形成健康的生活方式。它也使人们认识到一些交通政策的非意图后果(例如,如果某位家庭成员改用其他交通方式,私家车仍然可能会转给其他家庭成员使用),进一步透视交通政策对家庭生活的影响(Jones, 1979)。

值得注意的是,在前三种范式的发展过程中,虽然对主观指标的重要性以及与客观指标的差异性有所认识,但是每个范式都毫无例外地强调诸如交通流量、出行成本或活动持续时间等客观的、可量化的变量。随着智能交通系统技术的发展能够提供越来越多、越来越好的信息,很多国家在公共交通以及铁路运营私有化后，越来越关注公共交通的发展，运用市场化手段鼓励步行与自行车出行。因此，人们愈发认识到，亟须对出行决策过程中的主观因素有更好的理解，这也使交通规划与政策研究开始注意吸收市场营销与社会心理学的概念，从 20 世纪 70 年代起开始形成第三次范式扩张与应用发展。

2.2.4　第三次范式扩张：行为态度范式

广义地说，很多研究都可归结在行为态度范式之下，它们共同帮助形成了一些新的数据采集方法和分析技术，吸引了心理学家和经济学家参与其中并做出重要贡献。

事实上，诸如通用等汽车公司长期以来就密切关注客户的态度和感受，将之作为改进产品研发的重要因素，一些公共交通运营公司在 20 世纪 70 年代也开始积极推广他们的服务（Hovell et al, 1975）。同期，随着非汇总的个人出行选择模型的发展，一些研究逐步将行为态度变量纳入到研究当中。例如，利用社会心理学的量表方法，尼古拉迪斯（Nicolaidis，1975）将表征舒适程度的变量纳入到出行选择模型当中，斯皮尔（Spear，1974）在其博士论文的研究中开展了有关便捷性的测度。然而，诸如此类的态度性变量对于交通方式选择的解释能力相对较弱，哈特根（Hartgen，1974）研究发现这类变量对总体的模型解释只有 10%—20%的贡献，并且在当时也并不是政策优先的方向。

第二波研究受益于陈述偏好技术（Stated Preference Techniques）的发展。这项技术使得交通运营商和产品开发人员能够面向具体细分的市场，研究发现所发展的主客观需求，确定最优的特征组合，有针对性地设计产品与服务（Louviere et al, 2000）。这些方法广泛地应用于消费者偏好与市场需求预测、产品性能评价（如时间与舒适性）以及交通的负外部性分析（如噪声与事故率）等，对模型与评估方法的发展做出了重要贡献。

第三波工作的技术是计划行为理论（Ajzen，1991）等学说，它们试图在更大的范围中考察出行决策的主观因素。这些工作能够帮助考察个人因素以及周边群体因素对人们出行决策的认识、态度和行为计划的影响效果，更好地理解诸如出行时间与出行成本等客观的决策变量。它也使更多的研究转而试图探讨行为态度对出行行为选择的影响（Anable，2005）。

随着智能交通系统的广泛应用，越来越有必要更好地理解、模拟评估智能交通在信息供给方面对出行者的行为决策，特别是对巡回决策与交通方式选择等方面产生的影响。这种理论与实践的需求推动形成了有关行为态度范式研究的第四波。以非汇总的交通需求模式为基础的交通经济学和陈述偏好技术的基本假设是：人们在做出判断和选择的时候是基于完全信息的。这样来看，这些模型就不能对改进出行者信息供给的效果形成很好的预测，因为这些因素被认定是已经存在或者被计算在误差项中。

整体来看，所有这些工作的目的在于，使那些源自其他范式的各项政策（如提供比私家车出行更有吸引力的替代方案）都能够得到更好的考察与实施。特别是最近，行为态度的研究范式形成了新的政策工具，无论是澳大利亚的智慧出行项目还是英国的精明选择等（Cairns et al, 2004），其核心旨在使用一系列信息的、市场的手段用以鼓励自愿改变私家车出行的习惯。

除此之外，因为交通政策越来越多地关注如何控制私家车的使用，并且曾多次试图引入诸如征收拥堵费等严格的限制措施，因此，公众意见的本质和角色就很有研究价值并且具有政治上的重要性。多个国家的学者就此在国家和欧洲等层面进行了探讨研究（Schade et al,2003）。

20 世纪八九十年代，另外一组研究开始出现并且对之前所有的研究范式都产生了重要影响。它们认为，之前的研究很少关注长时间尺度上人们的行为与态度变化，较少关注行为响应预测中的一些深层问题，如行为响应的对称性和斜升效应（Ramp up Effect）以及态度形成过程中的路径依赖等。这就导致了第四次范式扩张，并对交通研究和政策产生了重要影响。

2.2.5 第四次扩张：动态研究范式

基于车、基于出行、基于活动与基于态度等范式的考察都是某个截面上或者时间点上的情况，尽管对不同家庭生命周期阶段的需求差异有所考虑，但总体来说还是相对静态的研究范式。在这种背景下，动态研究范式就给交通研究带来了纵向研究的视角（Wrigley, 1986），并提供了很多新的认识：(1) 行为响应与态度的形成并不是同时性的；(2) 新的交通系统引入之后的很多年内仍然会有斜升效应；(3) 出行决策中存在前导与滞后效应；(4) 出行行为中存在非常明显的日间、周间等差异性；(5) 行为响应可能具有对称性；(6) 决策可能受限于之前经验的影响。

古德温（Goodwin,1977）很早就对这些因素有所认识，特别强调交通行为中习惯与滞后效应的重要性。随后的几十年，很多研究都对一些交通议题做了动态研究，包括对私家车保有量的模拟以及公共交通需求的预测等（Jones, 1990）。

动态研究范式推动了家庭调查的面板化，开展多天和多周出行与活动日志调查，使用时间序列数据库，这也就需要应用更加复杂的计量经济学预测模型技术，开发新技术用以分析行为模式的时空差异（Schonfelder et al, 2011）。它也给交通研究人员和政策制定者提供了一系列认识：就像总迁移与净迁移的差别一样，个人行为的改变较之汇总水平上的净改变来得更加明显；长期的弹性比短期内弹性更加明显（Goodwin, 1992），因此制定的政策可能要实施数年后才会完全见到成效；日常行为中存在非常明显的、固有的差异性；习惯在日常活动移动行为中作用很大，至少能够对政策及市场活动的效果产生明显的短期限制甚至是长期限制。

在理论研究层面，尽管动态研究范式给之前所有范式增加了一个新的、重要的时间维度，但是除了滞后效应外，它并没有增加新的研究变量用以解释所观察到的行为。在政策应用方面，其最大的影响并没有形成新的政策工具，而是给政策的制定与评估带来了长周期的视角：在人们处在生活方式转变期或者正在积极考虑调整活动与出行方式的时候，有针对性地利用现有政策，提高政策效果。特别是对大型交通项目的资金投入很大的时候，为保证良好的现金流和财务状况的稳定，对政策斜升效应的速率和贴现率要求较高，在需要尽快见到效果并且保持稳定的时候，动态研究范式将会非常重要。

2.3 政策与方法论应用

五种范式及其相互关系见图 2－2。从最早的以车为本的范式开始，随后发展出的个人出行范式，认为机动车出行是个人移动需求的子集。与此类似，在活动分析的范式下，个人出行是日常行为的子集，代表着一种满足日常活动需求的方式，但也应注意到还有其他方式。行为态度范式能够丰富基于车、基于出行与基于活动等其他范式有关活动出行决策因素的理解，并且引入了新的政策工具。动态研究范式有助于深入理解态度的形成、差异性以及行为改变的时机等。需要说明的是：每种范式都有数据采集及分析方法上的要求，都能从自身的角度出发指导交通出行行为的建模、政策干预工具的选择以及政策潜在效应的预估与评价等。本节将重点介绍这些范式在政策形成与方法论发展等方面的含义。

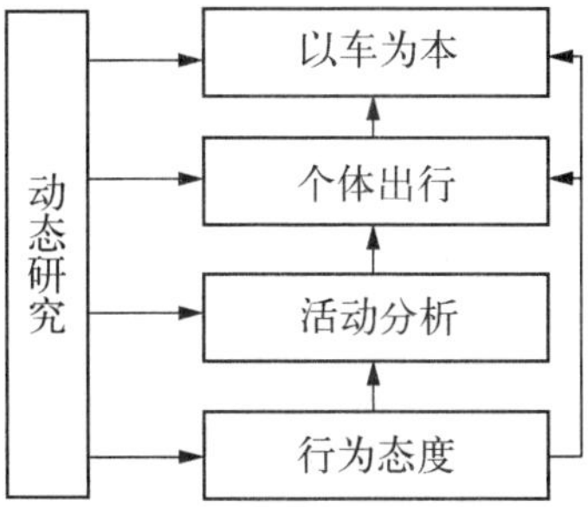

图 2－2　范式的内在关系

2.3.1 政策制定方面

尽管某些特定群体出于各种原因只会青睐某种范式，如汽车行业之于以车为本的范式、市场研究行业之于行为态度范式等，但是如开篇所言，每种研究视角都是对以车为本的范式进行扩展而不是替代。因此，趋势就是人们愈发以相对复杂而不是简化的视角来认识交通问题，这也大大拓宽了交通问题的定义，形成了各种各样的政策干预与治理手段。本小节将重点阐述在交通效率、环境效应以及城市道路利用等问题上的政策变化。

1）交通效率问题

因为不断吸收新的范式内容，所以无论是对交通还是对效率都有了更深的理解，应对交通效率问题的政策视野也不断扩大。

（1）以车为本的范式：如何实现小汽车出行时间最小化。

(2) 个体出行的范式：交通系统的建设如何促进公交、自行车以及步行等其他交通方式的发展，减少交通延误。

(3) 活动分析的范式：交通系统在实现活动安排中具有重要作用，因此交通研究中可靠性越来越重要，同时良好的信息通讯网络可以是交通网络的重要补充。

(4) 行为态度的范式：道路使用者对交通效率的认知使得人们更多地关注公共服务设施的质量、个人安全性等多种因素。

(5) 动态研究的范式：交通系统的实时效率以及应对交通事故等各种冲击的能力及其恢复能力。

2) 环境效应问题

以应对二氧化碳的排放为例，每个研究视角都会立足于其出发点形成一整套完整但也相互补充的方案。

(1) 以车为本的范式：提高机动车的能源利用效率，使用清洁能源车辆。

(2) 个体出行的范式：转向低碳的出行方式。

(3) 活动分析的范式：使用电子通讯技术，多目的出行以及就家附近安排各类活动。

(4) 行为态度的范式：鼓励自愿参与行为改进计划，选择绿色出行。

(5) 动态研究的范式：针对人们日常生活的决策点进行定向干预并且容许逐步积累。

3) 道路空间利用

以车为本的范式所带来的最难以去除的影响最有可能是城市道路空间的设计与运营可能。直至今天，道路设计的目标和方法仍然还深深地体现着以车为本的思路。例如，交叉口设计的时候强调机动车容量最大化。有时也部分采用出行范式的方法，努力使所有的机动车使用者出行延误最小，但是这种思路却很少考虑步行者在等信号灯过街的时候所产生的延误(GLA，2009)。

一般来看，城市道路系统已经根据其道路功能、服务水平等有明确分类。基于活动的范式则鼓励设计者更多地将道路看作一个公共空间，在这里发生着经济和文化上的互动，也包括很多发生在街道或者临近街道的非出行活动(Jones et al，2007)。行为态度范式更关注公共空间质量以及街道犯罪率等议题。

2.3.2 数据采集、建模与评价方面

1) 数据采集

每种范式都有其数据采集要求，从路边计数与驾驶员访谈，到一次性的家庭调查，再到跟踪性的面板调查，从出行调查到时间利用调查，从行为调查到主观态度与感知量表测量，每一次范式扩展都带来了数据采集方面的新要求与新变化。

受益于车牌识别、智能卡、手机、全球定位系统终端等计数与跟踪技术的发展

以及市场营销等其他学科的发展(Bonnel et al, 2009),尽管对数据采集方法的专项资助与投入一直很有限,但是整体来看,专业人员在技术层面上一直能适应新的数据类型及其分析带来的挑战。因此,虽说大多数国家在投资方面做得不甚理想,但是新出现的数据采集技术很快就能在不同国家扩散。

然而,在建模与评估方面,情况就完全不同。相对于概念、数据采集以及政策讨论,各国间交通建模与评估上的技术共享还相对滞后并且发展缓慢,这也严重限制了各国共同讨论有关定量预测与评估的目标,甚至是资助实施的政策等问题。事实上,这种滞后现象长期以来就一直存在且没有明显改善。20 年前帕斯(Pas,1990)就在题为“出行需求分析与预测是不是陷入停滞”的主题演讲中提到这个问题。

2) 建模

表 2-1 归纳了一般情况下每种范式的建模优势及其已经应用的研究领域。需要注意到,以下归纳不可避免地做了一些相对简化及一般化处理,也展示了一些有待深化的方面。

基于车的范式的建构带来了有关交通模式的第一次发展,包括出行的生成、起讫点矩阵、交通分配模型用以重复处理巡回决策。如前文所述,个人出行视角的模型使模式基础从机动车出行的生成发展为个人出行的生成,并且考虑出行目的和出行方式,增加了交通方式划分模型,带来了“一般均衡成本”的概念以及离散选择模型的发展。然而,通过交通分配模型计算后,最终的结果仍然是以车为本的。四阶段法的出行模型现在已经发展成熟,尽管这种主导局面在模型的不同部分以及不同国家都有不同程度的削弱,但是其仍然是世界上大多数交通模型实践的基石。如表 2-1 所示,活动、态度以及动态等视角融入主流的交通模型并不是很有体系。

表 2-1　不同范式的模型要求与能力

范式	以车为本	个人出行	活动分析	行为态度	动态研究
运用较广的领域	私家车保有量的预测路线分配	出行的生成; 出行的分配; 方式的选择; 一般均衡成本	时段推移	—	斜升效应
应用不足的领域	—	—	生成活动组合; 生成出行/巡回; 模拟人际互动	模拟改善信息供给或转变认知的影响	动态模型估计; 对称性响应

尽管基于活动分析的建模方法在各个方面已经取得了长足进步，但是除美国与荷兰以外，还很少真正有国家将之应用于实际项目。零星的应用也仅限于在考察征收拥堵费潜在影响的模型中分析拥堵时段推移等现象。有研究试图采用活动日志数据，建立出行巡回模型（Triptour Model），将基于出行与基于活动的研究视角整合起来。因此，很多从活动分析视角出发的政策措施，现在还不能采用标准化的定量方法进行研究。例如，互联网可以在多大程度上减少交通出行需求？土地混合利用能否真正形成更多目的的出行链？

除此以外，活动分析法还主张考虑交通政策措施与出行选择对其他家庭成员以及家庭日常生活的其他方面所产生的影响，但是很少有模型真正考虑得如此全面，考虑活动模式带来的各种影响。最近有个例外，亨斯等（Hensher et al，2008）讨论了购置汽车决策中的联合决策。

在基于态度的范式下，也有同样的问题。在传统的模型下，很难预测通过智能交通系统改进信息供给后的效果，或者智慧选择对出行行为的影响，后者旨在通过市场手段提高人们对非机动车出行方式的认识从而自愿转变出行方式。

就动态范式而言，问题在本质上有一些不同。它提供的技术旨在抓住出行决策的各个方面，从考虑模型估计中的前导效应与滞后效应到鼓励人口交替等。但是，因为缺乏数据以及模型估计能力的不足，这些想法仍然得不到很好的应用。

然而，并不是所有的问题都只与某个范式有关。出行时间的差异性就是一个关乎个体出行、活动分析、行为态度与动态研究等范式的问题。理论上看，这个问题在活动分析范式中是一个很重要的问题，为了使活动模式安排更有效率，出行时间存在不确定性。但是，在出行选择中，有关可靠性的认识是非常重要的主观性决策因素。从道路系统可靠性预测的角度来看，只能动态地考察道路系统，但是如果将上述问题都考虑进去，这个概念可能会更多地纳入到个体出行的范式之下。

尽管本文讨论的都是那些在范式扩张和发展过程中已经有相对比较成熟的想法和政策框架的议题，但并不意味着在实际工作中也是如此。有时某些政策想法确实能够形成新的思考（如远程办公对交通出行的影响），但是大多数情况下政策制定者与工程人员的想法只能局限于现有的模型与方法。

体现研究现有模型限制作用的一个绝佳案例就是有关交通分配模型中使用混合起讫点矩阵的方法。该模型最早应用于20世纪60年代，因为当时计算能力的限制，不可能实时跟踪，进而迭代计算出机动车出行目的地选择的变化，并且在当时特殊的背景下，政策目标主要是适应而不是控制交通需求的增长，所以这个模型是一个以基于车的范式为基础、相对简化的模型。然后，随着时间的推移，人们逐渐忘记了这只是实用主义的简化而不代表着真实情况，工程人员与政策制定者逐渐错误地根据模型认为机动车需求是没有弹性的，必须适应或者转向其他模式。这两个认识形成了两个观点：其一，增加道路容量能够缓解拥堵而不会带来新增的交通需求。其次，因为在拥挤的道路系统中会产生混乱，所以采用公交专用道等减少道路容量的措施是不切实际的。在英国，主干道评估常务咨询委员会的报告以及之后的实证研究都毫无疑问地表明了这个假设的荒谬(Cairns et al, 1998)。

3）评估

不同的国家在评估实践中有着更大的差别。至少在英国，迄今为止，在新范式的发展框架下，评估技术的发展远远落后于建模技术。

表2-2归纳了英国及其地方政府在交通评估实践中所使用的绝大部分定量指标，有些是质量评价指标，有些是成本评价指标。可以看出，这些指标仍然是在以车为本或以出行为本的框架之下的。

表2-2　范式与评估要求及能力

范式	以车为本	个人出行	活动分析	行为态度	动态研究
经常使用的评价变量	运行成本； 事故成本； 空气污染及噪声	分活动目的的出行时间节约	健康效应	出行质量	—
尚未或较少使用的变量	—	出行时间差异性	活动参与程度； 可达性或者可选择性； 生成的或被抑制的出行数	信息供给改进的程度； 服务与认识提高的程度	政策反转效应； 未来潜在需求的选择值

这就意味着，假如就交通政策的可持续性进行评估，必须满足一些标准，而这些标准最早都是用来判断是否应该围绕机动车进行基础设施投资，英国更是如此。

（1）无论是考虑节约运营成本，还是考虑空气与噪声污染、道路交通事故等负外部性，以车为本的思路渗透在交通政策经济性评估的各个方面。

（2）个人出行范式的贡献在于主张分活动目的对出行时间成本的节约进行评价，这些成本可以转换成为机动车的运营成本。

（3）最近才有研究尝试测度出行时间差异性的减少所带来的正面效益，这对活动分析范式与行为态度范式都是非常重要的。

随后的范式引入了新变量、新条件和新的政策工具，尽管这些都需要全面的评估，但是现在只是在多目标分析框架下运用定量方法进行评估而已。

(1) 就活动分析范式而言，通过多目的出行、设施混合以及用家内活动替代等方式能够减少出行量，提高每日活动安排的实施效率。但实际上，出行发生率的减少倾向于被视为是消极的；每次的出行时间确有节省，但是以牺牲出行次数为代价被认为是不可取的。

(2) 目前来看，除了最近一些有关步行与自行车出行设施体验的研究外(Department of Transport，2009)，基于态度的范式还没有很好地融入到现有的评估体系中去。大多数智慧交通带来的好处也很难直接反映在评估模型上，例如信息改进与压力减少后的效果。

新扩展的范式也对很多现有评估程序的原则提供了更多根本性质疑。例如：

(1) 当前在英国，有关交通时间成本节约的经济性评估主要是依据 60 岁以下的出行者全部节省的时间成本来计算。然而，从动态研究范式的角度看，假如在政策实践上人们有很高的行为转变率，将二分之一法则适用于某个交通政策项目的新使用者，几年内现使用者将全部实现行为转变，那全收益法则是否仍然适用？

(2) 评估主要关注驾驶时间(如在火车上工作的时间)等非生产性的时间节约而很少就那些生产性时间进行评价，因此这种方法鼓励道路交通投资而不是轨道交通投资。但事实上，对于道路交通而言，时间更多是非生产性的，而在轨道交通上人们更有可能有效率地利用时间。

(3) 梅茨(Metz，2009)的研究表明，总体来看，居民出行的时间预算在很长时间内都会保持稳定，出行者不会从更加便捷的出行中挤出出行时间，而会为长距离出行预留时间，因此，长期来看没有时间成本的节约。这表明，政策评估应测度可达性的改善而不是出行时间减少所带来的正面收益。

2.4 结论与讨论

2.4.1 结论

本文试图解释交通研究的范式在形成交通政策、影响交通研究与工程人员对待问题的视角以及考虑问题的优先性等方面的作用，这是一个重要的但却很少被讨论的问题，它也深刻地影响到数据采集与分析方法论的发展。每一次研究范式的扩展都与新概念和新工具的引入密切相关，但是也在很多方面，特别是在建模与评估等方面有待继续深化(表 2-1、表 2-2)。范式的扩张与交通工程学之外的学科与专业人士的广泛参与息息相关。例如，计量经济学家、心理学家分别在动态研究范式以及态度范式上做出了杰出的贡献。

研究范式的扩展在发达国家是非常明显的，范式的演进也反映了大城市地区汽车保有量及其使用上的变化，试图减缓道路交通量增长以及鼓励绿色生态出行的努力。为了缓解交通拥堵问题，减少空气污染，北京、上海等一些中国大城市正在从以车为本的范式转向出行范式，积极鼓励公交优先和非机动车的发展。但是，对于中国城市来说，仍然很有必要加快交通范式的转型，同时在政策分析的时候积极吸收采纳活动分析、行为态度以及动态研究等范式框架。

回顾过去五六十年的发展，可以看到范式扩张中不同阶段的路径依赖效应，尽管有些只是暂时性的而有些是永久性的，但是它们影响了现今乃至今后的规划实践、学术讨论与政策实践。

在出行为本的范式扩展过程中，原来以车为本的范式仍然在不同时间尺度上影响着新范式下的理论分析与模拟评估：(1) 短期尺度上，因为自行车与步行主要发生在交通小区内而不是交通小区间，并且最早也并未将其视为替代机动车出行的交通方式，所以对自行车与步行兴趣不大；(2) 中期尺度上，尽管交通出行本质上是巡回决策，但是有关出行方式选择的分析与模拟是以单次出行为单位，缺乏整体考虑；(3) 长期尺度上，虽然认识到家庭内部存在活动共享与内部协调以及私家车的分配，但是在建模分析与评估上还是缺乏对家庭成员之间互动以及出行模式互动的考虑。

从基于出行到基于活动的范式扩张中，也存在有老范式对新范式的影响：(1) 大多数基于活动的分析主要使用的是出行日志数据，因此限制了对家内与家外活动的替代效应的分析，低估了家外活动的参与水平；(2) 出行分析更注重活动片段的研究，比如预测活动持续时间等，而不注重考察整日活动移动模式；(3) 出行范式更加关注每个人的单次出行，这也可被视作以车为本的范式作用的惯性，较少考虑不同家庭成员决策的互动影响。

展望未来，城市交通研究仍有范式扩展与创新的空间，这也必将带来新的研究，更进一步充实政策讨论。就活动分析而言，这种视角可以用于考察非交通组织的行动及其实践对活动移动模式的影响(Jones, 2012)。类似地，心理学以及社会学中有关行为态度的知识在交通研究中仍大有作为，以更好地实现行为转变，或者重新确立有关交通量控制以及健康的生活方式等议题的研究框架。如何扭转模型与评价方法的发展滞后于理论思考的现实，实现两者的同步发展还任重道远。

2.4.2 讨论

是否还会有新的范式扩展对交通研究与政策思考形成重要影响？这通常来源于那些基于现有的理论和政策工具而得到很好解决的问题。最近有研究关注休闲与社交出行的重要性，因此需要更好地理解这类出行的影响因素。社会学已经提出了很多很有见地的看法，特别是重点考虑到社会网络对交通出行的影响(Arentze et al, 2008)以及有关移动性研究的发展(Urry, 2007)。尽管这些研究带来了新的研究问题、数据和分析工具，但就现在而言，它们是否有助于形成新的政策工具还不得而知。

很多社会学研究认识到在解释行为与消费模式转型中技术、商业活动与社会实践相互作用的重要性。布兰德(Brand，2005)分析认为，技术与经济活动的同步性是行为模式变化的基础，吉尔斯(Geels，2005)考察了一系列支持交通技术的革新并实现大规模应用的因素，如从马车到内燃机车，很多文献认为这是一种社会技术研究方法。政府部门与私人经济部门密切的对话可能会影响未来政策的走向。

最近观察到的一个现象是：美国、澳大利亚、英国以及其他欧洲国家人均汽车使用量(图 2－3)基本保持稳定(Millard-Ball et al，2011)。国内生产总值与交通出行增长关系的改变完全不同于以前的认识，这对于未来的交通量、交通拥堵与碳排放水平等预测都有重要的作用。这个问题也是一个开放性问题，它是否能够用现在的一个或多个范式加以解释，或者是否需要发展新的范式才能更好地加以解释？或许需要人类学家或者历史学者的参与。

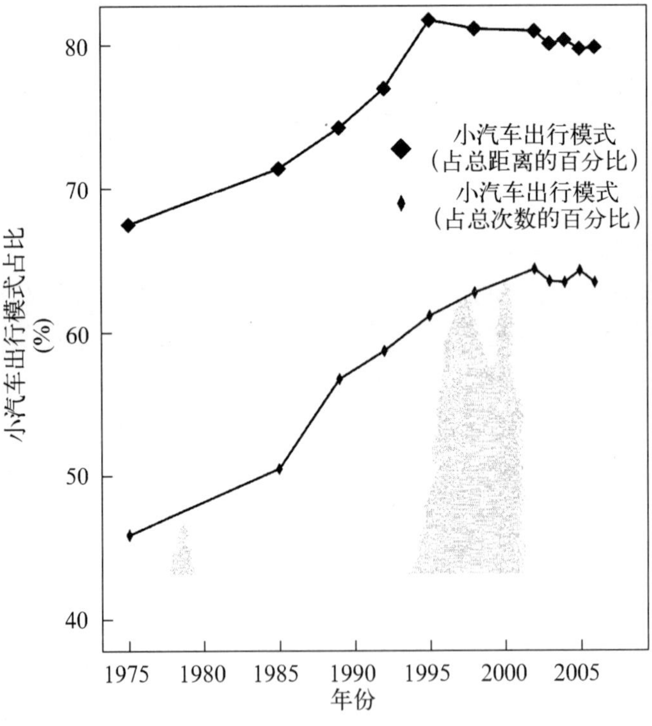

图 2－3　人均汽车使用量的变化曲线

本文开头，笔者提出了假设性命题：如果采用库恩范式转移的概念，而不是范式演进或者累积的概念，那么交通研究和政策讨论会有何不同？最早的以车为本的范式是否仍会位居核心？尽管笔者只能猜测，但笔者仍然怀疑可能会更多地强调了活动范式和态度范式以及众多社会科学家的积极参与。在有关移动、通信以及可达性等众多非常有意思的研究问题当中，道路交通效率只是一块研究领域而已。如果没有以车为本的范式惯性及其持续作用，可能会更多地强调行为模式、生活方式、幸福感以及移动在经济学和社会学中的作用等，更多地关注主观因素，关注如何通过出行和其他形式的互动来满足人们的各种期待。最近的国际交通行为研究协会（International Association of Travel Behavior Research，IATBR）以及其他国际性交通会议上的议题都体现了这种交通研究社会化的趋势，并且表明这个领域的研究将会继续拓展并形成新的研究范式。

参考文献

Anable J. 2005. Complacent car addicts or aspiring environmentalists? Identifying travel behaviour segments using attitude theory[J]. Transport Policy, 12: 65 - 78.

Arentze T, Timmermans H. 2008. Social networks, social interactions, and activity-travel behaviour: a framework for micro simulation[J]. Environment and Planning B: Planning and Design, 35: 1012 - 1027.

Ajzen I. 1991. The theory of planned behaviour[J]. Organizational Behaviour and Human Decision Processes, 50: 179 - 211.

Bain R. 2009. Toll Road Traffic and Revenue Forecasts: an Interpreter's Guide[M]. [S. L.]: Robert Bain Publisher.

Ben-Akiva M, Lerman S R. 1985. Discrete Choice Analysis: Theory and Application to Travel Demand[M]. Cambridge: The MIT Press.

Benwell M. 1980. The Contribution of the Social Sciences to Transport Research in France[R]. Crowthorne, England: Transport and Road Research Laboratory.

Bonnel P, Zmud J, Lee-Gosselin M. 2009. Transport Survey Methods: Keeping up with a Changing World[M]. New South Wales: Emerald Press.

Boyce D E. 1980. A silver jubilee for urban transportation planning[J]. Environment and Planning A, 12: 367 - 368.

Brand R. 2005. Synchronising Science and Technology with Human Behaviour[Z]. Earthscan, London.

Brog W, Erl E. 1983. Application of a model of individual behaviour(situational approach) to explain household activity patterns in an urban area, to forecast behavioural changes[M]// Carpenter S, Jones P. Recent Advances in Travel Demand Analysis. Aldershot: Gower.

Cairns S, Hass-Klau C, Goodwin P. 1998. Traffic Effects of Highway Capacity Reduction[M]. London: Landor Publishing.

Cairns S, Sloman L, Newson C, et al. 2004. Smarter Choices-Changing the Way We Travel [R]. Report to the UK Department for Transport.

Chapin F S. 1965. Urban Land Use Planning[M]. Illinois, USA: University of Illinois Press.
Chapin F S. 1974. Human Activity Patterns in the City: Things People Do in Time and Space [M]. London: John Wiley and Sons.
Department for Transport. 2009. Guidance on the Appraisal of Walking and Cycling Schemes [R]. London: Transport Analysis Guidance.
Geels F W. 2005. Technological Transitions and System Innovations: a Co-Evolutionary and Socio-Technical Analysis[M]. Cheltenham, UK: Edward Elgar.
GLA Economics. 2009. Economic Impact of Traffic Signals[R]. London: Report to the Great London Authority, City Hall.
Goodwin P B. 1977. Habit and hysteresis in modal choice[J]. Urban Studies, 14: 95 - 98.
Goodwin P B. 1992. A review of new demand elasticities with special reference to short and long run effects of price changes[J]. Journal of Transport Economics and Policy, 26: 155 - 163.
Hagerstrand T. 1970. What about people in regional science[J]. Papers of the Regional Science Association, 24: 7 - 21.
Hart D A. 1976. Strategic Planning in London: the Rise and Fall of the Primary Road Network [M]. Oxford: Pergamon Press.
Hartgen D T. 1974. Attitudinal and situational variables influencing urban mode choice, some empirical findings[J]. Transportation, 3 (4): 377 - 392.
Heggie I G. 1978. Putting behaviour into behavioural models of travel choice[J]. Journal of the Operational Research Society, 29(6): 541 - 550.
Heggie I G, Jones P M. 1997. Defining domains for models of travel demand[J]. Transportation, 7(2):8.
Hensher D A, Rose J M, Black I. 2008. Interactive agency choice in automobile purchase decisions: the role of negotiation in determining equilibrium outcomes[J]. Journal of Transport Economics and Policy, 42(2): 269 - 296.
Hovell P J, Jones W H, Moran A J. 1975. The Management of Urban Transport: a Marketing Perspective[M]. Lexington: Saxon House.
Hutchinson B G. 1974. Principles of Urban Transport Systems Planning[M]. London: McGraw-Hill.
Jones P M. 1979. HATS: a technique for investigating household decisions[J]. Environment and Planning A, 11(1): 59 - 70.
Jones P. 1983. A New Approach to Understanding Travel Behaviour and its Implications for Transportation Planning[D]: [PhD Thesis]. London: University of London.
Jones P M. 1990. Developments in Dynamic and Activity-Based Approaches to Travel Analysis [R]. Oxford Studies in Transport, Avebury, Aldershot.
Jones P. 2012. Developing Sustainable Transport for the Next Generation: the Need for a Multi-sector Approach[R]. IATSS Special Issue on Transportation Policy for the Next Generation.
Jones P M, Clarke M I, Dix M C, et al. 1983. Understanding Travel Behaviour[M]. Aldershot: Gower.

Jones P, Roberts M, Morris L. 2007. Rediscovering Mixed Use Streets: the contribution of local high streets to sustainable communities[M]. Bristol: The Policy Press.

Khorgami S, Jones P, Titheridge H. 2010. The Validity of Assuming Only One Activity per out-of - home Location in Activity-Based Demand Models Constructed from Trip-Based Survey Data[R]. Lisbon: Paper in preparation for the World Conference on Transport Research.

Kuhn T. 1962. The Structure of Scientific Revolutions[M]. Chicago: Chicago University Press.

Kutter E. 1973. A model for individual travel behaviour[J]. Urban Studies, 10(2): 235 - 258.

Lane R, Powell T J, Prestwood-Smith P. 1971. Analytical Transport Planning[M]. London: Duckworth.

Louviere J J, Hensher D A, Swait J D. 2000. Stated Choice Methods: Analysis and Applications[M]. Cambridge: Cambridge University Press.

Martin B V, Memmot F W, Bone A J. 1961. Principles and Techniques of Predicting Future Demand for Urban Area Transportation[M]. Cambridge: The MIT Press.

Metz D. 2009. Sustainable Travel Behaviour[R]. Paper to the UTSG Conference UCL.

Millard-Ball A, Schipper L. 2011. Are we reaching peak travel? Trends in passenger transport in eight industrialised countries[J]. Transport Reviews, 31(3): 357 - 378.

Ministry of Transport. 1963. Traffic in Towns[R]. London: HMSO.

Mitchell R, Rapkin C. 1954. Urban Traffic: a Function of Land Use[M]. New York: Columbia University Press.

Nicolaidis G C. 1975. Quantification of the comfort variable[J]. Transportation Research, 9(1): 55 - 66.

Pas E. 1990. Is travel demand analysis and modelling in the doldrums[R]// Jones. Developments in Dynamic and Activity-Based Approaches to Travel Analysis. Aldershot: Oxford Studies in Transport, Avebury: 3 - 27.

Plowden S P C. 1972. Towns Against Traffic[R]. Andre Deutche.

SACTRA. 1994. Trunk Roads and the Generation of Traffic[R]. London: Standing Committee on Trunk Road Assessment, HMSO.

Schade J, Schlag B. 2003. Acceptability of Transport Pricing Strategies[M]. Amsterdam: Elsevier.

Schonfelder S, Axhausen K. 2011. Urban Rhythms and Travel Behaviour: Spatial and Temporal Phenomena of Daily Travel[M]. Farnham: Ashgate Publishing.

Spear B D. 1974. The Development of a Generalised Convenience Variable for Models of Mode Choice[D]: [PhD Thesis]. New York: Cornell University.

Starkie D. 1982. The Motorway Age: Road and Traffic Policies in Post-War Britain[M]. Oxford: Pergamon Press.

Thompson J M. 1969. Motorways in London[M]. London: Duckworth.

Timmermans H. 2005. Progress in Activity-Based Analysis[M]. Amsterdam: Elsevier.

Urry J. 2007. Mobilities[M]. Cambridge: Polity Press.

Wrigley N. 1986. Quantitative methods: the era of longitudinal data analysis[J]. Advances in Human Geography, 10: 84-102.

Zumkeller D. 1996. Communication as an Element of the Overall Transport Context: an Empirical Study[R]. Proceedings of the Fourth International Conference on Survey Methods in Transport.

（彼特·琼斯　著，肖作鹏　译）

3 基于活动的交通出行需求模型及其规划应用进展

3.1 引言

时空间行为决策的研究长期以来都是地理学关注的热点。从最初的社会物理学，到行为地理学及之后的时间地理学，都开发了大量的相关模型。其中，后者更加注重表达空间对于行为的双重作用——空间作为行为载体并对行为造成制约。比如，在特定的时空间结构的制约下，居民的行为会表现为特定的棱柱(Timmermans et al, 2002)。以时间地理学理论为框架，20 世纪七八十年代行为分析方法论体系得到了极大的丰富。

尽管提供了时间维的分析方法，并将空间决策研究的视角从泛化的汇总对象转向了微观个体，然而由于忽视个人情感认知、社会结构的影响，时间地理学受到了 20 世纪 70 年代人本主义和结构主义的批判(张文佳等，2009)。另一方面，蔡平(Chapin，1974)在《城市中的人类活动模式——时空之中的人类活动》一书中提出了城市活动系统的概念，认为居民出行需求是活动的派生，并结合心理学理论，通过活动日志调查的实证研究方法，挖掘居民活动背后的动机。“动机理论”构建了“活动”与“移动”之间的因果关系。

20 世纪 80 年代开始，时空间行为分析方法在地理学领域的热潮逐渐退去，却在交通需求分析领域被广泛应用。后工业时期，西方发达国家的城市交通发展进入新的阶段，交通领域开始关注土地利用、污染排放、交通拥堵、政策评估等方面，而且对于居民出行行为的刻画趋于精细(赵红霞等，2009)，交通模型功能的要求也逐渐复杂化、多样化。尤其是20世纪90年代，在地方性交通法规效用评估需求的影响下(Recker et al, 1986)，传统"就出行论出行"的模型方法已经不能完全适用，综合考虑时空间社会制约，以"活动—移动系统"为基本逻辑的"活动分析法"得到了长足的发展。

以时空间行为理论为框架，交通研究方面目前已积累大量的模型方法。本文根据哈利·蒂墨门斯(Harry Timmermans)教授在北京大学的讲座，综合相关文献，对国际上活动分析法的发展历程及概念方法进行简要梳理，旨在为读者展现当前活动分析法的进展情况，为适应中国国情的本地化应用提供思考。

3.2 从四阶段法到活动分析法

3.2.1 四阶段法

交通需求的预测是交通规划领域的核心内容之一，直接决定道路交通系统规划方案的必要性、可行性、合理性和可能性(March，1994)，这方面运用最为广泛的模型为20世纪50年代开发的四阶段法(王炜等，1998)。所谓四阶段法是指以交通调查为基础数据来源，在给定的区域之中进行交通小区(Zone)的划定，然后进行出行生成、出行分布、方式划分、交通量分配预测的方法(张弘弢，2011)。

出行生成预测是指基于研究区域的社会经济属性和土地利用，研究特定时间对象区域总体以及每个交通小区各自的交通发生和吸引量。出行分布预测是指通过现状的起讫点调查数据，推测未来年出行的空间分布。方式划分预测则是对未来年出行者特征、出行特征、运输设施特征影响下的交通方式的预测。交通量分配预测则是根据现有起讫点交通量和现状路网，逐步推测规划年起讫点交通量在规划年路网的分配情况(于明等，2009)。

但是，作为基于出行的交通需求模型，四阶段法具有不可避免的缺陷。

第一，子模型之间缺乏整合度。在四阶段法的实际操作中，四个模型相互独立，因此缺乏系统内部的一致性，导致诸如区域的交通产生和吸引总量不一致等问题(张弘弢，2011)。

第二，四个步骤缺乏相互关联性。一方面，四阶段法缺乏对属于同一出行链的不同出行之间的关联性的考虑；另一方面缺乏对家庭成员之间的关联性的考虑，例如忽略了家庭共同行为或某家庭成员的代表行为，以及小汽车拥有不足对家庭内部制约的加剧的考虑。

第三，时空精度较低。四阶段法采用孤立的点(出行的起讫点)来作为交通区域重心位置，这种汇总式的方法必然限制了其在平面空间上的解析能力；而在时间过程的解析上，仅仅讨论高峰期与非高峰期的分异现象；在样本方面，以交通小区或一两个社会经济属性对研究对象进行粗略的划分也是其一大弊端。

第四，缺乏对于行为机制的解释。四阶段法的基本方法是重力模型以及熵最大化模型，但缺乏对于个人以及出行决策的探讨。未来的交通政策必然由基础设施投资转向服务设施开放时间管理、出行信息发布、弹性劳动人口、家庭办公、同伴等方面，四阶段法的适用性受到挑战。

3.2.2 活动分析法

四阶段法的缺点对大尺度的基础设施投资决策方面的影响并不显著，然而在交通预测以及交通管理政策的制定方面，还需要非汇总的模拟结果进行支持。基于活动的分析方法可以让研究者更多地关注诸如劳动人口行为弹性化、社会时间优化等问题（例如，通过改变工作的开始时间，调整通勤时段，避免交通拥堵等）。此外，在未来个体行为数据的支撑下，更适合将出行者行为特征汇总为大范围的城市交通特征，并进行交通措施评价（Jovicie, 2001）。

因此，为细致探讨居民出行行为，新式的模型需要以个人或家庭为基本视角，研究其在制约以及背景认知的缺陷之下，如何满足自身的主客观需求，综合安排活动及其派生出行（即日程安排）。这种新的结合活动的交通出行需求模型被称为活动分析法。

活动分析法具有两个主要特点。首先，其问题意识是与社会生活质量的提高以及社会排斥（Social Exclusion）的解决直接相关的，这往往反映在居民的行为模式与时间利用上。其次，在日程安排中，时间制约、空间制约、情景制约、制度制约等制约因素需要被统筹考虑。

此外，活动分析法还包括对于家庭内部相互作用的考虑。传统的出行需求模型通常只针对于个人的活动与出行参与，但事实上，家庭的决策需要综合资源分配（如小汽车分配）和活动需求（如任务分配）而进行。较之基于出行的分析方法仅仅考察家庭属性对个人行为的影响，活动分析法可以更多地考察家庭任务对个人行为的制约以及家庭成员之间的组合制约（张文佳等，2008）。

综上所述，四阶段法关注出行的目的、出行目的地、出行方式、出行路径；活动分析法则关注活动类型、出行目的地、出行方式、出行路径。在解析能力上，四阶段法仅仅从宏观尺度进行高峰期和非高峰期之间的差异性研究，并且以交通小区为基本空间单元；活动分析法则以分钟为最小时间单元，以邮区（Parcel or Zip Codes）为最小的空间单元进行微观视角的研究。总之，四阶段法是一种就出行论出行，仅仅关注个体，以交通区为基本空间单元，忽略制约的研究方法；而活动分析法则是一种以人为本、关注活动情景（Activity Episodes）的在家庭视角下讨论制约因素的研究方法。

3.3 制约模型、效用模型与计算过程模型

活动分析法的概念较为笼统，有单功能模型和综合模型之分（Timmermans et al，2002）。前者是指单纯关注活动—移动模式中某一侧面的简单模型，例如考察活动时长与时间分配的模型，考察出发时间决策的模型，以及考察出行链的模型。后者则可以同时考察多个侧面。

活动分析法的综合模型大体可以分为三类[也有一些学者认为，活动分析法模型应分为四类，除了下述的三类之外，还包括微观模拟（Microsimulation）模型（Arentze et al，2004）]，其发展历程如下：1967 年制约模型最早在地理学领域产生，作用在于检验制约和特定控制政策之下日程安排的可操作性；1978 年离散选择模型方法支持下的效用模型在经济学领域诞生，效用模型在个人追求行为效用最大化的理论假设之上，讨论个人行为的方方面面；2000 年，基于对效用最大化理论的批判，计算过程模型产生，它讨论的则是行为决策规则及过程，计算过程模型以政策支撑为直接背景，受到心理学领域学习机制理论以及计算机技术的影响。这三类模型中，后者往往是在对前者质疑与改进的基础上发展起来的（尤其是计算过程模型，更多地综合了前两者的理论优势）；同时，三类模型在几十年的发展中又有各自的修正与完善。

3.3.1 制约模型

制约模型直接来源于时间地理学，与之后的模型方法不同，制约模型的目的不在于预测活动—移动模式，而是验证在特定的时空背景下，例如改变制约，给定的活动日程是否具有可操作性。模型的输入变量是用以描述活动时长和活动时间的活动日程，以及包含位置信息的时空背景属性，包括服务设施开放时间，可用的出行方式、出行时间等，采用组合算法（Combinatorial Algorithm），以活动的时间间隔的富余程度等标准来验证日程的可行性。制约模型的进展归功于众多地理学家的推动，其发展大体可以分为以下三个阶段：

（1）最早的制约模型为隆德学派的伦拓普（Lenntorp，1976）和之后的琼斯等（Jones et al，1983）根据制约理论提出的可替代样本路径汇总活动评价法（Program Evaluating the Set of Alternative Sample Paths，PESASP）模型和日程再规划组合算法（CARLA）模型。这类模型定义了制约因素，奠定了制约模型的基本框架。二者在一定程度上较为类似，但前者更侧重于通过穷举，验证所有的活动、目的地的组合序列，后者则通过组合算法，验证变化的环境因素的影响，并输出可行的活动日程或活动模式。

(2) 20 世纪 80 年代中期开始，模型的发展进入第二阶段。辉根(Huigen, 1986)提出了整体同步并行(Bulk Synchronous Parallel, BSP)计算模型，对社会网络进行了更加详细的探讨。这一模型类似于可替代样本路径汇总活动评价法模型和日程再规划组合算法模型折中后的产物，但同时也做出了巨大的改进。一方面，整体同步并行计算模型的算法开始统筹考虑不同制约的组合效应(这使得在同一出行链中考察不同的出行方式成为可能)；另一方面，该算法为目的地单独定义了可用时间窗(Available Time Windows)。而戴斯特(Dijst, 1995)在哈格斯特朗制约理论的基础之上增加了一系列时间与空间制约，提出了行为空间模型(MASTIC)，采用时空间棱柱的方式表达个人潜在活动空间。但总体来说，这段时期制约模型的发展较为缓慢。

(3) 1994年，关美宝(Mei-Po Kwan)在 GIS 的支持下提出了地理信息系统界面计算过程(GISICAS)模型，该模型可以根据活动的优先权和时间制约，按照个人可支配的自由时间将活动进行合理的排序，并且可以确定活动进行的合适地点。模型的输出结果为一份基本日程安排，以及无法被安排的活动。2010年以来，美国的大批地理学者对活动分析法，尤其是制约模型进行了进一步发展。

① 可替代样本路径汇总活动评价法模型。制约模型的输入变量为活动日程，即位置信息、出行方式、起止时间、持续时长等信息。它既包含如位置、目的地等空间系统信息，也包括如路径、依出行方式而变化的出行速度等交通网络信息。可替代样本路径汇总活动评价法模型(关美宝，2010)引入设施可达性的概念进行日程可操作性的评估，检验在改变了时空背景的条件下活动日程是否仍然具备可操作性。并且借助计算机模拟的方法挖掘所有潜在的可替代时空路径，以检测这种可操作性的最大弹性限度。

② 日程再规划组合算法模型。日程再规划组合算法模型是由琼斯(Jones)、迪克斯(Dix)、克拉克(Clarke)、赫吉(Heggie)等人提出的用以讨论家庭可行活动日程的模型。模型首先对制约进行了重新定义，即将制约划分为逻辑制约、背景制约、相互制约、自身制约四大类。在原有制约模型的基础之上，日程再规划组合算法模型增加了新政策对于家庭可行替代活动日程影响的关注。技术层面上，模型中的重要内容是对于所有可替代日程进行可实施性排序，并通过与原日程的时间重叠评估其相似程度。

3.3.2 效用模型

效用模型来源于微观经济学，最初的起源是 20 世纪 70 年代美国麻省理工学院的计量经济学家麦克法登(McFadden)在交通方式选择建模方面的探索(McFadden, 2000)。与制约模型对制约因素的关注不同，效用模型关注人们的偏好及其行为的效用。基于离散选择方法的效用模型理论认为，人们组织日常生活的过程是一个选择的过程。在选择的过程中，每一个可选项都存在着一定的效用值，这些效用值是与该选择项关联的属性值（Attribute Levels）的随机函数，而日常活动的安排主体存在追求效用值最大化的倾向。

交通方面的模型开发最早是在1972年，即运用多项分类评定模型（Multinominal Logit Model，MNL）来预测同一决策层级下各项活动的发生率。麦可法登对分类评定模型（Logit Model）进行系统论述，并初步建立以多项分类评定模型为代表的非汇总方法体系，并为推动效用模型的实用化做出了巨大贡献（李志瑶，2006；McFadden，1987）。多项分类评定模型是效用模型的基础，此后效用模型的发展都是在多项分类评定模型之上的改进优化。1976年，同样基于随机效用最大化（RUM），麦可法登创制了嵌套分类评定模型（Nested Logit Model，NLM），该模型是对多项分类评定模型的延伸拓展。嵌套分类评定模型用在复杂性更高的多层级决策分析中，该模型包括一系列的相关模型，比如共同选择模型以及棱柱模型（Kitamura，1996）。

1978—1985年，基于对多项分类评定模型中非相关选择方案相互独立性（Independence of Irrelevant Alternative，IIA）（Zhang et al，1993）缺陷的改进，非相关选择方案相互独立性模型（Non IIA Model）诞生。从1996年开始，混合分类评定模型（Mixed Logit Model，MLM）被用以研究城市空间对出行者停留点的影响，到2005年，该模型逐渐运用到土地利用变化模型（LCM）（杨丽桃，2012）当中去。混合Logit模型的出现是伴随着计算机技术和仿真算法的发展而诞生的，具有更丰富的物理意义（李志瑶，2006）。在2005年，分层选择模型（Hierarchical Choice Model，HCM）开始运用在城市空间与活动—移动系统之间关系的研究中。

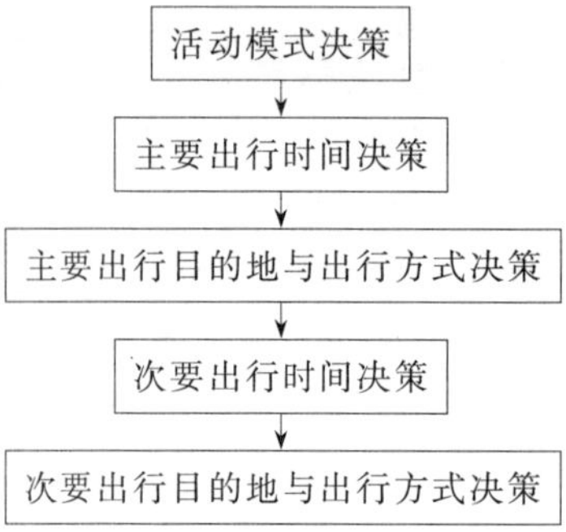

图3-1　嵌套分类评定模型决策层级结构示意

下面以嵌套分类评定模型为例，对效用模型进行介绍。嵌套分类评定模型是用于多层级决策研究中的重要模型系列，其中较为先进的一个模型是由麻省理工学院的本·阿齐瓦等（Ben-Akiva et al，1998）开发的日常活动计划表（Daily Activity Scheduler）方法，也被称为活动模式（Activity Pattern）模型，模型理论的基本观点认为，日常的不同出行具有不同的效用值，该模型的目的在于制定日程中的内容序列，然后预测这些日程内容如何组织才能实现位置、时间和出行方式的协调统一，即达到个人效用的最大化。模型的决策层级结构如图3-1所示，在该层级结构中，每一种模式的效用都取决于下一层级所有可用出行的最大效用。

3.3.3 计算过程模型

效用模型所运用的效用最大化假设遭到了一部分学者的批判。他们认为，人们不一定具有做出最佳选择的能力，更多的则是根据背景条件启发而进行决策（Context-Dependent Choice Heuristics），因此而诞生的替代模型之一就是计算过程模型。相较于以往效用最大化模型关注的是最终结果，计算过程模型更关注日程安排的过程，它采用一系列类似于编程语言（IF/THEN/ELSE）的语句规则来模拟思考过程，从而讨论在满足某些条件的情况下活动的发生情况。

1993 年，以戛林（Gärling）1983 年启发式搜索的方法为基础，格利吉（Gollege）开发了日程安排模型，这个概念模型用于理解人们进行日常生活组织的过程，生成一定时间内的活动日程（Gärling et al，1994），成为计算过程模型的发展开端。日程安排模型的决策方式决定其不一定能做出最优选择——这一点和对效用最大化的批判是相一致的。

此后，以交通需求、交通规划、交通控制政策评估为目的，以华盛顿为应用区域的基于活动的建模系统（AMOS）模型（Kitamura et al，1995；Ettema et al，1993）以及采用迭代运算、用于评估出行者对措施反应的 SMASH（Simulation model of activity scheduling heuristics）模型（Ettema et al，1995；Kitamura，1996）等众多计算过程模型得到了理论与实践上的发展。

进入 21 世纪，计算过程模型有了新的进展。2000 年以来，基于学习、认知理论，蒂默门斯一直为荷兰政府部门致力于基于规则（Rule-Based）的、基于学习的活动与交通导向仿真系统（Albatross）模型（Arentze et al，2000）的开发应用，该模型将在下文详细展开介绍。与基于学习的活动与交通导向仿真系统模型较为相似，基于规则，2007 年多伦多大学的路尔达（Roorda）和米勒（Miller）为安大略省开发了 TASHA（Travel Activity Scheduler for Household Agents）模型（Roorda et al，2005）。近年来，计算过程模型在比利时、韩国也有一定程度的发展和地方化运用。

基于学习的活动与交通导向仿真系统模型考察家庭成员之间的相互作用以及制约因素，采集家庭一天的活动日程作为规则提取数据，以虚拟样本为对象，在一定的背景下对于活动的类型、同伴、时长、地点、时间、出行方式、先后顺序、出行链进行模拟输出。

作为一种多代理的活动模式预测系统，基于学习的活动与交通导向仿真系统模型具有较多的代理模块（Agent），并在运算中各自分担不同职能（赵红霞等，2009）。图 3-2简单展示了基于学习的活动与交通导向仿真系统模型中基本代理模块之间的结构关系。在被模拟群体之中，需要确切地知道每一个个体的社会与人口统计特征，并对其特征进行估计，确保其与人口统计中所得到的边际分布以及协方差相一致。在方法层面上，使用迭代均衡满足算法（Iterative Proportional Fitting）进行迭代运算。

基于学习的活动与交通导向仿真系统模型的核心模块是日程安排发动机(Scheduling Engine)，即在日程安排过程中用以控制日程内容序列的核心决策机制。在日程安排发动机的工作框架中，工作活动是最先被安排的，其次是其他较为固定的活动，然后在此基础上，衍生出弹性活动，并对之进行时间安排，根据活动—移动系统的理论，进行出行链的决策，然后进行弹性活动的地点决策，最后一个决策层级是非工作出行的方式决策。图 3－3 表示日程安排发动机层级结构，图 3－4 表示各个层级内部的模拟运算过程。除此之外，决策的过程可以用基于卡方自动交互检测反映 CHAID(CHi-squared Automatic Interaction Detection)的决策树(Decision Tree)模块来进行描述，这种算法避免了重复选择行为的出现。通过对样本的属性变量进行递归分割，可以找到对于实际决策行为起到最好解释作用的最小生成树，其间采用显著性水平的卡方检验，来确保每一步分割方式的合理性。

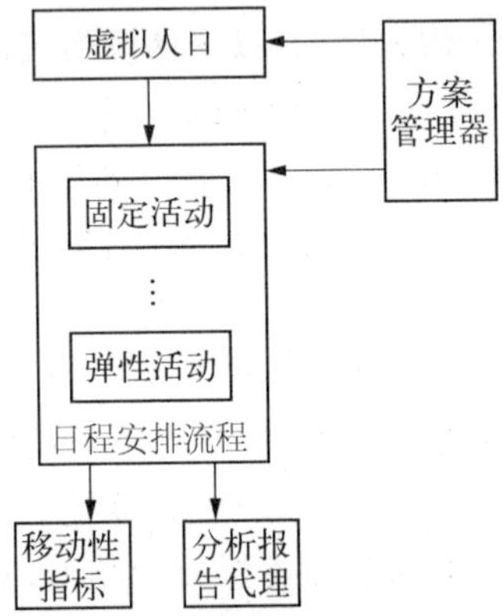

图 3－2　基于学习的活动与交通导向仿真系统模型框架示意

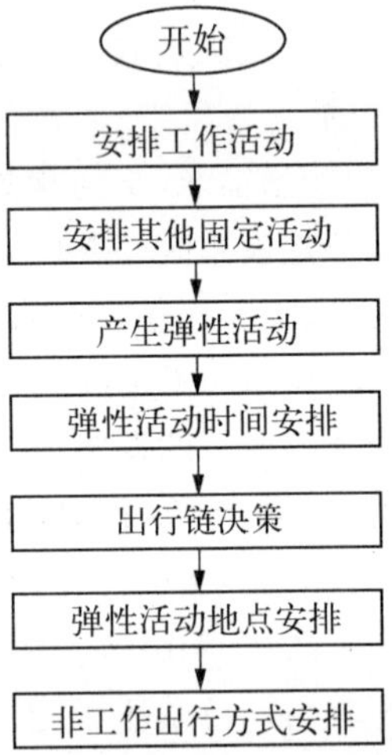

图 3－3　日程安排发动机层级结构示意

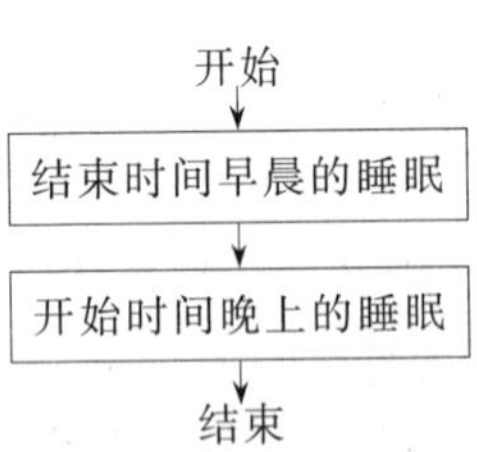

(a) 睡眠活动的模式

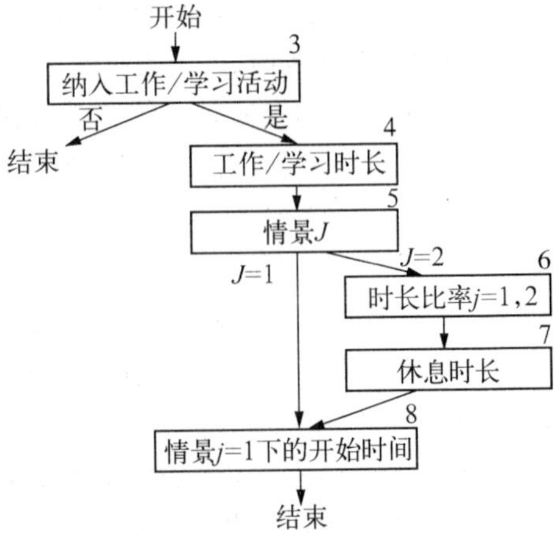

(b) 工作模式(主要固定活动)

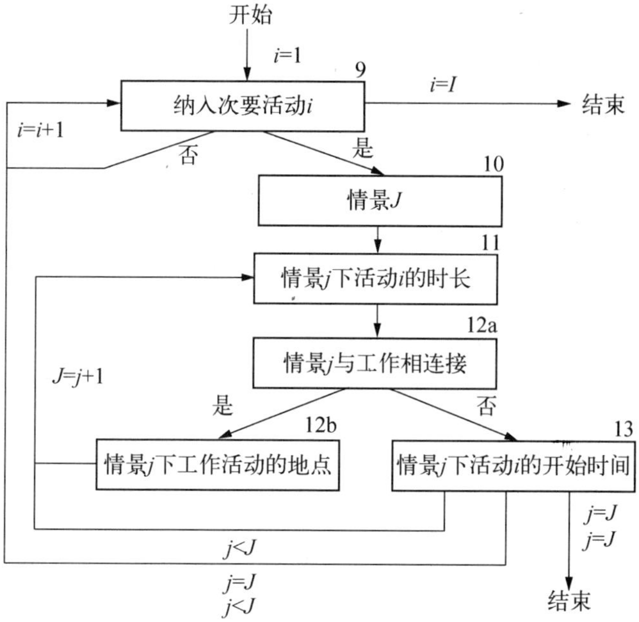

（c）次要固定活动模式

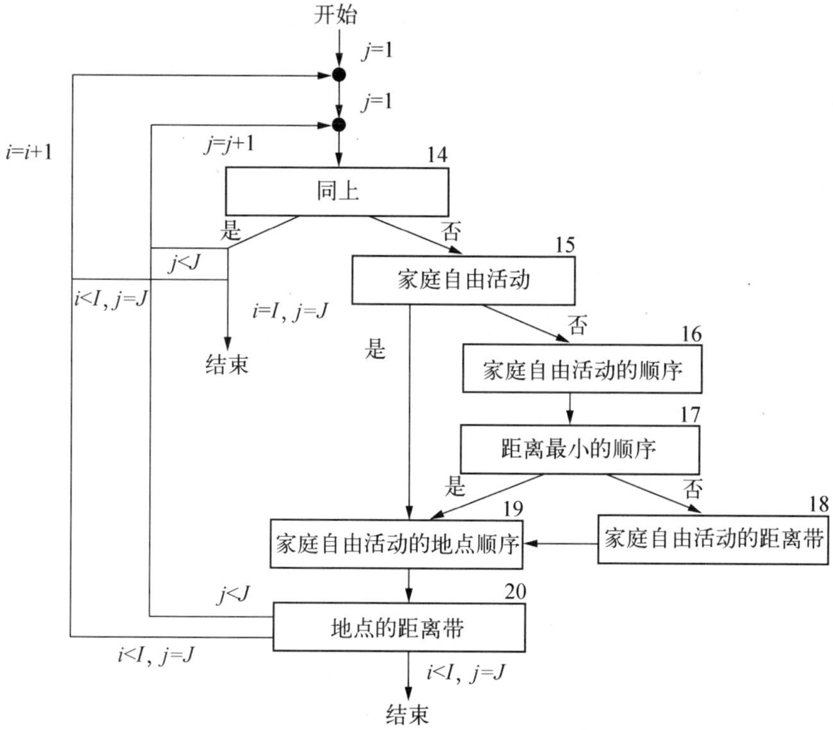

（d）区位选择

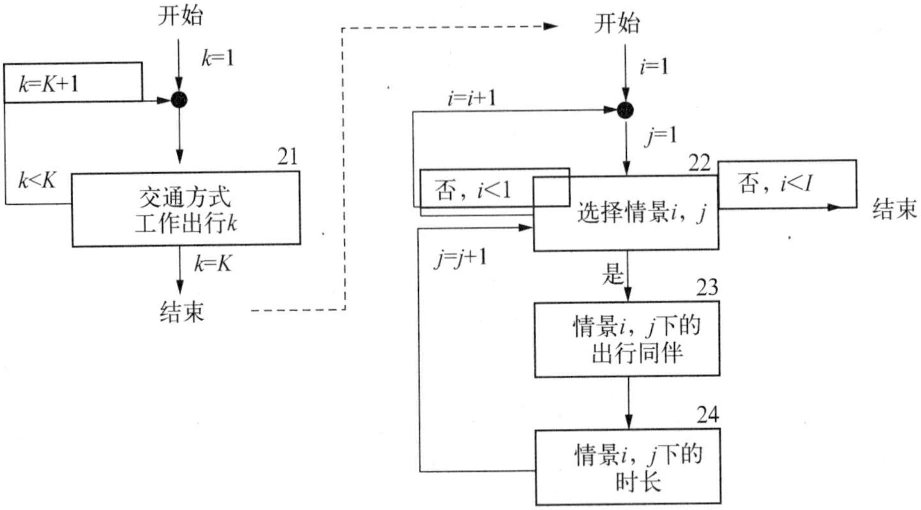

（e）工作的交通模式与弹性活动

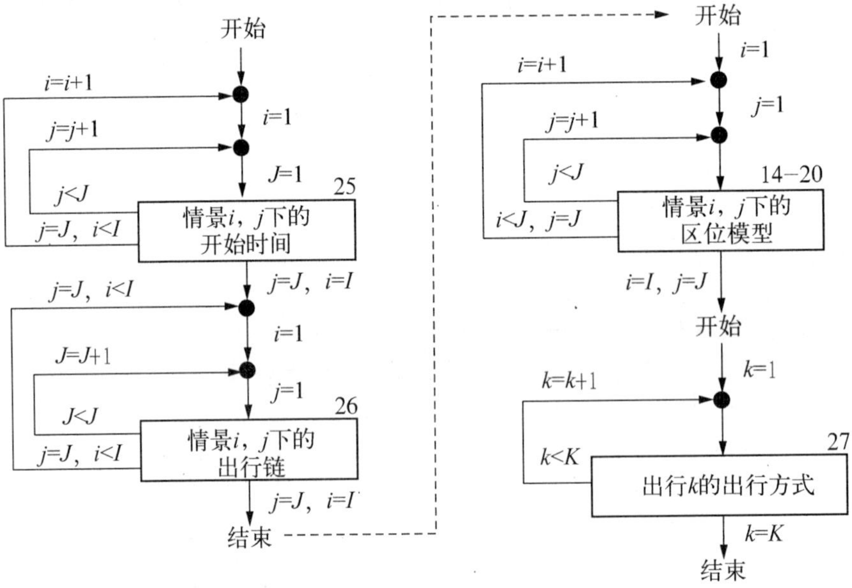

（f）弹性活动时间与出行链，区位与交通模式

图 3－4 日程规划发动机的分层决策流程示意

模型输入变量包括：以家庭为中心的可达性指标，包括家庭与个人的社会经济属性、家庭所在地的总体时空属性以及制度背景（按照人口等属性对家庭所在地进行划分）；样本活动日程的属性及其同伴活动日程的属性；与决策有关的活动属性；可替代选择的属性。

经过计算模拟，模型的输出指标包括三部分：

(1) 总体结果。包括所有的以及按不同出行方式划分的出行距离、总体的出行时间、出行或巡回的总数目以及发生率。

(2) 每一出行方式的出行矩阵。矩阵可以表达除了起点和目的地之外任何一种第三变量的矩阵，如出行目的、出行时间(杨琪等，2002)。

(3) 活动、个人属性、家庭属性的三维分布频率表。

3.3.4 活动分析法方法比较

制约模型作为活动分析法的基础模型，开发过程相对简单，操作性较高，但对数据要求较为苛刻，考察的活动类别不够丰富，模型内部的关联程度较差。更重要的是，制约模型考察个人行为变化的机制不足，因此模型敏感度不足以表达诸如政策变化等因素对个人行为造成的影响。

相对于其他二者来说，效用模型是较为均衡的模型方法，无论在理论开发还是在实际运用中都有较为明显的优势。然而在实际使用中，效用模型往往需要做简化处理，例如减少活动的种类，因此效用模型依然不能克服活动类别的丰富性不足的缺陷。

相对于制约模型、效用模型来说，计算过程模型虽然在数据来源和易操作性上都对研究者提出较高的要求，但在以模拟家庭出行需求为目的对出行活动进行计算与模拟的过程中，其优势明显。相对于其他两种模型来说，计算过程模型最大的优势在于其对于活动的丰富性的考虑。

3.4 活动分析法规划实践案例

活动分析法出现之前传统的四阶段法以及基于活动的制约模型、离散选择模型、计算过程模型各有其运算方式与适用范围。四阶段法采取的是整合数据进行矩阵乘法运算的方法；制约模型则强调对于样本的枚举，其优点在于数据融合；离散选择模型和计算过程模型较为相似，都是以虚拟人口为模拟对象展开预测。

在实际的地方化、具体化应用方面，计算过程方法在美国得到了迅速的推广，在欧洲处于起步阶段，但其发展较为缓慢，韩国的运用目前还处于初期讨论之中，在澳大利亚的运用也较为有限。

3.4.1 美国

在美国，从学术模型向实践运用的转化向来处于较高水平。对于活动分析法来说，SimAGENT 模型就是其具体化运用的体现。从 20 世纪 90 年代波特兰的都市区开始，到后来的旧金山郡、纽约、俄勒冈等地的实践，SimAGENT 模型在交通领域得到了不断的开发、调试与运用。

SimAGENT 模型是在相关城市规划组织以减少温室气体排放为导向综合考虑可持续社区战略的背景之下得到发展运用的。其发展的背后是一系列的政策导向，如对于福利、收入空间区位分布的经济分析要求，以家庭收入分层为视角的均等性分析要求，家庭碳排放与能源消耗评估要求，经济发展影响综合评估要求，以及交通时间损失评估要求等。

实证研究方面，南加州政府联盟(Southern California Association of Governments，SCAG)曾结合个人日常巡回—停留与出行，基于出行起讫点交换矩阵算法(Origin-Destination Trip Interchange Matrices)的交通网络分配，运用宏观尾气排放因子(EMFAC)模型进行了机动车排放与交通污染的估算。普捷湾区域委员会(Puget Sound Regional Council，PSRC)则将交通规划、城市模拟、基于活动的家庭出行需求模拟、交通模型系统相结合，创造了多功能计算机仿真(OPUS)模型框架。

3.4.2 欧洲

在欧洲，面对诸如人口统计特征变化，道路网络、土地利用、公共交通系统的动态复杂性加剧，社会整体开放时间增多，居民固定活动特征改变以及居民行为的适应性增强等社会背景，计算过程模型在荷兰交通、公共事业与水资源管理部的支持下得到了具体化运用，即基于学习的活动与交通导向仿真系统模型，其作用在于通过移动性指标(Mobility Indicators)评估人们的远期行为模式变化趋势。由于其出色的预测能力，基于学习的活动与交通导向仿真系统模型为将来更好地解决养老等众多社会问题提供了可能性，比如通过对虚拟人口进行 55—64 岁、65—74 岁、75—84 岁三个年龄段划分的基础上，预测未来老年人的活动模式，从而提供相应的城市服务设施(图 3-5)。

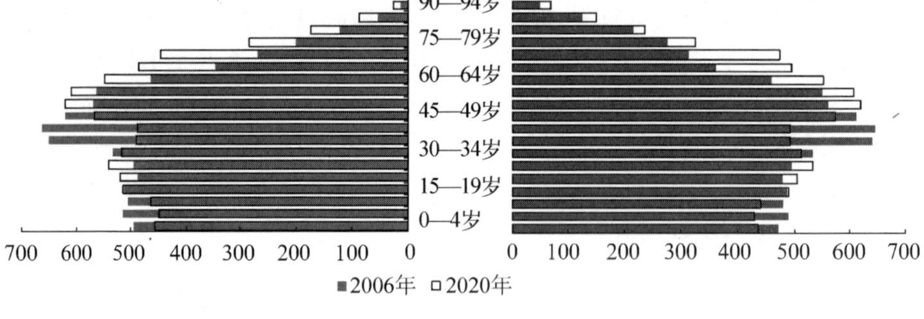

(a) 男性(×1 000)　　(b) 女性(×1 000)

图 3-5　基于学习的活动与交通导向仿真系统模型对于未来移动性年龄分布的预测

根据模型的模拟结果，未来老年居民的行为将会呈现活动的家庭外部化、活动弹性增强(出行时间的决策方面，趋向于避开高峰期)、居住区位的偏好改变(这种改变在 65—74 岁的群体中表现最为明显)以及迁居行为的年龄差异等趋势。

3.5 总结与展望

20 世纪下半叶,经过了快速的工业化与城市化进程,西方发达国家出现了从逻辑实证主义走向对人全面理解的多元主义的科学范式;与此同时,城市开始从物质建设走向对个人生活质量追求的关注。西方学者开始意识到个体视角的重要性,并在交通出行领域意识到主观选择与客观制约辩证统一体的存在,亟须构架集描述、解释、模拟、评估、策略构建为一体的系统化城市交通模型体系。尤其是土地利用模型与交通需求模型的整合统一,成为了交通规划领域的重要议题。

制约理论与家庭视角的引入弥补了四阶段法的缺陷,首次在制约背景与家庭内部作用的基础之上进行出行的讨论。作为行为主义思潮在城市与交通规划中的响应,活动—移动系统的提出对于交通需求预测具有方法论上的革命意义。此外,经济学领域的效用最大化理论以及信息科学技术的提高都对活动分析法进行了丰富,并产生了众多模型以及在此之下的实证研究。

综合其特点,活动分析法以个体为视角,挖掘活动模式背后的决策过程及其受到的城市空间制约,验证和解释移动—活动模式;通过模型在给定的时间与社会背景框架内预测个体活动模式——活动类型、地点、时间、时长,以及出行时长、出行方式,甚至是出行同伴;通过对以上交通需求预测特征的归纳汇总,从交通需求引导方面对交通规划进行科学指导。由于活动分析法的非汇总特征,从而活动分析法更适用于交通政策评估研究。此外,活动分析法诞生之后,活动作为反映土地利用的重要侧面,在土地利用与城市交通模型的整合中扮演了重要角色。目前,以政府力量为支点,活动分析法尤其是计算过程模型已经在西方得到了广泛应用,在城市交通规划领域发挥了巨大的作用。

在中国,交通需求预测模型仍然以四阶段法为主。然而,转型期的中国城市呈现移动性动态变化等特征,并且其变化趋势的多样性与模糊性难以把握,交通领域需要一种能够在总结行为决策机制的基础上,综合特定社会经济背景,提供居民行为模式借鉴的方法体系。活动分析法,尤其是具备长期预测功能的计算过程模型无疑为适应中国自身经济社会发展状况,着眼于交通决策的核心问题,构建适合中国国情的交通规划框架提供了新的视角。

参考文献

关美宝. 2010. 时间地理学研究中的 GIS 方法：人类行为模式的地理计算与地理可视化[J]. 申悦,赵莹,柴彦威,译. 国际城市规划, 25(6):18 - 26.

李志瑶. 2006. 基于活动的出行需求预测模型研究[D]:[博士学位论文]. 长春: 吉林大学, 2006.

王炜, 徐吉谦. 1998. 城市交通规划理论及其应用[M]. 南京:东南大学出版社.

杨丽桃. 2012. 福州城区土地利用变化 LCM 模型构建与模拟[D]:[硕士学位论文]. 福州:福建农林大学.

杨琪, 王炜. 2002. OD出行矩阵的容量限制推算方法[J]. 公路交通科技, 19(2): 101 - 104.

于明, 魏彦明, 李振勇. 2009. 四阶段法在交通规划中的应用[J]. 管理观察, 14: 86 - 87.

张弘弢. 2011. 基于活动方法的个体出行行为分析与出行需求预测模型系统研究[D]:[博士学位论文]. 南京: 南京师范大学.

张文佳, 柴彦威. 2008. 基于家庭的城市居民出行需求理论与验证模型[J]. 地理学报, 63(12): 1246 - 1256.

张文佳, 柴彦威. 2009. 时空制约下的城市居民活动—移动系统——活动分析法的理论和模型进展[J]. 国际城市规划, 24(4):60 - 68.

赵红霞, 汤淑明, 朱凤华, 等. 2009. 基于活动的交通需求计算过程模型研究综述[J]. 交通信息与安全, 29(149):16 - 20, 31.

Arentze T, Timmermans H. 2000. Albatross: a Learning Based Transportation Oriented Simulation System[M]. Eindhoven: Eirass.

Ben-Akiva M, Bowman J L. 1998. Integration of an activity-based model system and a residential location model[J]. Urban Studies, 35(7): 1131 - 1153.

Chapin F S. 1974. Human Activity Patterns in the City: Things People Do in Time and in Space [M]. New York: Wiley.

Dijst M J. 1995. Het elliptischleven: actieruimtealsintegralemaatvoorbereik en mobiliteit: modelontwikkeling met alsvoorbeeldtweeverdieners met kinderen in Houten en Utrecht[J]. Netherlands Geographical Studies, (169):213 - 220.

Ettema D, Borgers A, Timmermans H. 1993. Simulation model of activity scheduling behavior [J]. Transportation Research Record, 1993: 1.

Ettema D, Borgers A, Timmermans H. 1995. Competing risk hazard model of activity choice, timing, sequencing, and duration[J]. Transportation Research Record, 1493: 101.

Gärling T, Brännäs K, Garvill J, et al. 2001. Household Activity Scheduling[R]. Ventura, CA: Transport Policy, Management and Technology Towards 2001: Selected Proceedings of the Fifth World Conference on Transport Research.

Gärling T, Kwan M, Golledge R G. 1994. Computational-process modelling of household activity scheduling[J]. Transportation Research B: Methodological, 28(5): 355 - 364.

Huigen P P P. 1986. Binnen of Buitenbereik: Eensociaal-Geografischonderzoek in Zuid-West Friesland[M]. Amsterdam/Utrecht: KNAG/GI-Utrecht.

Jones P M, Dix M C, Clarke M I, et al. 1983. Understanding Travel Behaviour[M]. Aldershot: Gower.

Jovicie G. 2001. Activity Based Travel Demand Model: a Literature Study[R]. Danmark:Danish Transport Research Institute: 6 - 13.

Kitamura R, Fujii S, Otuka Y. 1996. An Analysis of Induced Travel Demand Using a Production Model System of Daily Activity and Travel Which Incorporates Time-Space Constraints [R]. Tokyo: Paper presented at the 5th World Congress of the RSAI.

Kitamura R, Pendyala R M, Pas E I, et al. 1995. Application of AMOS, an activity-based TCM evaluation tool to the Washington DC, metropolitan area[J]. Ptrc-Publications-P, 1995: 177 - 190.

Kitamura R. 1996. Applications of models of activity behavior for activity based demand forecasting[C]. New Orleans, Louisiana: Activity-Based Travel Forecasting Conference.

Lenntorp B. 1976. Paths in space-time environments: a time geographic study of movement possibilities of individuals[M]. Lund: Royal University of Lund.

March J G. 1994. Primer on Decision Making: How Decisions Happen[M]. New York: The Free Press.

McFadden D. 1987. Regression-based specification tests for the multinomial logit model[J]. Journal of Econometrics, 34(1): 63 - 82.

McFadden D. 2000. Disaggregate behavioral travel demand's RUMside[J]. Travel Behaviour Research, 2000: 17 - 63.

Recker W W, McNally M G, Root G S. 1986. A model of complex travel behavior: part I theoretical development[J]. Transportation Research A: General, 20(4): 307 - 318.

Roorda M J, Miller E J. 2005. Strategies for resolving activity scheduling confliets: an empirical analysis[M]// Timmermans H J P. Progress in Activity-Based Analysis. Oxford: Elsevier: 203 - 222.

Timmermans H, Arentze T, Joh C H. 2002. Analysing space-time behaviour: new approaches to old problems[J]. Progress in human geography, 26(2): 175 - 190.

Train K. 2009. Discrete Choice Methods with Simulation[M]. Cambridge: Cambridge University Press.

Zhang J, Hoffman S D. 1993. Discrete-choice logit models testing the IIA property[J]. Sociological Methods & Research, 22(2): 193 - 213.

（蒂默门斯、拉索利　著，孙道胜　译）

4 时空关联视角下城市空间结构研究的几个思考

4.1 引言

作为人文地理学研究人地关系的重要维度，时间与空间一直以来为学者所重视。哈格斯特朗认为区位既有空间坐标，也有时间坐标；区域研究中通常使用的个体集合模型缺乏对微观层面的关注，是有局限性的，但同时，历史学家注重的个人传记也非地理学家要做的工作（Hägerstrand，1973）。

时间和空间存在密切的关联性和转换关系。近年来，有关时空间内涵的研究得到不断拓展。时空关联及其引发的社会、经济活动规律，正成为解释城市空间结构形成与演化的重要视角。具体而言，个体与经济活动的时空约束、时空集聚、时空排斥等为研究城市社会空间和经济活动空间的形成提供了新的视角；时空可达性的引入也丰富了城市公共服务空间的区位理论。因此，如何构建一套基于时空关联语境的城市空间结构分析和应用框架具有一定的理论与现实意义。

同时，随着相关研究方法和技术手段的发展，特别是城市时空间研究的时空数据采集、数据挖掘、时空模拟与可视化等，城市时空间研究得到新的发展。随着海量时空数据获取和分析技术的突破，时空间行为将成为解释经济、社会和空间过程的重要因素。基于位置和实时传感设备与移动设备的数据采集、多源异构时空数据的获取与融合、时空过程与时空集聚模型与模拟、质性方法与地理信息系统的结合等在解释城市内部活动的时空关系、探讨城市物质空间形成的深层机制中起到了重要作用。从时空关联的角度研究城市空间结构的形成和演化机理，将有助于推动时空间理论的发展，并由此引发一系列研究议题，例如，如何从对空间主体的静态分析转为对空间主体的动态研究；如何从大尺度的空间分析走向微观行为和宏观作用效果的研究；如何从单纯的地理空间走向多重视角下的社会空间、产业空间和公共服务空间，并构建一套综合各空间要素的空间结构解析框架；如何从个体与经济活动的时空约束、时空集聚、时空排斥、时空可达性等时空关联语境中解释城市空间的演化，并拓展时空间研究的内涵等。

在实践领域，改革开放以来，中国城市在城市化、全球化、市场化与信息化多重作用下，城市空间的内部组织机制发生了深刻变化，实体空间的重构、社会空间的分异和产业空间的集聚以及公共服务空间供给的公平性等为城市规划建设带来新的课题，因此对于城市空间结构形成机理的研究对集约利用土地、优化城市空间结构和解决城市问题等均具有重要的应用意义。时空约束和时空关系的转换等时空间语境为解析城市空间结构提供了重要视角。

4.2 时空间行为背后的空间隐喻将拓展时间地理学的研究

在时间地理学的话语体系中，人类所有的活动均被视作行为，对行为事件的解释一般遵循在特定的时间和空间发生特定的行为这一基本范式，因此早期时间地理学研究的一个重要方面是测度在特定的状态下两种或两种以上的行为时空协同的可能性(Nigel，1977)。这种研究的范式最早由瑞典地理学者哈格斯特朗于20世纪60年代确立，并在欧美、日本及其他国家和地区广为流传。哈格斯特朗(Hägerstrand，1963)使用瑞典的数据，基于时间地理学的分析方法，把时间和空间结合起来分析移民问题，成为时空间研究最早的经典案例之一。之后他对时间地理学的基本概念进行了界定，尤其是探讨了时空约束和时空棱柱的概念，之后时间地理学研究的基本范式开始呈现并被广泛接受(Kwan，2004)。20世纪70年代之后，伴随着地理学人本主义思潮的兴起，同时地理学计量革命诸多弊端不断受到质疑，人类的时空行为与其所处的经济、社会、文化等因素之间的关系受到地理学者的关注(柴彦威等，1997)。时间地理学作为一种表达和解释时空过程中人类行为的方法论被地理学者广泛采用(Hägerstrand，1970；Miller，2005)。然而，受限于技术手段，时间地理学的相关研究在随后的20世纪80年代进展有限。

20世纪90年代，随着一系列新技术手段的发展，时间地理学进入新的快速发展期。利用文献索引分析(HistCite)软件对1999—2012年涉及“时间地理学”、“时空约束”、“时空棱柱”等关键词的2 367篇文献进行本地引用次数(Local Citation Score，LCS）分析，挑选高被引文献并进行研读和分析，从中可以看到，这些文章多从属于时间地理学研究方法或技术手段方面，实证类的研究在2005年之后开始增多，研究领域得到不断拓展。高被引作者关美宝（Kwan，2000）、施万恩（Schwanen et al，2008）和蒂墨门斯（Timmermans et al，2002）等的研究主要关注时空行为的可视化与新方法、时空可达的性别差异、虚拟与现实时空约束等，相关研究开始从对时空间行为本身的研究进一步延伸到与行为直接相关的城市空间和交通等领域。

因此，时空关系及时空间行为主体背后的空间隐喻成为时间地理学研究的热点之一，这也将进一步拓展时间地理学的研究领域和理论贡献，以此作为视角对城市空间结构的研究将是未来时间地理学的重要发展趋势之一。

4.3 时空关联为研究城市空间结构提供重要视角

部分学者认为，时间和空间存在转换关系。贾内尔（Janelle，1973）研究了1776—1966年期间，在主要交通方式由马车演变为飞机的情况下，两个城市间旅行所需的时间是不断"收敛"的，并依此提出了"时空收敛"（Time-Space Convergence）以及"收缩的世界"（The Shrinking World）的概念，揭示了时间与空间之间的转换关系。"时间距离"的概念也随后受到关注（Forer，1978）。哈维（Harvey，1990）认为时间和空间在社会组织中扮演着重要的角色，随着技术进步和经济的快速增长，世界空间屏障在减小，空间逐渐被时间所湮灭（Annihilation of Space by Time），需要进一步重新审视地理学在社会生活中扮演的角色。在全球化与交通通讯技术迅速发展的背景下，时间与空间的关系进一步受到热议，这是新时代下"地理学的终结"（O'Brien，1991），还是面向更振奋人心的新地理学的起点（Castells，1996），成为争论的焦点。时间—空间的转换影响成本—空间的转换关系，并成为重塑空间的重要力量；社会关系、居住与就业联系、资源与产业、制造业与劳动力等空间关系因此发生转变（Harvey，1990；Adams，1995）。

在地理学关于时间与空间关系的讨论中，城市空间结构的形成与演化也得到重新审视，时间维度的因素被纳入研究对象，相关理论和方法也日益成熟，并已成为城市空间结构研究等领域的研究热点（柴彦威等，2008），包括城市居民日常生活行为的时空模式研究和基于出行日志调查的时间地理学研究及地理信息系统时空模拟研究等（王兴中等，2004）。近年来以时间地理学为基础的相关理论和方法受到进一步关注，尤其是基于活动的分析方法，地理信息系统为此类研究的深化提供了有效工具（Miller，1991）。蒂墨门斯等（Timmermans et al，2002）将时空行为模式综合模型划分为约束模型（Constraints-Based Model）、效益最大化模型

(Utility-Maximizing Model)、计算过程模型(Computational Model)和微观模拟模型(Micro Simulation Model)等。时空约束(Time-Space Constraints)与时空预算(Space-Time Budget)(Anderson,1971)等成为制约个体活动及其产生的交通需求与空间相互作用的重要前提。时空可达性也进一步拓宽了人们对城市空间与交通需求的理解(Kwan et al,2008),包括社区资源的可达性(Witten et al,2003)、服务设施的可达性(Mountain et al,2001)和就业可达性(Boschmann et al,2010)等。关于人们在物质与虚拟空间中的时空活动研究也增添了对空间多维度的理解,并影响着城市物质空间的重构和交通需求的产生、分布与分配(Shih-Lung et al,2009)。

目前国内在涉及居住空间、社会空间、居住区位选择、就业空间及其公共政策(Fulong,2005;吴启焰等,2000)、出行与交通需求(赵燕菁,2006;张文佳等,2008)等研究方面取得一定进展,时间维度在上述领域,特别是在关于城市生活空间、职住时空变迁、日常活动时空间及社会分化等方面得到重视(李志瑶,2006),同时,快速铁路和高速公路等基础设施的建设,使得时间距离日渐缩短,因此大都市生活圈的概念也受到关注(周素红等,2010)。这些研究较好地拓展了城市研究的领域,但同时,作为影响城市生活组织和生活质量的日常活动空间和社会空间,影响城市效益和经济发展的经济活动产业空间以及影响城市公平的公共服务空间等的时空作用机制,及基于上述个体、企业和政府等主体对时空演化机制的作用等基础性研究还有待加强。

总之,赋予各种人类活动和制度安排的"空间"使得物质性空间这一载体充满了生命力,生活的空间、活动的空间、意向的空间、生产关系的空间、制度的空间等多维度的空间解释丰富了人们对空间的理解,也发展了城市地理研究的相关理论。时间作为表征各类活动的重要尺度,也因此成为多维度解释城市空间中不可或缺的维度和空间组织法则中的基本要素。

4.4 时空关联下城市空间结构研究的主要领域

4.4.1 时空技术发展为城市空间结构研究提供了新的方法和手段

物联网的发展及多元传感器在地理信息系统的接入,为实时地理信息系统研发提供了条件和需求。近年来,有关高效时空索引、时空数据模型、时空数据可视化、时空数据集成和接入实时数据的动态过程模拟等技术的研发在地理信息系统领域得到一定的发展,并拓展了相关应用领域,尤其是智能交通、应急管理、城市公共安全等。例如,国家高技术研究发展计划("863 计划")地球观测与导航技术领域于 2012 年和 2013 年就分别启动了"时空过程模拟与实时地理信息系统"和

"城市运行的空间信息智能处理与分析系统"的主题项目，这两个项目都以实时地理信息系统，时空数据集成、分析与模拟为研究核心。同时，在信息领域也启动了智慧城市建设的研究项目。这些项目的启动和开展极大地推进了时空数据获取、接入、存储、数据融合、集成分析、决策模拟等一系列相关领域和技术方法的研发。与此同时，时空数据的生产也为时空分析提供了数据支持，如广泛的手机等移动终端数据、全球定位系统数据、射频识别(Radio Frequency Identification，RFID)技术数据、实时视频监控数据等，相应的方法也得到扩展，如时空预测(Spatio-Temporal Forecast)、时空分类和聚类(Spatio-Temporal Classification and Clustering)、时空关联(Spatio-Temporal Association)、时空规律和演变(Spatio-Temporal Pattern and Evolution)等。因此，时空研究方法的研发、时空数据的生产、时空数据集成分析与模拟技术的发展等将有力拓展为城市空间结构的研究。

4.4.2 时空关联下的城市空间结构研究框架和主要领域

1) 时空关联下的城市空间结构研究框架

尽管存在一些不同的流派和争论，探求人地关系的空间组织法则仍然是人文地理学研究的传统领域。学者们试图从区位角度解释空间形成的规律，并赋予区位丰富的内涵，时空可达性和活动的时空约束与关联性是影响区位的重要变量。如传统的关于交通方式塑造城市空间结构的讨论，在某种意义上隐含着时间距离和时空关系对塑造空间结构的影响。时空活动的类型、频度和相互作用关系也影响城市区位格局并进而塑造城市的地租格局。

城市是活动的载体，社会经济活动关联各类空间要素并影响其相互作用关系，基于活动的时空间研究将拓展对空间的认识，并补充当前空间研究的相关内容，有助于更好地理解物质空间形成和演化的过程、产业空间形成的时空集聚机制、社会空间的时空分异规律、虚拟空间作用下的超时空过程以及时空间转换的

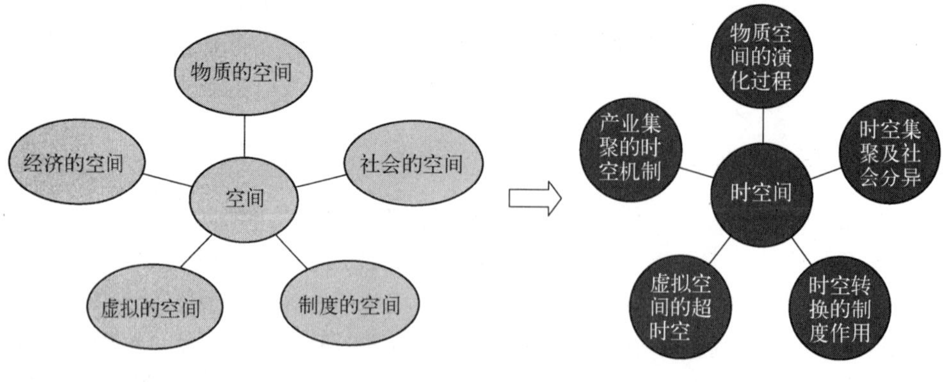

图 4-1 从空间到时空间研究重点的对应关系

制度作用等(图 4-1)。在此基础上,构建基于日常生活、生产和消费等活动的城市时空间关系的解析框架(图 4-2)。在该框架中,反映物质空间载体的土地利用及其区位关系受到生活、生产和消费等不同活动的时间长度、活动频度、活动性质和活动间联系等变量的影响,构建基于不同类型时空间活动的区位关系模型将有助于解释城市的时空间结构并丰富对空间的理解。基于时空关联的视角,也有助于进一步丰富与生活、生产和消费直接有关的城市社会空间、城市产业空间和城市公共服务空间的研究。后文将逐一展开相关讨论。

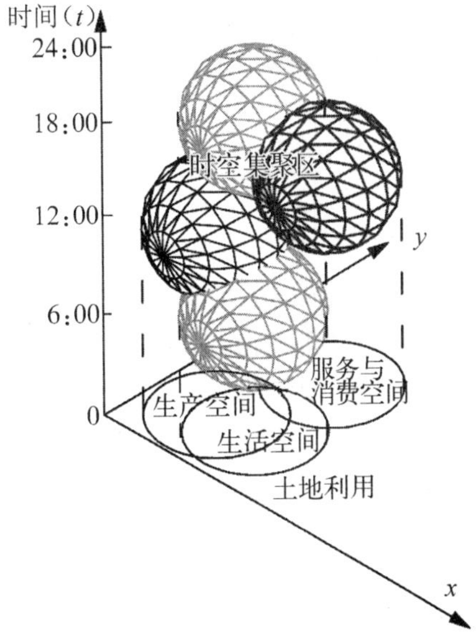

图 4-2 城市时空间结构示意图

2) 时空集聚与时空排斥视角下的城市社会空间研究

伴随着市场化和全球经济的一体化,日益破碎化、精细化、多样化、复杂化的城市社会空间及空间分异问题越来越受到学者们的关注和讨论(冯健等,2008)。社会空间分异的研究可划分为传统理论、行为理论和种族—文化理论三大类(李志刚等,2006)。其中,传统理论较多关注的是静态的社会空间,特别是居住空间(Brown et al,1970);行为学派关注居民个人的择居行为,包括个人择居的偏好、观念及决策过程等(Clark et al,1997),然而已有的成果大多就行为本身进行描述或解释行为空间;种族—文化学派的研究关注族群文化对居住空间分化的影响(Clark et al,1992)。而上述研究鲜有对时空关联角度上社会空间(社会分异时空间)的探讨。

就方法而言,大多数对城市社会空间的研究主要依赖于国家统计和人口普查数据,多以街道为单位,能够很好地揭示空间结构的总体格局,但往往难以充分揭示具体空间过程的社会空间演化机制(李志刚等,2004),微观个体层面的数据获取和分析以及对主观的社会空间(如活动空间、意向空间)等的研究有助于补充现有社会空间的研究。但是过度关注微观个体行为的研究,往往缺乏对日常个体行为时空间的整体把握,且对于不同人群和不同行为之间的空间分异特点和机制及对宏观空间的作用效果等研究有待加强。

因此,对居民个体层面上的日常行为活动的空间和时间特征及其关联的研究,以及相关模型和技术的发展已变得日益重要。通过个体的行为去把握整个城市的活动体系,并了解个人行为与城市空间之间相互影响的互动关系,是城市研究的一个重要视角和方法(柴彦威等,2002;周素红等,2010)。个体行为活动是具有时间和空间特性的,目前较多的研究集中关注特定行为(通勤和消费行为)(Marie-Hélène et al, 2003)、不同活动之间的时间分配(Huff et al,1986;Pas et al,1995)、家庭成员间时间分配的差异和转变(Golob et al,1997)、多目的出行(Kevin,2003)、行为决策模拟(Kitamura,1984)以及三维地理可视化的实现(Kwan,2000)等行为空间本身,时空间行为所隐喻的城市社会空间结构将成为解读城市空间结构的又一重要视角,有必要进一步开展在连续动态的时空间框架中考虑个体活动的时空间集聚与分异、时间维度对社会空间(时空间)形成的作用机制等研究。与此同时,通过时空间行为的研究,探讨社会空间的差异和实现社会空间的公平正逐渐引起关注(Neutens et al, 2010)。时空维度的"社会排斥"研究将成为探讨社会空间公平的又一视角。

改革开放、社会经济体制的全面转型和全球一体化的来临为中国城市的发展提供了巨大的机遇,同时也给城市的社会空间带来新的变化趋势,城市社会空间的研究日渐得到国内学术界的重视。贫富分化加剧了社会的分异,也促使着居民之间的行为活动由于阶层等社会属性之间的差异而呈现出多样化的特征,尤其在中国目前特有的体制转型和各种改革并存的阶段,居民活动的时空间差异具有新的中国特有的表现形式和作用过程。通过对微观个体日常活动的时空集聚和时空社会排斥的研究,可以把握社会分化下的社会活动时空集聚特点,找出差异形成的原因及其形成机制,在更好地满足和平衡不同人群的需求、提高城市公共服务的公平性、指导和改善城市规划与管理等方面都具有重要意义。

3) 时空集聚视角下的城市产业空间研究

西方空间经济研究的传统观点认为城市之所以能够存在,在某种程度上是因为不同类型的经济活动之间以及人与人之间都彼此紧密靠近和关联(James et al,1981)。经济活动的集聚效应和聚集机制也因此成为研究城市产业空间及城市空间结构的核心内容和传统领域。由于影响城市产业集聚的要素众多且城市间存在差异性,使得城市产业集聚的动力机制与模式比较复杂,相关研究从系统的角度认识产业集聚机制(刘恒江等,2004)、构建竞争力模型(Meyer-Stamer,2003),或者研究产业集聚的内生动力机制和外来动力的相互作用等(Brenner et al,2001;Brenner,2001)。此外,因运输成本、溢出效应(Baldwin et al,2000)等对产业集聚产生重要影响,其对城市空间演化的影响进而也得到关注。

尽管卡尔斯泰因(Carlstein)早在 1980 年的研究中就已经尝试根据时空资源重新解释前工业社会的经济地理(约翰斯顿,2000),但国内外对产业集聚发展动力方面关于时空间要素对产业集聚产生的作用,以及时空间对产业集聚成长轨迹的研究涉及仍较少。在全球生产网络构建中,时空间要素对全球产业分工与布局的形成产生重要的影响,例如 24 小时不间断的金融交易在一定程度上促成金融中心在不同时区的布局；全球产业链的构建同样离不开生产网络及其物流网络的时空间关联；时空之间的成本转换也成为制约和影响产业集聚的重要方面等。因此，时空要素成为影响城市产业空间结构形成的主要外来动因之一，有必要就此开展专门的研究。

在内生动因方面，城市产业空间形成和演化（如高新技术产业集聚效应、商业和商务空间集聚效应等）背后的时空间集聚机制，特别是企业经济活动和个体时空间行为及两者的相互关系对经济活动空间形成产生的影响：时间成本在一定程度上，促成产业集聚效应的形成；在地铁等城市交通设施和空间形态的变化背景下，经济活动和个体时空行为时空约束对城市中心体系起到重构的作用等。因此，时空间要素将作为理解产业空间及空间效应的重要角度。

4）时空可达视角下的城市公共服务空间研究

公共服务空间是城市空间结构的又一重要因素，公共服务设施是服务空间的物质载体。费用的节约及空间公平的实现是其研究的重要目标，可达性研究在一定程度上成为研究公共设施区位和空间公平的基础（陈忠暖等，2006），加入时间维度后的时空可达性进一步拓展了其研究的内涵，主要包括公共服务设施的空间配置和营业时间的制定和修改对人们获得服务的影响，以及不同群体日常时间安排对其获得相关服务可能性的制约等。必要的公共服务达到更高覆盖和更公平的水平是公共服务研究中主要关注的问题。以往相关的地理研究中多将不同地区和社会群体间的差异作为服务空间不均衡分布的结果，一些学者意识到通过修改服务提供的时间组织可以改变可达性，进而影响可达性的公平，营业时间的变化和公共服务设施空间分布变化一样可能改善或恶化个体可达性的差异。卡萨斯等（Casas et al，2010）以新建医院的首次病人为分析对象，对医疗服务供给信息的时空扩散过程进行分析，证明去医院的病人呈现特定的信息流路径和集聚。韦伯等（Weber et al，2002）为波特兰市 200 人计算了多种时空可达性方法，发现忽略交通拥堵作用，营业时间使个体可达性空间不平等减少。施万恩等（Schwanen et al，2008）在他们的文章中展现了幼儿中心营业时间可能出现有偿劳动和关怀责任的协调问题，延长幼儿中心的营业时间能够帮助提升双职工家庭的工作生活平衡。尼乌特恩斯等（Neutens et al，2010）证明当改变公共服务设施的时间状况时，不同个体和家庭特征属性的个人受到的影响不同。迪拉方丹等（Delafontaine et al，2011）对比利时根特市的图书馆进行研究，通过修改服务提供的营业时间，个体的可达性如何和何种程度可以被改进，采用了三种方法，即功利主义方法、平均主义方法和特征分配方法。

时空可达性研究关注时空间约束对个体可达性的影响，建立在时间地理学视角的基础上（Hagerstrand，1970），在此框架内的核心概念是时空约束和时空棱柱（Delafontaine et al，2010；Kwan et al，2003）。时空因素在可达性研究中的主要应用方式为：基于日常活动和固定地点（家、工作地点等）的时空属性基础上，个体能到达的地理尺度或者机会数量，一是构建时空可达性方法及探究作用于个体可达性上的地理因素和范围（Kim et al，2003），二是基于地理信息系统构建行为空间模型，检验人们行为选择的空间配置所起的作用（Neutens et al，2011）。相比较以往的空间可达性研究多采用以地点为基础，即某地被人们到达的容易程度，时空可达性方法主要建立在由时间和空间联结成人的行为的基础上（Neutens et al，2012），主要用于评估人们对特定公共服务可达性的公平性，确认需要特殊关注的服务剥夺地区，检验特定人群可达性的时空间配置关系等。上述表明，从个体时空可达性的角度研究公共服务供给与空间配置的机制具备良好的研究基础。

4.5 小结

城市是人类行为作用于地球表面塑造的一种人为空间，城市居民的日常活动是形成城市内部空间分异的重要原因。然而，人类行为在塑造城市空间的不同方面并不完全一致，同时，城市又是一个人类多种行为和自然过程相互作用的地域综合体。针对这些思考，时间地理学的方法论显示了其在城市空间结构研究过程中的强大生命力。不同国家和地区的学者均在这个领域进行了很多尝试性的研究。但是，传统的时间地理学由于缺乏现代计算机技术的支持，很难通过时空模拟及复杂的统计分析对城市空间结构展开详细的研究。现代时间地理学在与地理信息系统技术结合之后，涌现了大批对时空行为过程的描述和解释性的研究，但如何把时空行为过程作为一个非特殊化的因素来解释城市空间结构的形成机制，如何借助交通地理信息系统（T-GIS）研究方法从时空集聚、时空排斥、时空约束和时空可达等视角研究城市空间结构的形成机制，无论对于城市空间结构的研究还是对于时间地理学以往的研究都是一种新的尝试和理论补充，并且对指导规划实践具有一定的研究意义。

［致谢：国家自然科学基金项目（40971098；41271166）的研究成果。中山大学古杰、齐兰兰、徐冲、郑重等同学为本文提供了基础资料和素材，在此一并致谢］

参考文献

柴彦威，刘志林，李峥嵘. 2002. 中国城市的时空间结构[M]. 北京：北京大学出版社：16.
柴彦威，沈洁. 2008. 基于活动分析法的人类空间行为研究[J]. 地理科学，28(5)：594－600.
柴彦威，王恩宙. 1997. 时间地理学的基本概念与表示方法[J]. 经济地理，17(3)：55－61.
陈忠暖，阎小培. 2006. 区位模型在公共设施布局中的应用[J]. 经济地理，26(1)：23－26.
方创琳. 2009. 改革开放 30 年来中国的城市化与城镇发展[J]. 经济地理，29(1)：19－25.

冯健，周一星. 2008. 转型期北京社会空间分异重构[J]. 地理学报，63(8)：829－844.

顾朝林，王法辉，刘贵利. 2003. 北京城市社会区分析[J]. 地理学报，58(6)：917－926.

李雪铭，杜晶玉. 2007. 基于居民通勤行为的私家车对居住空间影响研究——以大连市为例[J]. 地理研究，26(5)：1033－1042.

李志刚，吴缚龙，卢汉龙. 2004. 当代我国大都市的社会空间分异——对上海三个社区的实证研究[J]. 城市规划，28(6)：60－67.

李志刚，吴缚龙，薛德升. 2006."后社会主义城市"社会空间分异研究述评[J]. 人文地理，21(5)：1－5.

李志瑶. 2006. 基于活动的出行需求预测模型研究[D]：[博士学位论文]. 长春：吉林大学.

刘恒江，陈继祥，周莉娜. 2004. 产业集群动力机制研究的最新动态[J]. 外国经济与管理，26(7)：2－7.

王兴中，等. 2004. 中国城市生活空间结构研究[M]. 北京：科学出版社.

吴启焰，任东明，杨荫凯，等. 2000. 城市居住空间分异的理论基础与研究层次[J]. 人文地理，15(3)：1－5.

约翰斯顿. 2000. 哲学与人文地理学[M]. 蔡运龙，江涛，译. 北京：商务印书馆：135.

张文佳，柴彦威. 2008. 基于家庭的城市居民出行需求理论与验证模型[J]. 地理学报，63(12)：1246－1256.

张文忠，刘旺，李业锦. 2003. 北京城市内部居住空间分布与居民居住区位偏好[J]. 地理研究，22(6)：751－759.

赵燕菁. 2006. 就业增长与空间政策[J]. 城市发展研究，13(2)：6－12.

郑思齐，符育明，刘洪玉. 2005. 城市居民对居住区位的偏好及其区位选择的实证研究[J]. 经济地理，25(2)：194－198.

周素红，邓丽芳. 2010. 基于 T-GIS 的广州市居民日常活动时空关系[J]. 地理学报，65(12)：1454－1463.

Adams P C. 1995. A reconsideration of personal boundaries in space-time[J]. Annals of the Association of American Geographers, 85(2):276－285.

Anderson J. 1971. Space-time budgets and activity studies in urban geography and planning[J]. Environment and Planning, 3: 353－368.

Baldwin R E, Forslid R. 2000. The core-periphery model and endoge-nous growth: stabilizing and destabilizing integration[J]. Economica, (67): 307－421.

Boschmann E E, Kwan M-P. 2010. Metropolitan area job accessibility and the working poor: exploring local spatial variations of geographic context[J]. Urban Geography, 31(4): 498－522.

Brenner T, Weigelt N. 2001. The evolution of industrial clusters: simulating spatial dynamics [J]. Advances in Complex Systems, (4): 127－147.

Brenner T. 2001. Simulating the evolution of localised industrial clusters: an identification of the basic mechanisms[J]. Journal of Artificial Societies and Social Simulation, 4(3): 4.

Brown L A, Moore E G. 1970. The intra-urban migration process: a perspective[J]. Geogra ska Annaler, 52(1): 1－13.

Casas I, Delmelle E, Varela A. 2010. A space-time approach to diffusion of health service provision information[J]. International Regional Science Review, 33(2):134 - 156.

Castells M. 1996. The Rise of Network Society[M]. Oxford: Blackwell: 411.

Clark W A V, Deurloo M C, Dieleman F M. 1997. Entry to home-ownership in Germany: some comparisons with the United States[J]. Urban Studies, 34: 7 - 19.

Clark W A V. 1992. Residential preferences and residential choices in a multi-ethnic context[J]. Demography, 29: 351 - 466.

Delafontaine M, et al. 2011. The impact of opening hours on the equity of individual space-time accessibility[J]. Computers, Environment and Urban Systems, 35(4): 276 - 288.

Delafontaine M, Neutens T. 2010. Accessibility and the Temporal Organisation of Public Service Facilities[M]. Dipas: Druk & Print.

Forer P. 1978. A place for plastic space[J]. Progress in Human Geography, 2:230 - 267.

Fulong W. 2005. Rediscovering the gate under market transition: from work-unit compounds to commodity housing enclaves[J]. Housing Studies, 20(2):235 - 254.

Golob T F, McNally M G. 1997. A model of activity participation and travel interactions between household heads[J]. Transportation Research B, 31(3): 177 - 194.

Hagerstrand T. 1963. Geographic measurement of migration: Swedish data[J]. Les Deplacements Humaines, 1963:61 - 83.

Hagerstrand T. 1970. What about people in regional science[J]. Papers in Regional Science, 24(1): 6 - 21.

Hagerstrand T. 1973. The domain of human geography[M]// Choeley R J. Directions in Geography. London: Methuen: 67 - 87.

Harvey D. 1990. Between space and time: reflections on the geographical imagination[J]. Annals of the Association of American Geographers, 80(3): 418 - 434.

Huff J O, Hanson S. 1986. Repetition and variability in urban travel[J]. Geographical Analysis, 18: 19 - 29.

James O W, Pater O M. 1981. Economic Geography[M]. New York: John Wiley and Sons.

Janelle D. 1969. Spatial reorganization: a model and a concept[J]. Annals of the Association of American Geographers, 59(2):348 - 364.

Janelle D. 1973. Measuring human extensibility in a shrinking world[J]. Journal of Geography, 72(5):8 - 15.

Kevin J K. 2003. Neighborhood services, trip purpose, and tour-based travel[J]. Transportation, 30(4):387 - 410.

Kim H, Kwan M. 2003. Space-time accessibility measures: a geocomputational algorithm with a focus on the feasible opportunity set and possible activity duration[J]. Journal of Geographical Systems, 5(1): 71 - 91.

Kitamura R A. 1984. Model for daily time allocation to discretionary out-of-home activities and trips[J]. Transportation Research B, 18(3): 255 - 266.

Kwan M-P, et al. 2003. Recent advances in accessibility research: representation, methodology and applications[J]. Journal of Geographical Systems, 5(1): 129 - 138.

Kwan M-P, Donald G J, Michael F G. 2003. Accessibility in space and time: a theme in spatially integrated social science[J]. Journal of Geographical Systems, (5):1 - 3.

Kwan M-P, Webe J. 2008. Scale and accessibility: implications for the analysis of land use-travel interaction[J]. Applied Geography, 28:110 - 123.

Kwan M-P. 1999. Gender and individual access to urban opportunities: a study using space-time measures[J]. The Professional Geographer, 58(2): 211 - 227.

Kwan M-P. 2000. Interactive geovisualization of activity-travel patterns using three-dimensional geographical information systems: a methodological exploration with a large data set[J]. Transportation Research C, 8:185 - 203.

Kwan M-P. 2004. GIS methods in time-geographic research: geocomputation and geovisualization of human activity patterns[J]. Geografiska Annaler Series B: Human Geography, 86(4): 267 - 280.

Marie-Hélène V, Paul V, Marius T. 2003. Analyzing changes in urban form and commuting time[J]. The Professional Geographer, 55(4): 446 - 46.

Meyer-Stamer. 2003. Systemic Competitiveness: Understanding Meso-Level Interventions[R]. Mexico: Presentation Given at UNAM.

Miller H J. 1991. Modelling accessibility using space-time prism concepts within geographical information systems[J]. International Journal of Geographical Information Systems, 5(3): 287 - 301.

Miller H J. 2005. A measurement theory for time geography[J]. Geographical Analysis,(37): 17 - 45.

Mountain D, Raper J. 2001. Modelling Human Spatio-Temporal Behaviour: a Challenge for Location-Based Services[R]. Proceedings of the Sixth International Conference on GeoComputation.

Neutens T, et al. 2010. Evaluating the temporal organization of public service provision using space-time accessibility analysis[J]. Urban Geography, 31(8): 1039 - 1064.

Neutens T, et al. 2010. The relationship between opening hours and accessibility of public service delivery[J]. Journal of Transport Geography,21(3):135 - 141.

Neutens T, et al. 2012. A GIS-based method to identify spatiotemporal gaps in public service delivery[J]. Applied Geography, 32(2): 253 - 264.

Neutens T, Schwanen T, Witlox F, et al. 2010. Evaluating the temporal organization of public service provision using space-time accessibility analysis [J]. Urban geography, 31: 1039 -1064.

Nigel T. 1997. An introduction to time geography[J]. Concepts and Techniques in Modern Geography, 13:1 - 37.

O'Brien R. 1991. Global Financial Integration: the End of Geography[M]. London: Printer.

Pas E I, Sundar S. 1995. Interpersonal variability in daily urban travel behavior: some additional evidence[J]. Transportation, 22(2): 135 - 150.

Schwanen T, Jong T D. 2008. Exploring the juggling of responsibilities with space-time accessibility analysis[J]. Urban Geography, 29(6): 556 - 580.

Schwanen T, Kwan M-P. 2008. The Internet, mobile phone and space-time constraints[J]. Geoforum, 39(3): 1362 - 1377.

Shih-Lung S, Hongbo Y. 2009. A GIS-based time-geographic approach of studying individual activities and interactions in a hybrid physical-virtual space[J]. Journal of Transport Geography, 17: 141 - 149.

Timmermans H, Arentze T, Chang-Hyeon J. 2002. Analysing space-time behaviour: new approaches to old problems[J]. Progress in Human Geography, 26(2):175 - 190.

Weber J, Kwan M. 2002, Bringing time back: a study on the influence of travel time variations and facility opening hours on individual accessibility[J]. The Professional Geographer, 54(2): 226 - 240.

Witten K, Exeter D, Field A. 2003. The quality of urban environments: mapping variation in access to community resources[J]. Urban Studies, 40: 161 - 77.

（周素红　著）

5 信息时代的大数据应用与城市空间研究

5.1 引言

城市地理学是研究城市地域空间组织的一门学科。传统研究方法主要分为定量、质性及空间分析三类(柴彦威等，2011)。定量分析主要通过社会调查和政府统计资料两种途径来获取数据，研究方法包括分布型分析、网络分析、因子分析、聚类分析、空间相互作用分析以及回归分析等；质性分析的数据获取方法有观察法、访谈法、口述史法、民族志等，其中参与式观察和深入访谈为质性分析中最常用的方法；空间分析则是运用地理信息系统软件对通过不同手段获取的数据进行空间可视化操作，包括空间查询、空间量算、缓冲区分析、叠加分析、网络分析以及空间插值等。定量分析和质性分析是城市地理研究的重要方法，二者的主要区别在于数据采集方式和内容的不同；空间分析则是城市地理研究的基础性方法，是地理学科研究方法区别于非地理学科的重要标志。但是，这三种方法也存在着研究数据精确性较差、样本量较小、连续性较弱及获取成本较高等缺陷，容易产生研究结果与实际情况不符或难以深入解释空间组织的动态演化规律等问题(吕拉昌等，2006)，从而限制了城市地理研究的深度和广度。

信息技术的进步加速了知识、技术、人才、资金等的时空交换，使得城市生产与居民活动范围持续扩大、类型更加复杂，并促进了产业重构和空间重组，进而改变着区域和城市的空间格局。这一过程中，时间、空间及其相互关系都会发生新的变化，流空间(Castells，1989)将成为区域、城市以及居民活动的主要载体，并通过大量而复杂的网络数据的形式表现出来。由于时空间概念被重新定义，以城市空间问题研究为核心内容的城市地理学面临着根本性的变革，需要从理论、方法和实践等方面进行转型调整以适应不断变化的经济社会现象(甄峰等，2012a)。

5.2 大数据应用对城市空间研究的重要意义

“大数据”最早被认为是更新网络搜索索引需要同时进行批量处理或分析的大量数据集，但后期不仅仅表达一个数量概念。大数据具有数据量巨大、类型复杂、价值密度低以及处理速度快四大特点，可划分为大数据技术、大数据工程、大数据科学和大数据应用等领域。其中，大数据技术和大数据应用为目前发展的主流。维克托·迈尔·舍恩伯格在其著作《大数据时代——可以预见的未来》中强调了大数据带来的信息风暴正在变革我们的生活、工作和思维，大数据开启了一次重大的时代转型。大数据应用为智慧城市研究提供了科学的方法和思路，正成为当前世界城市科学研究的焦点。

根据中国互联网络信息中心(China Internet Network Information Center，CNNIC)发布的《第31次中国互联网络发展状况统计报告》统计，2012年中国网民规模达5.64亿，年增长率为3.8%；手机网民数量为4.2亿，年增长率达18.1%。随着信息化的深入，互联网网络开始成为城市经济和社会发展不可或缺的平台，并全面影响着居民活动、企业经营、科技研发以及政府管理，从而使获取大量反映城市空间组织和居民行为特征的网络数据(社交网络、主题网站、搜索引擎等)成为可能。同时，基于定位功能的移动信息设备[GPS、智能手机、智能卡等]技术的逐渐成熟，也提供了较为精确的居民位置信息，中国的“大数据”时代或信息时代已经到来。这将为城市地理等人文社会科学领域的研究在方法论、数据获取与处理等方面带来新的变化，即利用软件对网络数据进行挖掘；利用全球定位系统或基于位置的服务(Location Based Services，LBS)设备，结合地理信息系统或网络日志来采集与分析居民行为数据；利用网络地图对获取的数据进行可视化开发。这些技术可以作为信息时代城市地理研究数据的重要来源，将有利于扩大研究的范围，并增加研究结果的精确性。因此，在信息时代，通过利用大数据来研究城市空间或居民行为问题将为城市地理研究提供新的方向，对于重构和丰富城市地理学科理论，尽快适应当前快速转型的城市社会经济发展和空间结构变化，并促进城市地理学更好地服务于城市的规划与建设都具有重要意义。

5.3 基于大数据应用的城市空间研究

从早期研究来看,城市空间主要包含两个部分,即城市实体空间和城市社会空间。随着网络数据挖掘、居民行为数据的采集和分析以及数据可视化技术的日渐成熟,城市地理学者已经意识到“大数据”对城市空间研究变革的重要意义。国内外现有应用大数据进行城市实体空间的研究主要集中在城市等级体系、城市内部空间及居民行为三个方面,而城市社会空间研究则是在城市特征、社交关系及城市事件等方面进行了探索,但是此类研究总体还处于起步阶段。

5.3.1 城市实体空间研究

1) 城市等级体系研究

区别于传统利用城市人口、用地、经济等规模数据的研究,信息时代的城市等级体系研究主要从城市现有信息资源量或城市信息控制能力两个方面进行,数据来源主要包括城市网络基础信息、社交网络数据以及移动通信数据等,而研究方法更多借鉴传统网络分析的相关内容。早期的研究,主要是采用网络域名(Zook, 2001)、网络用户数量(汪明峰等, 2004)、专业网站页面结构(Wang et al, 2003)等数据,去表征城市在区域中的地位和作用。例如,朱克(Zook)根据全球互联网域名和用户数对世界互联网城市体系进行了研究。随着移动手机的普及,一些学者开始使用居民间移动通信数据去表征城市间的联系和吸引力(Krings et al, 2009; Kang et al, 2012)。一般来讲,城市经济实力和规模越大,周边城市与其通信联系就越强。例如,柯林斯(Krings)通过分析比利时移动电话运营商提供的 2 500 万个用户通讯信息,利用用户手机账单地址对应的邮政编码建立了城市的社会网络,并运用重力模型来研究通讯强度,最终得到城市之间的通讯联系和等级体系。从已有研究成果来看,利用用户通讯信息进行城市等级体系研究正处于起步阶段,方法较为单一,且数据获取困难(需要与电信运营商进行协调),但是研究结果较为精确,可以作为未来城市等级体系研究的重要方向。

近几年,互联网尤其是移动互联网应用速度明显加快,社交网络开始成为互联网应用的重要板块。通过对社交网络数据的挖掘和利用,可以衡量城市对信息资源的掌控能力,并在区域环境中显示出等级特征。国外学者较多利用推特坐标和文本数据,结合时间序列模型分析了不同城市推特贴的关键词特征和分布情况,从而得到城市间的网络活动等级和联系(Naaman et al, 2012)。而国内学者对新浪微博的探索才刚起步,主要是通过各城市的微博用户数、好友关系及其地理空间数据,借鉴世界城市网络研究方法来分析网络社会空间中的中国城市网络体系(甄峰等, 2012b)。由此可见,通过社交网络数据来反映城市居民间的关系,进而判断城市间的联系和等级结构,可以为区域空间结构研究和城镇体系规划提供依据。当然,也需要注重对虚假社交数据的辨别和处理。

2) 城市内部空间研究

随着信息技术的快速发展,居民行为对城市空间组织和结构的影响也呈现日益增强的趋势。因此,通过对居民行为的深入研究来模拟城市空间要素的变化逐渐成为信息时代城市空间研究的新范式。但是,现有研究只在城市交通和功能分区方面进行了部分探索,研究方法体系尚未形成。

(1) 城市交通研究。城市交通研究是城市空间规划中的重要部分,也是研究的难点,受到学者们的长期关注。传统的交通研究方法主要是基于城市的人口规模和功能分区来进行道路的选线与建设,这种方法更多考虑的是城市层面的空间协调,忽视了居民个体对交通条件的实际需求,灵活性较差,易造成交通资源的分布不均和交通拥堵等问题。随着信息技术的快速发展,从居民个人或群体出发,利用手机通话记录、移动网络流量数据、出租车轨迹数据、公交智能卡刷卡数据等,结合统计分析、计量模型制图分析方法,来研究城市居民出行的通勤流量、不同地点出行关系、出行及与土地利用的关系(Becker et al, 2011; Liu et al, 2012),进而合理安排城市的交通资源已经成为交通研究的主流。同时,逐渐兴起的社交网络也进一步促进信息时代的交通研究由宏观层面的城市流量或模式研究转向了更加关注微观居民的时空出行需求(Mark et al, 2011; Sagl et al, 2012)。例如,马克(Mark)利用英国推特用户数据,通过设计智能模型来判断城市居民生活、教育、工作、娱乐和购物五种基本行为活动和与之紧密联系的出行模式,并结合三维地理信息系统技术对其进行可视化。萨格尔(Sagl)则将移动网络流量数据与社交网络数据(Flickr 网站)相结合来揭示居民的活动需求热点及不同季节、不同类型居民、不同地域居民(城市与乡村居民)的出行活动变化特征。信息时代的城市交通研究是"流空间"研究的典型,主要是围绕研究城市层面的出行模式和居民微观层面的出行需求进行的,可以引导更加合理的交通规划和土地利用调整。总体来看,此类研究相对较多,并且可以从电信运营商、出租车及公交智能卡、社交网站等多种途径获取研究数据,研究前景广阔。

(2) 城市功能分区研究。城市功能分区研究是城市地理学者和城市规划学者共同关注的焦点。城市地理重视城市空间结构的形成机制和对城市发展影响方面的探讨,而城市规划则根据城市规模和发展战略的需求对城市空间进行功能组织和布局安排。二者的研究出发点都是根据人口、用地、产业规模等对城市宏观层面的功能研究或布局,较少从居民感知的角度来划分具有共性特征的城市单元。在建立基础地形数据库和捕捉居民活动位置信息的基础上,结合社交网络中反映居民对周围城市环境情感的文本和图像数据,可以对城市的功能区进行较为科学的界定(Lüscher et al, 2012; Hollenstein et al, 2013)。以英国大城市为例,在根据地形图数据库来判别城市空间地理特征的基础上,为了增加包含居民情感和经验的人文元素,卢舍尔(Lüscher)提出了三种划分城市中心区的方法:利用旅游地图、公交地图或网站描述信息来合成城市的中心区范围或边界;利用社交网络(Flikrs)中带有地理位置的图像信息,结合文本描述内容来划分城市的中心区;利用全景照片网站(Panorama 网站),结合网络日志调查的居民经验来确定城市的中心区范围。可以看出,利用居民情感数据进行城市中心区的划分方法,改变了传统的划分原则,研究结果更加满足人文需求,并体现出了"紧凑混合布局"的规划理念。但是,目前利用大数据对城市其他功能区的划分研究还比较缺乏,且如何协调各功能区间的关系将成为此类研究的重大挑战。

5.3.2 城市社会空间研究

1) 城市特征研究

城市特征研究是城市社会空间结构研究的基础内容,也是挖掘城市文化或特色的重要途径。传统研究主要是基于小样本的社会调查数据,结合描述性统计分析,对研究对象进行定性表述和归纳总结,主观性较大,说服力不强。信息时代的城市特征研究更加注重社交网络平台的利用,通过提取整个城市或城市某一地区社交用户的网络身份标识号码、发表时间、地理位置、文本和图像信息等数据(根据地区的人口规模和社交网络用户数来确定样本数),运用核函数聚类分析、沃罗诺伊(Voronoi)分析等地理信息系统工具来分析城市日常人群活动的地理规律,并模拟基于社会网络人群的城市特征(Wakamiya et al, 2011)。部分学者还结合国家大范围活动调查数据、社交网络数据、通话数据等来构建适应多元变量的社会地理分析平台,对城市的特征与活动规律进行系统研究,平台主要包含社交媒体数据获取和收集模块、时空和社会分析模块、专家决策系统、用户反馈系统四大组成部分,并通过地理信息系统可视化技术来模拟城市的社会空间结构域,从而明确城市内部的社会功能区和群体活动边界(Croitoru et al, 2012)。由此可见,目前的城市特征研究主要是通过大样本量的居民网络活动来研究整个城市的变化和地方特质,并将定性地理特征分析进行了定量化的表述,为城市社会空间规划和城市问题管理提供准确的科学依据。

2) 城市社交网络研究

城市社交网络研究是城市社会学研究的主体,伴随着信息技术影响下的网络社交与城市空间结构关系的愈发紧密,城市地理学者对其关注的热度也呈现日益增加的趋势(Java et al, 2007; Lee et al, 2010; Crandall et al, 2012)。其中,用户在发微博帖子时的不同潜在意图成为研究人际关系的新视角,加瓦(Java)运用统计手段来分析数据的特征和质量，并结合群体渗透法证明了相似意图的用户相互连接的现象。这与现实生活中的人际交往或人群集聚规律具有一定的相似性，即相似的兴趣爱好或追求目标为居民的社会交往提供了前提条件。在美国，此类方法往往被应用于政治或民主研究中，运用社会网络分析方法，从谷歌搜索引擎上获取了大量的网络关系数据，可以分析国家公职群体的社交关系及其动态变化，为政府组建或居民政治参与提供有效的判断依据。此外，对社交网站在线照片的研究也是居民活动信息数据库构建和社交关系分析的重要途径之一，主要包括拍照者的时空行为模拟、照片地理信息和社交情感的提取、基于照片的社交网络结构等方面，可以较直观和精确地分析城市的社会空间结构，这越来越受到学者的关注。

3）城市事件研究

城市事件主要是指城市中发生的较为特殊的（奥运会、总统选举、博览会等）或灾害性的（森林火灾、飓风、化学中毒等）影响居民生产和生活的事件，是城市社会空间研究的重要部分。由于城市事件从发生到产生影响需要一段过程，传统研究更多的是对事件发生之后的效果进行评估，具有较大的滞后性。通过对社交网络、商业网站搜索引擎[谷歌、雅虎和必应]等数据的挖掘，以各类事件发生的主题或关键词搜索为切入点，结合地理信息系统功能（核密度和栅格地图代数法等），将网络中有关事件发生的文本信息转换成地理空间信息，可以较为精确地模拟事件的产生、发展、传播方式、影响效果等整个过程，并对其进行实时监控，进而在各个环节都提出有针对性的管理措施（Rock，2011；Ming-Hsiang et al，2012）。这类方法为研究人类思想和社会活动提供一个新的方向，对社会媒体分析、城市地理研究以及城市应急管理都具有较大的意义。

4）城市居民行为研究

城市居民的时空间行为研究一直以来都是城市地理研究的重点，也是城市空间研究的基础，正开始从使用传统调查问卷或访谈的方法转变为利用全球定位系统、智能手机、基于位置的服务以及网络等新技术手段获取研究数据的阶段，且日益呈现出研究方法科学化、研究对象个体化、研究主题应用化等趋势（柴彦威等，2012）。

一方面，相对于传统调查问卷，选择全球定位系统、互动式调查网站、面对面或电话访谈相结合的数据获取手段能够适时记录居民的出行路径、换乘的交通方式、出行遇到的障碍等，同时随着地理信息系统和网络地图技术的不断进步，该类方法的应用逐渐显示出优势，并成为居民行为研究的主流（Kwan et al，2004；Edwards，2009；申悦等，2012）。关美宝结合波特兰地区收集的1万个两天的活动日志调查数据（日志体现的活动地点坐标是点对点数据，在获取居民出行路径数据时借助于全球定位系统工具）和大尺度的地形图数据，运用时空棱柱和三维核密度分析，对居民的活动密度、分布以及变化进行了时空模拟，从而较为精确地研究居民的活动内容与出行行为。另一方面，近年来，社交网络数据、移动手机及公交卡刷卡数据也开始被引入到居民行为研究中，研究思路大致表现为：根据特定推特或微博用户在不同地方发布信息的密度或频次来判断用户的活动地点和行为，并构建了一个基于社交网络数据和传统人口普查数据的居民智能行为模型(Malleson et al, 2012)；利用社交网站在线照片来重构居民的活动信息数据库，包括照片情感和地理信息的提取、基于照片的社交网络结构以及模拟拍照者时空行为等方面(Crandall et al, 2012)；通过电信运营商获取手机用户的通话记录(开始时间、通话长度、打电话的位置以及机主的年龄和性别等)，运用相关性分析来研究年龄、性别、社交时间规律以及城市建成区环境特征等对手机使用和居民活动行为的影响(Yuan et al, 2012)；利用规定时间段内的公交智能卡刷卡数据，结合居民出行调查、城市土地利用信息来研究居民的职住关系和通勤行为(龙瀛等，2012)。

总体来讲，利用社交网络数据、移动手机、公交卡数据进行城市居民行为的研究对于城市的空间管理、交通管治、社会服务等方面的实践具有重要意义，相比于需要固定研究对象的全球定位系统和网络日志等手段，具有样本量大和成本低的优势，但现有研究较少，方法也尚未成熟。随着推特、微博等功能的逐渐完善和用户的快速增长，挖掘反映居民活动和出行信息的社交网络数据可能会成为居民行为研究的重要方向。

5.4 信息时代城市空间研究展望

信息时代城市空间研究面临着城市空间、人类活动、信息技术等多种环境的不断变化和转型，在利用网络数据挖掘和新信息设备采集的方式来获取研究数据的同时，还应注重新方法的探索来应对日益复杂的城市问题。具体来讲，这就需要在学科层面推动多学科方法的交叉与融合，注重居民行为数据的挖掘和应用，并指导智慧城市的规划与建设。

5.4.1 多学科研究方法的交叉与融合加速

信息技术给众多学科的研究提供了多元与复杂的数据，并使得各学科研究范围逐步扩大。虽然研究的问题因学科性质不同而各有侧重，但研究方法更趋向于从大数据的应用和分析着手，并使得城市空间或城市地理研究方法开始产生重大变革。这种变革主要表现在：数据获取方式由传统统计年鉴、社会调查问卷、深入访谈等手段转变为以网络数据(特别是社交网络数据)的抓取和新空间定位技术(全球定位系统、智能手机、基于位置的服务等)的应用，数据内容也更加注重研究对象地理位置信息的提取，而对于具体研究方法则更多使用描述性统计分析、聚类分析、因子分析、重力模型、网络分析及时空棱柱等传统城市空间研究方法或模型。总体来讲，现阶段的城市空间研究已经具有明显的运用“新”数据和“旧”方法来研究“更新”和“更复杂”问题的特征，其研究范围也由城市实体空间拓展到了城市社会空间领域，并且对地理信息系统工具的依赖程度逐渐增加（图 5－1）。但是，现有研究也存在虚假数据如何排除、分析方法如何借鉴和创新、研究领域如何拓展与体现时代特征等方面的问题，需要对基于大数据应用的城市空间研究方法框架进行不断完善和补充。

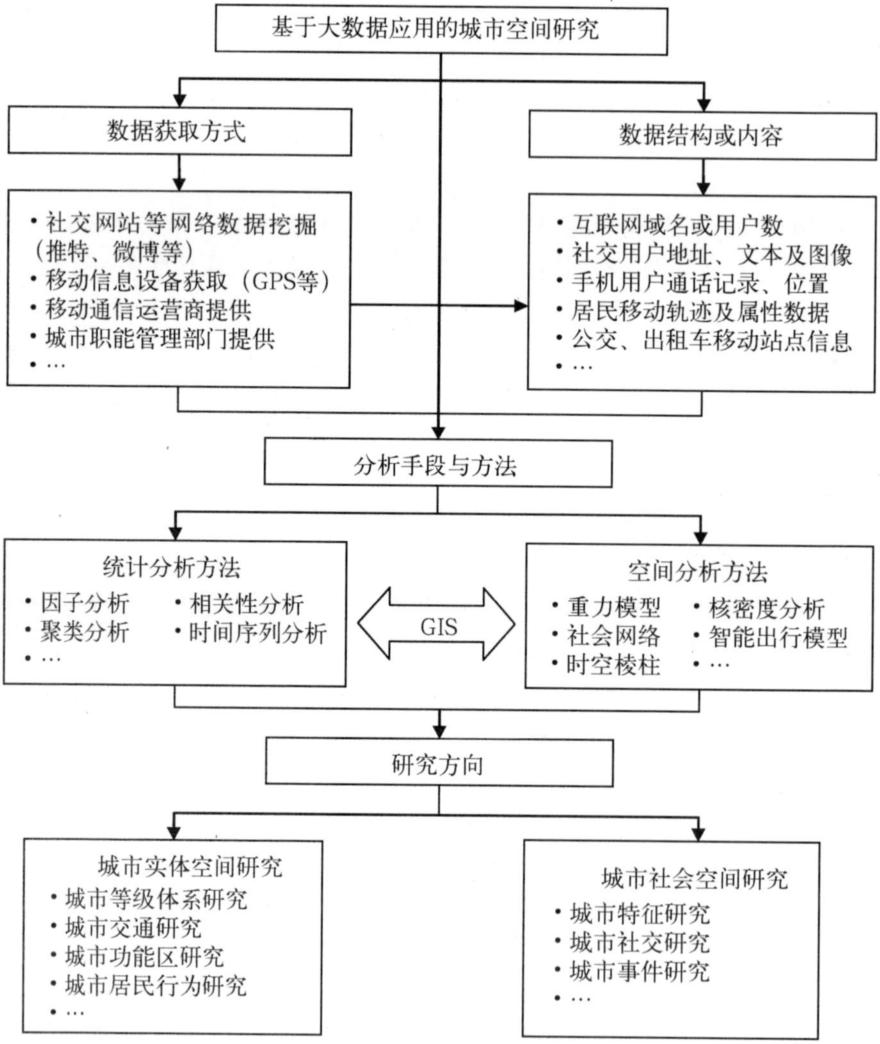

图 5－1　基于大数据应用的城市空间研究方法框架

因此，学科间研究方法的交叉和融合将成为未来发展的主要趋势。一方面，在现有网络数据挖掘、居民行为数据采集与分析及网络地图的可视化开发等技术的基础上，进一步促进计算机、数学、地理信息系统等学科的交叉与融合，推动信息数据获取和应用技术的不断更新，并积极发挥地理信息系统在数据处理和空间研究中的纽带作用。另一方面，随着信息技术对城市空间和个体行为影响的不断加深，城市中的企业组织、旅游者、文化群体、政府机构等的活动和行为都将发生巨大变化，这就要求城市地理学注重借鉴社会学、经济地理、文化地理、旅游地理等其他学科的理论和方法来研究快速变化的人类活动和地域空间组织。

5.4.2 注重城市居民行为数据的挖掘和应用

目前，国内外学者对基于大数据应用的城市空间研究只涉及实体和社会空间中的较少部分内容，需要不断探索新领域和新方法。具体来讲，就是需要遵循“自下而上”的研究理念，充分挖掘权威主题网络或移动信息设备数据，对表征城市空间特征和影响其变化的居民行为进行重点研究。例如，城市实体空间研究方面，利用大众点评网的用户点评数据来研究城市服务业的服务质量和空间分布情况，利用搜房网的居民住房信息来评价城市居住区环境质量和空间分布特征，利用智联招聘网中的企业岗位信息来研究城市就业空间结构问题，利用全球定位系统或智能手机的位置服务功能来评估城市公共服务设施利用效率问题，以及利用百度指数或微博活动数据来度量城市各功能区的联系程度等。城市社会空间研究方面，利用全球定位系统或智能手机的位置服务功能，通过典型地区(城中村、门禁社区、大学校园等)居民的出行和活动轨迹来判别城市社会空间特征或分异问题，利用微博文本数据来研究城市的社区生活或安全问题等。总之，信息技术创造了城市的企业网络、产业网络、物联网、社交网络以及信息设备网络，这些信息网络最终都是居民行为和活动的体现，也是信息技术改变城市空间组织的根本。因此，城市空间研究需要关注各类网络中居民行为数据的挖掘和应用，从理论高度来丰富城市空间或城市地理研究的方法体系，并广泛应用于城市规划、社会管理、居民服务等实践领域。

5.4.3 以智慧城市规划方法创新和建设为出口

智慧城市是信息化深度作用下的全新城市形态，是城市发展的高级阶段。对于城市居民来讲，信息技术正加速改变着人们的生活、居住、工作与休闲方式，导致空间流动性产生复杂变化，这时，需要更加“智慧”的城市空间组织、城市技术体系以及城市管理系统作为支撑。这就要求城市地理学者加强研究信息技术对城市空间与城市发展的影响，并通过引导城市规划方法的创新来实现智慧城市建设。具体来讲，信息时代的城市空间研究可以从四个方面来推动城市规划方法的创新：(1) 利用城市等级体系研究方法，结合现有城镇人口与用地规模预测以及区域职能判断等方法，进行城镇体系规划理念与方法的创新；(2) 利用城市功能区、城市交通、城市特征与社交关系、城市事件等研究方法，结合现有城市各种空间规划方法，进行城市总体规划、城市控制性详细规划或城市专项规划理念与方法的创新；(3) 利用城市居民行为研究方法，结合现有居住区规划方法，进行城市详细规划（社区规划）和居民行为规划理念与方法的创新；(4) 结合城市空间研究方法体系，开发新技术或综合利用多种已有技术来进行城市智能管理信息系统的开发与建设。

参考文献

柴彦威，赵莹，刘云刚. 2011. 城市地理学研究方法的进展与展望[J]. 中国科学院院刊，26(4)：430－435.

柴彦威，申悦，肖作鹏，等. 2012. 时空间行为研究动态及其实践应用前景[J]. 地理科学进展，31(6)：667－675.

龙瀛，张宇，崔承印. 2012. 利用公交刷卡数据分析北京职住关系和通勤出行[J]. 地理学报，67(10)：1339－1352.

吕拉昌，魏也华，林初升. 2006. 中国城市地理研究的若干问题：海外学者的观点[J]. 人文地理，21(2)：67－71.

申悦，柴彦威. 2012. 基于 GPS 数据的城市居民通勤弹性研究——以北京市郊区巨型社区为例[J]. 地理学报，67(6)：733－744.

汪明峰，宁越敏. 2004. 互联网与中国信息网络城市的崛起[J]. 地理学报，59(3)：446－454.

甄峰，翟青，陈刚，等. 2012a. 信息时代移动社会理论构建与城市地理研究[J]. 地理研究，3(2)：197－203.

甄峰，王波，陈映雪. 2012b. 基于网络社会空间的中国城市网络特征——以新浪微博为例[J]. 地理学报，67(8)：1031－1043.

Becker R A，Caceres R，Hanson K，et al. 2011. A tale of one city：using cellular network data for urban planning[J]. Pervasive Computing，IEEE，10(4)：18－26.

Castells M. 1989. The Informational City：Information Technology，Economic Restructuring，and the Urban-Regional Process[M]. Oxford：Blackwell.

Crandall D，Snavely N，Heer J，et al. 2012. Modeling people and places with internet photo collections[J]. Queue-Networks，10(5)：1－15.

Croitoru A，Stefanidis A，Radzikowski J，et al. 2012. Towards a Collaborative Geosocial Analysis Workbench[R]. Proceedings of the 3rd International Conference on Computing for Geospatial Research and Applications.

Edwards D. 2009. Using GPS to Track Tourists Spatial Behaviour in Urban Destinations[Z]. Available at SSRN 1905286.

Hollenstein L, Purves R. 2013. Exploring place through user-generated content: using flickr tags to describe city cores[J]. Journal of Spatial Information Science, (1): 21 - 48.

Java A, Song X, Finin T, et al. 2007. Why We Twitter: Understanding Microblogging Usage and Communities[R]. Proceedings of the 9th WebKDD and 1st SNA-KDD 2007 Workshop on Web Mining and Social Network Analysis.

Krings G, Calabrese F, Ratti C, et al. 2009. Urban gravity: a model for inter-city telecommunication flows[J]. Journal of Statistical Mechanics: Theory and Experiment, (7): 1 - 8.

Kwan M-P, Lee J. 2004. Geovisualization of human activity patterns using 3D GIS: a time-geographic approach[J]. Spatially Integrated Social Science, 27: 123 - 129.

Lee S H, Kim P J, Ahn Y Y, et al. 2010. Googling social interactions: web search engine based social network construction[J]. PLoS One, 5(7): 112 - 133.

Liu Y, Kang C, Gao S, et al. 2012. Understanding intra-urban trip patterns from taxi trajectory data[J]. Journal of Geographical Systems, 14(4): 463 - 483.

Lüscher P, Weibel R. 2012. Exploiting empirical knowledge for automatic delineation of city centres from large-scale topographic databases[J]. Computers, Environment and Urban Systems, 37: 18 - 34.

Malleson N, Birkin M. 2012. Analysis of crime patterns through the integration of an agent-based model and a population microsimulation[J]. Computers, Environment and Urban Systems, 36(6): 551 - 561.

Mark B, Nick M. 2011. Microscopic simulations of complex metropolitan dynamics[EB/OL]. [2013 - 09 - 11]. http://eprints. ncrm. ac. uk.

Ming-Hsiang T, et al. 2012. Mapping Social Activities and Concepts with Social Media(Twitter) and web Search Engines (Yahoo and Bing): a Case Study in 2012 US Presidential Election[R]. South Carolina: Auto Carto International Symposium on Automated Cartography Proceedings.

Naaman M, Zhang A X, Brody S, et al. 2012. On the Study of Diurnal Urban Routines on Twitter[R]. Sixth International AAAI Conference on Weblogs and Social Media.

Papinski D, Scott D M, Doherty S T. 2009. Exploring the route choice decision-making process: a comparison of planned and observed routes obtained using person-based GPS[J]. Transportation Research F: Traffic Psychology and Behaviour, 12(4): 347 - 358.

Rock N R. 2011. Mapping Geospatial Events Based on Extracted Spatial Information from Web Documents[Z]. The University of Iowa.

Sagl G, Resch B, Hawelka B, et al. 2012. From Social Sensor Data to Collective Human Behaviour Patterns: Analysing and Visualising Spatio-Temporal Dynamics in Urban Environments [R]. Proceedings of the GI-Forum 2012: Geovisualization, Society and Learning: 54 - 63.

Wakamiya S, Lee R, Sumiya K. 2011. Urban Area Characterization Based on Semantics of Crowd Activities in Twitter[M]. Heidelberg: Springer: 108 - 123.

Yuan Y, Raubal M, Liu Y. 2012. Correlating mobile phone usage and travel behavior: a case study of Harbin, China[J]. Computers, Environment and Urban Systems, 36(2): 118 - 130.

Zook M A. 2001. Old hierarchies or new networks of centrality: the global geography of the Internet content market[J]. American Behavioral Scientist, 44(10): 1679 - 1696.

（甄峰、秦萧　著）

6 面向智慧出行的中国城市时空间行为研究

6.1 引言

面对国家“十二五”规划“转方式、调结构、促民生”的现实要求，城市发展逐渐由注重经济发展向注重生活质量、居民幸福感的社会建设转变，在信息通信技术、移动定位技术、地理信息技术的支持下，“智慧城市”等现代城市发展理念成为城市规划与管理的必然选择。在人文地理学的社会化和人文化的趋势下，基于行为论方法的城市地理学关注居民的时空间行为特征及多样化需求，突破仅考虑土地利用、设施布局、交通规划和公共政策的规划方法，在实现基于个体行为的城市空间规划方面具有优势。通过时空间行为的研究与应用，能够弥补基于土地利用的静态城市规划对人类日常活动考虑不足的弊端，能够促进城市社会管理更加关注人的行为的制约和能动因素以及了解居民个性化的服务需求，从而使城市规划更加精细、社会管理更加智慧、居民服务更加个性。

中国各大城市交通供求不平衡的矛盾已经日益凸显，城市交通供给与居民出行需求之间的矛盾日益加深，居民的出行效率成为影响居民生活质量与幸福感的重要因素。如何科学合理地进行交通设施建设和有效地控制、引导交通需求已经成为城市可持续发展的核心问题。通过对个体出行需求与城市空间、城市交通、城市服务设施的匹配关系的分析以及居民出行行为模式和决策的分析，实现交通需求预测和空间利用预测，进行优化城市空间与功能布局、优化城市居民出行特征与出行结构的研究；同时，在大规模、高质量的个体时空数据的支撑下，通过空间优化和政策引导实现出行需求与交通供给的动态平衡，提升规划与政策的有效性。

如何有效通过新型信息技术调节交通供需因素以实现交通出行的智慧化，达到缓解交通拥挤、保证系统有效运行、提高出行效率的目的，是城市发展面临的一个关键性议题，也是城市规划亟须解决的核心问题。中国传统的城市规划将城市居民作为均质的整体来对待，通过预测人口总体规模决定土地开发量，进而根据用地比例标准划分不同功能，组合形成城市空间结构。然而，中国正处于经济、社会、空间的快速转型时期，居民需求日趋多样化和个性化。传统的城市规划对居民的实际需求与主观决策考虑不足，难以对超长通勤、时空可达性降低、出行结构失衡、交通碳排放超标等城市问题做出及时、精细的响应，实际效果与理想状态存在较大差异。因此，需要借助大规模、高精度的时空行为数据，开展精细化的时空行为研究来弥补传统城市规划对居民时空行为的规律与决策机制考虑的不足，从而转向基于人的、动态的、精细化的规划。

本文提出了将时空间行为研究应用于居民智慧出行的研究框架。利用全球定位系统技术突破传统时空间行为数据采集方法的限制，收集高精度的个体行为信息，并以传统的时空数据集（如视频图像、问卷、访谈等）包含的完备活动信息为辅助，实现异源时空位置数据与活动内容信息的高度融合，为时空间行为研究提供“海量、精确”的数据基础。应用数据分析与挖掘工具及地理信息系统可视化与空间分析工具，利用和强化全球定位系统数据高精度、长时间的优势，挖掘时空行为模式及其形成机制，从交通规划、政策制定、城市规划出发论述了时空间行为研究在规划方面可能的应用方向，并提出了基于时空间行为分析的个性化信息发布、智慧化决策支持服务、个人行为规划等三大居民服务与引导的应用方向。

6.2 基于时空间行为研究的智慧出行框架

时间地理学、行为主义地理学和活动分析法为交通地理学非汇总模型的发展奠定了理论基础（Timmermans et al, 2002）。时空行为研究的兴起推动了城市交通理论的转变，基于活动的交通需求模型和交通规划逐渐成为西方交通研究和交通管理政策的发展方向。出行需求源于活动的需求，出行选择的决策是基于活动的（Hägerstrand, 1970; Jones, 1975），个体的出行行为受到整日活动计划、时间预算和活动空间分布的制约。基于活动的交通理论认为，活动与出行是一个统一的决策体系，活动与出行决策既是家庭及其成员所做出的一系列决策中的一部分决策，同时也与城市发展过程和交通运输系统具有相互作用（Ben-Akiva et al,

1996)。基于这一理念，通过规划政策和出行引导实现出行需求在时间、空间上的均衡化，保持交通供需平衡，从而使交通系统结构趋于合理化，成为西方交通理论的重要指导思想。但是，目前中国交通基础设施的建设和交通需求的引导基本上是孤立的两个系统，难以解答未来交通系统的供求平衡和居民出行的效率与质量问题。

智慧出行的提出，从理论和实践两方面为解决城市交通问题提供了有效的解决途径。借助手机、全球定位系统等位置感知设备及移动通信、物联网、车联网等新兴信息技术，广泛收集城市居民行为时空数据和城市时空数据，对多源异构的数据进行集成与整合，建立城市居民出行数据库，构建移动城市实时感知与活动移动景观；利用海量时空数据挖掘技术，结合定量、定性、地理信息系统空间分析等研究方法，研究居民日常行为模式与决策机制，尤其关注居民的活动—移动行为与城市空间的互动机理，实现基于活动—移动行为的动态交通需求预测与出行模拟；将面向居民行为的时空分析技术应用于交通规划、城市规划与政策制定，通过智慧城市规划、交通规划、公共政策调节城市空间、公共服务设施和交通基础设施等交通供给因素；整合多种关键技术，构建城市居民智慧出行服务系统，从个性化信息发布、智慧化决策支持和个人行为规划三个方面对居民进行服务与引导，调节交通出行需求的时空分布(图 6－1)。

6.3 时空间行为数据采集

居民行为时空数据是时空行为分析与智慧出行研究的核心，是分析个体活动移动行为模式和行为决策的重要数据基础，其质量与精度对于评估城市时空间中个体生活质量与政策选择具有重要的意义(Ohmori et al, 2005)。移动定位技术与信息通信技术的快速发展和广泛应用为个体时空数据的采集提供了新的契机，不少国外学者已经对利用全球定位系统、手机的定位功能获取居民移动轨迹进行了研究与实践(Battelle, 1997; Stopher et al, 2007; Ahas et al, 2007; Ratti et al, 2006; González et al, 2008)，发现通过此类方法获取的行为数据更加真实化、精确化、规模化，特别是使用主动获取方式获得居民个体信息和出行信息对于深入分析活动—空间互动机理具有重要的意义。柴彦威等(2013)在北京天通苑、亦庄，黄潇婷等(2011)在颐和园进行的全球定位系统调查，有效推进了居民出行弹性与交通时间政策支持(申悦等，2012)、旅游者活动节奏与旅游时空规划(黄潇婷等，2011)。本文将综合移动定位技术和互联网的居民行为时空数据获取方法，进行调查方案设计及调查实施，开发网上调查平台，利用位置感知设备(包括全球定位系统、手机等)获取居民移动轨迹数据，利用基于互联网的调查平台获取居民活动与出行信息，并将二者进行整合，得到居民的个体行为时空数据。

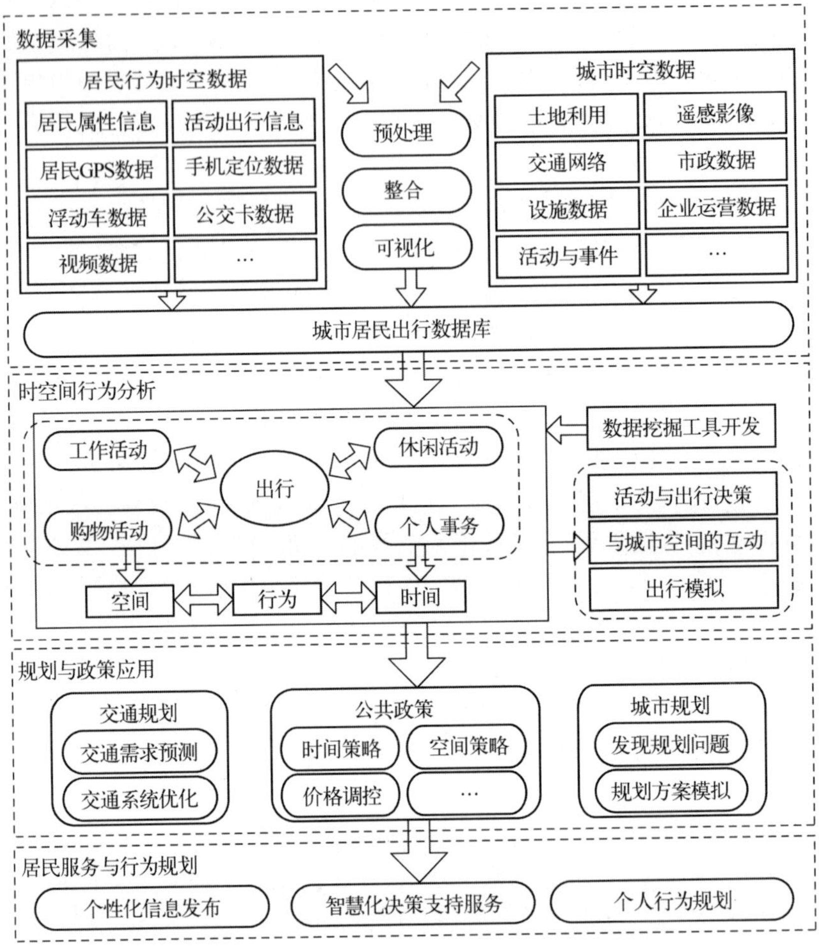

图 6－1　基于时空间行为研究的智慧出行框架

6.3.1　基于全球定位系统与互联网结合的活动日志调查

鉴于全球定位系统数据在时空行为研究及其应用方面的巨大潜力，笔者于2012年在北京上地—清河地区进行了1 000个样本的基于全球定位系统与互联网结合的活动日志调查，利用全球定位系统技术突破传统时空间行为数据采集方法（如出行日志、活动日志）的时空限制，收集高精度的个体时空行为信息，并以传统的时空数据集（如视频图像、问卷、访谈等）包含的完备活动信息为辅助，补充、健全轨迹数据的时空语义，实现异源时空位置数据与活动内容信息的高度融合，为时空行为研究提供“海量、精确”的数据基础。

通过让被调查者在一周七天的时间内携带全球定位系统设备（图6－2），进行正常的活动、出行，获取被调查者七天的活动轨迹。该设备是基于手机网络通信技术和全球定位系统定位系统的调查终端设备。通过全球定位系统卫星定位，每隔一分钟此设备会记录一个定位点，每五分钟将定位点上传至后台一次，全球定位系统轨迹就会在网络调查平台上即时显示(图 6 - 3)。

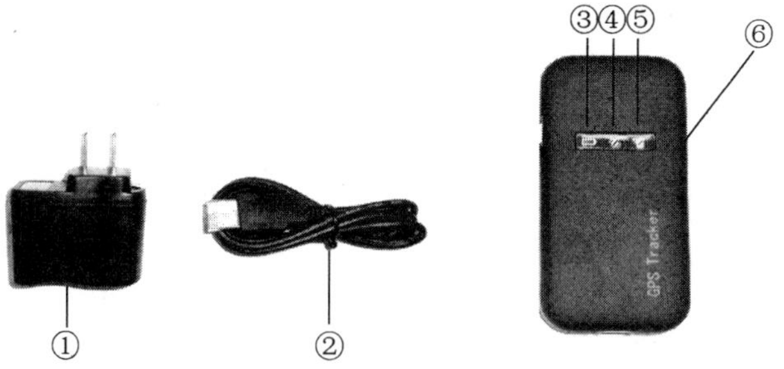

图 6 - 2　全球定位系统设备部件图

注：① 充电器；② 充电线；③ 电源指示灯；④ 全球定位系统信号指示灯；⑤ 全球移动通信系统(GSM)信号指示灯；⑥ 电源键。

图 6 - 3　网络调查平台中显示的被调查者轨迹

全球定位系统虽然可以提供精确的时空信息，但是无法直接获取移动或活动的详细信息，如交通方式、活动类型等。为了克服传统活动日志调查在地理参照方面的问题，已有研究通过引入新技术修正时空行为数据采集方法，使用基于网络的调查技术将被调查者的活动定位到地图上，将交通方式、活动地点等背景信息清晰的呈现(Rainham et al, 2010)。因此，本文综合移动定位技术和互联网的居民行为时空数据获取方法，进行调查方案设计及调查实施，开发网上调查平台，利用全球定位系统设备获取居民移动轨迹数据，利用基于互联网的调查平台获取居民活动与出行信息，将二者进行整合后得到居民的个体时空行为数据。

被调查者根据自己全球定位系统设备对应的账号和密码进行网站登录，即可观察自己调查期限内任意一段时间的活动轨迹，并可根据轨迹对当时的活动和出行情况进行回忆，填写相应信息，也可以自己添加调查平台未识别的重要活动和出行，还可以直接在网上完成个人社会经济属性调查问卷的填写（图 6－4）。此外，调查员也可以通过平台的调查员管理系统对被调查者的当前设备状态（是否开机、是否有信号）、所在位置、轨迹情况、活动日志填写情况、社会经济属性问卷填写情况进行实时监测，便于调查的顺利进行（图 6－5）。

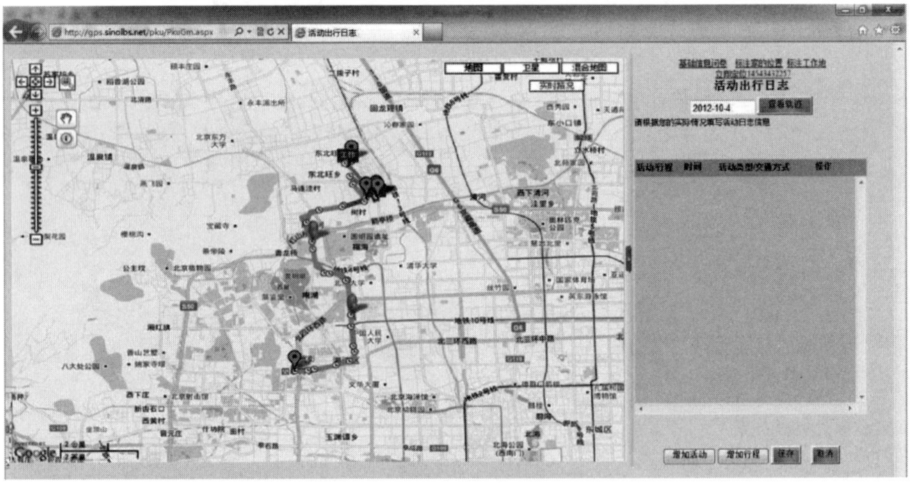

图 6－4　被调查者活动与出行信息填写界面

图 6－5　管理员界面

6.3.2 多源异构交通数据整合集成

交通部门的浮动车数据、公交智能卡数据、视频数据作为大规模、高质量的个体时空数据对描述和理解城市空间和居民行为提供了新的渠道，虽然该类数据已经开始应用于交通规划和城市研究中(Fang et al, 2012; 龙瀛等,2012)，但是目前仍亟待整合、挖掘和有效利用。本文将该类数据与全球定位系统调查获取的居民个体时空间行为数据进行集成，并整合行政区划、交通网络、土地利用、服务设施等基础城市时空数据底图，结合云计算，地理信息以及数据抽取、转换和加载(Extract-Transform-Load,ETL)等先进技术手段，分别对不同结构的数据进行抽取、清洗、转换、集成和可视化，最终加载建立北京上地—清河地区居民出行基础数据库，为交通数据联机处理、智能分析、海量数据挖掘提供基础，为多源异构交通数据的共享和应用提供技术支撑(图 6-6)。

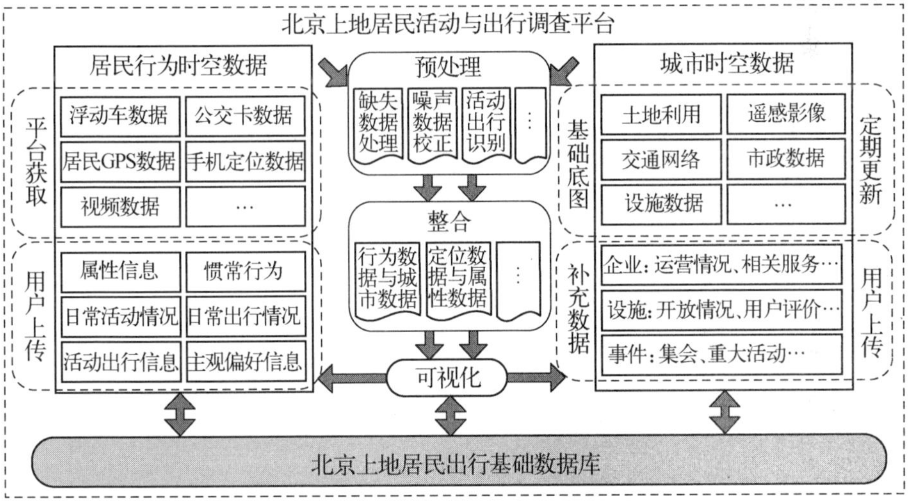

图 6-6 时空行为基础数据库

6.4 时空间行为数据分析

基于个体行为的智慧出行研究面向空间数据挖掘和时态数据挖掘技术，以经典的数据挖掘理论为基础，规范个体时空间行为数据表示和存取方式，依托地理信息系统强大的可视化与分析能力，挖掘、分析时空间行为数据的隐含模式，如频繁到访区域识别、异常轨迹发现、相似路径识别以及未来位置预测等，建立理解、分析个体活动微观和宏观特征的整体框架，辅助构建城市移动景观、城市人类出行一般性模型，模拟并探究城市建设、交通规划、公共卫生、社会网络、地理环境等与个体行为之间的关系，为基于多源时空行为数据的交通规划与城市规划提供理论支撑。

本文将基于北京上地-清河地区居民出行基础数据库，开发和利用海量时空行为数据挖掘工具，结合质性、定量、空间分析等方法，对上地—清河地区居民的活动移动行为进行分析，研究居民的工作、购物、休闲等日常活动及其相关的通勤、购物出行、休闲出行的时空规律及其决策机制，分析“时间—空间—行为”的相互作用，尤其关注居民的活动和出行行为与该地区城市空间特征的互动关系，并在居民活动与出行特征及其决策机制研究的基础上，对不同时间、交通方式、设施供给条件下居民的出行状况进行模拟（图 6 - 7）。

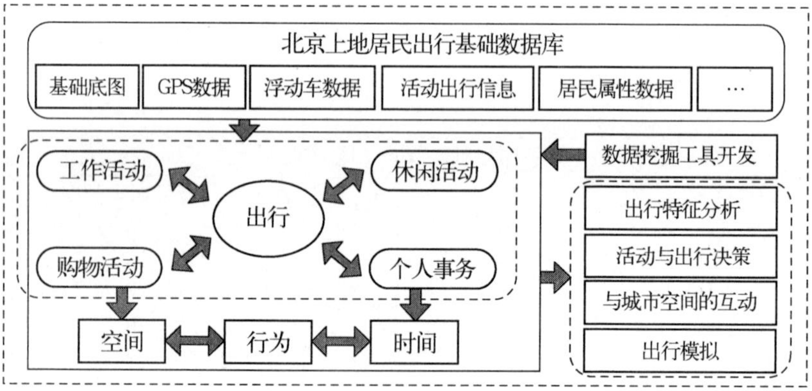

图 6 - 7　时空行为数据分析

随着国内外时空间行为研究的数据采集、计算挖掘、三维可视化与时空模拟等理论与技术的不断革新，时空间行为研究日益呈现出研究数据的多源化、研究方法的科学化、研究对象的个体化、研究主题的应用化等趋势。中国的时空间行为研究经历了三个大的发展阶段：时间地理学的引入与描述性统计研究阶段，城市空间与时空间行为的互动机理研究阶段，基于位置感知设备的数据采集与应用研究阶段。如何从时空间行为研究的理论研究扩展到对城市社会与行为的实践应用，以及城市管理政策干预成为目前新的探索前沿（柴彦威等，2012），基于个体行为的智慧出行研究将个体时空行为数据的采集、整合、分析与应用结合，为行为论方法在城市规划领域的应用做出了探索。

6.5　面向智慧出行的规划与政策研究

面对当前城市发展人本化与城市规划科学化的趋势，规划与政策的精细化与动态化是改善城市交通、城市空间和服务设施供给状况，提升智慧出行支持能力的决定性因素。面向智慧出行的规划与政策需要从供给和需求两个角度，分析个体出行需求与城市空间、城市交通、城市服务设施的匹配关系，通过对居民出行行为模式和决策的分析，实现交通需求预测和空间利用预测，进行优化城市空间与功能布局、城市居民出行特征与出行结构的研究，并通过空间优化和政策引导实现出行需求与交通供给的动态平衡，提升规划与政策的有效性。

6.5.1 基于时空行为分析的交通需求预测与优化

由于城市交通拥堵现象在空间上的复杂性以及时间上的动态性，城市交通拥堵现象成为城市化过程中最棘手的问题之一，而将时空观引入交通规划的研究起源于对城市交通拥堵现象的识别(柴彦威等，2010)。交通需求是派生需求，交通需求的产生取决于各类社会经济活动的发生地点与居住地点的空间关系(陆化普，2006)，因而城市土地利用与交通状况具有密切的联系。时空间行为研究将个体的出行行为置于整日的活动计划、时间预算和活动空间分布中来理解，促使交通规划学者结合社会与空间背景从个体出行的制约与决策机制角度理解交通问题，通过调整设施的空间配置以及社会时间节奏来解决交通问题(Shaw, 2006; Timmermans et al, 2002; 张文佳等，2009)。基于多源时空数据信息，研究建立个人时空出行分析的交通需求预测模型，对城市居民的交通需求进行模拟和预测，提出交通规划优化方案。从出行需求的角度，基于居民出行时空分布特征，进行道路网、枢纽等交通设施系统规划，从而推进交通设施优化以实现智慧出行。

在这一过程中，首先需要进行交通需求量的动态准确预测。在时空间行为研究框架下，建立基于道路网络平衡的交通需求模型，基于地理信息系统实现多模型的真实表达、数据完整性的增强、高效的用户界面和高效的平衡算法(Miller et al, 1996)，将土地利用与交通进行不同时空尺度的综合比较，通过对空间、时间、属性变量的操作，借助地理信息系统所提供的数据挖掘与分析功能，识别和度量土地利用与交通的相互作用(Shaw, 2000)，实现城市土地利用与交通系统的一体化规划(陆化普，2006)。研究使用时空行为模型系统进行需求预测的流程与方法，并与传统预测模型和人工神经网络等非传统预测模型进行综合对比分析，是实现智慧出行的重要途径。目前交通优化系统的技术发展趋势是引入时空间行为分析，通过对静态交通系统的动态网络计算，从空间扭曲程度来识别城市道路设施和交通拥堵程度，进而对交通系统进行优化调整(柴彦威等，2010)。本文将在北京上地—清河地区居民出行基础数据库以及时空间行为分析与挖掘的基础上，建立基于个人的交通需求预测模型，对居民的交通需求进行模拟和预测，提出交通规划优化方案。

6.5.2 面向出行引导的公共政策

时空间行为研究指引了城市政策和交通发展的转型，关注点逐渐从以物为本转向以人为本，研究视角从基于出行转向基于活动、从出行预测转向出行决策，研究内容从出行划分转向交通过程、从交通分配转向外部效应，最终实现了交通出行优化政策从设施供给转向辅助决策、从满足需求转向管理需求（柴彦威等，2011）。特别是近年来，以交通需求管理为代表的基于活动的交通理论成为西方交通地理学关注的焦点（石飞等，2007）。交通需求管理是指通过交通政策的导向作用，运用现代化技术和信息技术设备等，通过速度、服务、收费等因素影响交通参与者的交通出行行为，使出行需求在时间、空间上均衡化，在交通供给和交通需求间保持一种平衡，从而使交通系统结构趋于合理化。以公共交通策略、时间调控、空间均衡、出行引导等政策措施为代表的交通需求管理方略（陆化普，2012）明确了从供、求两个方面解决交通问题的思想，对交通智慧出行的实现提供了有效的指导。

基于居民出行的时空分布特征与规律分析，制定时间政策、空间政策和行为引导方案，均衡城市交通需求的时空分布，引导居民优化出行结构、降低出行量。早在20世纪70年代，哈格斯特朗（Hägerstrand）就将时间地理学的时空观、行为观引入区域政策中，提出个体在时空间中的位置以及个体所能获得公共资源的可达性应当受到关注（柴彦威，1998）。时空行为研究发现居民活动的时间节奏与城市服务设施的开放时间等有明显的关联，因而通过时间政策调节公共设施开放时间能够有效地引导居民的出行行为。而交通政策的有效性需要通过居民的行为反应进行反馈和评估，实行尾号限行能否控制交通流量，如何把握停车场收费价格调控的空间梯度，都需要根据居民时空行为的变化特征进行设定和调节才能更有效地改善交通出行状况。在这一方面，爱沙尼亚塔林市通过不同行为个体发生活动的时空间特征分析城市空间人流集聚与扩散的规律，为交通设施规划和评估规划政策提供了先例（Ahas et al, 2005）。国外也已经开始尝试基于时空行为特征的重大事件出行管理，比如比利时通过在一定范围内安装蓝牙信号接收装置获取居民手机的蓝牙信号，研究在比利时重大活动韦特尔（Werchter）摇滚音乐节期间，居民在广场及附近的时空行为（Londersele et al, 2009），为应急交通管理和疏导提供了借鉴。

所以，面向出行优化的城市公共政策应更加关注交通弹性利用与出行需求管理，通过价格调控、时间策略、空间策略（如尾号限行、停车场收费、公交卡打折等），实现交通出行行为的限制或者鼓励。本文将在上地-清河地区居民出行基础数据库以及时空行为分析与挖掘的基础上，制定针对该地区的时间政策、空间政策和行为引导方案，均衡该地区交通需求的时空分布，引导居民优化出行结构、降低出行量。

6.5.3 面向出行优化的城市规划

时空间行为分析注重个体行为的制约机制，其目的在于调整城市物质空间的配置,以便最大程度消除对个体行为的制约(柴彦威等,2010)。通过时空间行为的研究与应用,能够弥补传统城市规划对居民时空间行为的规律与决策机制考虑不足的弊端,促进传统的基于土地的、静态的、蓝图式的城市规划转向基于人的、动态的、精细化的规划。在对城市居民时空行为模式分析的基础上找出城市问题突出的地段,从城市形态结构和功能布局的视角有针对性地做出解释,并对该城市的空间结构、土地利用、基础设施和公共服务设施布局等方面进行合理调整,运用城市规划手段对城市问题给出精细化和个性化的应答,通过空间引导建设不断生长又保持规模与结构动态平衡的智慧城市。

面向出行优化的城市规划需要对城市空间动态性进行深入分析。城市规划者通过大量行为数据的分析来把握人口集聚的规律,这有助于交通问题的解决和城市地块参数的确定。例如,米兰、新加坡等城市基于手机通讯基站数据而进行的城市移动景观研究,试图通过居民时空行为分析辅助城市规划、城市设计及城市问题研究(黄潇婷等,2011),希望通过微观个体时空行为的视角,弥补"静态"城市规划方法不能解决的现实居民生活的动态性问题,充分体现"以人为本"的城市规划理念。通过对城市形态结构和设施的调整优化,基于活动分析法的观点,从活动优化的角度调整出发,变被动调整为主动优化,将交通规划和城市规划结合,实现交通问题的空间优化策略。本文将利用已有的对上地—清河地区居民时空行为分析的成果,发现该地区规划中存在的问题,运用城市规划手段给出解决方案;并在该地区规划方案制定的过程中结合建立的数据库以及时空行为分析进行规划方案的模拟,实现城市空间的优化。

因此,对居民时空行为进行深入分析挖掘是实现城市规划与交通规划智慧化、动态化的必然途径,是实现城市政策人本化、精细化的必然趋势,是实现智慧出行的决定性因素。

6.6 面向智慧出行的居民服务与行为规划

近年来,我国大城市交通设施建设逐渐完善,面向居民的出行需求管理就显得尤为重要,相关部门应转变管理理念,由被动管理与执法向主动提供服务转变,从出行时间、出行量、出行方式、出行路线等方面积极引导居民进行高效、智慧、绿色出行。而居民主动进行智慧出行的条件包括能够获取充分有效的出行信息,能够进行足够智慧的出行决策,能够接受绿色、健康的行为引导。因此,面向智慧出行的居民服务包括个性化信息发布、出行决策支持服务与个人行为规划。

6.6.1 基于时空间行为分析的个性化信息发布

信息时代背景下,互联网技术的迅猛发展使得信息的采集、传播速度和规模达到空前的水平，居民们在享受信息带来便利的同时也需要承受“信息爆炸”的困扰。由于居民接收信息的能力有限，因此结合居民需求的个性化信息发布尤为重要(刘建国等，2009)。20 世纪 90 年代，信息科学领域提出了个性化推荐的概念(Resnick et al, 1994)，通过建立用户与信息之间的二元关系，挖掘用户感兴趣的潜在对象，进行信息过滤，实现个性化信息发布。在交通领域，我国城市交通情况复杂，交通信息量巨大，能够向居民发布的交通信息包括道路交通状况、各类出行方式(步行、自行车、公共交通、私家车等)相关的设施运行与利用情况、交通管理措施与规章制度、交通事故及其他突发事件等一切与居民出行相关的信息。而面向居民提供个性化的信息发布能够减少信息冗余，为居民的智慧出行提供保障。但是信息发布个性化的程度与能够获取的居民信息和行为分析能力相关。当能够获取居民的历史和惯常时空间行为，特别是实时行为信息时，可以通过时空间行为特征分析，了解居民的出行需求及其空间利用模式，这样才能真正面向居民出行的潜在需求，面向不同的时间、空间、交通方式、群体、行为进行出行信息的发布。

当无法获取任何与居民相关的信息时，可在不同时间段进行不同的信息发布，如一日内从早到晚各时段、一周内从周一至周日、不同天气状况、不同季节、特定节假日等的交通状况、限行信息、天气信息、突发事件等。当利用特定位置的信息发布终端能够获取居民的位置信息时，可以根据居民的空间位置进行信息发布，如利用电子显示屏、手机、全球定位系统导航仪等对发生交通事故或出现交通拥堵的路段附近的居民进行事故与拥堵相关的信息发布。利用特定交通方式相关的信息发布终端可以针对不同的交通方式进行信息发布，如利用电子公交站牌对不同线路公交车距车站的距离进行发布；通过对居民的位置、移动速度与加速度进行分析能够识别居民的出行交通方式，也可进行针对不同交通方式的信息发布。当能够获取居民的社会经济属性信息时，可针对不同群体进行个性化的信息发布，此类信息发布需要在对不同属性群体的时空间行为特征进行分析、了解不同属性居民潜在需求的基础上完成，如针对女性、儿童、老年人、残障人士等群体的信息发布。已有的面向不同群体的基于问卷、访谈或定位数据的时空间行为研究成果可作为此类信息发布的实证依据(张艳等，2009；张文忠等，2006)。以上几类信息发布仅仅在一定程度上实现了个性化，而真正的个性化应该在能够获取居民时空间行为数据的基础上，通过对其行为的时空规律与决策过程进行分析挖掘，把每个居民视为独特的个体，直接从行为特征出发实现信息发布的个性化，如针对某个居民不同的日期与时间惯常的出行交通方式与出行路线进行信息发布。

居民能够获取有效的出行信息是其实现智慧出行的前提条件，信息发布的个性化程度越高，对于智慧出行的支撑力度就越大，需要获取的居民信息也越多，信息发布越难实现。而如何在保护居民隐私不被侵犯的条件下挖掘居民出行的潜在需求也是个性化信息发布需要解决的关键问题。

6.6.2 基于时空间行为分析的出行决策支持服务

出行决策是智慧出行最关键的环节，针对居民的出行决策给予一定的支持服务，能够提高居民决策效率，在城市层面，有利于优化居民的出行结构、改善城市交通状况；在个体层面，有利于提高居民的个体生活质量。

目前对于居民出行决策支持的服务主要包括相对独立的两类：一是基于位置的服务，可以提供活动地点的决策支持；二是在确定出发地、目的地、出行方式条件下的出行路线决策支持服务。事实上，大多数的出行是由活动派生出的需求，因此对于出行目的地和出行方式与路线的决策密切相关，有必要对二者进行综合考虑。时间地理学提供一种综合考虑时间与空间的研究框架，在出发地、目的地与可利用时间确定的条件下，把时间视为一种有限资源，对个体时空可达性进行计算，即分析在一定时间内居民能够到达的空间范围，从时间要素出发将居民活动与出行的决策相结合，提供更加精细化、智慧化的决策支持服务。在此类服务中，居民需提供作为限制条件的出发地、目的地、活动类型、可利用时间等信息，服务系统结合交通路况信息计算该居民在满足限制条件下的可达范围，并根据活动类型考虑居民的主观偏好，提供活动地点及出行方案。

6.6.3 基于时空间行为分析的个人行为规划

居民智慧出行的实现除了需要个性化信息发布、智慧化决策支持服务外，还需要结合低碳、健康等理念对其加以引导。20 世纪 90 年代，西方发达国家面临严重的交通问题，基于注重居民出行需求管理的思路，正面研究作为交通使用者的个人，提出了个人出行规划。通过提供个性化的交通信息和出行方案，结合认识层面的劝服诱导和公共交通奖励等手段，辅助交通使用者及其家庭成员自愿改变出行习惯，选择绿色、健康的出行方式（Gärling et al，2009；Jones et al，2006；Taylor et al，2003；Cairns et al，2008）。本文在个人出行规划的基础上，结合时间地理学的理论框架以及对于时空间行为的研究，将活动与出行综合考虑，研究个人行为规划（肖作鹏等，2012），在面向居民的个性化信息发布和智慧化决策支持服务的过程中，对居民行为加以引导。例如，在个人决策支持服务中通过次序选择集引导居民就近活动，减少不必要的交通出行，或提供每种交通方式的能量消耗、污染物排放量等信息，引导居民采取健康、环保的出行方式。

结合国内外已有研究成果，面向中国城市新的发展形势，本文将在北京上地-清河居民出行基础数据库及其时空间行为分析的基础上，构建数据挖掘的算法，开发基于智慧城市管理公共信息平台，构建城市居民智慧出行服务系统，以北京市上地-清河地区为试点，建立智慧出行服务系统应用示范，为居民智慧出行提供个性化引导服务，提升居民生活质量，并研究智慧出行服务系统的可持续运行机制，使其能够在法律合理、隐私安全的条件下，长期、有效、合理地运行。

6.7 结论与讨论

本文紧扣我国“十二五”时期城镇化与城市发展领域的重大需求和发展趋势，提出了将时空间行为研究应用于居民智慧出行的研究框架内，从数据采集与整合方面论述了时空间行为数据在城市规划管理中应用的可能性，从时空间行为分析方面说明了其在处理居民行为与城市空间互动方面的有效性，从交通规划、政策制定、城市规划方面论述了时空间行为研究在规划方面可能的应用方向，并提出了基于时空间行为分析的个性化信息发布、智慧化决策支持服务、个人行为规划三大居民服务与引导应用方向。

在未来，我国交通规划的重心将由注重设施建设转向注重居民的出行需求管理，交通管理理念将由被动执法与管理转向主动服务，结合新型技术与时空间行为研究，通过规划、管理、服务手段引导居民智慧出行将成为解决城市交通问题的重要途径。基于时空间行为研究，构筑从短期日程安排、中期生活圈到长期生命历程的个人行为规划，对从不同时间尺度引导居民进行高效、智慧、健康的活动与出行具有重要意义。

参考文献

柴彦威，申悦，马修军，等. 2013. 基于定位技术的微观个体行为时空数据采集与管理——以北京居民活动与出行调查为例[J]. 地理研究，32(1)：211－216.

柴彦威，申悦，肖作鹏，等. 2012. 时空间行为研究动态及其实践应用前景[J]. 地理科学进展，31(6)：667－675.

柴彦威，肖作鹏. 2011. 面向“十二五”规划的中国城市交通发展转型[J]. 规划师，(4)：21－25.

柴彦威，赵莹，张艳. 2010. 面向城市规划应用的时间地理学研究[J]. 国际城市规划，25(6)：3－9.

柴彦威. 1998. 时间地理学的起源、主要概念及其应用[J]. 地理科学，18(1)：65－72.

黄潇婷，马修军. 2011. 基于 GPS 数据的旅游者活动节奏研究[J]. 旅游学刊，26(12)：26－29.

刘建国，周涛，汪秉宏. 2009. 个性化推荐系统的研究进展[J]. 自然科学进展，19(1)：1－15.

龙瀛，张宇，崔承印. 2012. 利用公交刷卡数据分析北京职住关系和通勤出行[J]. 地理学报，67(10)：1339－1352.

陆化普. 2012. 城市交通供给策略与交通需求管理对策研究[J]. 城市交通，10(3)：1－6.

陆化普. 2006. 城市土地利用与交通系统的一体化规划[J]. 清华大学学报(自然科学版)，46(9)：1499－1504.

申悦，柴彦威. 2012. 基于 GPS 数据的城市居民通勤弹性研究——以北京市郊区巨型社区为例[J]. 地理学报,67(6):733－744.

石飞,章光日,徐建刚. 2007. 我国交通需求管理(TDM)对策研究[J]. 武汉理工大学学报(交通科学与工程版),31(5):776－779.

肖作鹏,柴彦威. 2012. 从个人出行规划到个人行为规划[J]. 规划师,28(1):5－11.

张文佳,柴彦威. 2009. 时空制约下的城市活动-移动系统——活动分析法的理论和模型进展[J]. 国际城市规划, 24(4):60－68.

张文忠,李业锦. 2006. 北京城市居民消费区位偏好与决策行为分析——以西城区和海淀中心地区为例[J]. 地理学报, 61(10):1037－1045.

张艳,柴彦威. 2009. 基于居住区比较的北京城市通勤研究[J]. 地理研究, 28(5):1327－1340.

Ahas R, Aasa A, Mark U, et al. 2007. Seasonal tourism spaces in Estonia: case study with mobile positioning data[J]. Tourism Management, (28): 898－910.

Ahas R, Mark U. 2005. Location based services: new challenges for planning and public administration[J]. Futures, 37(6), 547－561.

Battelle. 1997. Lexington Area Travel Data Collection Test: Final Report[R]. Columbus, OH: Battelle Memorial Institute.

Ben-Akiva M, Lerman S. 1985. Discrete Choice Analysis: Theory and Application to Travel Demand[M]. Cambridge: The MIT Press.

Ben-Akiva M E, Bowman J L. 1996. Activity based travel demand model systems[M]// Marcotte P, Nguyen S. Equilibrium and Advanced Transportation Modeling. Boston: Kluwer Academic Publishers: 27－46.

Cairns S, Sloman L, Newson C, et al. 2008. Smarter choices: assessing the potential to achieve traffic reduction using soft measures[J]. Transport Reviews, 28: 593－618.

Fang Z X, Shaw S L, Tu W, et al. 2012. Spatiotemporal analysis of critical transportation links based on time geographic concepts: a case study of critical bridges in Wuhan, China[J]. Journal of Transport Geography, (23): 44－59.

Gärling T, Fujii S. 2009. Travel behavior modification: theories, methods, and programs [M]// Kitamura R, Yoshii T, Yamamoto T. The Expanding Sphere of Travel Behaviour Research. UK: Emerald.

González M C, Hidalgo C A, Barabási A L. 2008. Understanding individual human mobility patterns[J]. Nature, 453: 779－782.

Hägerstrand T. 1970. What about people in regional science[J]. Regional Science Association Papers, 1970: 7-21.

Jones P, Sloman L. 2006. Encouraging behavioral change through marketing and management: What can be achieved[M]// Axhausen K W. Moving Through Nets: the Physical and Social Dimensions of Travel. Oxford: Elsevier.

Jones P M. 1975. The Analysis and Modelling of Multi-Trip and Multi-Purpose Journeys[R]. Nuffield Conference on Multi-trip and Multi-Purpose Journey.

Londersele V B, Delafontaine M, Weghe V D N. 2009. Bluetooth tracking: a spy in your pocket [J]. GIM International, 11:23－25.

Miller H, Storm J. 1996. GIS design for network equilibrium-based travel demand models[J]. Transportation Research C, 4: 373 - 389.

Ohmori N, Nakazato M, Harata N. 2005. GPS Mobile Phone-Based Activity Diary Survey[R]. Proceedings of the Eastern Asia Society for Transportation Studies.

Rainham D, McDowell I, Krewski D, et al. 2010. Conceptualizing the healthscape: contributions of time geography, location technologies and spatial ecology to place and health research [J]. Social Science & Medicine, 70(5): 668 - 676.

Ratti C, Frenchma D, et al. 2006. Mobile landscapes: using location data from cell phones for urban analysis[J]. Environment and Planning B: Planning and Design, 33(5): 727 - 748.

Resnick P, Iakovou N, Sushak M, et al. 1994. Group Lens: an Open Architecture for Collaborative Filtering of Netnews[R]. Proc 1994 Computer Supported Cooperative Work Conf, Chapel Hill.

Shaw S-L. 2000. Handling disaggregate spatiotemporal travel data in GIS[J]. GeoInformation, 4(2): 161 - 178.

Shaw S-L. 2006. What about time in transportation geography[J]. Journal of Transport Geography, 14: 237 - 240.

Stopher P C, Fitz G, Xu M. 2007. Assessing the accuracy of the Sydney household travel survey with GPS[J]. Transportation, (34): 723 - 741.

Taylor M, Ampt E. 2003. Travelling smarter down under: policies for voluntary travel behaviour change in Australia[J]. Transport Policy, 10: 165 - 177.

Timmermans H, Arentze J. 2002. Analysing space-time behaviour: new approaches to old problems[J]. Progress in Human Geography, 26(2): 175 - 190.

（柴彦威、塔娜、申悦、马修军、李春艳、陆化普　著）

7 居住环境与居民空间行为研究

7.1 引言

居住环境关乎人们最基本的生活条件，与住房、出行、购物、就医、就学和环境质量等民生问题密切相关，是提高居民生活质量的一个重要因素，同时也是经济、文化和社会等活动的重要支撑。然而，在城市化快速发展期间，随着社会经济结构的变迁，人口加速向城市转移，城市人口规模扩大，往往会导致中心城区出现绿地急速下降、环境污染、交通拥堵、住房紧张、水源短缺等问题；同时，城市向外的无序扩张也给居民生活带来开敞空间的丧失、环境恶化以及远距离通勤加剧、交通拥堵等问题（Ewing，1994；Couch et al，2006）。中国在经历了三十多年快速的、大规模的城镇化和郊区化发展后，这些居住环境问题也日益突出。随着经济收入的增加，人们对自身居住环境品质的关注愈加强烈，居住环境质量成为城市竞争力的重要因子。中国共产党第十八次全国代表大会报告提出要“促进生活空间宜居适度”，北京城市总体规划也明确了“宜居城市”的建设目标，表明居住环境已成为城市居民、学术界和政府共同关注的重要议题。现实问题的产生和国际前沿对居住环境的重视，使我们不得不重新审视和反思中国的城市化和郊区化道路对居住环境以及对居民行为的影响。

7.2 城市内部居住环境的空间差异

居住环境概念(图 7-1)在生活中被广泛使用,但是在理论上却没有统一的定义,它通常用以指围绕居住和生活空间的各种环境的总和,包括自然条件、各种设施条件和地区社会环境等多个方面,因此对居住环境空间差异进行研究的第一步是确定居住环境涵盖的要素。对于不同的研究尺度,研究内容的关注点也有所不同。例如,城市尺度下居住环境研究关注的是公共服务设施的配置、社会空间分异、土地利用方式等;社区尺度下居住环境研究关注的是社区公共空间、建筑密度、社区级服务设施、邻里交往等;建筑尺度下居住环境研究则关注户型、住房面积、家庭关系等内容。笔者在研究中将城市内部各街道作为基本研究单元,在此基础上将居住环境定义为与居住和生活有关的环境的集成,由街道的实体环境、社会环境和设施环境构成。其中,实体环境指居住区外部的空间形态,包括街道的土地利用强度、土地利用混合程度、道路布局状况等;社会环境指街道居民的社会结构等;设施环境指街道及周边的教育、医疗、购物、休闲娱乐等配套设施的完善和方便程度等。基于该定义,对居住环境空间差异的考察也包含这三部分,在此基础上考察综合居住环境的空间差异。

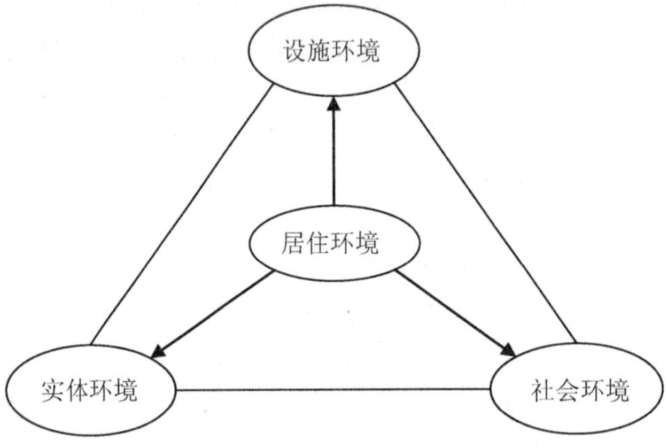

图 7-1 居住环境的概念框架

笔者对北京的实证研究表明,北京城市居住环境要素存在明显的空间分异现象。表征设施环境的服务设施可达性由内城区向外逐渐降低,前门、月坛等内城街道服务设施可达性最高,而五环外的苏家坨镇、温泉镇等城乡结合部地区的服务设施可达性最低;表征实体环境的居住空间形态指标中,土地利用强度和用地功能匹配度都是内城区和远郊地区较低,高值位于近郊区域,尤其是中央商务区(Central Business District, CBD)周边街道土地利用强度非常高,而街区连通性在内城区最高,向外逐渐降低;表征社会环境的社会多样性指标中,与居民经济属性有关的教育程度多样性指标的空间分异程度远远高于年龄和家庭类型的多样性,高值区主要位于内城区以及中关村、CBD 等地区。

以街道为基础作为调查和评价单元可以清晰地表达居住环境的地区差异,适用于地区之间的比较，易于进行规划决策，而且可操作性较强。但是客观指标数据在同一单元上的组合千差万别，例如，一些破旧的历史街区物质环境可能相对较差，但是社区认同感较强、邻里和睦，而一些“卧城”可能物质环境较好，但是公共服务设施缺失，如果对指标集数据进行统一量化评价、加权汇总，反而容易令评价结果失去意义。因此在街道分析的基础上，进一步利用空间聚类结合定性分析的方法划分居住环境类型区，这样在不损失客观指标信息的情况下将指标集进行了整合，能够依照各基础单元的相似性和差异性实现评价单元的归并，同时也能够直接指导居住环境政策的制定。实证研究发现，根据居住环境构成要素指标可将北京城区划分为六类居住环境类型区，即内城异质性居住区、内城同质性居住区、近郊职住混合区、近郊高密度居住区、远郊职住混合区和远郊低可达性居住区。从整体上看，居住环境类型区之间以同心圆的结构进行组合，局部体现出扇形和多核心的特征。未来随着城市规划的推进、轨道交通的建设以及住房市场的成熟，居住环境类型的空间结构将更加多元化。

7.3 居住环境与居住用地价格分异

国内外大量研究已经针对到城市中心距离、各类公共服务设施可达性等区位特征对居住用地价格或住房价格的影响展开了分析，指出教育、医疗、交通基础设施、绿地等公共服务设施可达性对居住用地价格具有空间溢价效应(Jim et al, 2009; Mingche et al, 1980; Raymond, 2002)，但是缺乏对地块邻里社区居住环境特征影响的分析，如地块所在社区的土地利用状况、教育水平、治安状况等。如果地块的邻里社区属性与地块的结构特征和区位特征不是相互独立的，那么遗漏邻里社区属性会导致内生性问题，使得地块特征价格模型估计有偏，不能准确地估计地块特征的隐含价格，并且忽略地块或者住房邻里社区属性也可能是导致特征价格模型产生空间自相关问题的主要原因(Dubin et al, 1999; Can, 1992; Anselin et al, 2008)。基于此，笔者根据 2004 年北京市土地市场实行招拍挂制度以来居住用地出让的微观交易数据，结合北京市人口普查和单位普查数据，建立特征价格模型，对用地特征的隐含价格以及特征价格的社区分异特征进行分析和模拟，一方面是为了刻画北京市的居住用地市场状况，为政府进行土地市场调控提供科学依据；另一方面补充和完善了利用特征价格模型研究土地和住房市场的方法论框架。

笔者将居住用地属性以及社区属性和其他地块特征的交互作用引入传统的特征价格模型，建立异质特征价格模型，研究了北京市居住用地特征的隐含价格及其社区分异的特征，得到以下主要结论：(1) 居住用地价格存在显著的空间依赖效应，轨道交通和公园便利性能够显著地提高居住用地价格。周边商业办公用地对居住用地价格有明显的溢出效应，合理的土地混合利用有利于提升居住用地价格。(2) 人口密度增加能够提高居住用地价格，说明目前北京市人口集聚对城市土地开发所带来的基础设施共享等集聚经济效益要大于集聚不经济。租用公共住房比例较大的社区，由于区域人居环境较差，导致居住用地价格较低。居住用地出让比例较高的地区，由于商业等生活服务设施配套程度较低，导致土地价格较低，因此政府在进行大规模居住用地开发的时候，要注意相应的商业等其他生活服务设施的配套建设，适度提高土地利用的混合度，提高土地利用效率。(3) 居住用地的地块面积、空间依赖效应，周围商业办公用地溢出效应，轨道交通和公园便利性的特征价格随着社区加权工作密度、教育状况、租用公共住房比例、犯罪率和居住用地出让比例的变化有较大的分异，且呈现出非线性关系。当然，由于居住小区尺度的社会经济属性缺乏相应的统计数据，笔者目前的研究只能用根据街道尺度汇总得到的街道区块的属性作为地块社区属性的代理变量。如何将普查数据和调查问卷数据结合，更为准确地衡量地块的社区属性，是刻画居住用地特征价格社区分异的难点，也是下一步重点要解决的问题。

7.4 居民对居住环境的综合评价

居住环境评价一直是学者们关注的热点问题，大部分研究都采用满意度作为衡量居民对居住环境主观感受的指标。满意度的概念建立在心理学的认知理论上，用来衡量消费者的愿望和实际之间的差异(Galster, 1987)，可以采取多维度的标准进行度量，即总体满意度是各分指标满意度的加权。居住满意度是居住环境质量的综合衡量指标，同时也是生活质量的构成部分。

学者们从不同视角出发，建立了不同的居住环境的评价指标体系。例如，陈浮(2000)从安全、舒适、和谐、方便等原则出发，提出以建筑质量、环境安全、景观、公共服务、社区文化等因素为评价因子来评估城市人居环境满意程度；李王鸣等(1999)从近接居住环境、社区环境和城市环境三个方面建立了人居环境评价的主观指标评价体系，并以杭州为例，对人居环境现状与发展态势进行了分析。笔者提出城市的安全性、环境的健康性、生活的方便性、出行的便利性、居住的舒适性五个方面的居住环境指标体系，并对北京市进行了实证研究，发现居民对居住环境的综合评价存在空间分异现象。居民对内城异质性居住区的评价最高，其次是内城同质性居住区和近郊高密度居住区。两类职住混合区由于存在环境污染、部分服务设施可达性低等问题，居民对其评价较差。位于城乡结合部的远郊低可达性居住区由于服务设施非常不完善、人文环境舒适度差，得到的评价最低。

客观环境对居住环境评价的影响是多维的。研究指出，社会群体构成多样化的社区中居民满意度更高(Begube et al, 2005)。还有学者分析了城市休闲设施和公共空间对居民生活质量的影响(Lloyd et al, 2003)。杨翌朝(Yang, 2008)对紧凑型城市和一般性城市的居住满意度进行了比较。值得注意的是,居民的生活方式不只受到客观环境的影响,还与居民的社会经济属性有关。例如,一些破旧的历史街区对于年轻人来说没有吸引力,但是对于长期生活、居住在那里的老年人来说具有重要的意义。有时,不同的国家有着不同的社会发展模式和社会价值观,这也会影响居民的满意度。有学者指出,印度喀拉拉邦提供了一种新的社会发展模式,即少子女低消费,在这种价值观的主导下,喀拉拉邦的人民对生活的满意度很高,在研究时必须认识到这些因素的影响(Basiago, 1998)。此外笔者利用2006年大连问卷调查的实证研究发现,住房获取方式对不同收入群体的居住环境评价可以产生不同的影响(Chen et al, 2013)。在住房市场化进程中,对于低收入者而言,尽管购买商品房的难度比中高收入者大,但随着选择自由度的提高,他们的满意度也比单位房居民高;而对于高收入者而言,商品房的优势未必能够超过单位福利房,因为这部分人群往往是福利分房制度下的既得利益者,他们的福利住房往往比新建商品房更具有环境和价格优势。

7.5 居住环境与居住选择行为

居民行为是对居住环境最直接的反馈。最近西方的研究已经开始关注社区土地利用模式和居民行为的关系(Clifton et al, 2007),最常见的是对居民出行的讨论。许多城市规划者和地理学家提倡利用土地利用政策的变化来完成交通政策的目标,他们认为在美国的传统郊区邻里,围墙、没有出口的高速道路大量出现,但缺少人行道,使得步行或自行车出行越来越困难,这些因素被视作汽车依赖、环境破坏和减少身体活动机会的元凶(Ewing et al, 2006; Frank et al, 2006; Papas et al, 2007)。因此,新城市主义运动开始强调通过土地混合利用等来增进居民的户外活动和公共健康(Jemal et al, 2005)。社区规划者也认为在社区中设计公园、游泳池、网球场等可以促进人们进行户外活动(Giles-Corti. et al, 2002)。但是也有学者的研究结论与此相左,例如,有学者基于汇总的地域单元,发现土地利用类型和区位等空间变量对居民非生存性出行没有显著的影响(Handy, 1993)。也有研究发现社区的土地利用特征对居民出行的影响并不显著(Boarnet et al, 1998)。对此,欧文等(Ewing et al, 1996)认为出行是否显著增加还取决于出行需求的弹性,如果出行需求具有弹性,可达性好的地区明显能产生较多的出行,即可达性对出行的影响是显著的;如果出行需求是非弹性的,则出行变化并不明显,可达性的影响是不显著的。还有研究指出,人们在进行交通模式选择时并不完全取决于客观的土地利用和交通系统,同时还受到对物质空间环境主观感知的影响(Kitamura et al, 1997)。

然而学者关注最多的还是居民的居住选择行为。对居民住房消费行为的研究是西方城市经济学、城市地理学的重要议题。阿隆索(Alonso,1964)、米尔斯(Mills,1967)和穆斯(Muth,1969)认为,居民的居住区位选择是在家庭支付能力的约束下对住房成本和通勤成本进行权衡以获取效用最大化的过程。这种住房成本和通勤成本空间消长关系的提出,为家庭住房消费行为的空间均衡模式奠定了理论基础。目前学术界对住房消费行为的研究成果主要集中于住房租购选择理论、住房类别选择理论和住房区位选择理论。关于住房租购选择理论的研究主要如下:凯因等(Kain et al,1972)开创了研究住房租购选择理论的先河,认为种族、家庭劳动人口数等家庭特征对居民住房租购选择有显著影响。西尔伯曼等(Silberman et al,1982)提出黑人家庭和白人家庭在住房租购选择上存在差异。歇尔等(Shear et al,1988)将分类评定模型运用于住房租购选择研究中,验证了家庭收入、年龄和家庭规模与住房租购选择存在相关关系。布哈沙等(Bourassa et al,2006)运用租购选择模型,分析税收政策、公共补贴政策等对住房租购选择的影响。涂等人(Tu et al,1996)开发出两阶段离散选择模型,提出居民对住房类别的选择主要受到住房价格、邻里关系的偏好和住宅配套设施等因素的影响。近年来,国内学者开始关注中国大城市居住区位选择偏好及职住分离现象,研究大多通过城市郊区化过程中居民购房价格与通勤时间的变化来折射城市居住区位决策空间均衡关系的变化。笔者对北京城市内部居住空间分布与居民居住区位偏好的研究发现,房价与交通可达性对居民住宅区位决策具有显著影响(张文忠等,2003)。冯健等(2004)基于千份问卷调研数据,对郊区化进程中北京市居民迁居及相关空间行为特征进行了分析,研究表明,北京城市居民居住由城市中心区向郊区迁移过程中通勤时间平均增加了30%。宋金平等(2007)对住宅郊区化背景下北京职住空间错位的影响机制进行了归纳。

笔者利用北京市2009年的大样本调查数据,从考量通勤成本与住房成本的空间消长关系入手,构建居民住房消费行为的经济模型,着重探索了不同家庭收入和住房产权等差异化因素对居民住房消费行为的影响机制,主要得出以下结论:(1)住房成本和通勤成本之间的空间权衡是家庭住房消费行为中进行区位决策时考虑的核心因素。居民为支付较小的住房价格并获得更大的住房面积,需要牺牲更多的通勤成本。研究表明,高收入家庭为减小通勤成本选择在市中心居住;中等收入家庭受到通勤成本的影响最小,倾向于选择郊区低住房成本的地区居住;低收入家庭看重住房成本的大小,倾向于选择远离市中心的地方居住。(2)在住房面积和通勤成本的权衡中,拥有商品房产权的居民为降低住房成本倾向于选择离市中心较远的地区,经济适用房居民为减小通勤成本住在离市中心较近的地区。

7.6 影响居住环境演变的机制

根据马克思主义地理学的观点，空间结构是社会结构的隐喻，是由特定社会的生产力和生产关系所决定的。居住环境的空间结构同样也构建于社会制度的基础之上，尤其与土地制度、住房制度息息相关，因此中国从计划经济制度向市场经济制度的转型与居住环境的空间差异紧密相连。这种制度转型最大的影响是解除了住房、土地、服务设施等与单位制度的联系，增加了土地供给和居民择居的自由度。在实证研究中发现，松绑后的居住空间分异从由单位决定转变为由市场决定。如果区域内具有的住房类型越丰富，则居民的社会结构也越多元化。尤其是在市场制度下，提供不同档次的住房能够显著地提高区域内居民的社会多样性。但是实证研究还暴露出住房市场化的一些不足，例如，商品房的服务设施配置远不如单位福利房，反映出商品房大规模建设浪潮下，相关配套设施建设规划却没有跟上的问题。另外，随着中国城市土地出让市场化机制的逐渐成熟，开发成本成为居住空间形态的主要影响因素。地产开发商为了降低成本，往往倾向于建设高容积率、大规模的项目，导致部分地区街区连通性下降、土地利用强度过高。

除此之外，快速城市化为土地、住房等制度转型在空间上提供了源源不断的试验场，使得居住环境在不同区域的空间差异更加显性化。由于北京是传统的单中心城市，城市化表现为向外围的推进。实证研究表明，服务设施可达性、街道连通性等与该地区到城市中心的距离的关系十分明确，近郊、远郊居民生活圈内服务设施数量远远少于内城，远郊的服务设施可达性最低，即城市空间扩张造成服务设施可达性下降。土地利用强度与距离的关系也很有特点，街道重心到城市中心的距离在 9 km 以内的区域，土地利用强度因子的得分随距离呈现明显上升趋势，而在 9 km 以外的区域，则呈现一定的下降趋势，即 9 km 周边的区域是土地利用强度最高的区域，居住区容积率较高，同时教育程度多样性丰富，反映出城市外在近域的推进，使得这一区域成为城市发展的重点区，而这一区域正好也是北京的城市功能拓展区。快速城市化的影响还体现在北京城区居住环境类型的空间分布上。总体上北京城市居住环境类型的空间结构模型呈现同心圆的特征，可分为内城区（内城异质性居住区、内城同质性居住区）、近郊区（近郊职住混合区、近郊高密度居住区）和远郊区（远郊职住混合区、远郊低可达性居住区）等层级。

当然，居民的社会属性也是社会结构的重要方面。居民在进行居住决策时，有两个因素起主要作用：一是居民的需求及偏好，他们需要考虑的因素是多维的，不仅包括居住空间形态，还包括社会环境、服务设施可达性以及住房本身的特征等，居民在决策时需要对这些要素进行权衡；二是在计划经济时代的福利分房制度下，中国城市居民的居住条件首先是由居民所属的单位决定，其次在单位内部，还要根据他们的职位、工龄、工作表现等来决定，因此居民自身的居住需求得不到体现，而随着单位制度的松绑和住房的市场化发展，居民可以自由选择住房，因此居民的需求结构得以体现在空间上。

7.7 居住环境研究方法的发展动向

长期以来，居住环境研究一直需要解决两个难点。

首先，居住环境是多要素的综合集成，需要将不同要素整合进行综合研究。居住环境的集成研究有三种途径（图 7－2）。一是通过机理研究综合阐述居住环境各组成部分之间的相互关系，例如状态—压力—响应（PSR）模型和驱动力—压力—状态—影响—响应（DPSIR）模型。二是采用价值化的评价，包括：(1) 经济学的方法；(2) 实体指标与心理指标的综合化方法；(3) 基于社会合意的评价方法（Jim et al, 2009）。其中，经济学的方法是基于经济学对实体居住环境的价值和效益的定义，运用经济几何学的方法对它们加以推算，如假想市场评价法、直接费用法、消费者剩余法、旅行费用法、价格法、结合分析、一般均衡分析等，近年来在实践中受到很大重视。实体指标与心理指标的综合化方法是以居民对居住环境的心理反应（例如满意度）为外在基准对各种环境属性的价值进行定量评价，反映了居民对居住环境的综合感知情况，缺点是居民评价通常具有主观性（Sakamoto et al, 2004），而且调查问卷获得的单项指标评价也需要通过特定方法整合获得综合评价。基于社会合意的评价方法是价值化评价方法的补充，当通过其他方法无法确定居住环境的价值时，只能通过民主化决策程序达成符合大多数人利益的社会合意。三是空间上的集成，即利用空间聚类结合定性分析的方法划分居住环境类型区，这样在不损失居住环境各组成要素的客观信息的情况下，将不同部门进行了整合，能够依照各基础单元的相似性和差异性而实现研究单元的归并，同时也能够直接指导区域居住环境政策的制定。

其次是对居住环境进行模型模拟。虽然构成人居环境的要素具有复杂性，很难像物理化学那样建立精密的实验室环境，开展绝对精确的定量化实验。但是随着现代技术手段的不断进步，建立数学模型，以过去和当前的发展趋势推测未来，为人居环境演变提供预警和决策支撑，也是重要的研究方向。地学模拟和精确的空间过程模型结合地理可视化等相关分析技术的进步已经能够模拟城市发展（Torrens, 2006），展示时间序列上不同尺度的空间联系（Kwan, 2000），提供预测数据的可视化模拟（Carr et al, 2005）。例如，元胞自动机模型能够洞察城市土地利用的模式和动态，如果与代理人模型相结合还能够模拟决策制定和刻画利益相关者复杂的空间交互作用（Clarke, 1997; Parker, 2003）。而许多城市经济学者

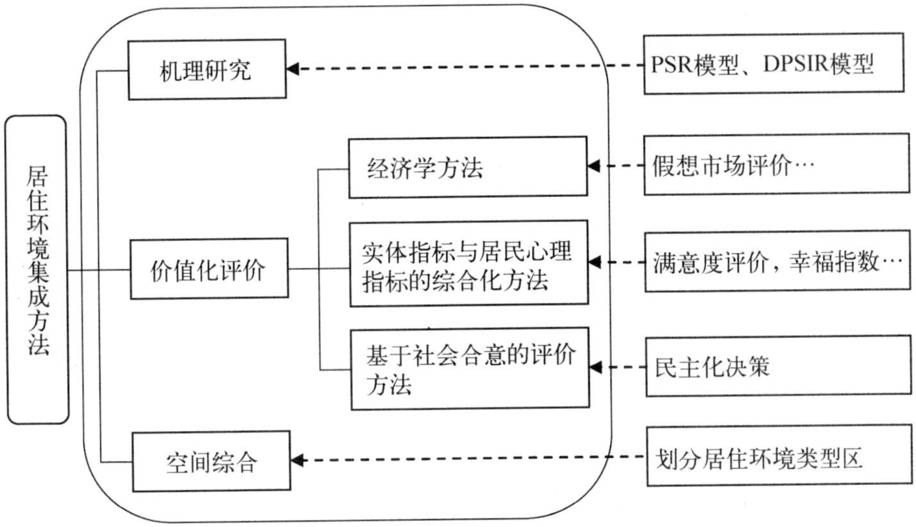

图 7－2　居住环境的综合集成方法

和交通经济学者特别关注城市空间中土地利用与交通的动态互动关系，并在此基础上开发了城市仿真(UrbanSim)、土地利用与交通耦合(Tranus)、土地利用经济学(Cubeland)等城市空间动态仿真模型，能够对未来城市空间增长趋势和特征进行情景预测，已在多个国家和地区得到应用。

元胞自动机和多智能体等模型在中国城市土地扩张模拟、城市人口分布预测、区域承载力分析等方面也得到了广泛应用。除此之外，有学者采用人口规模收益函数和外部成本函数，基于人居环境适宜性评价的优化目标函数来预测城市人口优化分布结果(段学军等，2010)。还有学者提出人居环境研究的信息论科学基础及其图谱意象系统，试图为人居环境研究提供一个数字化的模拟、实验、分析、控制平台(汪洋等，2012)。

参考文献

陈浮. 2000. 城市人居环境与满意度评价研究[J]. 城市规划，24(7)：25－27,53.

段学军，田方. 2010. 基于人居环境适宜性的市域人口增长调控分区研究——以南京市为例[J]. 地理科学，(3)：45－52.

冯健，周一星. 2004. 郊区化进程中北京城市内部迁居及相关空间行为——基于千份问卷调查的分析[J]. 地理研究，23(2)：227－241.

李王鸣，叶信岳，孙于. 1999. 城市人居环境评价——以杭州城市为例[J]. 经济地理，19(20)：38－43.

宋金平，王恩儒，等. 2007. 北京住宅郊区化与就业空间错位[J]. 地理学报，62(4)：387－396.

汪洋，赵万民．2012．人居环境研究的信息论科学基础及其图谱意象系统[J]．地理学报，(2)：253－265．

张文忠，刘旺，李业锦．2003．北京城市内部居住空间分布与居民居住区位偏好[J]．地理研究，22(6)：751－759．

Alonso W. 1964. Location and Landuse[M]. Cambridge, MA: Harvard University Press.

Anselin L, Lozano-Gracia N. 2008. Spatial hedonic models[N]. ASU Working Paper, 2008-02-12.

Asami Y. 2001. Residential Environment: Methods and Theory for Evaluation[M]. Tokyo: University of Tokyo Press.

Basiago A D. 1998. Economic, social, and environmental sustainability in development theory and urban planning practice[J]. The Environmentalist, 19: 145-161.

Berube A, Katz B, Lang R. 2005. Redefining Urban and Suburban America: Evidence from Census 2000[M]. Washington DC: Brookings Institution Press.

Boarnet M G, Sarmiento S. 1998. Can land-use policy really affect travel behaviour? A study of the link between non-work travel and land-use characteristics[J]. Urban Studies, 35: 1155.

Bourassa S C, Yin M. 2006. Housing tenure choice in Australia and the United States: impacts of alternative subsidy policies[J]. Real Estate Economics, 34(6):122-143.

Can A. 1992. Specification and estimation of hedonic house price models[J]. Regional Science and Urban economics, 22:453-474.

Carr D B, White D, Maceachren A M. 2005. Conditioned choropleth maps and hypothesis generation[J]. Annals of the Association of American Geographers, 95: 32-53.

Chen L, Wenzhong Z, Yizhao Y. 2013. Disparities in Residential Environment and Satisfaction among Chinese Citizens[Z]. Habitat International.

Clarke K. 1997. A self-modifying cellular automaton model of historical[J]. Environment and Planning B: Planning and design, 24: 247-261.

Clifton K J, Livi Smith A D, Rodriguez D. 2007. The development and testing of an audit for the pedestrian environment[J]. Landscape and Urban Planning, 80: 95-110.

Couch C, Karecha J. 2006. Controlling urban sprawl: some experiences from liverpool[J]. Cities, 23: 353-363.

Dubin R, Pace R K, Thibodeau T G. 1999. Spatial autoregression techniques for real estate data[J]. Journal of Real Estate Literature, 7(1):79-95.

Ewing R, Brownson R C, Berrigan D. 2006. Relationship between urban sprawl and weight of United States youth[J]. American Journal of Preventive Medicine, 31: 464-474.

Ewing R, Deanna M B, Li s C. 1996. Land use impacts on trip generation rates[J]. Transportation Research Record: Journal of the Transportation Research Board, 1518: 1-6.

Ewing R. 1994. Causes, characteristics, and effects of sprawl: a literature review[J]. Environmental and Urban Issues, 21: 1-15.

Frank L D, Sallis J F, Conway T L, et al. 2006. Many pathways from land use to health: associations between neighborhood walkability and active transportation, body mass index, and air

quality[J]. Journal of the American Planning Association, 72: 75 - 87.
Galster G C. 1987. Homeowners and Neighborhood Reinvestment[M]. Durham, NC: Duke University Press.
Giles-Corti B, Donovan R J. 2002. The relative influence of individual, social and physical environment determinants of physical activity[J]. Social Science & Medicine, 54: 1793 - 1812.
Handy S. 1993. Regional Versus Local Accessibility: Implications for Non - work Travel[R]. Transportation Research Record.
Jemal A, Murray T, Ward E, et al. 2005. Cancer Statistics, 2005[J]. A Cancer Journal for Clinicians, 55: 10 - 30.
Jim C Y, Wendy Y C. 2009. Value of scenic views: hedonic assessment of private housing in Hong Kong[J]. Landscape and Urban Planning, 91:226 - 234.
Kain J F, Quigley J M. 1972. Housing market discrimination, homeownership, and savings behavior[J]. American Economic Review, 62(3):263 - 277.
Kitamura R, Mokhtarian P L, Laidet L. 1997. A micro-analysis of land use and travel in five neighborhoods in the San Francisco Bay Area[J]. Transportation, 24: 125 - 158.
Kwan M-P. 2000. Interactive geovisualization of activity-travel patterns using three-dimensional geographical information systems: a methodological exploration with a large data set[J]. Transportation Research C: Emerging Technologies, 8: 185 - 203.
Lloyd K, Auld C. 2003. Leisure, public space and quality of life in the urban environment[J]. Urban Policy and Research, 21: 339 - 356.
Mills E S. 1967. An aggregative model of resource allocation in a metropolitan area[J]. American Economics Review, (57): 197 - 210.
Mingche M L, Brown H J. 1980. Micro-neighborhood externalities and hedonic housing prices[J]. Land Economics, 56(2):125 - 141.
Muth R F. 1969. Cities and Housing[M]. Chicago: University of Chicago Press.
Papas M A, Alberg A J, Ewing R, et al. 2006. The built environment and obesity[J]. Epidemiologic Reviews, 29: 129.
Parker D C, Manson S M, Janssen M A, et al. 2003. Multi-agent systems for the simulation of land-use and land-cover change: a review[J]. Annals of the Association of American Geographers, 93: 314 - 337.
Raymond Y C T. 2002. Estimating neighbourhood effects in house prices: towards a new hedonic model approach[J]. Urban Studies, 39(7):1165 - 1180.
Sakamoto A, Fukui H. 2004. Development and application of a livable environment evaluation support system using web GIS[J]. Journal of Geographical Systems, 6: 175 - 195.
Shear W B,Wachter S M, Weicher J C. 1988. Housing as an asset in the 1980s and 1990s[J]. Housing Finance Review, 18(7):167 - 200.
Silberman, Yochum J, Ihlanfeldt G, et al. 1982. Racial difference in home purchase: the evidence from newly-formed households[J]. Economic Inquiry, 20(2):443 - 457.
Torrens P M. 2006. Simulating sprawl[J]. Annals of the Association of American Geogra-

phers, 96: 248 - 275.

Tu Y, Goldfinch J. 1996. A two-stage housing choice forecasting[J]. Urban Studies, 33(6): 517 - 537.

Yang Y. 2008. A tale of two cities: physical form and neighborhood satisfaction in metropolitan portland and charlotte[J]. Journal of the American Planning Association, 74: 307 - 323.

（张文忠、谌丽　著）

中篇　方法前沿

8 人类移动模式的多尺度分析方法探索

8.1 引言

一方面，随着 Web 2.0（互联网平台）技术和带有定位功能的移动计算设备等的广泛应用，大量具有个体标记和时空语义的大数据随之产生，为长时间、高精度、高效地跟踪个体空间移动提供了可能（Lu et al，2012）。另一方面，地理信息系统与科学的不断发展，使得时间地理学从数据采集、存储、分析到可视化等整个过程都获得了极大的便利（Kwan，2000；Kwan et al，2006；Yu et al，2008；Shaw et al，2008）。其中，空间数据库技术及其对时间特征的支持，为时间地理学的研究提供了高效存储、管理个体活动轨迹信息的手段。地理信息系统强大的可视化和空间分析功能，则增强了个体时空轨迹的直观显示及其隐含模式的识别能力（Kraak，2005；Ren et al，2007）。实践表明，个体移动模式识别与分析能够为城市规划和管理（Ahas et al，2005；Ratti et al，2006）、交通监控与预测（Liu et al，2012）、旅游监测与分析（Ahas et al，2007；Tiru et al，2010）、信息与疾病传播（Bian，2004；Wang et al，2009）等众多领域的研究提供工作基础与方法指导。

与此同时，基于大数据研究个体或群体行为活动中蕴含的空间认知规律及空间行为和交互模式，建立以人为本的地理信息服务，进而支持个体或群体的时空间行为决策，已经成为地理信息科学研究的前沿问题。此类研究也将为联系“计量”和“行为”两个地理学思想流派以及重新审视人地关系提供一个全新的视角，从而推动理论地理学的进一步发展。

8.2 人类移动和动物移动的复杂性

在复杂科学以及生态学研究中，生物的移动模式是一个重要主题。长期以来，在人们的常规认识中，个体生物或者人类的运动行为常常被简单地视作经典的随机行走(也称布朗运动)。依据这种经典随机行走模型，个体产生远大于其平均行程长度的远距离迁移的概率非常低。然而，大量实证研究发现许多生物的运动行为并非如此简单，其移动步长的统计特征也与经典随机行走模型具有显著差异。例如，维斯瓦纳坦等(Viswanathan et al，1996)通过对信天翁的活动观测数据进行统计分析发现，信天翁的飞行时间(一般与飞行距离正相关)很接近于幂律分布，从而具有无标度特性。之后，研究者对更广泛的物种(包括浮游微生物、蜘蛛猴等)的运动行程分布做了一系列精确的统计分析，结果进一步证实了个体生物具有的这种标度性的行程分布行为特性是现实而且广泛存在的。特别值得指出的是：辛姆斯等(Sims et al，2008)对多种海生动物(涉及鱼类、爬行类、鸟类等)的运动行为的统计结果清晰地显示出了具有幂律特性的步长分布，同时还表明这些分布的幂指数绝对值一般介于 1.7—2.4(Ramos-Fernández et al，2004；Bailey，2006)。总结起来，这种移动步长符合幂律分布的随机行走在理论上通常被称为列维飞行模型(Lévy Flight Pattern)。从效益上来看，具有幂律特性的移动模型有利于动物进行高效的觅食：通过多次短程移动吃完一个区域的食物，然后通过长程移动转移到新的地点。亨弗里斯等(Humphries et al，2010)进一步明确指出动物的移动步长分布与食物分布的丰度有关，即动物在食物较为密集区域的移动为布朗运动，而在食物丰度较低的区域则表现为列维飞行。当然，导致产生幂律特性的移动行为的原因还有很多，如鸟类的季节性迁徙等，在此不做详细的展开。

较之动物活动，人类的行为活动显得更加复杂多变。但是，长久以来，个体行为活动分析受限于数据获取手段及法律因素(如隐私保护等)而难以开展。近年来，随着位置采集设备的大量应用，一方面，使得海量个体的移动轨迹的获取成为可能；另一方面，也产生了大量的自愿式个体轨迹信息。于是，越来越多的学者开始开展人类移动模式研究，并且试图比较和阐明人类与动物活动之间的差异及其机理(Buchanan，2008)。总体来说，人类移动和动物移动的差异主要体现在目的性、规律性和多样性等方面(表 8－1)。正因为其内在移动机制存在较大差异，造成了所观测到的动物和人类的移动模式(如步长分布特征)具有显著的不同。宋和胡等人(Song et al,2010;Hu et al,2011)对此进行了研究,指出了每次移动回到特定到达地点的重访概率对移动模式的影响。

表 8-1 人类移动和动物移动的比较

	动物移动	人类移动
目的	简单,主要是为了觅食	多种目的,不同目的表现出不同模式
重访的锚点数目	不清楚	通常一个或两个
移动速率	相对稳定的移动速率,移动模式与采样频率有关	由于人们可以选择不同的交通工具,导致速率变化较大

8.3 人类移动轨迹数据的多样性

为了发现客观、显著的人类移动模式,往往需要获取较长时间的大量个体移动的轨迹数据。然而,传统的个体移动轨迹数据主要通过出行日志获取,由于成本原因,一般难以得到较大样本量和数据量的个体轨迹信息。这不仅限制了部分(依赖于高精度、长时间轨迹数据)移动模式的发现,而且发现的模式往往(因样本数量过少及其选择问题)难以具有普遍的代表性。目前直接基于全球定位系统采集轨迹的研究有李(Rhee et al,2011)等在 2011 年进行的研究。

令人欣喜的是:信息与通信技术的快速发展为研究人类移动模式提供了丰富的数据源。这些数据源同时具有时间和位置标识,其中采用的定位方式主要有短程跟踪技术(Short-Range Tracking,包括红外、射频以及无线网络)、全球定位系统以及手机基站定位。而且,在一些移动应用中,设备可以同时支持多种定位方式。基于上述定位方式,服务于不同的目的,可以获得不同类型的表现个体移动轨迹的海量数据。其中常用的有手机数据、公交卡数据、出租车数据、签到数据等。

8.3.1 手机数据

虽然大部分智能手机都具有多种定位功能,然而由于隐私的限制,目前主要采用手机话单数据获取长时间的个体移动轨迹。在话单记录中,当手机用户拨打或者接听电话时,该手机信号路由的基站同时被记录,从而可以根据基站位置去近似用户的实际位置。根据通话时间以及基站的坐标,可以建立个体长时间的轨迹数据。已有一些学者基于手机轨迹开展人类移动性的研究(González et al,2008;Song et al,2010;Kang et al, 2012)。

8.3.2 签到数据

由于智能手机的广泛应用，出现了大量基于位置的应用，包括社交服务、图片共享、微博等，如 FourSquare、脸书(Facebook)、推特(Twitter)、新浪微博等，这些应用都拥有大量用户(>1 000 万)，它们可以发布带有时空标签的签到数据(Check-in)，从而获取个体的移动信息。已有学者开展了基于签到数据的研究(Cheng et al，2011；Noulas et al，2012)。

8.3.3 出租车轨迹数据

出租车在城市居民出行中占据了重要比重，大量出租车都安装了全球定位系统接收机，便于车辆调度管理，同时也为交通管理部门获取实时道路交通状况提供了途径。出租车轨迹数据定位精度高，采样时间间隔短，可以提供非常准确的轨迹。由于大部分出租车数据同时记录了是否载客的状态，因此可以提取海量匿名乘客的单次出行轨迹，包括出发点和到达点以及相应时间，基于此可以分析聚集层面的移动模式(Liu et al，2012；Jiang et al，2009；Liang et al，2012；Peng et al，2012)。

8.3.4 公交卡数据

公交卡数据和出租车轨迹数据相似，它利用地铁或公交车数据的刷卡记录获取大量个体的单次出行记录，进而进行聚集层面的居民移动模式分析。目前已有学者开展基于公交卡记录的研究(Gong et al，2012；Roth et al，2011；龙瀛等，2012；Jang，2010)。

比较上述几种数据类型，手机数据和签到数据可以获得长时间的个体移动轨迹数据，但是手机数据的缺点在于其空间精度较低，时间采样间隔通常较长，只有用户在通话时才能获得其位置，因此基于手机通话数据获取的一次移动实际并非对应一次出行，使移动步长的分布受到时间采样的影响。而签到数据比手机数据时间精度更低，并且存在一定的代表性问题，即个体签到的空间分布通常不同于人的实际移动空间分布——用户往往在特定场所(如机场、咖啡馆、旅游景点)更容易签到。基于这个特点，可以用签到数据获取较大时空范围的移动模式。与之相反，出租车和公交卡数据时空精度较高，记录了大量个体的单次出行信息，但是不能捕获一个人长时间的轨迹数据。

除了上述数据类型，布洛克曼等(Brockmann et al，2006)利用货币的流通来反映较大空间尺度上的人类移动特征，帕德格汉姆(Padgham，2012)利用公共自行车数据分析了城市尺度的移动特征。还有一些分析则建立在虚拟世界中的个体移动数据上，如塞尔等(Szell et al，2012)的工作。其中货币流通所反映的移动模式，即一张钞票的移动轨迹实际上是由不同携带该钞票的个体移动连接而成的，这点更像是出租车轨迹所反映的出行模式。

8.4 人类移动时空尺度的多尺度性

尽管人的活动轨迹在时空间上是连续的，个体移动模式却与分析的时空间尺度密切相关。考虑如下实例：一个人从家出发，到达工作地点，从停车场走到办公室，在建筑物内走动，午饭时间外出就餐。乘出租车到机场，飞到另一个城市，在另外一个城市参加各种活动。如果将办公楼内的一次走动、城市内的一次移动（从工作地到机场）和城市间的移动都等同地视为一次出行，并在此基础上分析其移动模式，并不合适。从应用的角度看，在研究居民出行对于城市路面交通的影响时，并不需要关心在建筑物内乃至校园内的移动特征。同样，研究一个区域的城市间移动交互，也不需要分析城市居民的日常通勤特性。但是，目前的人类移动研究却较少区分人们在不同空间尺度下的移动模式差异。因此，基于对人的活动具体特点的考虑，本文建议可以将人的活动范围分为三个尺度，即城市间尺度、城市尺度和亚城市尺度。这三个尺度的移动特征如表8－2所示。

表8－2 三个尺度的人类移动特征

	亚城市(Sub-City)	城市(Intra-City)	城市间(Inter-City)
例子	城市公园的游览	城市居民的日常活动	城市间的差旅
空间范围	校园、小区、公园等(＜10km)	城市建城区(＜100km)	国家甚至全球(＞100km)
时间范围	一天	几个月	几年
重访的锚点数目	无	两个(家和工作地)	一个(常住城市)
交通方式	步行、自行车	自驾车、公共交通	火车、飞机
在整个轨迹中移动占的时间比	高	低	极低

以上三个尺度的移动，由于其机理不同，造成观察到的移动模式存在差异。为了分析不同尺度的移动模式，需要不同的轨迹数据。在亚城市尺度上，通过便携全球定位系统接收机，采集一天的数据即可，其轨迹数据较为精确。而在城市尺度上，需要更长时间（如几个月）的轨迹数据，采用全球定位系统数据采集成本较高，难以获取海量人群的移动轨迹，因此目前的研究多采用出租车、手机数据等分析城市尺度的移动模式。在城市间尺度上，尽管有非常多的聚集层面的交互数

据，如城市间航空客流量等，但是由于个体的城市间移动在时间轴上的分布较为稀疏，研究该尺度移动模式需要多年的轨迹数据，并且由于该类轨迹覆盖空间范围大，难以采用手机、出租车轨迹等数据研究人的城市间移动模式，因此近年来，随着基于位置的社交服务（LBSNS）的发展，可以基于签到数据获取较大空间范围的移动轨迹，为研究城市间移动模式提供了可能。

8.5 人类移动模式应用

海量个体移动数据以及所发现的模式，可以应用于多个研究领域，如揭示城市结构，从而服务于城市规划；在聚集层面研究交通流时空分布规律，并对缓解交通拥堵提出对策；模拟疾病的传播，掌握疾病的空间扩散规律，以支持疾控工作等。

8.5.1 城市结构与活动特征

汇总个体的时空间行为不仅可以提供精细刻画城市活动动态的手段，而且群体体现出的时空行为模式可以帮助揭示城市的空间结构。例如，拉蒂（Ratti et al，2006）收集了意大利米兰市 232 个手机基站的话务量，进行了“移动景观”（Mobile Landscapes）项目的研究，不仅对居民的时空活动进行了动态刻画，而且剖析了现代大城市所出现的职住分离和空间错位现象。贝克尔等（Becker et al，2011）从美国电信运营商手中获取莫利斯顿（Morristown）市两万个居民两个月内的匿名通话详细记录，并通过统计分析和制图分析来揭示城市空间结构，指导城市规划。阿哈斯等（Ahas et al，2010）通过对郊区通勤者的移动通话数据进行分析，发现通勤者的活动与城市土地利用与城市基础设施布局吸引力具有密切的关联性。刘和康等人（Liu et at，2012；Kang et al，2012）从人类空间行为的时态特性出发，定量研究了地理环境对于出行模式的影响，提出了如何从人类空间行为出发，揭示区域的土地利用及空间结构特征的方法。乔等人（Joh et al，2009）利用首尔大都市区 400 万人次的 1 000 万次的公交卡记录，分析了都市区的土地利用特征。罗斯等（Roth et al，2011）基于伦敦实时的 Oyster 卡数据库，得到了伦敦地铁乘客的移动特征，并将其用来分析城市的多中心结构。

肯迪亚等（Candia et al，2008）基于手机通话数据，分析了人们活动的时空分布特征，并通过考察一个时段内的移动和通话信息，发现异常事件的空间分布。卡拉布雷斯等（Calabrese et al，2011）进一步利用手机通话数据对城市活动进行实时监测。塞乌特苏克（Sevtsuk，2010）采用罗马的手机基站话务量反映人口分布动态，进而得出人们的活动在不同时间周期（如小时、日、周）都有很强的规律性。同时，该研究也发现了不同基站所处的城市区域的人口分布情况、经济特征以及区域间的联系情况。

8.5.2 交通模拟

由于车辆的运动受限于路网，因此可以基于车辆轨迹计算道路（尤其是城市道路）的流量及交通状况，并分析其时空分布特征。江等人(Jiang et al，2009)采用瑞典耶夫勒(Gavle)市的车载全球定位系统轨迹数据，分析了道路流量的统计分布特征，发现道路流量的“20/80 现象”，即 20％的道路承担了 80％的交通量，并且 1％的最重要的道路承担了 20％的交通量。卡赞拉尼尔(Kazerania，2009)试图分析交通流量分布与道路网络中心性指标间的关系，然而由于个体活动的起讫点空间分布的异质性及个体活动的有限性，即人们并不总是选择最短路径出行，使得中心性指标难以直接解释交通流量分布(Gao et al，2013)。江(Jiang，2009)则根据路网拓扑结构，构造了一个全局综合指标，能够较好地预测交通流的分布。另外巴吉拉、卡拉布雷斯、卡伊弗德等人(Bar-Gera，2007；Calabrese et al，2011；Cayford et al，2003；Fabritiis et al，2008；Herrera et al，2010)也利用地理空间数据对城市交通情况进行了研究。斯庭布鲁根、童等人(Steenbruggen et al，2011；Tong et al，2009)利用通话数据对交通事故发现和管理进行了研究。卡塞雷斯等人(Caceres et al，2007；Calabrese et al，2011；Sohn，2008)则在理论层面根据通话数据构建了交通出行起讫点矩阵，用于进一步的交通模拟和分析。相关的还有佳乌等(Järv et al，2012)和吴健生等(2012)的工作。最近，王等人(Wang et al，2012)利用手机数据，模拟预测了美国旧金山地区的道路利用状况，并且提出了缓解拥堵的措施。

8.5.3 疾病传播

基于代理模块的模型(Agent-Based Model，ABM)可以用于模拟大量代理模块之间的行为和交互过程，据此模拟复杂系统的宏观特征，并揭示复杂的自然和社会现象。目前基于代理模块的模型已被广泛应用于流量管理、组织行为模拟、市场模拟等领域。当代理模块模拟对象为个体时，可以成为基于个体的模型。在基于个体的模型中考虑空间因素并与地理信息系统相结合，可以处理疾病传播等问题。汴(Bian，2004)提出了一个基于个体和空间的概念化模型用来模拟传染病的传播过程。以人作为建模单元，通过连续或离散时间来代表疾病的空间传播，并充分考虑个体之间的交互。在该过程模型中，人的移动模式是其重要的参数。最近，巴尔堪等(Balcan et al，2009)分析了不同尺度人类移动模式对于疾病传播的影响，而魏思齐等(Wesolowski et al，2012)则直接基于手机通话数据获取的人类移动轨迹定量分析了人类移动对于非洲疟疾传播的影响。

8.6 总结

人类移动模式是当前学界的一个重要研究主题，本文对此进行了综述和探讨。随着信息通讯技术的发展，采集海量个体轨迹数据的技术使得研究人类移动模式成为可能，不同类型的轨迹数据有不同特点，所反映的移动模式也存在差异。目前对于人类移动模式研究较少考虑不同时空尺度下的差异，本文对此也进行了初步探讨，认为在不同尺度下个体移动模式存在机理上的差异。本文最后总结了海量个体移动数据以及人类移动模式的相关应用研究。

参考文献

龙瀛，张宇，崔承印. 2012. 利用公交卡刷卡数据分析北京职住关系和通勤交通形态[J]. 地理学报，67(10)：1339 - 1352.

吴健生，黄力，刘瑜，等. 2012. 基于手机基站数据的城市交通流量模拟[J]. 地理学报，67(12)：1657 - 1665.

Ahas A A, Mark Ü, Pae T, et al. 2007. Seasonal tourism spaces in Estonia: case study with mobile positioning data[J]. Tourism Management, 28(3): 898 - 910.

Ahas A A, Silm S, Tiru M. 2010. Daily rhythms of suburban commuters' movements in the Tallinn metropolitan area: case study with mobile positioning data[J]. Transportation Research C, 18(1): 45 - 54.

Ahas R, Mark Ü. 2005. Location based services—new challenges for planning and public administration[J]. Futures, 37: 547 - 561.

Bailey P T. 2006. Quantitative analysis of bottlenose dolphin movement patterns and their relationship with foraging[J]. Journal of Animal Ecology, 75: 456 - 465.

Balcan V C, Goncalvesa B, et al. 2009. Multiscale Mobility Networks and the Spatial Spreading of Infectious Diseases[R]. USA: Proceedings of the National Academy of Sciences.

Bar-Gera. 2007. Evaluation of a cellular phone-based system for measurements of traffic speeds and travel times: a case study from Israel[J]. Transportation Research C, 15(6): 380 - 391.

Becker R A, Caceres R, Hanson K, et al. 2011. A tale of one city: using cellular network data for urban planning[J]. IEEE Pervasive Computing, 10(4): 18 - 26.

Bian. 2004. A conceptual framework for an individual-based spatially explicit epidemiological model[J]. Environment and Planning B: Planning & Design, 31: 381 - 395.

Brockmann L H, Geisel T. 2006. The scaling laws of human travel[J]. Nature, 439: 462 - 465.

Buchanan. 2008. Ecological modelling: the mathematical mirror to animal nature[J]. Nature, 453: 714 - 716.

Caceres J W, Benitez F. 2007. Deriving origin destination data from a mobile phone network[J]. Intelligent Transport Systems, 1(1): 15 - 26.

Calabrese C R. 2006. Real time Rome[J]. Networks and Communication Studies, 20(3－4): 247－258.

Calabrese G D L, Liu L, Ratti C. 2011. Estimating origin-destination flows using mobile phone location data[J]. IEEE Pervasive Computing, 10(4): 36－44.

Calabrese M C, Lovisolo P, Parata D, et al. 2011. Real-time urban monitoring using cell phones: a case study in Rome[J]. IEEE Transactions on Intelligent Transportation Systems, 12(1), 141－151.

Candia M C G, Wang P, Schoenhari T, et al. 2008. Uncovering individual and collective human dynamics from mobile phone records[J]. Journal of Physics A: Mathematical and Theoretical, 41(22): 224015.

Cayford R, Johnson T. 2003. Operational Parameters Affecting the Use of Anonymous Cell Phone Tracking for Generating Traffic Information[R]. Institute of transportation studies for the 82th TRB Annual Meeting.

Cheng Z, Caverlee J, Lee K, et al. 2011. Exploring Millions of Footprints in Iocation Sharing Services[R]. Proceeding of the 5th International AAAI Conference on Weblogs and Social Media (ICWSM).

Fabritiis D, Ragona R, Valenti G. 2008. Traffic Estimation and Prediction Based on Real Time Floating Car Data[R]. 11th International IEEE Conference on Intelligent Transportation Systems (ITSC).

Gao Y W, Gao Y, Liu Y. 2013. Understanding urban traffic flow characteristics: a rethinking of betweenness centrality[J]. Environment and Planning B: Planning and Design, 40(1): 135－153.

Gong Y L, Lin Y, et al. 2012. Exploring Spatiotemporal Characteristics of Intra-Urban Trips Using Metro Smartcard Records[R]. Hong Kong: Proceedings of 20th International Conference on Geoinformatics.

González M C, Hidalgo C A, Barabási A-L. 2008. Understanding individual human mobility patterns[J]. Nature, 453: 779－782.

Herrera J C, Work D B, Herring R, et al. 2010. Evaluation of traffic data obtained via GPS-enabled mobile phones: the mobile century field experiment[J]. Transportation Research C, 18(4), 568－583.

Hu J Z, Huan D, Di Z. 2011. Toward a general understanding of the scaling laws in human and animal mobility[J]. Europhysics Letters, 96(3): 1－5.

Humphries N Q, Dyer J R M. 2010. Environmental context explains Levy and Brownian movement patterns of marine predators[J]. Nature, 465: 1066－1069.

Hagerstrand T. 1970. What about people in regional science[J]. Papers in Regional Science, 24(1): 6－21.

Jang. 2010. Travel time and transfer analysis using transit smart card data[J]. Transportation Research Record: Journal of the Transportation Research Board, (2144): 142－149.

Jiang C L. 2009. Street-based topological representations and analyses for predicting traffic flow

in GIS[J]. International Journal of Geographical Information Science, 23(9): 1119 - 1137.
Jiang J Y, Zhao S. 2009. Characterizing the human mobility pattern in a large street network [J]. Phyical Review, 80: 21 - 36.
Joh C H, Hwang C S, Arentze T A, et al. 2009. A Study on Travel Patterns and Characteristics of Travellers and Land Uses in Seoul Using a Large Data Set[R]. Hong Kong: 14th International Conference of Hong Kong Society for Transportation Studies.
Järv R A, Saluveer E, Derudder B, et al. 2012. Mobile phones in a traffic flow: a geographical perspective to evening rush hour traffic analysis using call detail records[J]. PLoS One, 7(11): e49171.
Kang X M, Tong D, Liu Y. 2012. Intra-urban human mobility patterns: an urban morphology perspective[J]. Physica A: Statistical Mechanics and its Applications, 391(4): 1702 - 1717.
Kang Y L, Ma X, Wu L. 2012. Towards estimating urban population distributions from mobile call data[J]. Journal of Urban Technology, 19(4): 3 - 21.
Kazerani S W. 2009. Can Betweenness Centrality Explain Traffic Flow[R]. Hannover, Germany: Proceedings of 12th AGILE International Conference on Geographic Information Science.
Kraak. 2005. A visualization environment for the space-time-cube[J]. Development in Spatial Data Handling, 5:189 - 200.
Kwan M-P, Casas I. 2006. GABRIEL: GIS activity-based travel simulator: activity scheduling in the presence of real-time information[J]. Geoinformatica, 10(4): 469 - 493.
Kwan M-P. 2000. Interactive geovisualization of activity-travel patterns using three-dimensional geographical information systems: a methodological exploration with a large data set[J]. Transportation Research C, 8: 1 - 6.
Liang X Z, Lv W, Zhu T, et al. 2012. The scaling of human mobility by taxi is exponential[J]. Physica A: Statistical Mechanics and its Applications, 391(5): 2135 - 2144.
Liu C K, Gao S, Xiao Y, et al. 2012. Understanding intra-urban trip patterns from taxi trajectory data[J]. Journal of Geographical Systems, 14(4): 463 - 483.
Liu Y, Wang F, Xiao Y, et al. 2012. Urban land uses and traffic source-sink areas: evidence from GPS-enabled taxi data in Shanghai[J]. Landscape and Urban Planning, 106: 73 - 87.
Lu Y, Liu Y. 2012. Pervasive location acquisition technologies: opportunities and challenges for geospatial studies[J]. Computers, Environment and Urban Systems, 36(2): 105 - 108.
Montjoye Y-A D, Hidalgo C A, Verleysen M, et al. 2013. Unique in the crowd: the privacy bounds of human mobility[J]. Scientific Reports, 3: 1376.
Noulas S S, Lambiotte R, Pontil M, et al. 2012. A tale of many cities: universal patterns in human urban mobility[J]. PLoS One, 7(5): 27 - 37.
Padgham. 2012. Human movement is both diffusive and directed[J]. PLoS One, 7(5): 37 - 44.
Peng X J, Wong K-C, Shi M. 2012. Collective human mobility pattern from taxi trips in urban area[J]. PLoS One, 7(4): 34 - 38.
Ramos-Fernández J L M, Miramontes O, et al. 2004. Lévy walk patterns in the foraging move-

ments of spider monkeys(ateles geoffroyi)[J]. Behavioral Ecology and Sociobiology, 55(3): 223 - 230.

Ratti D F, Pulselli R M, Williams S. 2006. Mobile landscapes: using location data from cell phones for urban analysis [J]. Environment and Planning B: Planning & Design, 33: 727 - 748.

Ren, Kwan M-P. 2007. Geovisualization of human hybrid activity-travel patterns[J]. Transactions in GIS, 11(5): 721 - 744.

Rhee M S, Hong S, Lee K, et al. 2011. On the Lévy walk nature of human mobility[J]. IEEE/ACM Transactions on Networking, 19(3): 630 - 643.

Roth S M K, Batty M, Barthélemy M. 2011. Structure of urban movements: polycentric activity and entangled hierarchical flows[J]. PLoS One, 6(1):15 - 23.

Sevtsuk C R. 2010. Does urban mobility have a daily routine? Learning from the aggregate data of mobile phone networks[J]. Journal of Urban Technology, 17(1): 41 - 60.

Shaw S-L, Yu H. 2008. A GIS-based time-geography approach of studying individual activities and interactions in a hybrid physical-virtual space [J]. Journal of Transport Geography, 17(2): 141 - 149.

Sims D W, Southall E J, Humphires N E, et al. 2008. Scaling laws of marine predator search behaviour[J]. Nature, 451: 1098 - 1102.

Sohn D K. 2008. Dynamic origin-destination flow estimation using cellular communication system [J]. IEEE Transactions on Vehicular Technology, 57(5): 2703 - 2713.

Song C, Koren T, Wang P, et al. 2010. Modelling the scaling properties of human mobility[J]. Nature Physics, 6: 818 - 823.

Song C, Qu Z, Blumm N, et al. 2010. Limits of predictability in human mobility[J]. Science, 327(5968): 1018 - 1021.

Steenbruggen M T B, Nijkamp P, Scholten H. 2011. Mobile phone data from GSM networks for traffic parameter and urban spatial pattern assessment: a review of applications and opportunities[J]. GeoJournal, 78(2), 223 - 243.

Szell M, Sinatra R, Petri G, et al. 2012. Understanding mobility in a social petri dish[J]. Scientific Reports, 2: 457.

Tiru A K, Lamp M-L, Ahas R. 2010. LBS in marketing and tourism management: measuring destination loyalty with mobile positioning data[J]. Journal of Location Based Services, 4(2): 120 - 140.

Tong C J M, Coifman B. 2009. New perspective on the use of GPS and GIS to support a highway performance study[J]. Transactions in GIS, 13(1): 69 - 85.

Viswanathan M, Afanasyev V, Buldyrev S V, et al. 1996. Lévy flight search patterns of wandering albatrosses[J]. Nature, 381: 413 - 415.

Wang M C G, Hidalgo C A, Barabási A-L. 2009. Understanding the spreading patterns of mobile phone viruses[J]. Science, 324(5930): 1071 - 1076.

Wang T H, Bayen A M, Schechtner K, et al. 2012. Understanding road usage patterns in urban areas[J]. Scientific Reports, 2: 1001.

Wesolowski N E, Tatem A J, et al. 2012. Quantifying the impact of human mobility on malaria [J]. Science, 338(267):267 - 270.

Yu H, Shaw S-L. 2008. Exploring potential human activities in physical and virtual spaces: a spatio-temporal GIS approach[J]. International Journal of Geographical Information Science, 22(4): 409 - 430.

（刘瑜、康朝贵　著）

9 居住自选择在建成环境和交通行为关系中的作用

9.1 引言

为了减少民众对汽车的依赖，美国联邦和各级地方政府正积极推动和实行各种土地利用和交通政策。众所周知，绝大多数美国人的社会经济生活是建立在私人汽车之上的。人口普查数据显示，1960—2000 年，通勤中汽车出行方式的比重由 2/3 逐步上升到接近 90%，而公共交通的比重已经降到了 5%以下(Pucher et al，2003)。对汽车的过度依赖导致了严重的环境和社会问题：空气污染、气候变化和对外来石油的依赖。过度依赖汽车的原因是多样的。在城市规划领域，学者们普遍认为从 20 世纪下半叶开始的城市蔓延(Urban Sprawl)是一个很重要的因素。为了逆转城市蔓延的影响，学者们和决策者们提出了一些替代的城市发展模式，这些模式包括美国的精明增长、新城市主义以及欧洲的紧凑城市。具体的政策实例包括 2009 年美国联邦政府的可持续发展社区合作计划(Partnership for Sustainable Communities)、2010 年明尼苏达州的完全街道(Complete Street)计划和 2010 年波特兰市的自行车基础设施建设计划。

许多实证研究为这些替代理念和政策提供了科学上的支持。大多数研究发现建成环境和交通行为之间具有关联性：住在高密度和高可达性地区的人们通常对汽车的依赖程度比较低，他们更加倾向于采用非机动化和公交的出行方式（Ewing et al，2010）。这些结果为政策的制定和推广提供了有力的支持。然而，绝大多数研究只是证明了建成环境和交通行为之间的关联性，而未能有效地论证二者之间存在因果关系。因此，还不能确定不同建成环境下交通行为的差异是来自于建成环境本身，还是由于人们对交通和居住社区的偏好态度，后者就是文献中所谓的居住自选择（Residential Self-Selection）。在建成环境和交通行为领域，居住自选择是指家庭根据自身的交通需求和偏好选择居住社区的位置（Litman，2005）。居住自选择有两个主要来源：社会经济属性和对交通方式及居住社区的偏好态度。例如，喜欢公交的人们有意地选择住在公交便利的社区，从而可以方便地选择公交出行的方式；在这种情况下，影响人们交通出行选择的是他们对公交的态度而不是居住社区公交设施的属性。这样一来，自我选择效应将会改变土地利用和交通政策对交通行为影响的预期。又例如，在某个公共政策的影响下，一个喜欢开私家车出行的人搬迁到一个公交发达的社区，并不意味着他会和一个喜欢公交的邻居同样地使用公交（Schwanen et al，2005）。

2000 年以来，欧美的一些学者们开始系统地研究居住自选择并探讨它在建成环境和交通行为关系中所起到的作用，这些研究取得了阶段性的成果。现在，越来越多的中国学者们也开始关注建成环境和交通行为之间的关系。因此，笔者认为有必要对国际上有关居住自选择的研究进行总结和展望。由于特定的政治历史环境和发展阶段，中国的土地利用、交通政策、交通行为与西方国家有所差异，因此笔者希望中国的学者可以加入到居住自选择效应的讨论中，并通过中国的研究检验国际研究成果是否具有普遍性。更为重要的是，这些研究成果将会帮助中国的决策者制定更加有效的土地利用和交通政策，从而有助于解决中国日渐恶化的交通问题。本文对居住自选择的讨论大部分来源于两篇最近的综述性文章（Mokhtarian et al，2008；Cao et al，2009）和一本书的章节（Cao et al，2011）。

9.2 因果关系的推断

在科学研究中，需要满足一些基本条件才能完成对两个事物之间因果关系的推断。一般来说只能观察到事物之间的关联性，而关联性可能属于下面三种关系中的一种或者几种：相似、时间或地点的比邻和因果关系（Hume，2013）。因此，事物之间的因果关系必须通过推断得出。通常情况下，需要满足四个条件才能比较确定地推断因果关系：关联性（Association）、排他性（Non-Spuriousness）、时间顺序（Time Precedence）和因果机理（Causal Mechanism）（Schutt，2004；Singleton et al，2005）。

(1) 关联性。两个变量之间是否具有关联性通常取决于二者之间是否存在统计学上的显著关系(比如通过方差或者卡方分析)。尽管统计显著性是一个很有用的基本原则,但它并不能保证两个变量之间具有实质的关联性,更不要说因果关系了。第一,它们之间可能只是形似而非实的关系(见排他性)。第二,显著性可能来源于统计学上的第一类误差:事物之间的随机性使无关性假设被错误地推翻。然而,在建成环境和交通行为领域,由于很多研究已经证实了它们之间具有关联性,第二种误判的可能性会很小。另一方面,不显著的关联性并不意味着二者之间没有因果关系(Singleton et al, 2005)。

(2) 排他性。排他性指的是两个变量之间除了因果关系不会有另外一种解释。如果第三个变量是这两个变量的共同起因,即使二者之间没有必然的因果关系,我们也可能观察到显著的关联性。在建成环境和交通行为领域,形似而非实的关系是可能存在的。1995 年美国国家个人交通调查发现,与高收入家庭相比,低收入家庭更加倾向于居住在高密度的社区而且更愿意使用步行出行(Murakami et al, 1997)。这里,家庭收入有可能同时决定了居住社区和出行方式的选择,这种解释削弱了因果关系推断的确定性。在非实验研究里,应该控制所有的第三者变量才能排除一切有可能的解释(Singleton et al, 2005)。

(3) 时间顺序。在因果关系中,起因必须在时间顺序上早于结果。在面板数据中,如果研究能够证明建成环境的改变和之后发生的交通行为的变化具有关联性,这将为因果关系的推断提供强有力的支持。然而,能够预见的交通选择有时可能在居住社区选择之前发生,尽管这个交通选择是居住社区选择的结果,但是这种时间上的错位会给定量研究带来很多的困难。例如,有些人在搬到郊区之前先行购买汽车。在截面数据中,证明两个变量的时间顺序是非常困难的,只能通过控制其他变量的方式来推断它们的先后次序。

(4) 因果机理。确立建成环境和交通行为之间的因果机理能够为它们之间因果关系的推断提供有力的支持。从交通经济学的角度,博内特等(Boarnet et al, 2011)解释了建成环境和交通行为之间的关系:建成环境通过改变交通成本来影响交通需求。交通成本可能包括经济、时间和心理成本。交通行为离散选择模型也隐含着一个类似的解释:一个特定的交通选择(出行方式或者目的地)的效用取决于所有备选方案的出行时间和其他属性,以及受建成环境影响的属性。

随机对照试验(Randomized Controlled Trial, RCT)是推断因果关系最有效的研究方式。然而,在建成环境和交通行为领域,由于经济、道德和政治上的不可行性,这种经典的试验方式是不现实的。借鉴随机对照试验,有些学者研究人们在改变居住环境前后交通行为的变化(Aditjandra et al, 2012; Krizek, 2003)。然而居住环境的改变并不是随机的,而是人们由于工作地点、生活方式,或者对交通的态度改变后"自我选择"的结果。另外,政策干预[比如推行学校安全路线(Safe

Routes to School) (Boarnet et al, 2005)]也是一种常见的自然试验，尤其是在公共卫生领域。然而，一个地方之所以接受政策干预也不是随机的，是因为那里通常缺少这个政策可以改善的条件。同时，被政策影响的人们也不是被随机分配的，而是被自动地分成试验组和对照组。

而且绝大多数的研究是建立在截面数据的基础上，采用观察设计的研究方式进行。由于这类研究中试验组的人们的属性通常不同于对照组，这种自我选择偏差将严重影响研究结果的准确性。如果实践不允许从研究设计的角度提高结果的准确性，就必须采用合适的计量经济模型来减小自我选择偏差的影响(Oakes, 2004)。

9.3 研究方法概述

目前为止，自我选择效应的研究中已经有六种计量方法。本文将列举一些代表作，简单地介绍并评价这些方法。由于大多数研究在定量分析时都考虑了社会经济属性的影响，因此这个概述主要集中在人们对交通方式和居住社区的偏好态度上。

9.3.1 统计控制

回归分析的基本假设是自变量和误差是相互独立的。如果数据中不包含态度变量，则它们对交通行为的影响会隐含在误差之中。由于建成环境受态度的影响，建成环境变量和误差之间通过态度而产生了关联性，这就产生了变量内生性偏差(Endogeneity Bias)。为了克服这种偏差，一些学者在调查问卷中明确要求参与者要报告他们对于交通方式和居住社区的态度，之后这些态度作为自变量被加入到回归方程中。于是，统计控制(Statistical Control)将态度变量从误差中剔除出去，从而保证了建成环境和误差的独立性。如果态度变量的加入导致建成环境变量从显著变成不显著，则结论是建成环境的影响完全来源于人们的态度。如果建成环境变量依旧显著，则得出建成环境本身对交通行为还有独立的影响。很多的研究采用了这种统计控制的方法，引用次数比较多的包括北村、苏珊、曹新宇以及查特曼等人(Kitamura et al, 1997; Susan et al, 2006; Cao et al, 2006; Chatman, 2009)的文章。

另外一种统计控制方法是比较匹配和不匹配人群交通行为的差异。具体而言，首先根据人们的态度和建成环境特征将人们划分为匹配人群和不匹配人群，匹配人群对环境的偏好和他们居住社区的建成环境特征是一致的。其次在控制其他变量的影响之后，比较某种社区里匹配人群和不匹配人群的交通行为。如果这两种人群的行为是相同或相似的，则该社区的建成环境对人们的行为起到决定性作用;反之,则认为态度更为重要。这个方法的代表作包括施万恩、弗兰克、内斯等人(Schwanen et al, 2005; Frank et al, 2007; Næss, 2009)的文章。

但是,统计控制方法有如下缺陷。首先,绝大多数区域交通调查不包含与交通和建成环境态度相关的问题,这些问题的缺失使得统计控制变得不可能。另外,如何观测人们的态度,业界也缺乏统一的规范。其次,当使用截面数据时,变量的时间顺序不匹配:现在观测的态度和决定居住社区时的态度可能会有差异。最后,这些研究仅探讨了从态度到建成环境一个方向的因果关系,而现实中,它们之间可能存在相互作用。

9.3.2 工具变量

工具变量(Instrument Variable)是计量经济学中解决变量内生性偏差常用的方法之一。首先需要找到一组工具变量,这些变量既要和建成环境有很高的关联性,又要和交通行为方程的误差相对独立。其次用工具变量去预测建成环境,预测值$\widehat{BE}$将成为行为方程的自变量。如果$\widehat{BE}$是显著的,这意味着建成环境对交通行为有影响。工具变量方法的代表作包含博内特、万斯、卡塔克等人(Boarnet et al, 1998; Vance et al, 2007; Khattak et al, 2005)的文章。

工具变量方法也存在内在缺陷(Winship et al, 1999)。首先,小量的变量内生性偏差在回归分析中是普遍存在的,通常不会采取补救措施,只有当这个偏差足够大的时候,建成环境和误差的关联性才会被重视。然而在这种情况下,为建成环境找到合适的工具变量可能会很困难。其次,用和方程误差无关联的工具变量预测建成环境会导致建成环境里大部分的方差无法得到解释。这些工具变量不可避免地成为弱工具变量。如果使用弱工具变量,$\widehat{BE}$的标准差通常会比较大(Shea, 1997)。因此,如果$\widehat{BE}$不显著,就不能确定这是由于控制自我选择后建成环境对交通行为确实没有影响,还是因为使用弱$\widehat{BE}$使得这个影响难以捕获。

9.3.3 样本选择模型

样本选择模型(Sample Selection Model,或者称为赫克曼二步法)的基本思路是用离散选择模型预测人们如何选择不同的居住社区及其建成环境,然后在这个预测的基础上为交通行为建模。具体而言,可以通过居住社区选择模型得到一个自我选择因子,这个因子以自变量的形式加入到交通行为模型中(Heckman et al, 2001)。这个模型的优点是可以推算出自我选择效应和建成环境的最大效应(Cao, 2009),有利于评价建成环境和自我选择的相对重要性。样本选择模型的代表作包括曹新宇、布朗斯东、周等人(Cao, 2009; Brownstone et al, 2009; Zhou et al, 2008)的文章。

但是样本选择模型也存在问题,问题的来源在于该模型需要一个离散的居住社区选择变量。首先,连续的建成环境变量需要重组成一个离散变量,而重组会浪费建成环境变量的效率。其次,居住社区选择的建模只考虑了能够观测到的变量,如果未能观测的变量是自我选择偏差的来源,样本选择模型将无法剔除这个偏差。再次,该模型不能为效应系数提供标准差,因此无法评估效应系数的显著性。另外,一些学者怀疑该模型的可靠性(Brownstone et al, 2009)。

9.3.4 倾向得分匹配

倾向得分匹配(Propensity Score Matching)也是一个二步法,用离散选择模型预测人们如何选择不同的居住社区。这个模型中可以计算出每一个样本的倾向得分(也就是预测选择某种环境的概率)(Rosenbaum et al, 1983),然后根据一些可选的规则用倾向得分去匹配试验组和对照组里的样本。这个匹配模拟了一个随机试验,它相当于将两个相同或相似的样本中的一个分配到试验组里,而将另一个分配到对照组(Oakes et al, 2006)。倾向得分匹配的好处是由于居住社区选择是一个预测模型,不需要考虑模型中自变量的显著性和多重共线性。倾向得分匹配的代表作包括波尔、曹新宇等人(Boer et al, 2007; Cao et al, 2010; Cao, 2010)的文章。

和样本选择模型类似,倾向得分匹配也需要离散的居住社区选择变量,它也不能解决未能观测到的变量所导致的偏差。另外,不同的匹配方法和匹配参数可能会得到不同的结论。为了确保可靠性,需要检验使用方法的灵敏度。同时,倾向得分匹配大都用于预测虚拟变量,尽管这个方法最近被延伸到多元离散变量上,但还不能确定这个方法的效果(Oakes et al, 2006)。

9.3.5 联合模型

常用的联合模型(Joint Model)包括联合离散选择模型(Joint Discrete Choice Model)和结构方程模型(Structural Equations Model)。前者要求居住社区选择和交通行为都是离散变量。嵌套分类评定模型假设交通行为的选择依赖于上一层的居住社区选择;在联立离散选择模型(Simultaneous Discrete Choice Model)中,用单独的方程来表达居住社区选择和交通行为,但模型的演算也是联立的,联立方程的误差被分解成多个部分来捕获态度衍生的自我选择效应。联合离散选择模型的代表作包括沙隆、布哈特等人(Salon, 2006; Bhat et al, 2007)的文章。结构方程模型的内在变量通常是连续的,并假设建成环境、交通行为和态度是相互影响的,也就是说,方程中假设的效应都可能是双向的。这个方法的代表作包括沙尼、巴格利等人(Scheiner et al, 2007; Bagley et al, 2002)的文章。

这两个模型的主要区别在于联合离散选择模型假设居住社区选择和交通行为是互不影响的,尽管它们的误差是相关的。如果数据中包含态度变量,由于结构方程模型允许内在变量间的相互作用，则它会略优于联合离散选择模型。和单一方程相比，联合模型更加有利于因果关系的推断。然而，这些模型通常应用于截面数据，因此前面提到的时间顺序错位仍然是个很难解决的问题。

9.3.6 纵向设计

就推断因果关系而言，纵向设计总是优于截面设计。在纵向设计中，可以分析样本在实验前后的建成环境和交通行为。如果他们的态度在实验中保持不变，则这些态度的影响就被抵消了。因此，交通行为的变化就是建成环境的变化和社会经济属性变化的结果。如果没有观测到态度变化或者只有一些态度在实验中产生了变化，则纵向设计也不能完全解决因果关系推断中的排他性。准纵向设计要求参与者回忆实验前变量参数，而不是直接观测(Susan et al, 2005)。(准)纵向设计的代表作包括博内特、克里泽克、曹新宇、威尔士等人(Boarnet et al, 2005; Krizek, 2003; Cao et al, 2007; Wells et al, 2008)的文章。

纵向设计也存在缺点。首先，假设事物之间的关系是不随时间而变化的，但这个恒定假设有时是靠不住的。其次，很难确定实验后观测的最佳时间点。两个时间的间隔太短，变化可能还没来得及发生；间隔太长，则会由于记忆消退和其他因素的影响，使得变量的观测和变量之间的关系很可能不可靠(Kline, 2005)。另外，到目前为止，学者很少在两个时间点上观测人们的态度，这限制了研究对建成环境和态度之间动态关系的探索。与截面设计相比，真正的纵向设计既昂贵又费时，这也是纵向设计很少见的主要原因。

9.4 研究结果及其实践意义

过去十多年的研究解决了一些基本问题。首先，研究发现居民自选择在很大程度上影响了人们的交通行为。研究证明社会经济属性、对交通的态度、对建成环境的态度，以及生活方式都是居民自选择的成因，因此仅仅控制社会经济属性是不够的。其次，几乎所有总结性的研究发现在控制自我选择效应之后，建成环境本身对交通行为有独立的影响(Cao et al, 2009)。再次，尽管单个建成环境变量的交通需求弹性是有限的(Ewing et al, 2001;2010)，但是多个变量合成后的社区影响在实践中还是非常显著的(Cao, 2010; Cao et al, 2012)。

所观察到的建成环境对交通行为的影响包含两个组成部分：建成环境自身的效应和自我选择效应。那么，二者之间哪个更强呢？它们的相对重要性具有很显著的实践意义。如果不控制自我选择效应，理论上可能高估或者低估建成环境对交通行为的效应(Cao, 2010)。在实证研究中，只有很少数的研究得出了低估的结论(Pinjari et al, 2008; Chatman, 2009)，大部分的研究都认为是高估。规划师和决策者不禁要问:如果我们考虑了自我选择效应,那么土地利用和交通政策对交通行为的效果是否会消失殆尽?国际上有限的研究给了我们一些启示:首先,早期的研究认为自我选择对交通行为的影响要大于建成环境的影响(Kitamura et al, 1997; Bagley et al, 2002)。然而,最近的成果却得出了相反的结论(Cao et al, 2012;Cao, 2010)。他们发现自我选择效应所占的比重为0%—50%。帕特里夏·莫克塔里恩(Patricia Mokhtarian)推算了一个非加权平均值,总结自我选择效应大约占到所观察到的建成环境效应的1/4。因此,这些政策的效果还是很有意义的。

学者们对过高估计建成环境效应的结论有着不同的解释。有的认为自我选择会抵消政策的部分效果(Boarnet et al, 2001),因此应该相应降低对政策效果的预期,比方说打25%的折扣。有的学者认为造成态度和建成环境不匹配的原因是市场上缺少替代发展模式的供应,而这种缺失是政府现有的土地利用和交通政策造成的(Levine et al, 2007)。因此,如果能够提供替代发展模式社区,那么喜爱非机动车和公交出行方式的人们就可以从与他们的态度不匹配的社区搬迁到这些新社区中。由于新社区更好地匹配了他们的态度,他们可以充分实现自己喜爱的出行方式(Levine, 2006; Næss, 2009)。如果匹配得当,政策的效果有可能高于研究所观察到的建成环境对交通行为的影响(Cao, 2010)。

最新的研究指出无论是低估还是高估了建成环境的效应,都有可能过高或者过低地预测政策对交通行为的效果(Cao et al, 2012)。导致这个现象发生的原因是多方面的,这其中包括匹配和不匹配家庭交通行为的差异、替代发展模式社区供给和需求之间的平衡以及在多大程度上不匹配的家庭可以搬到替代发展模式社区里去匹配他们的态度,等等(Cao et al, 2012)。同时他们也承认由于缺少实证研究,这些结论是建立在一些假设的基础上的,而这些假设是将来需要检验和解决的问题。

9.5 研究展望

随着越来越多的学者加入到居住自选择的研究行列中,研究取得了阶段性的成果。同时,这些研究也为将来的工作提供了新的课题。第一,尽管不同的方法已经被应用于自我选择的研究中,但是还没有系统地比较这些方法。这种比较研究将为学者选择研究方法提供重要的指南。第二,人们对交通和建成环境的态度是自我选择的重要起因,同时也是建成环境和交通行为的结果。学界对建成环境和态度之间关系的研究还非常有限,并且现有的研究还没有和心理学理论[例如计划行为理论(Theory of Planned Behavior)和社会认知论(Social Cognitive Theory)]有效地结合起来(Bohte et al, 2009)。第三,尽管学者们开始探索建成环境自身效应和自我选择效应的相对重要性，但是现有的成果还是有很大的地域局限性，需要更多的研究成果来提高结论的确定性。为了给实践提供有效的建议，需要更多地探讨自我选择在现实中的意义，并且用实证研究去检验探讨过程中所产生的新问题(Cao et al，2012)。

交通及其所衍生出的环境问题已经成为中国政府迫切需要解决的难题。土地利用和交通政策的实施为建成环境和交通行为的研究提供了新的契机。例如，功能单一的住宅城区(Bedroom Community)的扩张打破了中国城市传统的职住平衡；城中村的开发干扰了村中居民的生活，尤其是低收入家庭和租户。这些政策的实施对人们的居住自选择和交通行为会有怎样的影响呢？自我选择和交通行为是如何相互作用的呢？

居住自选择对中国学者而言还是一个很新的课题。在过去的二十余年里，中国对住房制度进行了市场化改革。住房供给紧张严重影响着人们居住社区的自我选择。西方国家的住房市场是在市场经济下运行的，在政府规章的框架内，开发商选择在什么时候，在什么地方，提供什么样的住房，政府所能施加的影响是有限的。而中国现在正处于住房市场的过渡时期，房改房、商品房和保障房等的共存为居住自选择的研究既提供了机会，也创造了挑战。在不同的住房市场条件下，人们的自我选择会有怎样的异同呢？这些异同对政策效果的预测会有什么影响呢？一系列的问题等待我们去研究和探索。希望中国的学者根据国际上自我选择已有的研究框架，结合中国的实际问题，提出有实践意义的课题，并做出具有中国特色的独创研究。

参考文献

Aditjandra P T, Cao X, Mulley C. 2012. Understanding neighbourhood design impact on travel behaviour: an application of structural equations model to a British metropolitan data[J]. Transportation Research A: Policy and Practice,46 (1):22 - 32.

Anon. 2005. What if you live in the wrong neighborhood? The impact of residential neighborhood type dissonance on distance traveled[J]. Transportation Research D: Transport and Environment, 10 (2):127 - 151.

Bagley M N, Patricia L M. 2002. The impact of residential neighborhood type on travel behavior: a structural equations modeling approach[J]. The Annals of Regional Science, 36 (2): 279 - 297.

Bhat C R, Jessica Y G. 2007. A comprehensive analysis of built environment characteristics on household residential choice and auto ownership levels[J]. Transportation Research B: Methodological, 41 (5): 506 - 526.

Boarnet M G, Day K, Anderson C, et al. 2005. California's safe routes to school program-impacts on walking, bicycling, and pedestrian safety[J]. Journal of the American Planning Association, 71 (3):301 - 317.

Boarnet M G, Sarmiento S. 1998. Can land-use policy really affect travel behaviour? A study of the link between non-work travel and land-use characteristics[J]. Urban Studies, 35 (7): 1155 - 1169.

Boarnet M, Randall C. 2001. Travel by Design: the Influence of Urban form on Travel, Spatial Information Systems[M]. New York: Oxford University Press.

Boer R, Yuhui Z, Adrian O, et al. 2007. Neighborhood design and walking trips in ten US metropolitan areas[J]. American Journal of Preventive Medicine, 32 (4):298 - 304.

Bohte W, Kees M, Bert V W. 2009. Measuring attitudes in research on residential self-selection and travel behaviour: a review of theories and empirical research[J]. Transport Reviews, 29 (3): 325 - 357.

Brownstone D, Thomas F G. 2009. The impact of residential density on vehicle usage and energy consumption[J]. Journal of Urban Economics, 65 (1):91 - 98.

Cao X, Chatman D G. 2012. How Will Land Use Policies Affect Travel? The Importance of Residential Sorting[R]. Washington, DC: Paper Read at Transportation Research Board Annual Meeting.

Cao X, et al. 2011. Examining the impacts of residential self-selection on travel behaviour: methodology and empirical findings[M] // Venezia E. Urban Sustainable Mobility. Italy: Franco Angeli.

Cao X, Fan Y. 2012. Exploring the influences of density on travel behavior using propensity score matching[J]. Environment and Planning B: Planning and Design, 39 (5):459 - 470.

Cao X, Patricia L M, Susan L H. 2009. Examining the impacts of residential self-selection on travel behaviour: a focus on empirical findings[J]. Transport Reviews, 29 (3):359 - 395.

Cao X, Patricia M, Susan H. 2007. Do changes in neighborhood characteristics lead to changes in travel behavior? A structural equations modeling approach[J]. Transportation, 34 (5): 535 - 556.

Cao X, Susan H, Patricia M. 2006. The influences of the built environment and residential self-selection on pedestrian behavior: evidence from austin, TX[J]. Transportation, 33 (1): 1 - 20.

Cao X, Zhiyi X, Yingling F. 2010. Exploring the connections among residential location, self-selection, and driving: propensity score matching with multiple treatments[J]. Transportation Research A: Policy and Practice, 44 (10):797 - 805.

Cao X. 2009. Disentangling the influence of neighborhood type and self-selection on driving behavior: an application of sample selection model[J]. Transportation, 36 (2):207 - 222.

Cao X. 2010. Exploring causal effects of neighborhood type on walking behavior using stratification on the propensity score[J]. Environment and Planning A, 42 (2):487 - 504.

Chatman D G. 2009. Residential choice, the built environment, and non-work travel: evidence using new data and methods[J]. Environment and Planning A, 41:1072 - 1089.

Ewing R, Robert C. 2001. Travel and the built environment: a synthesis[J]. Transportation Research Record: Journal of the Transportation Research Board, 1780:87 - 114.

Ewing R, et al. 2010. Travel and the built environment: a meta-analysis[J]. Journal of the American Planning Association, 76 (3):265 - 294.

Frank L D, Brian E S, Ken E P, et al. 2007. Stepping towards causation: do built environments or neighborhood and travel preferences explain physical activity, driving, and obesity[J]. Social Science & Medicine, 65 (9):1898 - 1914.

Heckman J, Justin L T, Edward V. 2001. Four parameters of interest in the evaluation of social programs[J]. Southern Economic Journal, 68 (2):210 - 212.

Hume D. 2013. An enquiry concerning human understanding 1784 [EB/OL]. [2013 - 02 - 01]. http://www. infidels. org.

Khattak A J, Rodriguez D. 2005. Travel behavior in neo-traditional neighborhood developments: a case study in USA[J]. Transportation Research Part A: Policy and Practice, 39 (6): 481 - 500.

Kitamura R, Patricia L M, Laura D. 1997. A micro-analysis of land use and travel in five neighborhoods in the San Francisco Bay Area[J]. Transportation, 24 (2):125 - 158.

Kline R B. 2005. Principles and Practice of Structural Equation Modeling[M]. 2nd ed. New York: The Guilford Press.

Krizek K J. 2003. Residential relocation and changes in urban travel: does neighborhood-scale urban form matter[J]. Journal of the American Planning Association, 69 (3):265 - 281.

Levine J, Aseem I. 2004. The market for transportation-land use integration: do developers want smarter growth than regulations allow[J]. Transportation, 31 (4):409 - 427.

Levine J, Lawrence F. 2007. Transportation and land-use preferences and residents' neighborhood choices: the sufficiency of compact development in the Atlanta region[J]. Transportation, 34 (2):255 - 274.

Levine J. 2006. Zoned Out: Regulation, Markets, and Choices in Transportation and Metropolitan Land-Use[M]. Washington, DC: Resources for the Future.

Litman T A. 2005. Land Use Impacts on Transport: How Land Use Factors Affect Travel[R]. Behavior: Victoria Transport Institute.

Mokhtarian P L, Cao X. 2008. Examining the impacts of residential self-selection on travel behavior: a focus on methodologies[J]. Transportation Research B: Methodological, 42 (3): 204 - 228.

Murakami E, Young J. 1997. Daily Travel by Persons with Low Income[M]. Betheda, MD: NPTS Symposium.

Næss P. 2009. Residential self-selection and appropriate control variables in land use: travel studies[J]. Transport Reviews, 29 (3):293 - 324.

Næss P. 2010. Residential location, travel, and energy use in the Hangzhou metropolitan area [J]. Journal of Transport and Land Use, 3 (3):27 - 59.

Oakes J M. 2004. The (mis)estimation of neighborhood effects: causal inference for a practicable social epidemiology[J]. Social Science & Medicine, 58 (10):1929 - 1952.

Oakes M J, Johnson P J. 2006. Propensity score matching for social epidemiology[M]//Oakes M J,Kaufman J S. Methods in Epidemiology. New York: John Wiley & Sons.

Pinjari A, Naveen E, Chandra B, et al. 2008. Joint model of choice of residential neighborhood and bicycle ownership: accounting for self-selection and unobserved heterogeneity[J]. Transportation Research Record: Journal of the Transportation Research Board, 2082:17 - 26.

Pucher J, Renee J. 2003. Socioeconomics of urban travel: evidence from the 2001 NHTS[J]. Transportation Quarterly, 57 (3):49 - 77.

Rosenbaum P R, Donald B R. 1983. The central role of the propensity score in observational studies for causal effects[J]. Biometrika, 70 (1):41 - 55.

Salon D. 2006. Cars and the City: an Investigation of Transportation and Residential Location Choices in New York city[R]. University of California, Davis:Agricultural and Resource Economics.

Scheiner J, Christian H. 2007. Travel mode choice: affected by objective or subjective determinants[J]. Transportation, 34 (4):487 - 511.

Schutt R K. 2004. Investigating the Social World: The Process and Practice of Research[M]. 4th ed. Thousand Oaks, Calif: Pine Forge Press.

Schwanen T, Patricia L M. 2005. What affects commute mode choice: neighborhood physical structure or preferences toward neighborhoods[J]. Journal of Transport Geography, 13 (1):83 - 99.

Shea J. 1997. Instrument relevance in multivariate linear models: a simple measure[J]. Review of Economics and Statistics, 79 (2):348 - 352.

Singleton R, Bruce C S. 2005. Approaches to Social Research[M]. 4th ed. New York: Oxford University Press.

Susan H, Cao X, Patricia M. 2005. Correlation or causality between the built environment and travel behavior? Evidence from Northern California[J]. Transportation Research D: Transport and Environment, 10 (6):427 - 444.

Susan H,Cao X, Patricia L M. 2006. Self-selection in the relationship between the built environment and walking: empirical evidence from Northern California[J]. Journal of the American Planning Association, 72 (1):55 - 74.

Vance C, Ralf H. 2007. The impact of urban form on automobile travel: disentangling causation from correlation[J]. Transportation, 34 (5):575 - 588.

Wells Nancy M, Yizhao Y. 2008. Neighborhood design and walking: a quasi-experimental longitudinal study[J]. American Journal of Preventive Medicine, 34 (4):313 - 319.

Winship C, Stephen L M. 1999. The estimation of causal effects from observational data[J]. Annual Review of Sociology, 25:659 - 706.

Zhou B, Kara K. 2008. Self-selection in home choice: use of treatment effects in evaluating relationship between built environment and travel behavior[J]. Transportation Research Record: Journal of the Transportation Research Board, 2077:54 - 61.

（曹新宇　著）

10 基于大数据的时空间行为研究方法

10.1 引言

时空数据的采集和生产是制约时空间行为研究的瓶颈之一，同时也是联系城市社会学、时间地理学、行为地理学、地理信息系统等学科的纽带。随着云计算、物联网、社会媒体等的发展，蕴含丰富时空语义的数据呈现爆炸式的增长，时空间行为的大数据时代已经到来。大数据为时空间行为研究带来机遇的同时，也给传统的时空行为数据管理和分析技术带来了极大的挑战。本文介绍了大数据的基本概念，回顾一些重要的时空间行为大数据源，重点讨论时空间行为大数据研究前沿和技术挑战，通过典型示范案例展示基于大数据的时空间行为研究及应用。

10.2 时空间行为研究进入大数据时代

10.2.1 大数据的时代背景

所谓大数据一般具有四个特征，即数据量大(Volume)、类型多样(Variety)、数据增长迅速(Velocity)和数据价值巨大(Value)。前三个“V”比较好理解，关于第四个“V”，大家很容易理解成数据很有价值，但往往认识不到，相对于数据量而言，数据价值平均值很低，挖掘大数据中的价值犹如沙里淘金，这也是大数据通常与分布式系统基础架构(Hadoop)、非关系型数据库(NoSQL)、数据分析与挖掘、数据仓库、商业智能以及开源云计算架构等诸多热点话题联系在一起的原因。

大数据正在对每个领域造成影响,在商业、经济和其他领域中,决策行为将日益基于数据分析进行,而不是像过去,更多凭借经验和直觉。未来,数据将会像土地、石油和资本一样,成为经济运行中的根本性资源。大数据所能带来的巨大商业价值已经被认为将引领一场足以匹敌20世纪计算机革命的巨大变革(Lohr, 2012; McKinsey et al, 2011)。奥巴马政府已经把大数据上升到了国家战略的层面,启动"大数据研究和发展计划",这也从一个侧面凸显了大数据对当今社会的重要程度。

《自然》(*Nature*)和《科学》(*Science*)等国际顶级学术刊物相继出版专刊来探讨对大数据的研究(Mervis, 2011;Nature, 2008)。《自然》在2011年出版了数据处理的专刊,讨论大数据所带来的挑战,特别指出,倘若能够更有效地组织和使用这些数据,人们将得到更多的机会发挥科学技术,这将对社会发展产生巨大的推动作用。大数据时代,人类社会拥有了精准记录和把握复杂世界的能力,从理论上讲,可以建立起一个不需要简化的大数据"世界模型",可以精准地把握变化趋势,进而做出决策。例如,基于社交网络"推特"(Twitter)产生的大数据,成功预测了脸书上市当天股价的走势,成为大数据分析的一个经典案例。

10.2.2 时空间行为大数据源

个体时空间行为的研究过去一直受时空数据可获得性手段的制约,一些理论方法不得不进行简化,使得理论模型的可操作性和应用受到很大限制。例如,哈格斯特朗(Hägerstrand)等早在20世纪五六十年代就提出了时间地理学理论框架,但由于那个时代获得时空数据的手段极其落后,而且缺乏时空分析的计算机技术,使得时间地理学相关模型缺乏可操作性,应用很少。进入21世纪,随着地理信息系统技术、移动定位和无线通信技术的发展,时空数据的采集手段不断丰富,为个体行为研究获取更精确和更大尺度的时空数据提供了可能,个体时空间行为研究出现了复兴的征兆(柴彦威等, 2010)。近年来,随着Web2.0(互联网平台)、电子商务、社交网络应用(SNS)、微博、移动互联网等新一代信息技术的迅猛发展,个体时空行为数据的生产进入了大数据时代,产生了一些价值巨大的时空行为大数据源。蕴含丰富时空信息的时空行为大数据源包括以下几个方面:

(1) 移动数据和移动应用数据。全球有46亿移动电话用户,且智能手机成本已降到千元以下,普及率逐年提高,即将替代原有功能手机。移动基站实时监测移动设备信号,记录了移动设备的实时位置,运营商通话计费等运营数据记录了手机用户实时通话行为(Chaogui et al,2012)。基于智能手机的移动应用程序,也不断记录用户的活动信息,如位置签到、微博、微信等行为数据。移动及移动应用数据是时空行为研究的一个最重要的大数据源，具有三个重要的特征：① 手机定位可以采集人的真实的和实时的位置移动数据；② 与活动日志等传统时空数据采集方法相比，手机采集的时空数据质量和精度较高；③ 由于手机的高普及度，移动数据可快速获得大规模人群的时空行为大数据。

(2) 社会媒体数据。此类数据包括微博、微信和社交网站数据，它们记录了用户的意见、情绪和社会交往行为。以新浪微博为例，每天产生上亿条微博，高峰期每秒 5 万条，平均每个用户有 540 条关注信息，对于转发超过 1 000 次的微博，绝大部分在 1 小时内完成。该类数据特点是数据更新速度快、数据量大、用户参与度高，具有典型的大数据特征。

(3) 传感器网络实时感知监测数据。随着物联网技术的普及，无处不在的传感器网络会监测采集物体的、环境的、设施的以及人机交互的实时数据。例如，通过城市的实时智能电表数据，可以通过人们的用电行为分析，获得社会活动信息。通过城市车联网感知数据，实时计算交通流量(Yu et al, 2012)。例如，北京市交通路况数据就是通过 6 万多辆浮动车的实时数据计算的，每辆车每分钟记录一次数据，包括位置、时间、状态(空载/满载)等信息，每天大约产生 2GB 的数据。

(4) 网络及搜索行为数据。此类数据源主要来自搜索引擎服务商，例如，谷歌趋势(Google Trends)，通过基于关键词的搜索行为监测，用于趋势分析和搜索优化。搜索行为数据可反映社会行为的关注度变化，对于理解汇总的社会行为趋势很有价值。

(5) 企业应用数据。企业应用数据可记录用户购买行为，包括交易的时间和地点等时空行为数据，如客户关系管理(Customer Relationship Management, CRM)、供应链管理(Supply Chain Management, SCM)、企业资源管理(Enterprise Resource Planning, ERP)等产生的数据。公交刷卡数据是此类时空行为大数据最典型的数据之一。例如，北京市日公交刷卡 1 200 万次，月数据量为 30G—40G，可用于居民公交出行行为分析。

当今是一个信息化的时代，不管愿不愿意，现代的数字化跟踪手段无处不在地记录着人们的活动行为，无论是购物、刷公交卡、搜索信息、下载电子书籍、看数字电视、听音乐、发邮件、地图导航，等等，还是爆炸性增长的社交媒体信息，这些数据包含着重要的时空行为信息，具有典型的大数据特征。时空行为研究进入了大数据时代，迫切需要新的数据管理和智能分析手段。

10.3 时空间行为大数据的研究方法与技术挑战

大数据引起了科技界对科学研究方法论的重新审视，正在引发科学研究思维与方法的一场革命(李国杰等, 2012)。最早的科学研究只有实验科学，随后出现了以研究各种定律和定理为特征的理论科学。由于理论分析方法在许多问题上过于复杂，难以解决实际问题，人们开始寻求模拟的方法，由此计算科学开始兴起。海量数据的出现催生了另外一种新的科研模式。2007 年，已故的图灵奖得主吉姆格雷在他最后一次演讲中描绘了数据密集型科学研究的“第四范式”。“第四范式”的实质就是从以计算为中心转变到以数据处理为中心，也就是通常所说的数据思维，其不同于基于传统数学模型的研究方式。谷歌的广告优化配置、战胜人类的 IBM 公司沃森问答系统都是这样实现的，这就是“第四范式”的魅力。

然而，大数据为时空间行为研究在提供丰富数据的同时，也给时空间行为研究提出了新的挑战。之前的研究受制于数据的匮乏，现在转而要面对数据爆炸的困境。近年来，在时空行为数据的处理、分析和可视化方面有一些进展，但都是针对特定类型数据和小规模数据的，如何从海量的时空数据中提取时空间行为特征和行为模式，需要重新构建时空间行为新的研究范式，发展新的理论和方法。

基于大数据的时空间行为研究，需要一系列同时具有类似显微镜和望远镜特征的智能分析工具，能在不同尺度上上钻、下钻时空行为特征，来解释大数据中的行为模式，以便做出实时精准的决策。从技术角度讲，大数据是指无法在可容忍的时间内用传统信息技术和软硬件工具对其进行感知、获取、管理、处理和服务的数据集合。大数据的规模效应给数据存储、管理以及数据分析带来了极大的挑战。现有的数据库技术、数据挖掘和数据分析技术，甚至现有数据中心技术都很难满足大数据的需求，需要考虑对整个信息技术架构进行重构。近年来，大数据相关的信息技术发展迅速，为时空间行为的大数据管理提供了关键技术。但仍然需要探索基于大数据的时空间行为研究方法，将时空间行为相关的理论方法嵌入到大数据的关键技术中，成为面向大数据的下一代时空间行为数据管理和智能分析工具。面临的主要技术挑战如下：

(1) 时空间行为大数据的新数据模型。目前地理信息系统的矢量和栅格数据模型缺乏对时间的表达，不能直观时空间行为语义，需要有新的数据模型一体化来表达时空间行为。

(2) 时空间行为多源数据的融合技术。时空间行为数据的来源是多渠道的，数据不整合就发挥不出大数据的大价值，因此，需要有高效的数据融合技术。

(3) 时空间行为大数据的去冗降噪技术。大数据提供了精细的时空间行为记录，但同时也充满着数据冗余、数据噪声和数据缺失等问题。现有的时空间行为数据处理分析和可视化方法，一般都是假设数据是精细准确的，缺乏能适用于实际大数据的处理方法。

(4) 时空间行为大数据的高效处理技术。时空间行为丰富的时空语义信息，更适合非结构化和半结构化数据表达，传统的关系数据库技术无法满足需求，以非关系型数据库和分布式系统基础架构为代表的非关系型数据分析技术，具有适合非结构数据处理、大规模并行处理和简单易用等特点，在互联网和其他大数据分析领域取得了重大进展，已成为大数据分析的主流技术。针对时空间行为应用，基于主流大数据分析技术架构，还需要研发更有效、更实用和更易用的时空间行为大数据分析和管理技术。

(5) 时空间行为数据智能分析和可视化技术。现有时空间数据挖掘和地理信息系统可视化技术，早期受时空间数据可获得性的限制，一般都做了简化，尚不能适应大数据分析要求，需要重新审视时间地理学、行为地理学、城市社会学前期的行为空间模式理论，发展基于大数据的时空行为智能分析和可视化技术，为基于时空间行为的应用提供核心技术支撑。

10.4 北京上地—清河地区居民出行时空间行为大数据平台示范

在“十二五”科技支撑项目“智慧城市管理公共信息平台关键技术研究与应用示范”的支持下，选择北京上地—清河地区作为实验区，探索基于城市居民时空间行为的智慧出行服务应用示范。2012 年初步搭建了面向智慧出行服务的大数据示范平台，平台总体结构如图 10－1 所示。

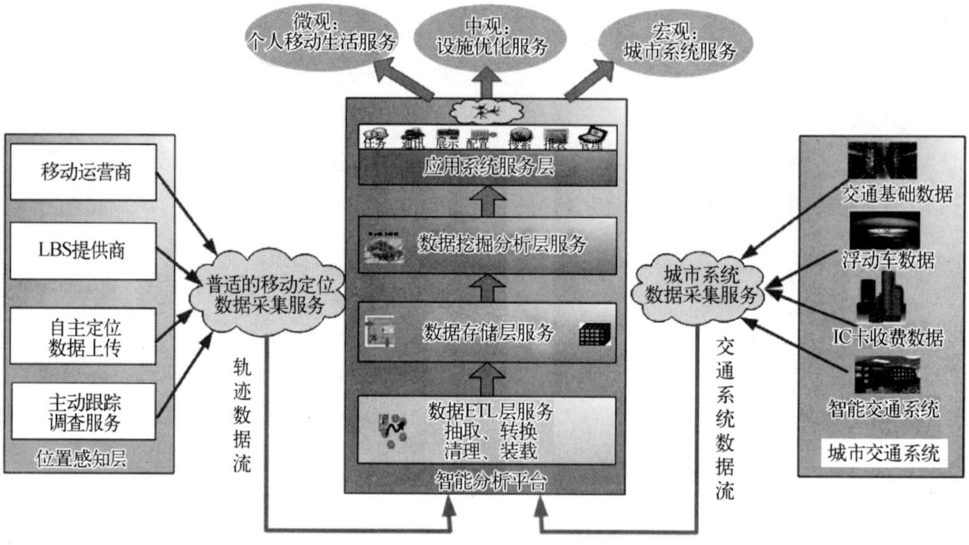

图 10－1　面向智慧出行的时空间行为大数据示范应用平台

示范平台实现了多源时空间数据采集，包括浮动车、公交刷卡、智能交通等交通系统数据流数据，还包括了移动数据和 LBS 移动应用数据。特别是为了建立北京上地—清河地区居民出行基础数据库，基于全球定位系统设备，对北京上地—

清河地区近千位居民进行了出行调查。每个样本除了调查其家庭、个人属性外，还系统地调查了其一周时空活动信息，在收集其一周的全球定位系统出行轨迹的同时，还通过网络收集了一周的活动信息。示范平台目前数据情况如下：

（1）居民出行调查数据：8 轮调查，有效样本为 709 位，每轮全球定位系统轨迹数据为 500MB—600MB，共 5GB 数据。

（2）浮动车数据：3 万辆浮动车，每车每分钟一次数据，包括位置（全球定位系统经纬度）、时间、状态（空载/满载）等。数据量每天为 1.4GB—1.5GB，每月约 45GB。

（3）公交刷卡数据：日刷卡 1 200 万次，月数据量为 30GB—40GB。

（4）其他交通静态数据：路网、公交站点路线、土地利用等。

基于此出行大数据示范平台，我们计划系统开展时空间行为数据挖掘和智能分析技术，挖掘、分析其中的隐含模式（包括频繁到访区域识别、异常轨迹发现、相似路径识别以及未来位置预测，等等），建立理解、分析个体活动微观和宏观特征的整体框架，辅助构建城市移动景观、城市人类出行一般性模型，模拟并探究城市建设、交通规划、公共卫生、社会网络、地理环境等与个体行为之间的关系。居民出行时空间行为大数据示范平台的目标是为不同尺度空间应用提供实时决策服务，包括用于个人移动生活服务（活动出行规划服务）、设施优化服务（区域和城市交通规划、公共体育设施的规划）以及城市系统服务（检测和监测城市移动性规律、人群疏散和交通诱导以及政策效果的绩效监测）。

10.5 结论与展望

人文地理学者一直把人类行为及其与所处系统的经济、社会等因素之间的互动关系作为研究焦点。在人本主义及后现代主义思潮的影响下，人文地理学研究越来越关注人与社会的实际问题，试图从微观个体行为的视角解释地理现象，强调人（特别是社会人）与环境（特别是社会地理环境）的互动关系，研究的目的从重视生产的经济目标转向重视生活质量的社会目标。在这一趋势下，对于个体活动行为过程的研究不断受到重视，以过程为导向，从微观个体行为的视角解释城市社会及其空间体系，逐渐成为人文地理相关研究领域的热点。

目前，中国正处于由生产大国向消费大国的第二次转型过程中，在经济发展的同时，对社会建设的重视逐步提高，强调以人为本的科学发展观。国家的“十二五”规划也以“转方式、调结构、促民生”为特点，由注重经济发展向注重生活质量、居民幸福感的社会建设转变。在城镇化发展方面，由注重速度向注重质量的新型城镇化发展道路转变，更加关注民生（如交通出行、设施规划），公共服务与社会管理更加精细化、智慧化、个性化。在城镇化和城市发展的理论基础研究方面，由原来主要基于土地、经济活动的城镇化研究向基于个人和日常行为的研究转变，规划管理也由静态、蓝图式向动态、过程式转变。在这种由生产到消费，由经济到社会，由土地到居民，由静态到动态的转变中，智慧城市规划与管理至关重要。基于时空间行为的城市规划和管理，能够弥补基于土地利用的静态城市规划对人类日常活动考虑不足的弊端，能够促进城市社会管理，更加关注人的行为的制约和能动因素以及了解居民个性化的服务需求，从而使城市规划更加精细、社会管理更加智慧、居民服务更加个性。

依托"十二五"国家科技支撑项目，紧扣中国"十二五"时期城镇化与城市发展领域的重大需求和发展趋势，结合城市规划学、时间地理学、行为地理学、城市地理学、移动通信技术及地理信息系统等学科的国内外前沿领域和交叉成果，搭建面向居民智慧出行的时空间行为大数据示范平台，整合一定规模的城市居民多源时空间行为数据，并进一步研发海量时空间数据挖掘、智能分析等关键技术，以期应用于智慧出行服务平台的开发与应用示范。通过时空间行为大数据及其智能分析技术，提供降低城市交通出行量与优化出行时空间分布的有效行为规划对策，为优化城市空间组织与城市交通规划理论与方法、提高城市交通监测和管理效率提供技术支撑与示范。

时空间行为研究的大数据时代已经到来，但基于大数据的时空间行为研究仍处于起步阶段，还有很多基础性的问题有待解决。笔者期望该平台的建设能够成为基于大数据的时空间行为研究的测试基准，通过一定规模的典型时空行为数据集，为同行构建研究时空间行为数据管理和分析工具的基准测试和评估标准，以期推动时空间行为大数据技术的发展。

参考文献

李国杰，程学旗. 2012. 大数据研究：未来科技及经济社会发展的重大战略领域[J]. 中国科学院院刊，27：647－657.

柴彦威，赵莹，马修军，等. 2010. 基于移动定位的行为数据采集与地理应用研究[J]. 地域研究与开发，29(6)：1－7.

Chaogui K，Xiujun M，Daoqin T，et al. 2012. Intra-urban human mobility patterns：an urban morphology perspective[J]. Physica A：Statistical Mechanics and its Applications，391(4)，1702－1717.

Chaogui K，Yi Z，Xiujun M，et al. 2012. Inferring properties and revealing geographical impacts of inter-city mobile communication network of China using a subnet data set[J]. International Journal of Geographical Information Systems. 27(3)：431－448

Chaogui K，Yu L，Xiujun M，et al. 2012. Towards estimating urban population distributions from mobile call data[J]. Journal of Urban Technology，19(4)，3－21.

Lohr S. 2012. The age of big data[N]. The New York Times,2012－02－12.

McKinsey Global Institute. 2011. Big Data: the Next Frontier for Innovation, Competition, and Productivity[R]. McKinsey Global Institute.

Mervis J. 2011. Dealing with data[J]. Science, 331(6018):639－806.

Mervis J. 2012. Agencies rally to tackle big data[J]. Science, 336(6077):22－24.

Nature. 2008. Big data[J]. Nature, 455(7209):1－136.

Yu L, Chaogui K, Song G, et al. 2012. Understanding intra-urban trip patterns from taxi trajectory data[J]. Journal of Geographical Systems, 14(4), 463－483.

（马修军、刘瑜　著）

11 大数据时代的城市模型研究及其机遇

11.1 城市模型发展历程

纵观城市科学的发展历史，从对城市现象的记载、描述，到对其进行归纳、总结，再到对城市事物之间的关系描述，最后发展到用系统的观点看待城市，其发展历程经历了一个从定性到定量的过程。现阶段，定量化程度已经越来越成为衡量该学科发展程度的标志。“城市模型”(Urban Model)是在对城市系统进行抽象和概化的基础上，对城市空间现象与过程的抽象数学表达，是理解城市空间现象变化、对城市系统进行科学管理和规划的重要工具，可以为城市政策的执行及城市规划方案的制定和评估提供可行的技术支持。

城市模型研究始于20世纪初期。20世纪初至50年代中期是城市模型发展的初级阶段，主要经历了一般概念模型、数学(或分析)模型和计算机模拟模型等几个阶段(图11-1)。从20世纪90年代开始，随着计算机硬件技术和地球信息系统技术的日益成熟，地理信息系统在城市模型研究中的应用及其与城市模型的集成已经成为侧重于计算机模拟的城市模型发展的重要趋势。根据城市模型是否具有时间维，可以把城市模型分为静态城市模型和动态城市模型两大类。静态城市模型不考虑时间维，主要分为两类，一是城市统计模型，二是空间相互作用模型(如劳瑞模型)。从建模方法看,城市模型应该分为自上而下和自下而上两种建模方法,前者主要是以系统动力学(System Dynamics)为代表的城市模型,一般是基于微分方程的形式,往往从宏观的空间尺度出发,研究对象也往往是对城市居住区、商业区等的机械划分及其相互作用或区位选择,无法反映造成城市动态性、自组织性和突变性等城市微观结构和理性人的个体行为;后者是以离散动力学(Discrete Dynamics)如元胞自动机(Cellular Automata,CA)、多主体系统(Multi-Agent Systems,MAS)、分形(Fractal)理论和自组织(Self-Organization)理论等为代表的城市模型。目前以多主体系统为代表的动态城市模型是研究的重点和近期的趋势。

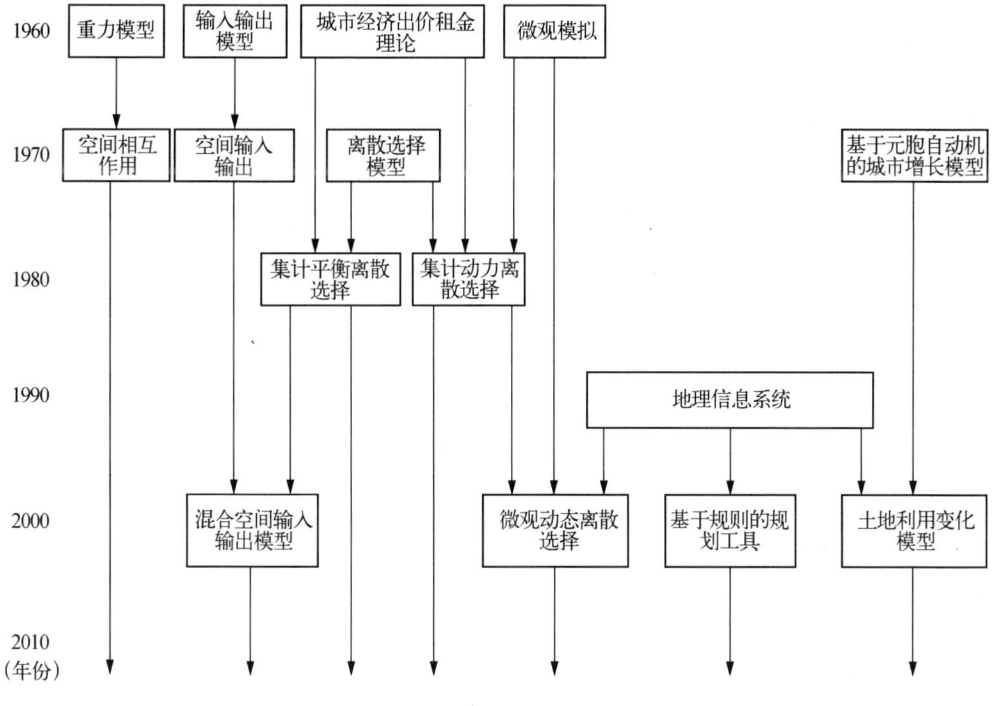

图 11-1 城市模型发展历程一览

11.2 城市模型的基本分类

动态城市模型从不同角度可以有不同的分类。

从建模的方法看,常用的方法有基于空间相互作用(Spatial Interaction)理论的重力模型①(Gravity Model)、最大熵(Entropy Maximizing)理论模型,来自经济学的阿隆索/米尔斯/穆斯(Alonso/Mills/Muth)地租理论(Rent Theory)、离散选择模型(Discrete Choice Model)、空间投入产出模型(Spatial Input-Output Model)、回归分析(Regression),来自复杂科学的元胞自动机、基于个体建模[②],以及微观模拟模型(Microsimulation Model)和地理信息系统等技术(Pagliara et al, 2010)。

从模型应用的具体领域看,有区域模型、城市土地模型、土地使用与交通模型、土地使用—交通—环境模型等(郑思齐等, 2010)。值得一提的是,土地使用与交通模型是从城市交通模型发展而来的,在大城市遇到交通导致严重城市问题的背景下,研究者开始着手研究交通对土地使用的反作用机理,从而开始了土地使用与交通模型的研究(如 Cubeland)。基于传统的交通模型,新增的土地模型的研究内容一般包括居住区位选择、企业选址、房地产开发和土地开发等。目前,土地使用与交通模型是动态城市模型的主要存在形式之一。近几年,部分西方国家的代表城市或区域完成了一些用于实践的土地使用与交通整合模型。

从模型的空间尺度上看,又可分为宏观模型[③]和微观模型。宏观模型(或分区模型)的研究尺度是地理网格[④](Grid)或小区(Zone)。一般小区可以是交通分析小区(Traffic Analysis Zone, TAZ),也可以是统计小区(Census Tract Zone, CTZ)。在这种情况下,城市活动主体一般选用小区内的居民、家庭或企业的统计特征,即以一类活动主体作为分析对象,而不是个体。微观模型,一般基本空间单元较小,如街区、地块或建筑。相应地,城市活动主体一般对应居民、家庭和企业的个体,其原理与方法更加清晰直观。

11.3 典型城市模型及其基本情况

目前典型的城市模型基本信息如表 11－1 所示。这些模型以研究城市土地使用为主,部分结合了交通模块,形成土地使用与交通模型。模拟的基本空间单元多为小区和网格,仅有城市仿真(UrbanSim)、综合仿真(ILUTE)和动机倾向(AgentiCity)属于微观模型,其中城市仿真可以用于多尺度的模拟。据项目组了解,目前阿纳斯·亚历克斯(Alex Anas)的研究组正在洛杉矶区域使用 Relu-Tran 建立公共政策分析的虚拟实验室(Virtual Co-Laboratory for Policy Analysis in the Greater LA Region),属于分区尺度。多象限投入产出空间模型(MEPLAN)目前由英国科进(WSP)公司在很多城市开展了实践应用。

表 11-1 典型城市模型一览

序号	名称[5]	所在国家	研究尺度[6]	开发年份	代表性开发人员/机构	主要方法	时间基础	代表性文献
1	POLIS	美国	小区	20 世纪 60 年代	旧金山湾区政府协会	空间相互作用、离散选择	静态	Association of Bay Area Governments, 2009
2	DRAM/EMPAL	美国	小区	20 世纪 70 年代	普特曼（Stephen Putman）	空间相互作用、离散选择	静态平衡	Putman, 1995
3	TRANUS	委内瑞拉	小区	1982 年	莫德莱(Modelistica)	空间投入产出	动态平衡	Modelistica, 1995
4	MEPLAN	英国	小区	1984 年	埃切尼克(Marcial Echenique)	空间投入产出	动态平衡	Echenique et al, 1990
5	TLUMIP[7]	美国	小区	20 世纪 90 年代	韦德纳(Tara Weidner)	空间投入产出	动态平衡	Weidner et al, 2007
6	IRPUD	德国	小区	1994 年	韦格纳(Michael Wegener)	离散选择	动态	Wegener, 1996
7	CUF	美国	DLU[8]	1994 年	兰迪斯(John Landis)	基于规则建模	动态	Landis, 1994
8	DELTA	英国	小区	1995 年	西蒙兹咨询(David Simmonds Consultancy)	离散选择	动态	Simmonds, 1996
9	MetroSim	美国	小区	1995 年	阿纳斯(Alex Anas)	离散选择	动态平衡	Anas, 1994
10	UrbanSim	美国	多尺度[9]	1996 年	沃德尔(Paul Waddell)	离散选择、微观模拟、基于个体建模	动态	Waddell, 2002
11	SLEUTH	美国	网格	1997 年	克拉克(Keith Clarke)	元胞自动机	动态	Clark et al, 1997

续表 11 - 1

序号	名称[5]	所在国家	研究尺度[6]	开发年份	代表性开发人员/机构	主要方法	时间基础	代表性文献
12	CUF - 2	美国	网格	1998 年	兰迪斯(John Landis)	基于规则建模	动态	Landis，1998
13	ILUTE	加拿大	地块、居民、家庭	2004 年	米勒(Eric Miller)	微观模拟、基于个体建模	动态	Miller et al，2004
14	Relu-Tran	美国	小区	2007 年	阿纳斯(Alex Anas)	离散选择	动态平衡	Anas et al，2007
15	PECAS	加拿大	小区	2005 年	亨特(John Douglas Hunt)和亚伯拉罕(John Abraham)	空间相互作用、空间投入产出	动态	Hunt et al，2005
16	BUDEM	中国	500m 网格	2009 年	龙瀛	元胞自动机	动态	Long et al，2009
17	MUSSA II[10]	智利	小区	1996 年	马丁内斯(Francisco Martinez)	离散选择	动态平衡	Martinez，1996
18	GeoSOS	中国	多尺度	2011 年	黎夏	元胞自动机、基于个体建模	动态	Li et al，2011
19	AgentiCity	加拿大	地块、居民、家庭	2012 年	德拉吉切维奇(Suzana Dragicevic)	基于个体建模	动态	Jjumba et al，2012
20	BLUTI[11]	中国	小区	2012 年	张宇	离散选择	静态平衡	张宇等，2012

11.4 传统城市模型的发展趋势

从上述对城市模型发展历程的分析可以看出，基于离散动力学的动态城市模型是目前的研究热点和未来的发展方向。国际上典型的城市模型多为宏观尺度，以地理网格或小区作为基本研究单元，将城市活动主体进行分类，这方面理论和实证都有较多研究。随着研究尺度的需要和微观数据可获得性的增强，近年来国际上微观模型发展迅速，但在真实城市中全面应用的案例仍然有限。在国内，对土地使用和交通模型与侧重于城市扩张模拟的城市模型都有一定研究，但都属于宏观模型范畴，对微观模型的研究较少。

根据上述对城市模型发展趋势和已有典型模型的分析，精细化的城市模拟（动态的、基于离散动力学的、微观的城市空间模型）将成为未来的研究热点。其中，精细化（Fine Scale）对应模拟尺度：一方面，在物理空间，分析和模拟的基本空间单元是地块，对应城市总体规划重点地区和城市详细规划的工作尺度。另一方面，在社会空间，分析和模拟的基本单元是居民、家庭和企业个体等。“精细化”作为模拟尺度，是相对宏观模拟的研究尺度提出的，宏观模型一般以统计小区、交通分析小区、行政区、行业、共同特征的人群等作为基本研究对象。

精细化城市模型是一种时空动态的微观模型，多采用自下而上的研究方法，其以地块、居民、家庭、企业等微观个体作为基本模拟对象，主要用于研究城市的土地开发、居民的居住区位选择、企业的区位选址、城市活动的时空分布等空间问题，用于支持空间政策的制定和评估。多种微观模拟的研究方法都可以用于精细化城市模拟，如微观模拟、元胞自动机和基于个体建模。国际上已有少量精细化城市模型在真实城市的实践应用，如城市仿真模型、综合仿真模型和动力倾向模型。国外已有的相关基于个体建模的研究一般都对应地块尺度，也考虑了众多城市活动主体，这些方法对精细化城市模型的建立和开发具有借鉴作用。而国内目前还没有精细化城市模型用于真实城市的报道。在数据层面，国际上的精细化城市模型也不能获得全样本的微观数据，一般采用数据合成的方法[如迭代比例拟合（Iterative Proportional Fitting, IPF）]合成居民或家庭全样本。鉴于国内的精细化城市模型研究刚刚起步，也同样面临数据稀缺的问题，除笔者外，少有研究探索微观个体数据的合成（Micro Data Synthesis）问题。

11.5 大数据时代的城市模型

城市模型，特别是大尺度模型，其发展经历了不同阶段，也遇到了数据和硬件等方面的瓶颈。例如，1973 年李撰写的大尺度城市模型的安魂曲，大有唱衰大规模城市模型的意思，一个主要原因是计算机水平不足(Lee，1973)。反观四十多年后的今天，计算机的软硬件水平取得了长足的发展，信息和通讯技术(Information and Communication Technologies，ICT)发展迅速，社会经济活动产生的数据突飞猛进，这样的“大数据”规模超大，以至于超过了传统的软件工具获取、存储、管理、共享、分析和可视化的能力，例如，传感器网络(Sensor Networks)、社会化网络(Social Networks)、RFID和通话记录(Call Detail Records)等。这些数据为建立城市模型提供了较好的机遇，应该也对建模思路和方法等方面提出新的要求。

利用大数据开展城市空间分析与模拟是目前学术界的研究热点。据不完全统计，国际主流的地理信息系统和城市地理期刊，已经出版了多个专辑，例如江斌在《国际地理信息科学学院》2011年第8期上的《数据密集型地理空间的计算》，芦咏梅和刘瑜在《计算机、环境与城市系统》2012年第2期上的《普适的位置采集技术：数据分析》，以及目前江斌和提尔·让·克劳德(Jean-Claude Thill)正在召集论文的《计算机、环境与城市系统》专辑《地理空间分析的动地理信息》。

要分析大数据时代城市模型的发展机遇，需要回过来先看大数据的特点，其主要包括以下几个方面：一是作为个体层面的数据，大数据一般反映了人或物的空间位置和联系(主动贡献或非主动贡献)，例如，公交卡数据对应每个持卡人不同时刻的空间位置，特别是古德柴尔德(Goodchild，2007)突破了传统的光学传感器思想，较早地提出将人作为传感器(Human as Sensors)以获取空间和社会信息的设想；二是覆盖面广，一般能够覆盖区域或城市内较大比例的个体，规模巨大，例如，手机数据一般能够对应一个城市内的大量的手机用户；三是数据质量较高，具有较细的空间分辨率和时间分辨率，以及客观的个体反馈(如微博的内容、签到地点等)；四是在数据持有者许可的情况下，数据的获取成本较低，例如，如果手机运营商许可研究人员的数据申请，则可以在短时间内获得大规模精细数据，这点是传统调查方式难以实现的。

反观目前我国城市空间发展模型的研究，鉴于数据的限制，多数模型都是大尺度的(如乡镇或交通分析小区等)(龙瀛等，2011)。而目前，一方面，我国的大城市正逐渐由空间扩张(Urban Expansion)向内部改造(Urban Redevelopment)转变，小尺度的城市空间再开发将越来越多，为分析并预测城市空间的变化，更需要精细化的模型作支持；另一方面，城市作为复杂的自适应系统，是由作为城市空间的地块，作为城市活动主体的居民、企业等构成的，自下而上的模拟思路在以人、地和房作为基本研究对象预测城市空间变化的同时，与规划的公众参与、社会公平等理念的需求不谋而合。这都说明精细化的城市模型更适合我国未来的发展需要。随着大规模、高质量的个体时空数据的获取正不断成为可能，遍布的个人贡献的数据(大数据)为描述和理解城市空间结构提供了新的渠道，为建立精细化的城市模型提供了较大的机遇。主要体现在大数据对应的个体及其空间位置和移动(如人的活动和移动)是城市模型的核心,能够反映人的活动,进而推算其对城市空间的需求,能够覆盖大多数城市活动主体,且具有时间动态性。

在大数据时代,开展城市模型或城市研究的态势主要体现在以下几个方面:一是多个领域的学者共同关注利用大数据开展城市研究。例如,除了城市规划领域本身,计算机学科已经有很多专门的会议[如基于位置的社会化网络(Location-based Social Network,LBSN)和全球普适计算大会(UbiComp)]和主流的学者研究大数据挖掘的算法,进而对城市问题进行识别和诊断,提出相应的建议。而地理信息科学也将目光关注到大数据,在志愿者地理信息(Volunteered Geographic Information, VGI)利用大数据进行城市研究。而时间地理学的学者,也因为大数据时代的到来而受益,以往多采用调查方法获得日志,目前很多学者已经开始以具有时空信息的大数据作为分析的数据源。在这样多学科百花齐放的背景下,基于大数据的城市研究蒸蒸日上。二是基于大数据的研究日趋破碎化。英国伦敦大学学院高级空间分析中心(CASA)的巴蒂(Batty, 2012),在《环境和规划 B》的社论中提到了这点,即这些研究往往侧重于城市现象的某一个局部方面,而鲜有综合的分析,这点可能在于大数据的特点是广、精和深,适合专业分析和挖掘。而传统的城市模型,则基于来自多个渠道的数据,实现较为综合的分析。三是大数据的分析算法趋于简单化,甚至有观点声称"大数据本身就是模型",即通过对大数据简单的时间、空间和属性层面的统计分析,就可以得到有趣的分析结果。四是基于大数据的研究,多关注两个层面,在城市内分析城市的空间结构,如笔者利用公交刷卡数据分析北京的通勤特征(龙瀛等, 2012);或在区域尺度分析区域间的联系,如甄峰等(2012)利用微博数据分析中国的城镇体系。五是这类研究偏向对城市现状的评价而非对未来的预测或对城市系统的模拟,这基本符合精细化城市模型的特征,即越精细化的模型越不适合对远景进行判断,而利于对现状的分析和问题的识别。

总体上,能够看到大数据的出现对精细化的城市模型研究带来了非常大的机遇,得到了多学科的关注。在这样的背景下,有几个问题还需要思考。如大数据的出现,使得传统的城市空间分析、统计、模拟和可视化的方法不能够很好的适应,也改变了建模的范式,具体如何应对,是需要考虑的。此外,在大数据分析和挖掘的过程中,如何充分利用已有的通过传统方式获得的数据所包含的信息,也是需要考虑的。大数据的信息全面细致,但很多大数据的信息在信息维度方面弱于传统数据,例如,公交刷卡数据有细致的每个持卡人的上下车信息,但是没有持卡人的社会经济属性信息,这样就很难用于分析不同特征人群的交通行为和偏好,而传统的城市居民家庭交通出行的调查数据在这两方面都非常完善。我们的经验是将传统的数据获取规则用于大数据的模式识别,在龙瀛等(2012)的研究中采用的就是这个思路,即从出行调查数据中识别人的居住地的特征和就业行为的特征，以及步行距离的概率密度分布，然后将这些规则用于识别大数据中每个持卡人的居住地和就业地。这种监督分类的方法可以保证大数据分析的可靠性。

注释

① 或劳瑞模型。

② 也有研究将 ABM 模型称为多主体系统或多智能体系统(Multi-Agent System，MAS)，本文沿用 ABM 的说法。

③ 或集计模型(Aggregated Models)。

④ 或元胞(Cell)。

⑤ 该表统一以小区(Discrete Zone)代表分区模型的研究尺度。

⑥ 该模型是在 TRANUS 和城市仿真模型基础上实现的。

⑦ DLU(Developable Land Unit)，即可开发用地单元，为非规则多边形，类似地块(矢量格式)。

⑧ 空间单元可以是小区、网格或地块，城市活动主体可以是类别(Categorical)层次，也可以是个体(Individual)层次。

⑨ 目前称为土地利用经济学(Cubeland)。

⑩ 使用交通模拟与规划软件系统(Cube)基于北京市宏观交通模型(BMI Model)的基础上开发而来。

参考文献

龙瀛，沈振江，毛其智. 2011. 城市系统微观模拟中的个体数据获取新方法[J]. 地理学报，66(3)：416 - 426.

龙瀛，张宇，崔承印. 2012. 利用公交卡刷卡数据分析北京职住关系和通勤交通形态[J]. 地理学报，67(10)：1339 - 1352.

张宇，郑猛，张晓东，等. 2012. 北京市交通与土地使用整合模型开发与应用[J]. 城市发展研究，12(2)：108 - 115.

甄峰，王波，陈映雪. 2012. 基于网络社会空间的中国城市网络特征[J]. 地理学报，67(8)：1031 - 1043.

郑思齐，霍燚，张英杰，等. 2010. 城市空间动态模型的研究进展与应用前景[J]. 城市问题，(9)：25 - 30.

Anas A，Liu Y. 2007. A regional economy，land use，and transportation model (relu-tran ©)：formulation，algorithm design，and testing [J]. Journal of Regional Science，47 (3)：415 - 455.

Anas A. 1994. MetroSim：a Unified Economic Model of Transportation and Land-Use[M]. Williamsville：Alex Anas & Associates.

Association of Bay Area Governments. 2009. POLIS[EB/OL]. [2009 - 09 - 21]. http://www.abag.ca.gov.

Batty M. 2012. Smart cities，big data[J]. Environment and Planning B：Planning and Design，

39: 191 - 193.

Clarke K C, Gaydos L, Hoppen S. 1997. A self-modifying cellular automaton model of historical urbanization in the San Francisco bay area[J]. Environment and Planning B:Planning and Design, 24: 247 - 261.

Echenique M H, Flowerdew A D J, Hunt J D, et al. 1990. The MEPLAN models of Bilbao, Leeds and Dortmund[J]. Transport Reviews: a Transnational Transdisciplinary Journal, 10(4): 309 - 322.

Goodchild M F. 2007. Citizens as sensors: the world of volunteered geography[J]. GeoJournal, 69(4): 211 - 221.

Hunt J D, Abraham J E. 2005. Design and implementation of PECAS: a generalized system for the allocation of economic production, exchange and consumption quantities[M]//Lee G,Doherty. Foundations of Integrated Land-Use and Transportation Models: Assumptions and New Conceptual Frameworks. London:Elsevier: 217 - 238.

Jjumba A, Dragicevic S. 2012. High Resolution Urban Land-Use Change Modeling: Agent City Approach Applied Spatial Analysis and Policy[Z].

Landis J D. 1994. The California urban futures model: a new generation of metropolitan simulation models[J]. Environment and Planning B: Planning and Design, 21: 399 - 420.

Landis J D. 1998. The second generation of the California urban futures model: part 1: model logic and theory[J]. Environment and Planning B: Planning and Design, 25(5): 657 - 666.

Landis J D. 1998. The second generation of the California urban futures model: part 2: specification and calibration results of the land-use change submodel[J]. Environment and Planning, B: Planning and Design, 25(6): 795 - 824.

Lee J, Douglass B. 1973. Requiem for large-scale models[J]. Journal of the American Institute of Planners, 39: 163 - 178.

Li X, Shi X, He J Q, et al. 2011. Coupling simulation and optimization to solve planning problems in a fast developing area[J]. Annals of the Association of American Geographers, 101(5): 1032 - 1048.

Long Y, Mao Q, Dang A. 2009. Beijing urban development model: urban growth analysis and simulation[J]. Tsinghua Science and Technology, 14(6): 787 - 794.

Martinez F J. 1996. MUSSA: a land use model for Santiago city[J]. Transportation Research Record, 1552:126 - 134.

Miller E J, Hunt J D, Abraham J E, et al. 2004. Microsimulating urban systems[J]. Computers, Environment and Urban Systems, 28(1 - 2): 9 - 44.

Modelistica. 1995. TRANUS Integrated Land Use and Transport Modeling System Version 5.0[Z]. Modelistica, Caracas, Venezuela.

Pagliara F, Wilson A. 2010. The state-of-the-art in building residential location models[M]// Pagliara F, et al. Residential Location Choice: Models and Applications, Advances in Spatial Science Springer-Verlag. Berlin: Heidelberg.

Putman S H. 1995. EMPAL and DRAM Location and Land Use Models: a Technical Over-View

Urban Simulation Laboratory, Department of City and Regional Planning[R]. Dallas, TX: University of Pennsylvania, Land Use Modeling Conference Proceedings.
Simmonds D C. 1996. DELTA Model Design[C]. Cambridge, UK: David Simmonds Consultancy.
Waddell P. 2002. UrbanSim: modeling urban development for land use, transportation and environmental planning[J]. Journal of the American Planning Association, 68(3):297 - 314.
Wegener M. 1996. Reduction of CO_2 emissions of transport by reorganisation of urban activities [M]//Hayashi Y, Roy J. Land Use, Transport and the Environment. Dordrecht: Kluwer Academic Publishers:103 - 124.
Weidner T J, Donnelly R, Freedman J, et al. 2007. A Summary of the Oregon TLUMIP Model Microsimulation Modules[R]. Washington DC: 86th Annual Meeting of the Transportation Research Board.

（龙瀛　著）

12 出行中的时间利用:不同交通方式间的比较研究

12.1 引言

只要是对出行行为进行研究,寻求理解个体为何因某种目的出行或为何采用某种交通方式出行,出行时间就一直是一个中心议题。传统上,出行时间总是被视为被“浪费”的时间,对出行者而言是负效用。例如,微观经济学理论(Becker, 1965; Winston, 1982)将出行时间视为生产一件商品(参与一项活动)的必要投入,对商品的生产产生了正效用。而由于出行占用了其他能产生正效用活动的时间,在其他条件不变的情况下,出行时间越长,效用越低。其他的分析框架同样采用了出行时间是被浪费的时间的假设。时间地理学(Hägerstrand, 1970; Burns, 1979; Miller, 1999)认为,在既定的时间窗(Time Window)下,更远距离的出行会导致可停留时间的减少,从而造成整体效用的降低。

被广泛用于描述出行者出行交通方式与目的地选择的离散选择理论(Ben-Akiva et al, 1985),假设了出行的效用受包括出行时间在内的出行特征的影响,实证结果也显示出行时间对于出行或交通方式有负效用。理论与实证研究中出行时间被认为具有负效用,政策评估中也存在同样的观点,特别是假定了出行者愿意为避免出行赋予了一种货币价值,即节约的出行时间的价值(Value of Time, VOT)(Hensher, 2001; Axhausen et al, 2008)。通过对基础设施和出行服务的投资,帮助使用者获得节约出行时间的货币价值,这种货币价值可通过时间的价值来衡量。

尽管绝大部分的实证研究支持了出行时间负效用的假设,但仍然存在着一些发现可以引导我们更深入地认识出行时间的价值。首先,离散选择模型的应用中考虑了不同类型交通方式下出行时间的参数,意味着不同交通方式下的出行时间价值是非常不同的。此外,更多细致的研究指出,公共交通出行中不同阶段的出行时间(到达时间、等候时间、步行时间、交通工具内时间以及离开时间等)也是有不同价值的(Carrasco et al, 2005)。总体而言,这表明出行时间并不应被统一的评估,而应取决于出行情境。莫克塔里恩等(Mokhtarian et al,2001;Handy et al, 2005)将这种论点进一步推进,他们提出,出行者并不一定会对出行时间进行负面评估。不同于出行者必定最小化出行时间的假设,他们认为出行者有一个最优出行时间,而且在最优值以下时,出行者甚至会增加出行时间。另外,他们提到了三个可能导致出行时间被赋予正效用的基本要素:(1) 如果在出行目的地进行的活动拥有高效用,即令人愉悦或很重要,出行本身将被更正面地评估;(2) 出行本身具有内在价值,例如,对地位、速度及周边环境的体验;(3) 出行过程中有进行其他活动的可能性。

值得注意的是,效用理论本身并没有排除出行时间正效用的可能性。由温斯顿(Winston,1982)提出、最近由胡(Hu,2009)复兴的概念辨别了与活动相关的过程效用(V^p)与成果效用(V^o)。过程效用与活动令人享受的程度有关,而结果效用与成果的价值有关。活动在过程效用与成果效用上可能有不同的表现。目标导向型的活动(如购买生活必需品、看牙医)可能具有较低甚至是负的过程效用与较高的成果效用,而休闲活动具有较高的过程效用与较低的成果效用。传统上出行被认为是具备较低(或负的)过程效用与高成果效用(如到达目的地参与活动)的,而其过程效用是出行交通方式选择的一部分。然而,莫克塔里恩等(Mokhtarian et al,2001)提出的三大因素引发了学者的重新思考。尤其是在出行过程中有执行活动的可能,将会同时增加过程与成果效用,并最终带来正效用。如果出行者能执行一些旨在享受时间的活动,如听音乐、休闲性的阅读或与同行者有愉悦的谈话,过程效用可能增加;如果出行时间被用于执行功利性的活动,如阅读工作相关的内容、使用笔记本电脑工作、进行商务通话等,成果效用可能会增加。

这些假设和里昂斯等(Lyons et al,2005;Handy et al,2005)进行的理论研究相一致,他们着重强调了在广义上出行时间是“生产性”的这一事实。他们的研究重点关注了信息和通讯技术的发展在增加出行的生产力方面的作用。例如,笔记本电脑、移动电话、个人数字助理(Personal Digital Assistant, PDA)、智能手机及轻便型数字多功能光盘等设备的出现,使传统上与家或办公室紧密联系的活动

(打电话、发信息、写邮件及看电影等)在出行中可能实现。与此同时,那些一直可以在出行中实现的活动,如阅读、与同行者交谈、休息与享受风景等,意味着即使在以往没有信息和通讯技术的日子里,出行也可以具有效用。

这一领域中仅有的少量实证研究大都支持出行中的活动会增加出行效用的观点。埃特玛等(Ettema et al,2007)运用陈述性偏好调查方法,调查出行中的活动的影响。他们发现,出行中参与特定的活动(阅读、打电话)的确会显著地增加出行时间的价值。在一项质性研究中,加因等(Jain et al,2009)发现出行者可能将通勤时间视为思考或放松的时间,或一天中唯一属于他们自己的时间。在英国开展的一项大规模研究中,里昂斯等(Lyons et al,2007)调查了大约 26 000 名火车乘客的出行时间利用。他们发现大部分乘客都将出行时间用于其他活动,如阅读、交谈、听音乐等。另外,他们还发现,在出行过程中执行其他活动的程度因出行目的、出行距离、出行等级、出行方向(回家或外出)而不同。大部分乘客将自己的出行时间描述为比较或非常有用,很多人都携带了各种"工具"(阅读材料、食品饮料、信息和通讯技术设备、声音或视频设备等)来增加出行的生产力。

关于出行过程中的活动的研究文献表明,这一主题与政策制定、交通规划非常相关。首先,如果在出行中执行活动的机会会影响出行的效用,那么对于评估那些旨在减少出行时间的政策将有应用价值[更多讨论参见里昂斯等(Lyons et al,2005)的文章]。其次,如果出行中的活动影响了出行的效用,交通规划人员可以增强出行交通方式的吸引力进而影响出行者的交通方式选择。但对于这两种情况,重要的是深入认识出行时间是如何被利用的,以及哪些因素(交通系统的特征或出行者的特征)会影响到出行中的活动。本文基于荷兰的活动与出行调查数据,对出行中的活动进行分析,旨在对这一知识体系有所贡献。不同于里昂斯等(Lyons et al,2007)的研究,笔者考察了不同出行交通方式的出行者(小汽车驾驶者,小汽车、火车、公交、电车或地铁乘客)。通过描述性统计,第一步,笔者分析了不同出行特征(如出行持续时间与出行同伴)、不同交通方式下出行时间利用的差异。第二步,使用了卡方自动交互检验(CHAID)分析来识别拥有相似出行时间利用特征的出行者类别,并将这些时间利用的行为与一系列的解释性变量相关联。本文除了上述第一部分之外,第二部分介绍了用于研究不同交通方式下出行时间利用的数据;第三部分介绍了实证研究结果,包括基于主要出行特征进行分类的出行时间利用的描述性分析,以及卡方自动交互检验分析的结果;第四部分总结了不同交通方式使用者的出行时间利用特征,并对下一步研究的主题进行了探讨。

12.2 数据

本文的实证研究使用了 2007 年在荷兰乌特勒支—阿默斯福特—希尔弗瑟姆

地区所采集的调查数据。这一调查针对单职工和双职工家庭展开，数据的收集分以下几个阶段进行：首先，向研究区域内不同邻里中生活的 13 500 名居民发放了筛选调查对象的问卷。基于收入、人口密度及可达性矩阵的综合考虑对邻里进行选择，共计 26 个邻里区域。接下来，确定每个邻里采样的数目，每个邻里中调查地址的选择通过在街道地址信息的电子文件中进行随机抽样实现。筛选调查对象的问卷中的问题包括家庭的基本信息、信息和通讯技术设备的拥有情况以及受访者是否愿意参加主体调查。那些愿意参与主体调查的受访者会收到一份问卷和一份两天的活动—出行—通讯日志。在活动—出行—通讯日志问卷中，受访者需要列出他们所进行的每一次出行，以及是否在出行中参与了问卷所列出的活动。最终大约 740 人以在线或邮寄纸制问卷的方式完成了调查问卷。在关于信息和通讯技术的调查部分，受访者们回答了他们使用不同类型的信息和通讯技术设备（如固定电话和移动电话、平板电脑、可联网的笔记本等）进行工作或私人活动的频率。关于出行的调查部分，要求受访者提供出行的起点与终点、出行交通方式、持续时间及每个出行中的活动等信息。

从活动—出行日志中，筛选出了乘坐火车出行 311 次，乘坐公共汽车、电车或地铁出行 51 次，驾驶汽车出行 2 294 次及乘坐汽车出行 535 次。即使有些出行发生在一个受访者身上，但在接下来的分析中对每一条出行都进行单独的观察分析。

需要指出的是调查样本略偏重高阶层的专业人员：45%的受访者是高教育程度的专业人员（科学、技术、医疗、信息和通讯技术等领域）。

样本中的男女比重分别为 47.7%与 52.3%。样本平均每周的工作时间为 31.86 小时，但可以观察到相当大的性别差异：男性每周的平均工作时间为 36.31 小时，女性为 28.02 小时。

12.3 分析

12.3.1 出行的描述性分析

大部分的出行为驾驶汽车出行（2 294 次，71.9%），其他依次为 535 次乘坐汽车出行（16.8%），311 次乘坐火车出行（9.7%）与 51 次使用公共汽车、电车或地铁（Bus, Tram, Metro, BTM）的出行（1.6%）。在出行目的方面，公共交通出行（火车及公共汽车、电车或地铁）主要以通勤为目的，而驾驶汽车或乘坐汽车出行的目的通常为休闲、社交或个人事务。同时还发现，与驾驶及乘坐汽车相比，公共汽车、电车或地铁特别是火车出行时间更长。这可能是因为较低的运行速度（从门到门的意义上说），也更有可能是与火车往往与较长的出行距离相关。

出行同伴方面，除了乘坐汽车出行外，大部分出行都没有同伴。驾驶与乘坐汽车出行中，家庭或家族成员是主要的同伴类型(非单独出行时)，乘坐火车及公共汽车、电车或地铁出行更倾向于与同事或朋友一起。最后发现不同交通方式下的出行都主要以家为出发点或目的地，只有约1/4的出行是在家以外的地点间发生(表12-1)。

表 12-1　出行特征

	样本数(次)	比例(%)
出行方向		
家—其他	1 207	37.8
其他—家	1 172	36.7
家—家	32	1.0
其他—其他	780	24.5
出行同伴		
无同伴	1 962	62.1
家庭成员	696	22.0
家族成员	121	3.8
朋友	167	5.4
同事	114	3.6
其他	98	3.1
出行时间		
1—15 分钟	1 388	43.6
16—30 分钟	832	26.1
31—60 分钟	593	18.6
61—90 分钟	246	7.7
＞90 分钟	127	4.0
出行目的		
家—家	335	10.5
工作（以家为中心）	968	30.3
休闲（以家为中心）	775	24.3
社交（以家为中心）	465	14.6
个人事务（以家为中心）	60	1.9
不以家为中心	588	18.4
交通方式		
乘坐公交/电车/地铁	51	1.6
乘坐汽车	535	16.8
驾驶汽车	2 294	71.9
乘坐火车	311	9.7

12.3.2 出行中的活动

从表 12-2 可以看出，不同交通方式下利用出行时间进行其他活动的情况有相当大的差异。尽管在所有交通方式下，大部分出行者都会将出行时间用于其他活动，但较乘坐汽车及火车而言，驾驶汽车出行者及乘坐公共汽车、电车或地铁出行者出行中无活动的比例更多(前者约为 10%，后者约为 40%)。显然，后两种交通方式对于执行活动的吸引力较小。对于驾驶汽车者，这很容易理解，毕竟进行其他活动会分散注意力。对于一些乘坐公共汽车、电车或地铁的出行者，可能是由于乘坐公共汽车、电车或地铁出行有很多的停留站以及乘坐时间较短，这使得参与如阅读或在笔记本电脑上工作这样的活动难以进行。

表 12-2 不同交通方式下出行中的活动 (%)

	驾驶汽车	乘坐汽车	乘坐火车	乘坐公共汽车、电车、地铁
无活动	—	—	—	—
工作	0.7	0.7	20.3	11.8
阅读	0.0	0.4	53.7	7.8
听音乐	39.7	31.8	13.5	11.8
睡觉	0.0	0.6	15.8	9.8
使用网络	0.2	0.0	4.2	0.0
玩游戏	0.0	0.2	3.9	0.0
与其他出行者交谈	22.9	60.6	21.5	23.5
使用移动电话	23.5	25.8	37.6	27.5

出行中工作的比重在乘坐火车(20.3%)及公共汽车、电车或地铁(11.8%)时较高。这一方面是由出行目的在不同交通方式间的分布造成的，另一方面，公共汽车、电车或地铁特别是火车营造了更好的适合与工作相关活动(如阅读、在笔记本电脑上工作等)的环境。在休闲性阅读的活动上，同样可以观察到明显的差异，大约 7.8%的公共汽车、电车或地铁乘坐者会在出行途中阅读，而这一比重在火车出行者中达到了 53.7%。这是因为火车提供了阅读的最佳环境(更平稳的乘坐、更大的伸展空间)，而且火车出行时间往往更长。

听音乐的更多是驾驶及乘坐汽车的人。车载音响让这一活动的实现非常容易，而且在认知中听音乐就常与驾驶相关联。在公共汽车、电车或地铁或火车上听音乐需要携带 MP3、IPOD 或其他音频设备，从而产生门槛。另外，与其他人同乘的社会规范可能对听音乐活动造成了障碍。

同所能预想的一样，睡觉活动主要出现在乘坐公共汽车、电车、地铁和火车出行中。很明显，这类活动不能与驾驶同时进行，而汽车乘坐者的座位也不是一个适合睡觉的地方。

使用网络或玩游戏只是一定程度上存在于火车出行中。最有可能的解释是平板电脑或智能手机、笔记本电脑需要连接网络，因此其在火车上最容易实现。但总体而言，这部分的比重相当低。但应该注意到，在数据采集当时(2007 年)，智能手机及平板电脑的使用还不像现在这样普及。由于汽车乘坐者理所当然地拥有出行同伴，与同行者交谈的活动在这一群体中比例最高。最后，所有出行者中约 25%的人(乘坐火车的出行者为 37.6%)在出行中拨出或接听了移动电话进行通话，因此使用移动电话成为出行中最多的活动。尽管使用移动电话对出行效用的影响超越了本文的范围，但很明显信息与通讯技术改变了移动中的活动参与，并可能影响到出行体验以及出行决策。

12.3.3　不同出行交通方式、出行时间与出行同伴下的活动

本节分析了驾驶汽车与乘坐火车的出行，在不同出行时间及同伴类型下的活动参与情况。由于样本量较少，难以进行进一步划分，因此乘坐公共汽车、电车、地铁和乘坐汽车的出行没有进行相同的分析。由于睡觉与玩游戏两项活动发生得很少，它们也被排除在分析之外。在出行时间上，不论是驾驶汽车还是乘坐火车出行，随着出行时间的增长，不进行任何活动的出行者比例减少(表 12-3)。对于乘坐火车出行，出行中参与工作活动的比率由 30 分钟以下出行中的 5.6%上升至 90 分钟以上出行中的 42.3%。同样的变化也出现在乘坐火车出行中阅读活动的参与中，其比例由短时间出行中的33.3%增加到长时间出行中的 46.2%。

表 12-3　不同交通方式与出行时间下的活动参与　(%)

	1—15 分钟	16—30 分钟	31—60 分钟	61—90 分钟	>90 分钟
无活动					
驾驶汽车	48.2	38.4	27.4	19.3	26.5
乘坐火车	0.0	22.2	15.4	6.6	1.9
工作					
驾驶汽车	0.2	0.2	1.1	6.0	4.1
乘坐火车	0.0	5.6	11.1	22.3	42.3
阅读					
驾驶汽车	0.0	0.0	0.3	0.0	0.0
乘坐火车	33.3	33.3	43.6	45.5	46.2

续表 12-3

	1—15 分钟	16—30 分钟	31—60 分钟	61—90 分钟	>90 分钟
听音乐					
驾驶汽车	33.4	42.0	50.7	60.2	55.1
乘坐火车	0.0	16.7	6.0	20.7	86.5
使用网络					
驾驶汽车	0.0	0.2	0.5	1.2	0.0
乘坐火车	0.0	0.0	1.7	4.1	11.5
与其他乘客交谈					
驾驶汽车	24.2	22.3	17.8	20.5	38.8
乘坐火车	66.7	22.2	14.5	24.0	28.8
使用移动电话					
驾驶汽车	15.4	24.3	39.6	51.8	39.0
乘坐火车	33.3	36.8	29.9	38.8	52.9

听音乐的活动与出行时间紧密相关。汽车驾驶者听音乐的比例在短时间出行中为 33.4%,长时间出行中上升至 55.1%。对于火车乘客,这一比例从 0 上升至 90 分钟以上出行中的 86.5%。从 90 分钟以下到 90 分钟以上的乘坐火车出行中,听音乐的比例存在着急剧的增加。很明显,超过 90 分钟的出行越过了某种门槛,使得出行者做好携带音频设备的准备。同样,短时间的乘坐火车出行(甚至所有 60 分钟以下的出行)中使用网络的比例微不足道,而超过 90 分钟的出行中,这一比例达到了 11.5%。这也是由于长时间的出行会引导出行者做好准备,通过携带其他的设备来帮助他们更有生产性的花费时间。与乘客交谈的活动没有显现出与距离的相关性。

最后,移动电话的使用与出行时间的关系在驾驶汽车与乘坐火车出行中有所不同。驾驶汽车出行中,使用移动电话的比重从短时间出行(15 分钟以下)中的 15.4%上升到 60—90 分钟出行中的 51.8%。使用移动手机打电话似乎更容易在长时间出行中实现,这可能是因为长时间出行往往是在不太需要导航的高速公路上进行。当然,有人会认为出行中每一个时间单元中拨出或接听电话的概率是相同的,因此出行中使用移动电话的概论随着出行时间的增长而相应增加。这对于 90 分钟以下的出行是适用的,但更长时间的出行中使用移动电话概率的降低,就可能与出行目的相关。而且,这种每个时间单元概率相同的假设也不适用于火车乘客,在 90 分钟以下的乘坐火车出行中,使用移动电话的比例都保持着同样的数量级。可能的解释是:由于时间协调安排等原因,火车出行引起了移动电话联系对出行时间的非依赖性。只有非常长时间的火车出行(超过90分钟),才出现了较高的移动电话使用比率。

总体而言,结果显示很多活动在长时间的火车出行中更常发生。对于阅读和工作这类需要一定专注力与准备的活动,出行时间大于一定值时才会发生。例如,长时间乘坐火车出行中听音乐和使用网络活动的比率出现了大幅度增长,而这些活动明显需要更充分的准备、携带更多的设备。但是,移动电话的使用并不与乘坐火车出行的时间显著相关。对于驾驶汽车出行而言,听音乐与使用移动电话的活动尤其会随出行时间变长而变得更为重要。

对于出行同伴的影响,可以看到,拥有同伴会增加驾驶汽车者的活动参与,特别是"与其他出行者交谈"的活动(表12-4)。对于火车乘客,有或没有同伴的人在进行活动时的情况相似,可能是因为他们有足够多的其他选择来有生产性地花费时间。拥有出行同伴对火车乘客的主要影响是出行途中工作活动比例下降。由于注意力会被出行同伴所分散,除非同伴是同事,出行中工作可能性的下降是很合理的。另外,乘坐火车出行中有同伴时,阅读活动的比重也会下降,尤其是与家族成员、朋友或同事同行时。乘坐火车及驾驶汽车出行有同伴时听音乐的人也会变少。相应地,与同行者交谈的活动在有出行同伴时会增加。在有同事同行时,驾驶汽车者使用移动电话的频率更高(46.2%),这种情况可能在共同的商务出行中出现,在有其他同伴或独自驾驶时,使用移动电话的比例只有10%—30%。火车乘客同样在与同事同行时更常使用移动电话(50.0%),但独自出行及与朋友同行时使用移动电话的比例也很高(分别为41.6%与35.3%)。很明显,对于不同类型的同伴,汽车驾驶者与火车乘客在使用移动电话方面有不同的特征。

表12-4 不同交通方式下出行同伴中的活动参与 (%)

	无同伴	家庭成员	家族成员	朋友	同事	其他
无活动						
驾驶汽车者	51.0	15.3	13.6	22.1	15.4	24.2
乘坐火车者	8.7	24.0	0.0	17.6	4.2	12.5
工作						
驾驶汽车者	0.6	0.2	1.5	2.9	3.8	1.6
乘坐火车者	21.5	12.0	12.5	17.6	25.0	12.5
阅读						
驾驶汽车者	0.1	0.0	0.0	0.0	0.0	0.0
乘坐火车者	63.0	48.0	0.0	23.5	25.0	43.8

续表 12-3

	无同伴	家庭成员	家族成员	朋友	同事	其他
听音乐						
驾驶汽车者	42.6	35.5	18.2	17.6	23.1	50.0
乘坐火车者	17.4	8.0	0.0	0.0	4.2	0.0
与其他出行者交谈						
驾驶汽车者	0.4	73.5	81.8	75.0	84.6	71.0
乘坐火车者	5.9	40.0	87.5	76.5	70.8	43.8
使用移动电话						
驾驶汽车者	26.4	14.6	21.2	17.6	46.2	11.3
乘坐火车者	41.6	8.0	12.5	35.3	50.0	25.0

12.3.4 卡方自动交互检验分析

前文对出行中的活动进行了单变量的分析，本节将展示多变量分析的结果，其目的在于发现可以解释出行者是否将出行时间用于其他活动的变量。本文使用了卡方自动交互检验方法。卡方自动交互检验(Kass, 1980)通过对数据进行不同层级的分类进而产生分类树，并依据预测变量不断重复对既有分类进行拆分。这一过程从卡方自动交互检验所得出的最显著的分类开始，依显著程度不断进行重复直到不存到显著的分类为止。卡方自动交互检验方法的一个优点在于，它可以对出行时间的利用进行典型性分类，并易于为自变量所解释。这样，市场就可以被细分，从而为交通规划者所用。本文对整个数据集即所有交通方式下出行中的活动进行了卡方自动交互检验分析。交通方式也是一个潜在的预测变量。这种方法的目的在于，不事先假定乘坐火车、公共汽车、电车或地铁及汽车出行者会有不同行为，而是让数据来决定。由于卡方自动交互检验分析需要因变量(即是否参与了活动)有足够的变异，那些参与比例非常小的活动无法得到有效结论。因此，只对出行中的工作、阅读、听音乐及与他人交谈几项活动展开了卡方自动交互检验分析。

1) 工作

较其他因素而言，出行交通方式是预测出行中工作活动的最主要因素。尽管汽车乘坐者可能会利用长时间的乘坐汽车来完成一些工作，如 60 分钟以上的乘坐汽车出行中出现了一定比例(4.9%)的工作活动，但出行中的工作活动还是最难发生在汽车驾驶和乘坐者身上。对于火车乘客，收入因素的预测效果最佳，最低收入(月收入为 1 000 欧元以下)与最高收入(月收入为 3 000 欧元以上)的人最有可能在火车上工作。对于最高收入群体，这可能与他们肩负的职位职责更大、需要更多的额外工作有关；而对于最低收入群体，这有些令人意外，可能的解释是这类群体中包含了学生，但对这类人群的进一步分析中发现年龄因素影响并不显著。而最高收入群体中，50—65 岁的出行者比年轻出行者更有可能在火车上工作。

2）阅读

出行交通方式是预测出行中阅读活动的最重要因素。只有公共汽车、电车或地铁和火车乘客在出行中阅读。对于乘坐火车的出行者，同伴是最重要的因素。那些独自出行或与家族成员同行的人，阅读的比率显著增高。在这一群体内部，较低收入（<3 000 欧元/月）的出行者更倾向于阅读。

3）听音乐

这一活动的执行情况可以由复杂层级结构中的多个预测变量来解释。本文不对拆分进行详细的讨论，只讨论最显著的因素并识别一些关键的分组。首先，年龄似乎是预测听音乐活动最重要的因素。特别是 50 岁以下的人最经常在出行中听音乐。但是在这一分组内，出行同伴是最重要的预测因素：那些独自出行或者与家庭成员同行的人最有可能听音乐。在独自出行或者与家庭成员出行的人中，可以基于年龄与教育识别出子类。对于年轻的、出行同伴为“其他”的出行者，出行目的会带来影响，尤其是不以家为目的地的出行中更倾向于听音乐。

对于 50—65 岁的出行者，听音乐的活动取决于出行时间。出行时间非常短（<15 分钟）时，他们很少可能听音乐。但是，如果他们经常使用平板电脑，听音乐活动的可能性会增加，即更加爱好使用新技术的人更有可能在短时间的出行中听音乐。对于 50—65 岁出行者的长时间出行，出行同伴对于听音乐活动有影响。那些独自出行、与家庭或家族成员出行的人更可能听音乐。另一个观察到的现象是出行方式并不对他们的听音乐活动产生影响。

4）与其他出行者交谈

毫无疑问，同伴是预测出行中交谈活动的最重要因素。那些独自出行的人几乎不与他人交谈，而其他分组中的大部分人都会与其他同行者交谈。在每一个分组中，又可识别不同的子群体。对于那些与家庭成员同行的人，25—34 岁和 65 岁以上的群体最常与同行者交谈。对于那些出行同伴为“其他”（即非家人、朋友或同事）的出行者，工作出行或从家到家的出行较其他目的的出行，交谈活动发生的可能性较小。在最后一组（其他目的）中，高教育程度的出行者与同行者交谈的可能性更少。

5）使用移动电话

不同交通方式间移动电话使用的情况相差不大，可见出行交通方式并不是影响移动电话使用的主要因素。乘坐火车的出行者中出现的较高的手机使用率可能是由与使用火车相关的出行特征所带来的。与每个时间单元发生移动电话联系的概率相同的假设一致，卡方自动交互检验分析显示出行时间是影响移动电话使用的最主要因素。但是，这种可能性并不是与出行时间成比例的增加。对于短时间出行，分析显示低教育程度的出行者使用移动电话的比例非常高。而短时间出行的高教育程度出行者，在与同事同行的情况下移动电话使用率较高。对于30—60分钟的出行，归家的出行比离家的出行使用移动电话的频率更高，这可能与回到家后的家庭事务有关。

12.4 结论

出行时间并非是以往所认为的出行者被浪费的时间，而应被重新界定。如果出行本身拥有内在价值或者出行者利用出行时间进行了有价值或休闲性的活动，那么出行时间是以一种更为积极的方式被利用。尽管初步的调查表明出行中的活动确实会带来减少出行时间价值的降低（意味着出行时间负效用的减弱），但需要更多对出行者在移动过程中的活动以及导致这些活动的因素的分析。对于交通规划者，这样的知识有助于更好地制定政策，便于特定的出行者群体在出行过程中执行活动，从而更有效地利用出行时间并对出行交通方式选择产生潜在的影响。

本文通过调查汽车驾驶者，汽车乘坐者，乘坐火车、公共汽车、电车或地铁的出行者在出行中的活动，分析影响这些活动的解释性因素，对有关出行中的活动的研究有所贡献。分析结果表明，乘坐火车与公共汽车、电车或地铁的出行者更常在出行中进行活动，可能是因为驾驶行为使阅读、工作等活动不可能发生。但是，听音乐活动更常在汽车出行中发生。与其他乘客聊天最常发生在汽车乘坐者身上，这一活动在其他交通方式出行者间并没有差异。使用移动电话的情况在所有交通方式的出行中都比较相近，但在乘坐火车出行中最为频繁。

进一步的交叉制表与卡方自动交互检验分析提示出了一些影响出行中活动的因素。结果表明阅读、工作、听音乐以及使用网络与移动电话的可能性随着出行时间的增加而增加。出行同伴的存在会降低工作、阅读与听音乐活动的概率并相应地增加与其他出行者聊天的概率。此外，还可以发现，25—34岁和65岁以上的出行者和非工作出行的出行者更有可能与其他出行者聊天。年轻的出行者、独自出行或与家庭成员共同出行者、经常使用平板电脑的出行者更有可能在出行过程中听音乐。而出行中的工作活动更多地发生在最低及最高收入群体、50—60岁的出行者群体中。

一个重要的结论是：尽管有些活动（工作、阅读、使用网络）在不同的出行方式间存在显著的差异，但其他活动（听音乐、与其他出行者聊天、使用移动电话）的情形并不如此。还有重要的一点是：出行特征（目的、时间）以及出行者的特征（年龄、收入、教育、信息和通讯技术使用）共同影响了在出行中的活动参与情况。作为对现有研究的补充，本文可以被视为更完整地理解出行中活动的角色和增加出行价值的第一步。回顾本文引言部分所综述的计量经济学的文献，在更广泛的活动模式和活动计划、决策的语境中，出行中的活动发挥着什么样的作用是一个值得探讨的话题。鉴于活动计划一般是指功利性的活动（需要去做的活动），如果将出行中的活动也视为基本需求类的活动，如运动、放松、休闲、社会交往等需求产生的活动，这将会非常有趣。这也意味着该话题将与近年来交通研究中的研究热点[如需求理论（Need-Based Theory）、出行所受的社会影响等研究]有潜在联系。而鉴于这一议题的解释性特征，进行更多的质性研究将是一个良好的开端。

参考文献

Axhausen K W, Hess S, Konig A, et al. 2008. Income and distance elasticities of values of travel time savings: new Swiss results[J]. Transport Policy, 15: 173 - 185.

Becker G S. 1965. A theory of the allocation of time[J]. The Economic Journal, 75:493 - 517.

Ben-Akiva M, Lerman S. 1985. Discrete Choice Analysis: Theory and Application to Travel Demand[M]. Cambridge:The MIT Press.

Burns L D. 1979. Transportation, Temporal, and Spatial Components of Accessibility[M]. Lexington, Massachusetts:Lexington Books.

Carrasco J A, Miller E J, Roorda M J. 2005. A tour-based model of travel mode choice[J]. Transportation, 32:399 - 422.

Ettema D, Verschuren L. 2007. The effect of multi-tasking on the value of travel time savings [J]. Transportation Research Record, 2010:19 - 25.

Hagerstrand T. 1970. What about people in regional science[J]. Papers of the Regional Science Association, 24:7 - 21.

Handy, S, Weston L, Mokhtarian P L. 2005. Driving by choice or necessity[J]. Transportation Research A, 39:183 - 203.

Hensher D A. 2001. The valuation of commuter travel time savings for car drivers: evaluating alternative model specifications[J]. Transportation, 28:101 - 118.

Hu Y. 2009. Measuring the impacts of mobile commerce on activity-travel behaviour[D]: [PhD Thesis]. London:Imperial College.

Jain J, Lyons G. 2009. The gift of travel time[J]. Journal of Transport Geography, 16:81 - 89.

Kass G V. 1980. An exploratory technique for investigating large quantities of categorical data [J]. Journal of Applied Statistics, 29:119 - 127.

Lyons G, Urry J. 2005. Travel time use in the information age[J]. Transportation Research A, 39:257 - 276.

Lyons G, Jain J, et al. 2007. The use of travel time by rail passengers in Great Britain[J].

Transportation Research A，41：107－120.
Miller H J. 1999. Measuring space-time accessibility benefits within transportation networks：basic theory and computational procedures[J]. Geographical Analysis，31：187－212.
Mokhtarian P L，Salomon I. 2001. How derived is the demand for travel? Some conceptual and measurement considerations[J]. Transportation Research A，35：695－719.
Winston G C. 1982. The Timing of Economic Activities：Time Specific Analysis of Household Activities[M]. New York：Cambridge University Press.

（埃特玛、亚历山大、哈根　著，毛子丹　译）

13 公交时空可达性的计算与模拟方法

13.1 引言

交通可达性用于反映出行者利用给定交通系统从出发地点到达活动地点的便利程度(陆化普等,2009)。在交通规划理论中,交通只是衍生的行为,交通的目的在于提高可达性(Cervero, 1996; Miller et al, 2000; Wu et al, 2002)。可达性不仅是交通规划中评价交通网络系统性能的一项有效综合性指标,同时也是反映城市土地利用的一个非常重要的指标。公交作为城市交通系统的重要组成部分,是城市通勤的主要交通方式,在城市交通中扮演着重要的角色,提高公交可达性将有助于提高公交出行方式的吸引力,缓解交通压力。因此,研究城市公交的可达性具有重要意义。

可达性研究最早起源于古典区位理论,目前已经成为人文地理学(何郑莹等,2012)、城乡规划(陆锋等,2008)、地球信息科学(秦华等,2012)、交通运输经济学(孟德友等,2012)等与地理空间分布相关的自然科学领域的研究热点之一。由于可达性研究的应用领域与研究对象种类繁多,不同学者对于可达性概念的理解各不相同,针对不同的问题,可达性也具有不同的度量模型。传统的可达性研究主要集中在空间可达性的研究上,旨在对空间某一要素实体(点、线或区域)位置的优劣程度进行度量,缺乏在时态方面的研究,包括时态变化和时间约束等。同时,传统可达性模型存在效率低、不直观等问题。由于个体出行的复杂性,且缺乏数据和方法,针对特定出行方式的可达性模型较少,鲜有文献对特定交通系统(如公交)进行可达性评价(Martin et al, 2002),对于可达性模型如何为交通规划和交通应用服务这一问题思考不深(Curtis et al, 2010)。

随着遥感技术、地理信息系统、全球定位系统的发展和智能公交系统等智能交通系统的广泛应用,以及全球定位系统等设备能够获取大量的公交车辆的时空信息,分析公交系统的时空过程成为可能。本文首先分析了公交出行的时空过程,提出了两种公交时空可达性的计算方法:等时线法和时空—效用法。等时线法是从给定的位置出发,在一定的时间预算下,以公交为出行方式,计算出所有可能到达的地点,并将时间相等的地点连接成线,得到不同时间预算的等时线。时空—效用法是在等时线法的基础上,进一步考虑兴趣点的时间约束,乘客的年龄、偏好等个体特征,计算出目的地对乘客的效用,得到乘客出行的等效用线。可达范围和效用分别从公交供给和乘客需求的角度度量公交的时空可达性,是公交可达性的两个重要方面。本文以广州市为研究区域,计算出以广州天河城为起点的、不同时刻下的等时线和等效用线。通过计算它们的统计特征,比较分析不同时刻下的时空可达性变化规律,以及时空可达性与相应出行路径的关系。结果表明,本文提出的时空可达性计算方法能够显著地显示公交(规划)系统的优势与缺陷,能够应用于公交系统的规划与优化中。

13.2 国内外研究现状

13.2.1 可达性研究

对可达性概念的理解不同会导致不同的计算模型。布拉德瑞等(Baradaran et al, 2001)指出可达性模型可划分为五种。随着可达性研究的发展和可达性模型的丰富,柯蒂斯等(Curtis et al, 2010)则指出可达性模型可划分为七种。在国内,陆化普等(2009)指出根据定义、内涵和评价模型可将交通可达性划分为五种,并做了比较研究。刘贤腾(2007)则指出对空间可达性从认识及测算方法上将其总体上分为三种类型:空间阻隔、机会累积和空间相互作用。一般来说,考虑了时间和空间的可达性模型包括以下七种:空间阻隔模型(Spatial Separation Measures)、等值线模型(Contour Measures)、重力模型(Gravity Measures)、竞争模型(Competition Measures)、时空约束模型(Time-Space Measures)、效用模型(Utility Measures)和网络模型(Network Measures)。为结合模型的使用,学者们还提出了包括上海交通所法(陈声洪, 1998)、距离法(宋小冬等, 2000)、空间句法(江斌等, 2002)等在内的计算方法。

13.2.2 时空可达性度量

1）以可达范围作为度量值

等时线是以时间为单位的等值线。公交等时线是指从某一地点出发，利用公交出行所用出行时间相等的各点连成的平滑曲线。理想情况下（即路网规则，公交运行平稳）同一地点不同时间预算下的等时线是以出发地点为中心的一系列同心圆，如图 13－1(a)所示。但实际上等时线是不规则的，甚至有可能出现“等时线孤岛”的现象，如图 13－1 (b)所示。同一时间预算下的等时线覆盖的区域称之为等时区域，“等时线孤岛”就是某一时间预算的等时区域并不连续，存在一些在其他等时区域内的“孤岛”的现象，类似于等高线的凹陷或者凸起区域。

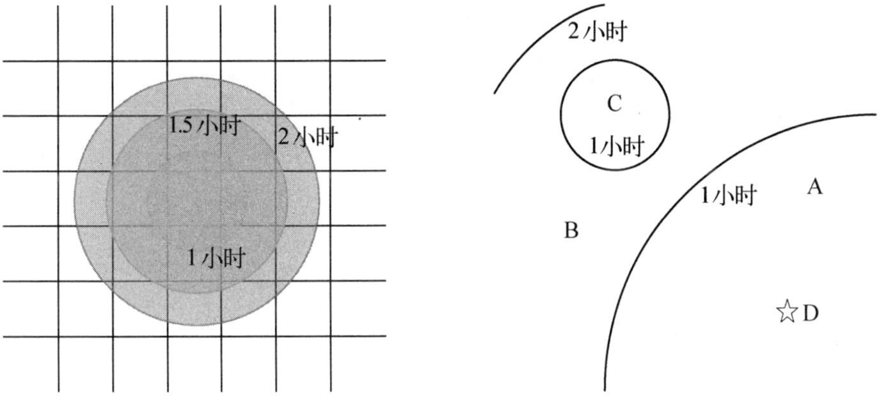

(a) 等时线同心圆　　(b) 等时线孤岛

图 13－1　等时线

由此可见，在给定时间预算下，利用公交能够到达的范围越广，该点的公交时空可达性越高，表明从该点出发，利用公交出行模式可以获得的空间范围越大，实际上为潜在路径区域(Potential Path Area，PPA)的覆盖面积越大。

定义一：不考虑其他因素的情况下，某出发点单位时间的公交等时线所覆盖空间的范围大小为该点的时空可达性的度量值。

对应此定义，有

$$f_A(x,y)=Area(T_{\text{budget}}) \tag{1}$$

其中：f_A 为时空可达性函数；x，y 为出发点位置的坐标；$Area$ 是面积函数；T_{budget} 为时间预算，通常取 1 小时。在地理信息系统中，面积是面要素的属性之一，因此可以将等时线由线要素转化为面要素，获得等时覆盖面，通过读取等时覆盖面的面积属性即可得到面积大小。

2）以总效用作为度量值

效用来源于经济学的概念，这里的效用可以简单地理解为出行者对一次目的明确的出行活动的满意度。效用与兴趣点吸引力、旅行时间耗费和可逗留时间有关①。在时间地理学中，个体的出行行为总是受限于时间和空间的约束，其时空约束表现在个体活动②中。不同的出行行为由于时空约束不尽相同，出行者获得的效益也会有差异。

定义二：考虑出行终点和出行目的，某出发点在时间预算内所能到达目的兴趣点（Point of Interest，POI）的效用总和为该点的时空可达性的度量值。

对应此定义，有

$$f_A(x,y) = \sum_{j=1}^{n} u_{ij} \tag{2}$$

其中：x，y 为出发点位置 i 的坐标；u_{ij} 为从位置 i 到位置 j 的效用。

对比以上两种可达性度量标准，以总效用作为度量值考虑了具体的活动内容和出行目的，能够跟土地利用类型关联起来，更加具有针对性。

13.3 时空可达性计算方法

13.3.1 公交时空过程

等时线实际上是给定时间预算下空间行为的边界。为了得到公交等时线，需要得到乘客出行时空过程的构成元素，即子过程。乘客的一次完整出行过程包括：从出发点步行到公交车站，在公交站内候车，随公交车运行、换乘，从公交车站步行到目的地。而换乘相当于在换乘站进行新一轮的候车，因此，一次完整的出行时间可以表述为：

$$T = \sum_{i}^{n} t_{ri} + \sum_{j}^{m} t_{lj} + \sum_{k}^{p} t_{wk} \tag{3}$$

其中：t_{ri} 为步行时间；t_{lj} 为公交站间运行时间；t_{wk} 为候车或者换乘时间；n，m，p 分别为步行到站或者步行到目的地的次数、站间路段数、候车或者换乘次数。在同等时间约束下，出行最大距离为等时线的边界。

在线路选择模式上，本文假定乘客选择离出发点最近的车站进站，离目的地最近的车站出站，在进站车站和出站车站之间选择一条换乘次数、站点数最少的公交线路③。

1）步行时间

步行的过程是要找到公交系统的入口点，即公交站点。在现有路网结构中，出发点不一定在路网拓扑中，因此需要获取路网的入口点，如图 13－2 所示。在选择路网入口点时，选择路网上与出发点 O 距离最近的点 A，两点之间连接形成步行至路网路段 OA。虽然这不一定得到从出发地点到公交站点的最短路径，如图 13－2 中虚线段 OB，但是符合一般住宅区、小区等邻近道路的情况。采用最短路径算法（Dijkstra 算法）得到路网入口点和公交系统入口点之间的最短路径 AS。同理，终点站到目的地遵循同样的规则，包括路网的出口和公交系统的出口，与出发点到起始公交站点是一个逆过程。那么，一次步行时间可以表述为

$$t_r = \frac{D_n + D_s}{v} \tag{4}$$

其中：D_n 为步行至路网入口点或出口点的路段长度；D_s 为路网入口点和公交系统入口点的最短路径长度；v 为步行速度。

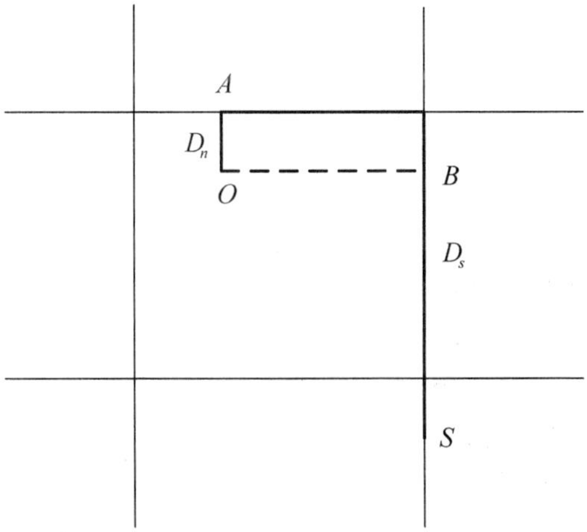

图 13－2　路网入口及公交系统入口选择

2）候车、换乘时间

等时线绘制过程用到的候车、换乘时间是平均的候车、换乘时间值。利用排队论，可视乘客候车、公交到站的行为序列为一个排队过程。从乘客到达和车辆到达的概率分布考虑，单位时间内乘客到达车站的数量是离散型随机变量，假设乘客到达流为泊松流，则其概率密度函数为

$$P(k) = \frac{(\lambda t)^k e^{-\lambda t}}{k!}; k=0,1,2,\cdots \tag{5}$$

其中：t 为每个计数间隔持续的时间；$P(k)$ 为计数间隔 t 内到达 k 个人的概率；λ 为单位时间间隔的平均到达率（人/秒）；λt 为计数间隔 t 内平均到达

的乘客数。

假设公交到站时间间隔符合威布尔分布(Weibull Distribution),其概率密度函数为

$$P(y)=\begin{cases}\dfrac{m}{a}y^{m-1}e^{-\frac{y^m}{a}} & (y\geqslant 0)\\ 0 & (\text{其他})\end{cases} \tag{6}$$

其中:$m>0$,称为形状参数;$a>0$,称为尺度参数。由这两个参数可以确定具体的威布尔分布。威布尔分布的均值为

$$\mu=a^{\frac{1}{m}}\Gamma\left(1+\frac{1}{m}\right) \tag{7}$$

乘客、公交构成一个排队系统,则该排队系统为泊松输入、威布尔分布服务、单个服务台的排队模型。该系统的平均服务时间为 $1/\mu$,交通强度为 $p=\lambda/\mu$,系统的乘客平均逗留时间为

$$t_w=\frac{1}{\mu-\lambda}=1/a^{\frac{1}{m}}\Gamma\left(1+\frac{1}{m}\right)-\lambda \tag{8}$$

由公式(8)可得乘客的平均候车、换乘时间 t_w。

3) 最少换乘算法

公交线路的选择有多种评价标准,其中包括换乘次数少、旅行费用低、旅行时间少、旅行距离短等。在公交行程中,换乘是个非常敏感的因素,换乘意味着再一次的等待时间成本和经济成本,甚至再次面临拥挤的舒适度成本。因此,本文以换乘次数最少作为最优线路选择的标准。同时,在研究区域广州市内,换乘次数最少的方式也是费用最少的方式。当多个线路换乘次数一样时,以经过站点数最小作为判断标准。

在公交网络中,一对节点之间可能存在多条公交线路,乘客一般只是考虑其中的一部分线路。当节点间有直达公交线路,所有直达路线都在选择范围内。如果节点之间无直达线路,首先考虑一次换乘线路;如果一次换乘不能到达,再考虑两次换乘线路,依次类推。由于换乘点不同,可供选择的出行路线会很多,此时,乘客会在站点数少的出行路线中进行选择。算法如下:

(1) 设起始站为 S_O,终点站为 S_D,整个路网为全集 I。

(2) 给定两个集合 φ_O 和 φ_D,φ_O 被称为 S_O 的后续线路集,φ_D 被称为 S_D 的前续线路集。首先选出所有经过 S_O 的线路,将线路上 S_O 的后续线路写入 φ_O;其次,选出所有经过 S_D 的线路,将线路上 S_D 的前续线路写入 φ_D。

(3) 如果 $\varphi_O\cap\varphi_D\neq\varnothing$,则表明 S_O 与 S_D 之间存在直达线路;若 $\varphi_O\cap\varphi_D=\varnothing$,表明 S_O 与 S_D 之间不存在直达线路,需要进行换乘。

(4) 用不经过 S_O 和 S_D 的各条公交线路，即 $\varphi_C = I - \varphi_O - \varphi_D$，分别与 φ_O 和 φ_D 求交集，得到 $\varphi'_C = \varphi_O \cap \varphi_C$，$\varphi'_D = \varphi_D \cap \varphi_C$。

(5) 若 $\varphi'_O \cap \varphi'_D \neq \varnothing$，表明换乘一次即成功，否则 $\varphi'_O \cap \varphi'_D = \varnothing$，需要一次以上换乘。把 φ'_O 纳入 φ_O，φ'_D 纳入 φ_D，即 $\varphi_O = \varphi'_O \cup \varphi_O$，$\varphi_D = \varphi'_D \cup \varphi_D$，重复上一步进行迭代，直到找到连通线路为止。如果存在换乘次数相同的线路，则统计各线路经过的站点数，取站点数最少的作为最优线路。

4) 公交行程时间

智能公交系统中的公交全球定位系统数据提供了公交到站、离站的具体时间和站点信息，其数据表结构如表 13-1 所示。

表 13-1　公交进站、离站数据表结构

字段名	注释	类型
ORGANNAME	公司名称	VARCHAR(50)
BUSCODE	公交车辆编号	VARCHAR(10)
OBUID	公交车辆编号	VARCHAR(6)
ROUTECODE	线路编号	VARCHAR(5)
SERVICE	服务类型	VARCHAR(10)
BUSSTOP	公交站名	VARCHAR(50)
ADFLAG	进站出站标志	VARCHAR(4)
ADTIME	进站或者出站时间	DATE

在计算具体站间的行程时间时，以线路所属车辆编号和公交站名作为索引条件，并将查询数据按时间顺序排列，用终点站的到站时间减去出发站的出站时间，则可得到站间的行程时间。依据全球定位系统数据计算公交行程时间具有精度高、效率快等特点。但如果发生数据丢失情况，则可以通过同时段的历史数据作为输入进行行程时间预测。行程时间预测拟采用改进的逆向传播神经网络算法，预先使用历史数据对网络进行训练，得到一个满足精度的逆向传播人工神经网络，在计算等时线时即可直接使用逆向传播人工神经网络做行程时间预测，弥补缺失数据的不足。

13.3.2　公交时空过程模拟

本文依据第 13.2 节提出的可达性度量模型建立了公交出行时间概率模型，使用实际全球定位系统数据进行了标定，利用蒙特·卡罗法(Monte Carlo Method)对公交可达性进行了模拟，并研究了路段速度、发车间隔对可达性的影响。

1) 蒙特·卡罗法

蒙特·卡罗法是一种随机模拟方法，比较适合用于解决大规模的组合问题。该法的主要思想是以概率和统计理论建立所求解问题的概率模型，使用随机数或者伪随机数来解决计算问题，然后用计算机实现抽样模拟从而得到问题近似解。直接通过全球定位系统数据对不同状态下的公交时空可达性进行模拟存在一定的缺陷，主要包括：直接使用全球定位系统数据需要在数据库中提取数据分析具体的交通状态，需要耗费大量的计算资源；公交全球定位系统数据是离散而不连续的，当需要评价某种交通状态的公交可达性时，全球定位系统数据库中可能提取不到有效的该种状态的数据。使用蒙特·卡罗法可以弥补以上缺陷，只需要提取部分全球定位系统数据建立状态模型，可以省略具体的提取分析交通状态过程，同时可以输入连续变化的交通状态参量，从而得到连续变化的可达性。蒙特·卡罗法模拟的关键在于建立与求解问题相符的概率模型，因此利用蒙特·卡罗法对公交可达性进行模拟关键在于建立公交时空过程各阶段的概率模型。

2) 公交时间概率模型

(1) 路段行驶时间

为模拟不同道路交通状态下的公交可达性，需要建立路段平均速度与公交平均速度的关系模型。通常情况下，在非公交专用道上，由于公交车辆体积庞大、需要停靠站等因素，公交平均速度要低于社会车流的速度，图 13－3 反映了这种情况。

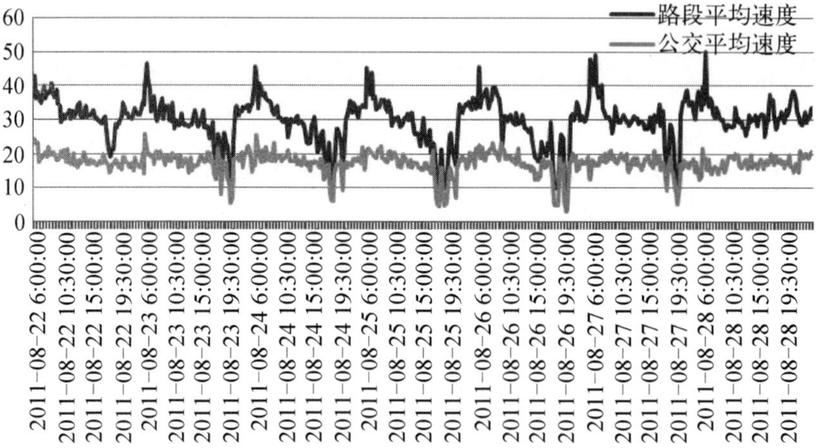

图 13－3　广州市新港西路一周的路段平均速度与公交平均速度

公交平均速度的波动幅度要小于路段平均速度，二者并非为线性关系，经过散点图的曲线拟合，二者呈对数关系，如下所示(图 13－4)：

$$V_B=\alpha\ln(V_R)+\beta+\hat{x} \tag{9}$$

其中：V_B 为公交平均速度；V_R 为路段平均速度；α 和 β 为模型参数；$\hat{x}$ 为模型误差。经过分布拟合检验，$\hat{x}$ 符合正态分布。

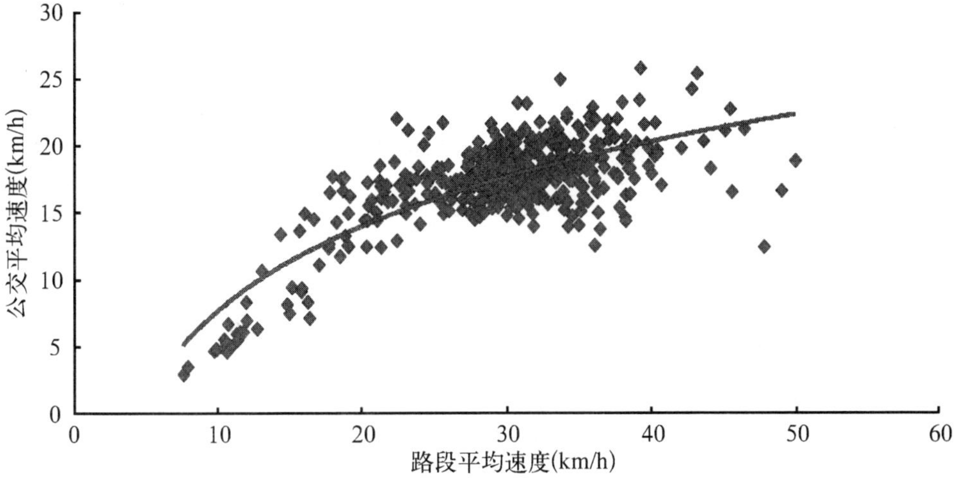

图 13－4　广州市新港西路的路段平均速度与公交平均速度关系

(2) 候车、换乘时间

理想状态下，道路状态保持恒定时，按照固定的时间间隔发出的车辆也会以相同的车头时距到达下游的各个站点。视乘客的到达为随机流，则个体的平均候车、换乘时间为

$$t_w=\frac{1}{2}t_D \tag{10}$$

其中，t_D 为固定的车头时距，即某一条线路的固定发车间隔。发车间隔是本文所要分析的影响因素之一，所以 t_D 是模拟模型中的输入参量。然而由于路段状态的不一致性以及时变性，车辆的到达会出现随机的延误 $\hat{e}$，如式(11)所示：

$$t_w=\frac{1}{2}t_D+\hat{e} \tag{11}$$

当 $\hat{e}>0$ 时，表明公交车迟于规定的时间到达；当 $\hat{e}<0$ 时，表明公交车提前到达。经分布拟合检验，$\hat{e}$ 属于正态分布，其均值和方差与具体的线路有关。在实际的标定中，首先在起点站确定标准的车头时距，其次采集公交车下游的到站时间数据，得到一系列的延误，利用该组数据即可进行标定和检验。

(3) 公交停靠时间

公交停靠时间是指公交车到达站点时，车辆停止到重新发动的时间。这段时间主要用于乘客的上车与下车，因此公交停靠时间与上下车的乘客数量相关。然而乘客数量难以统计，也非本文所要研究的影响因素，所以本文直接对公交停靠时间进行分布拟合检验。拟合结果表明，公交停靠时间可以用威布尔分布描述。

3）模拟流程

整体的模拟流程如图 13－5 所示。模拟输入的影响因素是：路段平均速度与发车间隔。利用第 13.2.2 小节的公交时间概率模型，结合随机数发生器，模拟公交运行时空过程中的公交停靠时间、路段行驶时间和候车、换乘时间。这里主要有两个随机数发生器，分别为正态分布随机数发生器和威布尔分布随机数发生器。

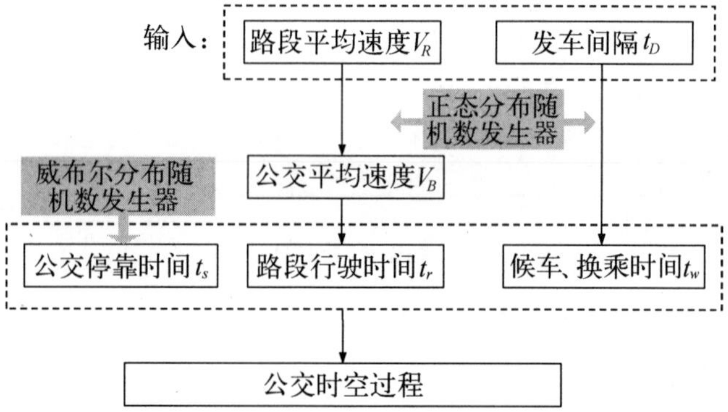

图 13－5　蒙特·卡罗法模拟流程图

13.3.3　等时线生成算法

等时线是各个旅行时间相等的目的地点连起来的平滑曲线。给定一个出发地点，需要多次旅行到不同的目的地，得到除了出发点之外计算区域内各个点的旅行时间，再将各点连接起来，对连接线做平滑处理，最终得到等时线。由于目的地是计算区域内的任意地点，因此可以通过网格化的方法得到整个地域目的地抽样点。首先将计算区域划分为 $M\times N$ 的细分网格，其中 M 跟 N 分别是经度方向和纬度方向上的网格数。其次在每个网格上选取一个标志点作为该网格的代表目的地。标志点可以自由选取网格的边角点或者中心点，根据实际需要而定。假设目的地统一选取网格的中心点，则目的地的位置可以表示为

$$x_{ij}=x_0+(i+0.5)\times\Delta x \tag{12}$$

$$y_{ij}=y_0+(j+0.5)\times\Delta y \tag{13}$$

其中：x_{ij} 和 y_{ij} 分别为第 i 行第 j 列的经度和纬度；Δx 和 Δy 分别为网格的宽度和长度，Δx 和 Δy 由区域大小以及 M 和 N 决定。M 和 N 取值越大，网格精度

越高，得到的采样点就越多。

同时需要剔除公交不能到达的区域的采样点，比如水域。珠江河域占据整个研究区域相当一部分面积，因而不能忽视水域的存在。在剔除不能到达的采样点时，首先在地理数据库中提取水域图层，当新建一个采样点时，对采样点和水域图层做叠加分析，当叠加结果为正时，表明该点在水域上，该点不能到达，反之该点能够到达，可以作为采样点使用。

按照网格法得到区域内所有设定的目的地点 D_i 之后，为每一个 D_i 添加到达时间属性（Timevalue）。遍历出发点 O 与所有 D_i 之间的路径，按照第 13.3.2 节的第 2）点中所述的方法得到 D_i 的到达时间，设置到达时间的属性为该时间值，然后将相同到达时间属性值的点连线。直接的连线并不是平滑的曲线，而且也得不到非标志点的到达时间的属性值。因此，需要采用插值平滑的方法，这里采用反距离加权插值法。反距离加权法（Inverse Distance Weighted，IDW）是最常用的空间插值方法之一，是以待插点与实际观测样本点之间的距离为权重的插值方法，离待插点越近的样本点赋予的权重越大，其权重贡献与距离成反比。其计算公式为

$$Z = \left(\sum_{i=1}^{m} \frac{Z_i}{d_i^n}\right) \Big/ \left(\sum_{i=1}^{m} \frac{1}{d_i^n}\right) \tag{14}$$

其中：Z 为待插点的估算值；Z_i 为第 i 个样本点的实测值；d_i 为第 i 个样本点与待插点之间的距离；m 为参与计算的实测样本点个数；n 为系数下降速度幂指数，控制着权重系数随待插点与样本点之间距离的增加而下降的程度。

13.3.4 效用计算方法

效用是来源于经济学的概念，效用模型以离散选择模型（Ben - Akiva et al，1985）为理论依据，假定出行终点会赋予个体一定的效用，而个体会选择效用最大的终点出行，因此可达性的度量值是出行选择的最大期望效用。米勒等（Miller et al，2000）认为效用与兴趣点吸引力、旅行时间耗费和可逗留时间有关，给出了可达性效用的基本公式，即

$$u_{ij}(a_k, T_k, t_k) = a_k^{\alpha} T_k^{\beta} \exp(-\lambda t_k) \tag{15}$$

其中：i 和 j 分别代表了两个活动；a_k 为兴趣点吸引力；T_k 为可利用时间；t_k 为行程时间。在此基础上米勒等人给出了三种基于效用的可达性度量方法。α，β，λ 为相关性系数，需要进行标定，格里夫斯等（Greaves et al，1998）采用个体活动日志等数据，给出了相关的标定方法。

从式（15）中可以看出，个体公交出行的效用随着行程时间 t_k 的减少而增加，意味着减少行程时间会增加目的地吸引力，增大出行效用。t_k 是在公交全球定位

系统数据的基础上计算的，计算公式如下：

$$t_k=[d(x_i,x_k)+d(x_i,x_j)]v^{-1} \tag{16}$$

其中：x 是地点；$d(x_i,x_k)$是活动地点 i 与活动地点 k 之间的距离；v 是平均旅行速度。

对于一次出行，如从家或者办公室出发购物，会有一系列的潜在目的地（即兴趣点，如商场），对于每一个兴趣点，其效用都可以用效用公式计算出来，本地所有兴趣点的效用值可以累加起来；通过连接所有等效用线的地点，形成等效用线图。不同的人群，其等效用线图也不尽相同。

13.3.5 兴趣点效用参数标定

本文采用基于模糊数学的综合评价模型对效用函数参数模型进行标定和验证。模糊综合评价法是一种源于模糊数学的综合评价方法，可以对评价对象按综合分值的大小进行评价和排序，也可以根据模糊评价集上的值按最大隶属度原则去评定对象所属的等级。它具有结果清晰、系统性强的特点，能较好地解决模糊的、难以量化的问题，适合各种非确定性问题的解决，因此适用于兴趣点出行效用的标定。标定步骤如下。

(1) 根据实际需要确定评价的对象集 $O=\{o_1,o_2,o_3,\cdots\}$、评价的因素集 $U=\{u_1,u_2,u_3,\cdots\}$ 和评语集 $V=\{v_1,v_2,v_3,\cdots\}$。这里的对象集 O 为各个兴趣点的集合，但由于兴趣点众多，不能将每一个都写入对象集，所以要将兴趣点归类，以同一类别的兴趣点作为单一对象；因素集则为 a_k，T_k 和 t_k 三个因素的集合，分别为兴趣点吸引力、可利用时间和旅行时间；评语集则按照效用大小划分为 N 个级别。

(2) 通过层次分析法给出评价因素集对应的权重集 $A=\{a_1,a_2,a_3,\cdots\}$。

(3) 通过各单因素评价，建立模糊关系矩阵

$$R=\begin{bmatrix}R_1\\R_2\\\cdots\\R_n\end{bmatrix}=\begin{bmatrix}r_{11}&r_{12}&\cdots&r_{1m}\\r_{21}&r_{22}&\cdots&r_{2m}\\\cdots&\cdots&\cdots&\cdots\\r_{n1}&r_{n2}&\cdots&r_{nm}\end{bmatrix} \tag{17}$$

(4) 计算得到模糊评价结果集 $B=(b_1,b_2,\cdots,b_m)=A\circ R$。其中“○”为模糊合成算子，这里采用加权平均型的模糊算子，即

$$b_j=\sum_{i=1}^{n}(a_1\times r_{ij});j=1,2,\cdots,m \tag{18}$$

(5) 最后将综合评价结果量化，即得到一系列的 u_{ij} 值，再通过最小二乘法，对

效用函数做拟合，即可得到标定的 α，β 和 λ。

在整个标定过程中，对象集、因素集和评语集的获取是至关重要的，其质量也直接影响到标定的结果。因此，本文采用问卷调查的方式获取针对不同对象不同因素组合的评语。最后，以另外不同的问卷对标定的结果进行验证。

13.4 实例研究

13.4.1 等时线图

以广州市天河区的商业中心天河城大厦作为单个位置等时线及可达性的范例。以此为出发点，步行速度为 1.2 m/s，利用广州市公交车辆在 2011 年 8 月 22 日的全球定位系统数据，绘制出该日的公交等时线，如图 13－6 所示。从图中可以看到，距离越大，等时值越大，不同等时值之间形成了等时带。同时出现了类似于孤岛的等时区域，这是由于公交行程的时空不均匀性所导致的，例如，该区域设置了与出发点更为直接的线路，总体缩短了行程时间。以 1 小时为单位时间，则天河城大厦 1 小时等时线覆盖的面积即为公交时空可达性度量值。

图 13－6 天河城大厦公交等时线

对整个研究区域做网格化处理，以网格中心点作为样本点，通过公交出行时间模型和公交等时线模型对每个样本点的时空可达性进行计算，计算结果渲染如图 13－7 所示。从图中可以看到城市中心区域、商业中心区的可达性明显高于郊区，而且与路网密度也呈一定的正比关系。图 13－7 能够反映整个研究区域的公交时空可达性空间分布差异，表明了研究区域内公交资源分布的不均匀性，城市中心区由于布设了更多的公交线路和公交设施，该地段的人群可以获得更好的公交出行条件。这种分布差异也表明了基于等时线的时空可达性度量模型的实用性。

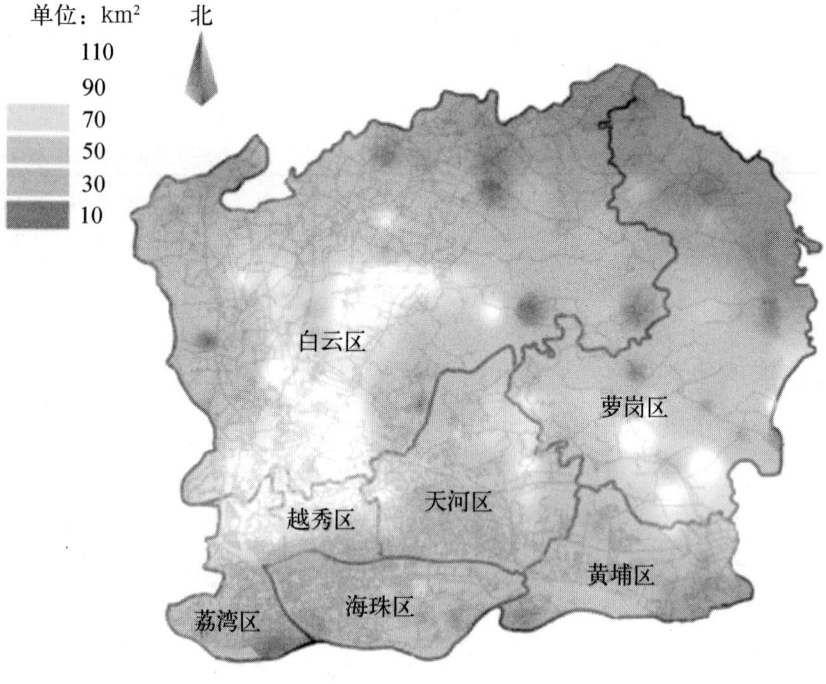

图 13－7　广州市可达性空间分布渲染图

13.4.2　效用图

本文计算了广州市天河区的效用，绘制了等效用线图，如图 13－8 所示。CBD 的效用明显高于其他地区，原因有两个：一个是 CBD 的公共交通可达性好，快捷方便；另一个因素是兴趣点的空间分布，在 CBD 的兴趣点密度和体量明显高于其他地区。

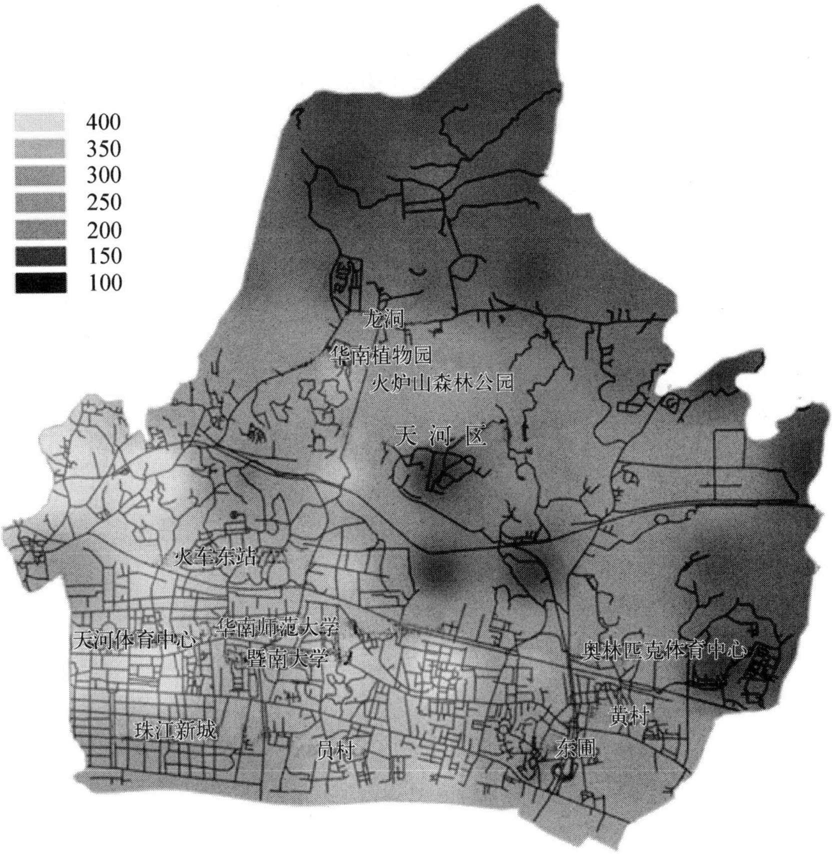

图 13－8　广州天河城可达性效用渲染图

13.4.3　可达性模拟

利用实际的全球定位系统数据对时间概率模型进行标定，并建立一个理想的棋盘状路网，路网中设置三种线路，分别为环线、直渡线和中心线，如图 13－9 所示。在这三种线路同时运行下，能够保证整个路网被公交系统覆盖。

本文以 T_o 小区的公交时空可达性为例进行分析。设定道路平均速度为 $V_R \in [10,50]$（单位：km/h），发车间隔 $t_D \in [5,30]$（单位：分钟）。T_o 小区的可达性变化如图 13－10 所示。道路平均速度越大，发车间隔越小，则公交可达性越大，与道路交通越通畅、等候时间越小，乘坐公交可到达的范围越大的直观感受相符。但在不同区段，可达性增长速度有所不同。在路面平均速度过低和发车间隔过大时，可达性增长缓慢，接近于较低水平的线性关系，曲线线性拟合后的斜率分别为 141 672 和 204 968。定义弱作用力为外部条件对公交出行的阻抗小，即道路通畅或者发车间隔小的交通状态，此时可以看到在弱作用力下时可达性增长速度明显

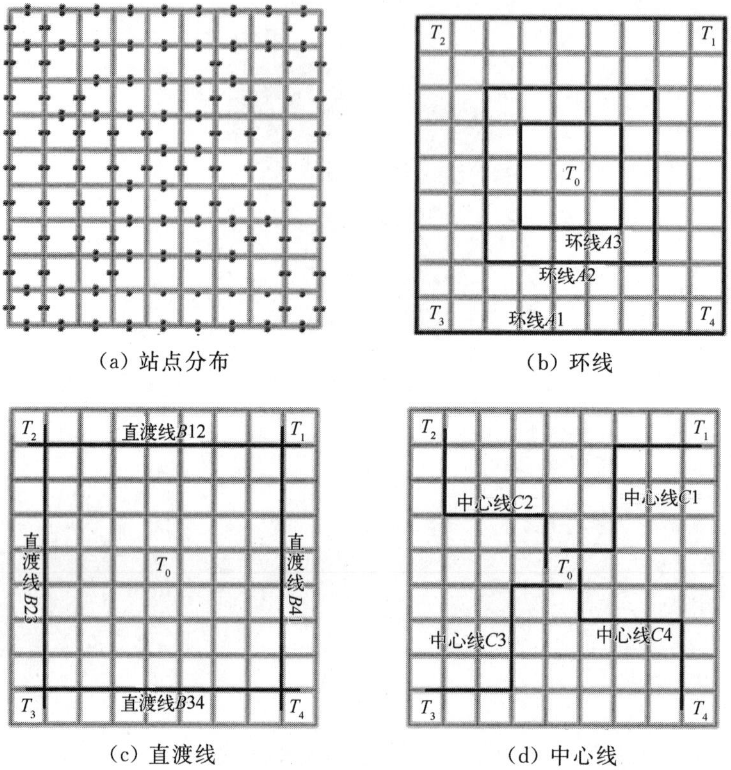

图 13－9　理想棋盘状公交路网

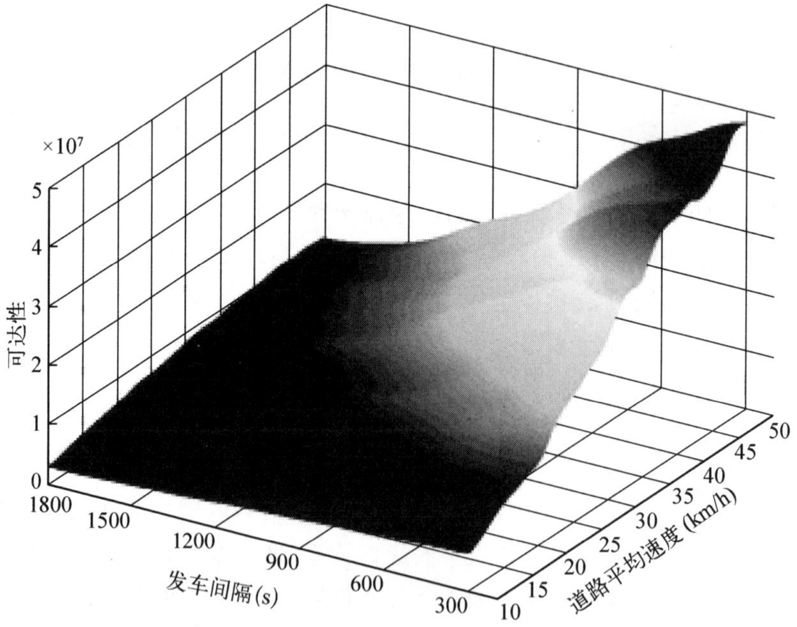

图 13－10　可达性变化图

加快，线性拟合后的斜率均为 10^6。这表明，提高公交的可达性，需要同时从提高公交运行速度和缩减发车间隔两方面着力。

13.5 结论与展望

本文分析了公交出行的时空过程，在公交全球定位系统数据的基础上，提出了两种公交时空可达性的计算方法。然后以广州市为研究区域，计算出以广州天河城为起点的、不同时刻下的等时线和等效用线。通过计算他们的统计特征，比较分析不同时刻下的时空可达性变化规律，以及时空可达性与相应出行路径的关系，发现本文提出的时空可达性计算方法能够显著地显示公交（规划）系统的优势与缺陷，说明时空可达性能够应用于公交系统的规划与优化中。

（1）建立城市公交时空可达性计算模型，包括基于可达范围和效用的时空可达性度量模型，并提出基于公交时空过程的等时线、等效用线计算和绘制方法。

（2）由计算绘制得到的等时线对公交系统做可达性评价和不同用地类型公交时空可达性分析，分析时变交通状态下和公交网络变化下的可达性变化情况，发现本文提出的时空可达性计算模型能够用于公交规划和优化。

注释

① 效用的计算方法详见本文第 13.3.4 节。

② 根据活动受到的限制不同，可以划分成两种，一种是强制性的活动（Mandatory Activities），具有明显的时空间约束和规律，例如上班、上学等通勤行为，一般都有固定的时间和路线；另外一种是自由活动（Discretionary Activities），没有固定的时空间约束，例如购物、旅游等，由个体自行决定，具有随机性。然而可达性所带来的效用主要由自由活动构成，因此强制性的活动在可达性带来的效用中可以忽略。

③ 还有一种线路选择模式是乘客能准确预计步行时间和公交行程时间的总和，根据最优方案选择出发站点和目的站点。如果出发点处在两个公交站点步行时间相等的路线上，则这两种模式的差别具有重要意义。但实际上大部分乘客不具备步行时间和公交行程时间总和最优的计算能力，且从乘客的心理角度出发，乘客都愿意选择尽可能少步行的出行方式。

参考文献

陈声洪. 1998. 上海城市交通分析和预测[M]. 上海：上海科学技术出版社.

何郑莹，徐建刚. 2012. 基于空间可达性分析的客家民系迁移路径模拟[J]. 地理研究，31(005)：863 - 872.

江斌，黄波，陆锋. 2002. GIS 环境下的空间分析和地学视觉化[M]. 北京：高等教育出版社.

刘贤腾. 2007. 空间可达性研究综述[J]. 城市交通，5(6)：36 - 43.

陆锋，陈洁. 2008. 武汉城市圈城市区位与可达性分析[J]. 地理科学进展，27(4)：68 - 74.

陆化普，王继峰，张永波. 2009. 城市交通规划中交通可达性模型及其应用[J]. 清华大学学报（自然科学版），(6)：781－785.
孟德友，陆玉麒. 2012. 基于铁路客运网络的省际可达性及经济联系格局[J]. 地理研究，31(1)：107－122.
秦华，高骆秋. 2012. 基于 GIS—网络分析的山地城市公园空间可达性研究[J]. 中国园林，28(5)：47－50.
宋小冬，钮心毅. 2000. 再论居民出行可达性的计算机辅助评价[J]. 城市规划汇刊，(3)：18－22.
Baradaran S，Ramjerdi F. 2001. Performance of accessibility measures in Europe[J]. Journal of Transportation and Statistics，4(2－3)：31－48.
Ben-Akiva M E，Lerman S R. 1985. Discrete Choice Analysis：Theory and Application to Travel Demand[M]. Cambridge：The MIT Press.
Cervero R. 1996. Paradigm Shift：From Automobility to Accessibility Planning[Z].
Curtis C，Scheurer J. 2010. Planning for sustainable accessibility：developing tools to aid discussion and decision-making[J]. Progress in Planning，74(2)：53－106.
Greaves S，Stopher P. 1998. A synthesis of GIS and activity-based travel-forecasting[J]. Geographical Systems，5：59－90.
Martin D，Wrigley H，Barnett S，et al. 2002. Increasing the sophistication of access measurement in a rural healthcare study[J]. Health & Place，8(1)：3－13.
Miller H J，Wu Y H. 2000. GIS software for measuring space-time accessibility in transportation planning and analysis[J]. GeoInformatica，4(2)：141－159.
Wu Y H，Miller H J. 2002. Computational tools for measuring space-time accessibility within transportation networks with dynamic flow[J]. Journal of Transportation and Statistics，4(2－3)：1－14.

（胡继华、程智锋、邓俊、黄泽　著）

14 通勤者路径熟悉程度对交通信息感知价值的影响研究

14.1 引言

随着交通问题的日益严重，人们的出行环境越发复杂，具有有限理性的出行者很难掌握全面和准确的出行信息，因此很难做出最优的出行选择。为了准时到达目的地，出行者通常会预留很长的一段时间来应对出行中可能遇到的各种突发情况，如随机交通拥堵及偶发事故等。这种出行条件的不确定性，大大增加了出行者的出行时间。张扬(2010)的实证研究表明人们的出行时间预测随旅途出行时间的不确定性的增加而增加。可靠交通信息的提供无疑可以帮助出行者做出合理的选择，进而节省出行时间，带来一定的效益。

对交通信息效用的研究，埃特玛等(Ettema et al,2006)基于期望效用理论，建立了在出行时间不确定的条件下，出行时间信息对出发时间选择的感知价值模型。伍速锋等(2006)也应用期望效用理论和贝叶斯推理，建立了定量计算交通信息效用的模型。但期望效用理论是以完全理性假设为前提，而大量的行为心理学研究表明，人们的选择行为和偏好等并非是完全理性的。为解释人们的非理性决策行为，贝尔(Bell)把后悔和欣喜的因素加入效用函数，提出了“后悔理论”(张顺明等,2009)。应用“后悔理论”的思想，科若斯等(Chorus et al,2006)从交通信息产生和评价出行方案两个作用出发，针对只给一个出行方案提供交通信息的情形,建立了交通信息感知价值模型。但实际上,出行者不仅查询首选方案的交通信息,为了更好地做出选择往往还会查询备选方案的交通信息,各交通信息同时影响出行者的决策结果。

本文在科若斯等(Chorus et al, 2006)的研究基础上,从交通信息评价出行方案的作用出发,针对通勤者在出行时间不确定且出行方案均可获得交通信息的情况,构建交通信息的感知价值模型。通过情景假设,分析出行者路径熟悉程度对交通信息感知价值的影响,并数值模拟了在不同信息组合下出行者进行方案选择的变化情况,以及交通信息感知价值特征。

14.2 出行决策和期望后悔

由于交通环境的复杂性及出行者自身知识的局限性,出行者在出行前不能准确预测每个备选方案的出行时间,出行选择存在一定的不确定性。在不确定性环境下,决策者做出决策后,会把已选方案的结果与未选方案的结果进行对比,如果未选方案的结果表现更优,则决策者会感到后悔;否则,就会感到欣喜。因此,当再次遭遇不确定环境并做出选择时,决策者会根据以往的经验,形成感知后悔或欣喜的预期(Bell, 1982)。在不确定条件下,假设出行者通过某种决策策略,选择他感知到执行完后期望后悔(Expected Regret)最小的方案。那么,交通信息的感知价值就可以定义为出行者感知到的信息可以减少期望后悔的潜力(Chorus et al, 2006)。

在获得交通信息的情况下,出行者在某一时刻出行的决策过程如图 14-1 所示(石小法,2002)。出行前,出行者根据先前的出行经验和本次获得的交通信息对选择方案进行重新预测,由此选择最佳的出行方案。完成出行后,出行者根据出行方案的实际表现,再对所选方案的出行时间进行评价和修正并构成下一次同一时段的出行经验。由于选择条件的不确定性及出行者知识的局限性,出行者对选择方案出行时间的估计并不精准,他对出行时间的感知可以定义为连续随机变量且服从正态分布(Chorus et al, 2006)。因此,可由贝叶斯更新推理分析出行者获得交通信息后对选择方案出行时间的感知分布。

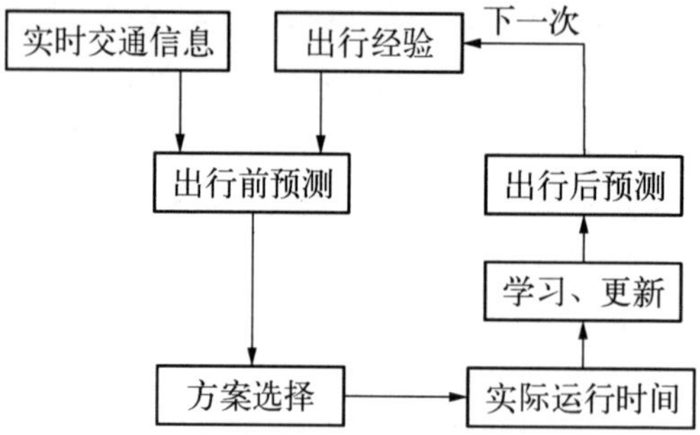

图 14-1　出行决策过程示意图

基于以上理论分析,本文将考虑通勤者在出行选择不确定的情况下,后悔对出行决策的影响,并基于最大决策行为理论和贝叶斯更新理论,构建交通信息的感知价值模型。

14.3 交通信息感知价值模型

人们在出行时往往会有多个可选方案，选择项可以是不同的出发时间、路线、出行方式、目的地等的一种或几种要素的组合。为简单而不失一般性，本节假设通勤者出发前仅有两种出行方案即小汽车驾驶的两条路径(图 14 - 2)，分别用 Y_1 和 Y_2 表示。通勤者出行时仅考虑出行时间这一指标。

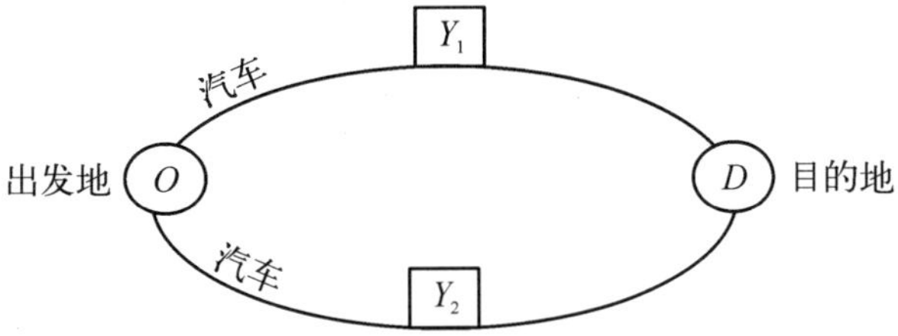

图 14 - 2 出行环境示意图

14.3.1 通勤者出行效用函数

通勤者在某一时刻从家出发到公司上班，会有一个最佳期望到达时间，过早或过晚到达公司都会造成相应的损失(Ettema et al, 2006)。假设从出发时刻到最佳到达时刻的期望出行时间为 T^*，某一出行方案的实际出行时间为 $T_i(i=1,2,\cdots,n)$，则提早到达公司的时间间隔 T_{ie} 和晚到达公司的时间间隔 T_{il} 可分别定义为

$$T_{ie}=\max[(T^*-T_i),0] \tag{1}$$

$$T_{il}=\max[(T_i-T^*),0] \tag{2}$$

则通勤者的效用函数可表示为

$$U(T_i)=\alpha\times T_i+\beta\times T_{ie}+\gamma\times T_{il}+\varepsilon\times L_i \tag{3}$$

其中：α，β 和 γ 分别是出行时间、早到、迟到权重；L_i 是哑元变量。当 $T_{il}>0$ 时，$L_i=1$；否则 $L_i=0$。把式(1)和式(2)代入式(3)可得效用函数最终表达式为

$$\begin{aligned}U(T_i)=&\alpha\times T_i+\beta\times\varphi_i\times(T^*-T_i)+\gamma\times\omega_i\times(T_i-T^*)+\varepsilon\times L_i=\\&(\alpha-\beta\times\varphi_i+\gamma\times\omega_i)\times T_i+(\beta\times\varphi_i-\gamma\times\omega_i)\times T^*+\varepsilon\times L_i\end{aligned} \tag{4}$$

其中：

$$\varphi_i=\begin{cases}1 & (T^*>T_i)\\0 & (T^*\leqslant T_i)\end{cases};\ \omega_i=\begin{cases}1 & (T^*<T_i)\\0 & (T^*\geqslant T_i)\end{cases}$$

14.3.2 路径选择的期望后悔

通勤者出发前会根据先前的出行经验预测每个方案的出行时间，由于出行时间的不确定性，本模型假设出行者对出行时间的感知 T_i^p 服从正态分布，记为

$$\hat{T}_i^p - f_i^p(T_i) = N(T_i^p, \sigma_i^{p^2}) \tag{5}$$

其中：$i=1,2$；$\hat{T}_i^p$ 是感知的某个方案的出行时间均值；$\sigma_i^{p^2}$ 为感知误差。且假设这两个分布相互独立。

假设出行者是按照最大决策策略选择出行方案，即出行者会选择两个方案中效用最大的，否则会有后悔的情绪。科若斯等(Chorus et al，2006)给出了出行者选择路径 Y_1 的期望后悔

$$ER(Y_1) = \int_{-\infty}^{+\infty}\int_{-\infty}^{+\infty} r_1 \times [U(T_2) - U(T_1)] \times f_1^p(T_1) \times f_2^p(T_2) dT_1 dT_2 \tag{6}$$

其中：

$$r_1 = \begin{cases} 1 & [U(T_2) > U(T_1)] \\ 0 & [U(T_2) \leqslant U(T_1)] \end{cases}$$

同理可以得到选择路径 Y_2 的期望后悔 $ER(Y_2)$。假设通勤者最终选择期望后悔最小的出行方案，则在获得信息前，通勤者最终选择出行方案的期望后悔为

$$ER = \min_{i=1,2}[ER(Y_i)] \tag{7}$$

14.3.3 信息更新后路径选择的期望后悔

通勤者在获得交通信息后，结合先前的出行经验更新每个方案的期望出行时间分布。交通信息具有不可靠性，先进的出行者信息系统(Advanced Traveller Information System，ATIS)提供的出行时间预测 T_i^I 与真实值 T_i 间存在偏差，故本模型假设交通信息预测值也服从正态分布，误差记为 σ_i^I。由贝叶斯更新理论(Small，1982)可知，通勤者根据接收的信息对期望出行时间的更新 T_i^u 也服从正态分布，记为 $T_i^u - f_i^u(T_i) = N(\hat{T}_i^u, \sigma_i^{u^2})$。

由贝叶斯推理

$$f_i^u(T_i) = f(T_i^p \mid T_i^I) = \frac{f(T_i^I \mid T_i^p) \times f_i^p(T_i)}{f_i^I(T_i)} \tag{8}$$

其中：

$$f_i^I(T_i) = \int_{-\infty}^{+\infty} f(T_i^I \mid T_i^p) \times f(T_i^p) dT_i^p \tag{9}$$

则 T_i^u 的均值和方差分别为

$$\hat{T}_i^u=\left[\left(\frac{1}{\sigma_i^p}\right)^2\times\hat{T}_i^p+\left(\frac{1}{\sigma_i^I}\right)^2\times T_i^I\right]\Big/\left[\left(\frac{1}{\sigma_i^p}\right)^2+\left(\frac{1}{\sigma_i^I}\right)^2\right] \tag{10}$$

$$\sigma_i^u=\sqrt{({\sigma_i^p}^2\times{\sigma_i^I}^2)/({\sigma_i^p}^2+{\sigma_i^I}^2)} \tag{11}$$

可知 $\hat{T}_i^u$ 是信息预测值 T_i^I 的线性函数,斜率为 $\left(\frac{1}{\sigma_i^I}\right)^2\Big/\left[\left(\frac{1}{\sigma_i^p}\right)^2+\left(\frac{1}{\sigma_i^I}\right)^2\right]$,当信息预测误差一定时,斜率会随着感知误差的增大而增大,即更新后时间均值增长速度加快。因为式(11)中,$\sigma_i^u<min(\sigma_i^p,\sigma_i^I)$,可知当信息可靠度高于出行者感知可靠度时,获得交通信息后出行者面对的出行不确定性减小,即交通信息减少了出行者选择的不确定性。

对期望出行时间分布进行更新后,出行者重新做出决策。此时,若选择出行路径 Y_1 的期望后悔变为

$$ER^I(Y_1)=\int_{-\infty}^{+\infty}\int_{-\infty}^{+\infty}r_1\times[U(T_2)-U(T_1)]\times f_1^u(T_1)\times f_2^u(T_2)dT_1dT_2 \tag{12}$$

同理可计算选择出行路径 Y_2 的期望后悔,通勤者依然选择期望后悔最小的出行方案,考虑到接受信息预测值的发生概率,获得出行信息后,通勤者最终选择出行方案的期望后悔 ER^I 可表示为

$$ER^I=\int_{-\infty}^{+\infty}\int_{-\infty}^{+\infty}\left\{\min_{i=1,2}[ER^I(Y_i)]\right\}\times f_1^I(T_1)\times f_2^I(T_2)dT_1dT_2 \tag{13}$$

14.3.4 交通信息的感知价值

通勤者获得交通信息前后的出行期望后悔值不同,则期望后悔的减少值即为通勤者对交通信息的感知价值(Perceived Information Value, PIV):

$$\widehat{PIV}=\widehat{ER}-\widehat{ER}^I=\left\{\min_{i=1,2}[ER(Y_i)]\right\}-$$
$$\left\{\int_{-\infty}^{+\infty}\int_{-\infty}^{+\infty}\left[\min_{i=1,2}[ER^I(Y_i)]\right]\times f_1^I(T_1)\times f_2^I(T_2)dT_1dT_2\right\} \tag{14}$$

把式(4)、式(6)、式(12)代入式(14)即可求出交通信息的感知价值。

14.4 案例分析

14.4.1 不同信息组合下信息感知价值特征分析

为探讨出行者在面对可能发生的各种出行条件时,路径选择变化情况及信息

感知价值特征，本节用不同的信息预测值组合来模拟两条路径可能的出行条件。

假设通勤者某一时刻从家出发驾驶车到公司上班，必须在 60 分钟后到达，否则就会受到惩罚。根据以往经验，通勤者知道仅有两条路径可以到达公司，且对两条路径出行时间最佳估计分别是 55 分钟和 70 分钟，估计误差分别为 12 分钟和 8 分钟，即预测路径 Y_1 的出行时间区间为[43 分钟，67 分钟]，对路径 Y_2 的出行时间区间的预测为[62 分钟，78 分钟]。假设出行者对两条路径的熟悉度均为 90%，可计算得到出行者对路径期望出行时间分布的感知误差分别为 7.30^2 和 4.86^2。设 ATIS 信息的预测误差为 4 分钟，信息预测值的可靠度为 95%，则信息估计方差 $\sigma_i^{I^2}=2.04^2$。由式(11)可知，获得信息后路径出行时间估计误差更新值均小于信息预测误差，且 σ_2^u(1.85)小于 σ_1^u(1.93)。设置路径 Y_1 和路径 Y_2 信息预测值模拟区间分别为[35 分钟，95 分钟]和[40 分钟，100 分钟]。

参考司迈尔(Small，1982)的调查研究结果，通勤者效用函数中的参数 α、β、γ 和 ε 的取值为 −0.106、−0.065、−0.254、−0.580。由式(4)、式(6)计算得到 $ER(Y_1)=0.0124$，$ER(Y_2)=3.4260$。根据期望后悔最小化决策原则，获得信息前出行者最终的选择是路径 1 且期望后悔 $ER=0.0124$。

提供各种信息后，出行者选择的期望后悔的模拟结果显示(图 14－3、图 14－4)，当信息预测出行时间 T_i^I 大于 60 分钟时，$ER^I(Y_1)$ 和 $ER^I(Y_2)$ 值的增长速率突然变快，且当某方案出行时间信息预测值较小，另一方案信息预测值很大时，选择另一方案的后悔值越大。获得信息后 $ER^I(Y_2)>4$ 的范围大于 $ER^I(Y_1)$，即出行者更倾向于选择路径 Y_1。因为获得信息后，两条路径出行时间的不确定性变小，出行者对路径出行时间的估计更接近真实值，且路径 Y_1 更新均值小于路径 Y_2 的范围要大于路径 Y_2 更新均值小于路径 Y_1 的范围(图 14－5)。

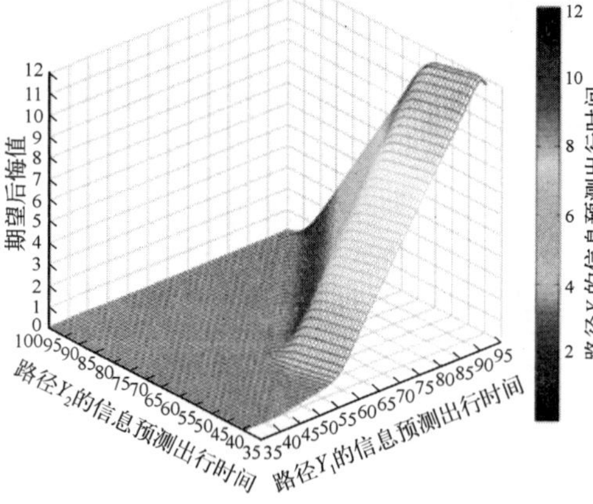

(a) 选择路径 Y_1 的后悔值曲面

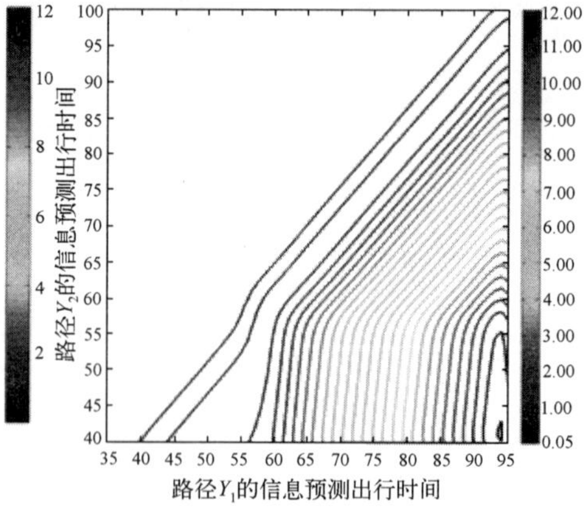

(b) 选择路径 Y_1 的后悔值等值线图

图 14－3　不同信息组合下出行者选择路径 Y_1 的后悔值曲面及等值线图

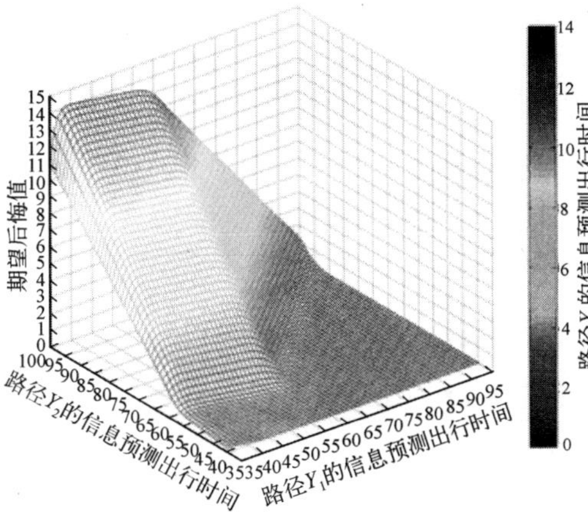

(a) 选择路径 Y_2 的后悔值曲面

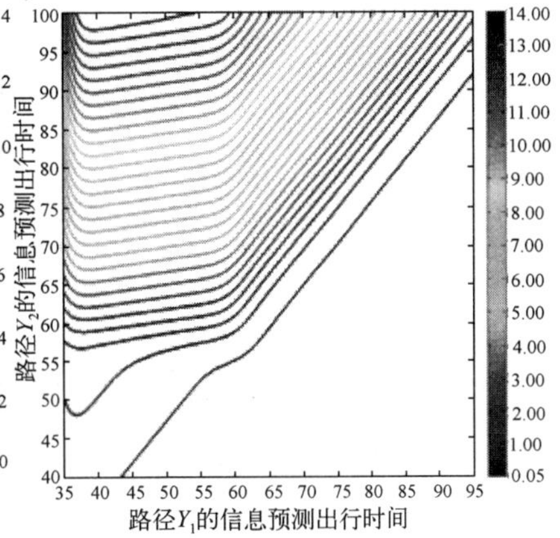

(b) 选择路径 Y_2 的后悔值等值线图

图 14－4　不同信息组合下出行者选择路径 Y_2 的后悔值曲面及等值线图

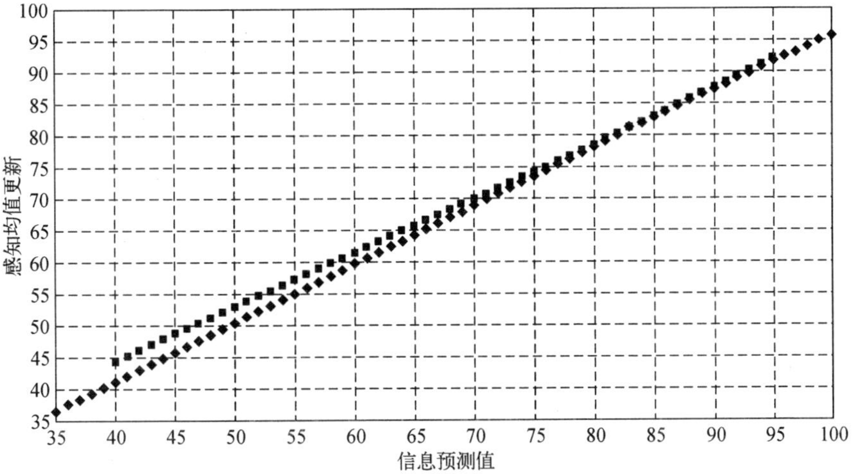

图 14－5　出行时间最佳估计值更新曲线

从获得信息后路径选择的结果来看，随着信息预测值 T_1^I 和 T_2^I 的同时增大，出行者的选择从路径 Y_1 逐渐倾向路径 Y_2（图 14－6）。由式(10)可知，获得信息后，出行者对路径 Y_1 出行时间最佳估计的变化速率大于路径 Y_2，随着信息预测值的增大，路径 Y_1 的出行时间最佳估计值要大于路径 Y_2 的最佳估计值（图 14－5）。由于信息可靠度为 95%，获得信息后出行者感知的出行时间不确定性变小，且路径 Y_2 的误差更新 $\sigma_2^u=1.85$ 小于路径 Y_1 的 $\sigma_1^u=1.93$。因此，当交通信息可靠度较高时，随着两条路径出行时间信息预测值的同时增大，通勤者会倾向选择感知不

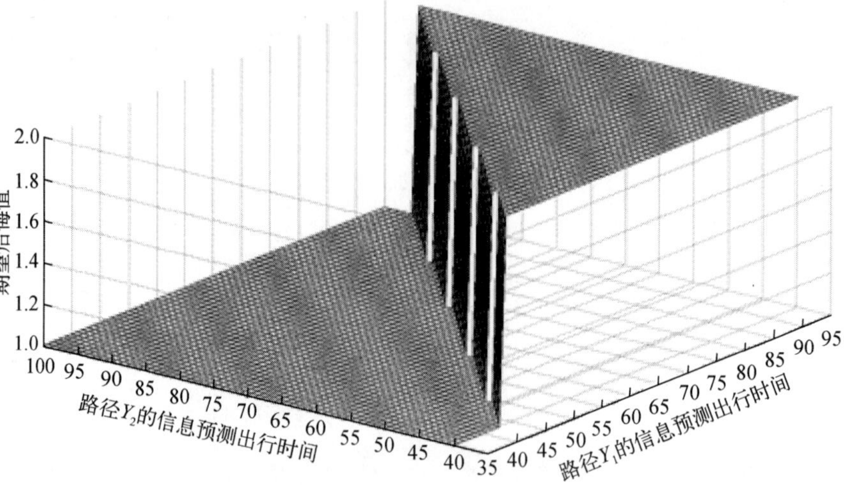

图 14 - 6　不同信息组合下最终路径选择变化情况

确定性小的路径。

获得不同信息预测值时，出行者最终选择后悔值和信息感知价值特征如图14 - 7和图14 - 8所示。当信息预测值 T_1^I 和 T_2^I 大于60分钟且两条路径出行时间最佳估计更新后值越接近，出行者最终选择路径的后悔值越大，也即信息的感知价值越小，甚至会出现负效用。主要是因为更新后误差较小，均值相差不大，也即两条路径的出行时间分布相似，增加了出行者选择的难度。所以，交通信息也并不总是给出行者带来正效用。

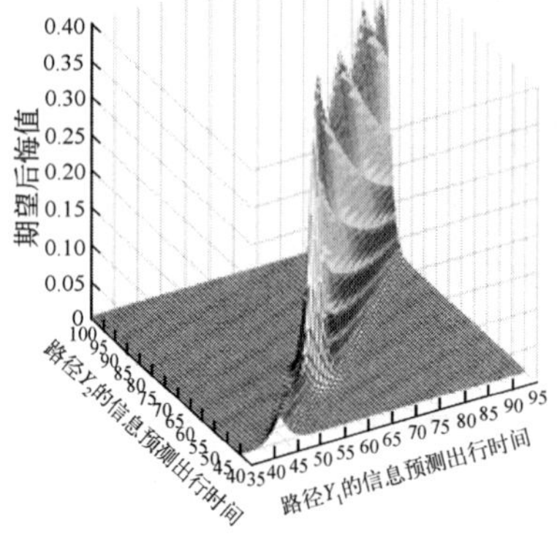

(a) 最终选择路径的后悔值曲面

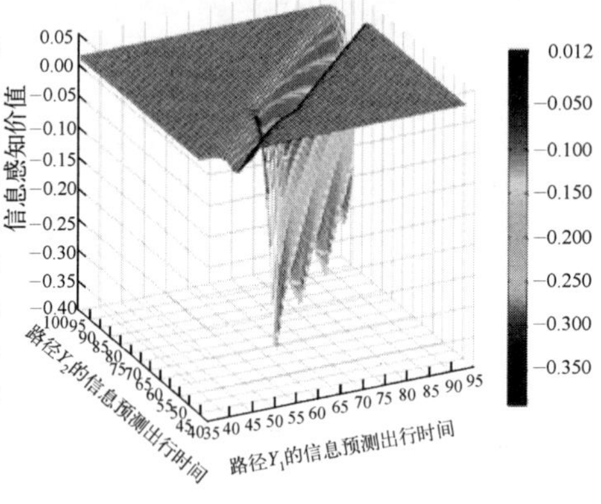

(b) 交通信息感知价值曲面

图 14 - 7　不同信息组合下期望后悔值和信息感知价值特征曲面

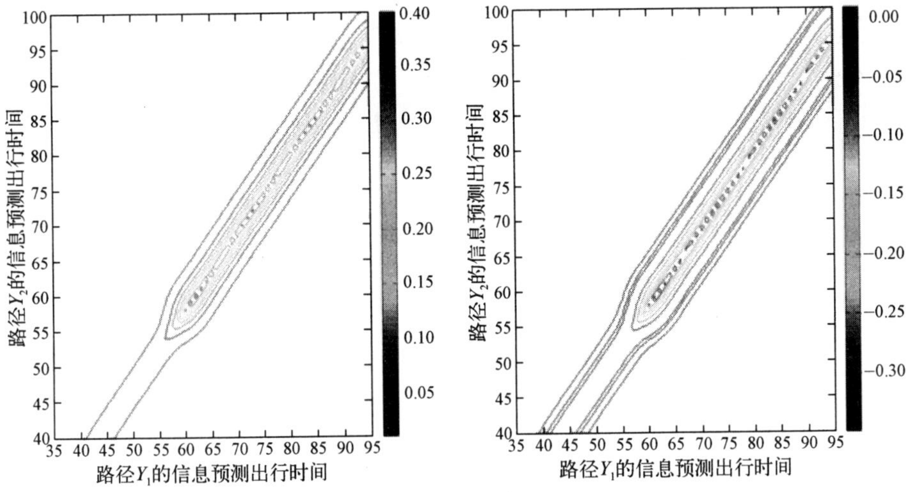

(a) 期望后悔值二维等值线图　　(b) 信息感知价值二维等值线图

图 14－8　不同信息组合下期望后悔值和信息感知价值的等值线图

14.4.2　路径熟悉度对信息感知价值的影响

假设通勤者习惯性地选择路径 Y_1，对路径 Y_1 日常出行条件的熟悉程度为 90%，对路径 Y_2 的熟悉程度分别设为 90%、70%、50%，具体出行情景参数设置如表 14－1 所示，其他基本参数与第 14.3.1 节中的相同。出行者对两条路径期望出行时间分布如图 14－9 所示。

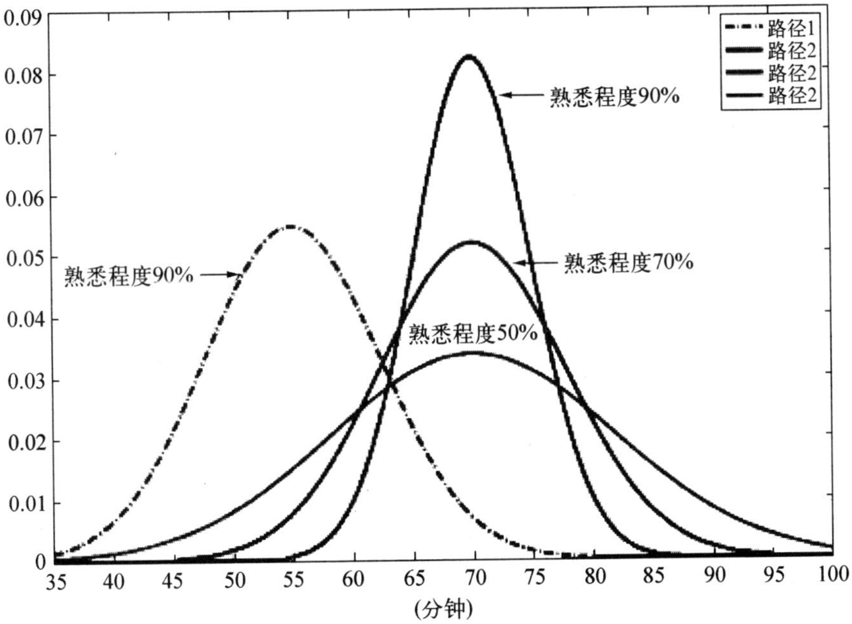

图 14－9　期望出行时间概率密度分布

由式(4)、式(6)及表 14－1 中出行情景参数设置，可知在保持路径 Y_1 熟悉度为 90%不变，路径 Y_2 熟悉程度从 90%减小到 70%时，出行者选择路径 Y_1 的期望后悔值要远小于选择路径 Y_2 的期望后悔值，且出行者选择路径期望后悔值随着对路径 Y_2 熟悉度的减少而增大(图 14－10)。根据期望后悔最小化原则，出行者最终会选择路径 Y_1 出行，这主要是因为出行者对路径 Y_2 最佳估计时间超过规定时间 60 分钟。

表 14－1　出行情景参数设置

出行方案	自由流时间(分钟)	经验估计 T_i^p(分钟)	经验误差(分钟)	熟悉程度(%)
路径 Y_1	35	55	12(7.30)*	90
路径 Y_2	40	70	8(4.86)*	90
			8(7.72)*	70
			8(11.86)*	50

注：* 表示出行时间标准差。

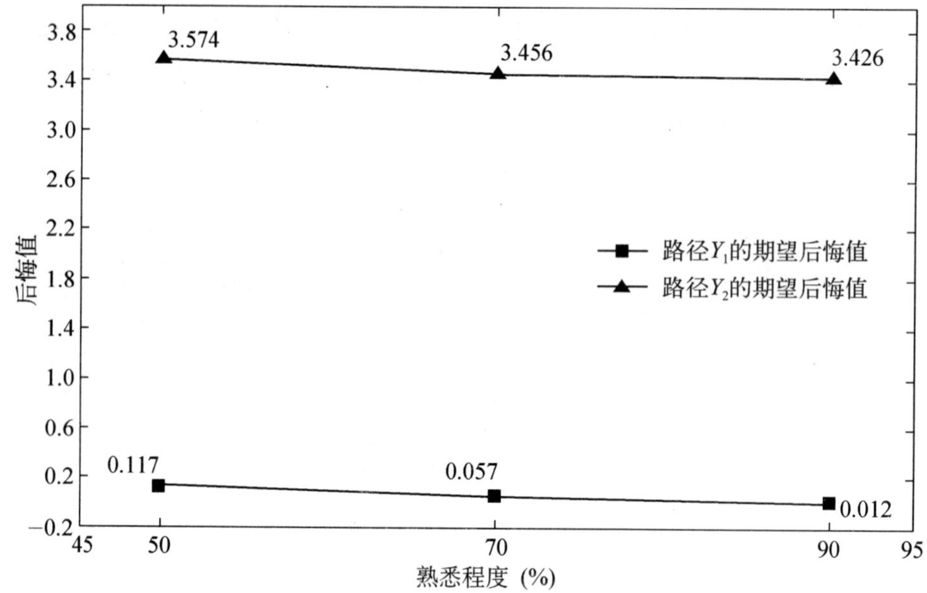

图 14－10　熟悉度对路径选择期望后悔值的影响

获得信息后出行者会对每条路径出行时间进行重新估计，进而更新路径选择的期望后悔值，由式(14)可得到交通信息感知价值。由图 14－11 可知，出行者对信息的感知价值随着对路径熟悉度的增大而减小。

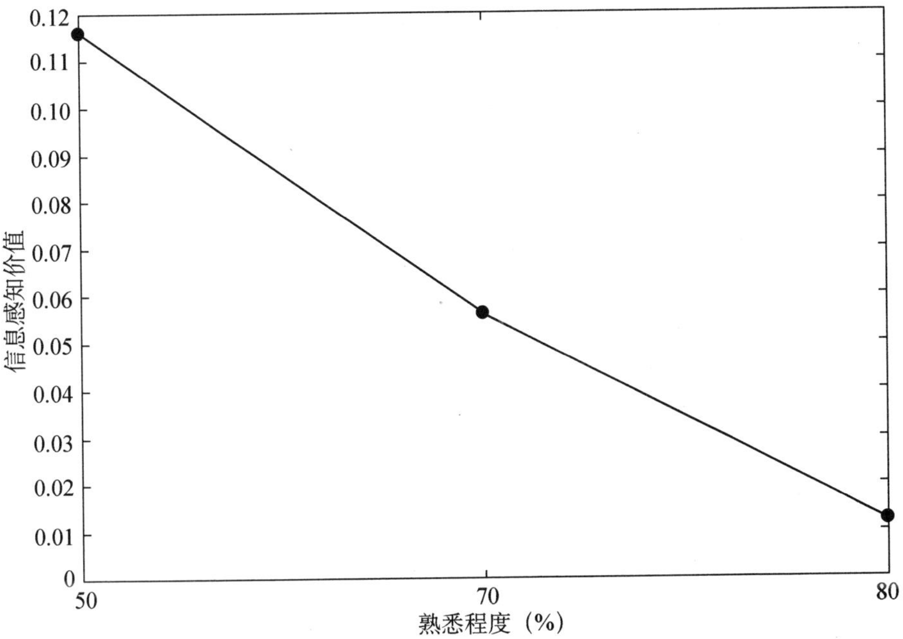

图 14－11　路径熟悉度对信息感知价值的影响

14.5　结论

本文基于后悔理论思想，讨论了小汽车通勤者在出行时间不确定的情况下，选择出行方案的过程并构建了选择期望后悔模型。应用贝叶斯更新推理，探讨了出行者获得交通信息后重新选择出行方案的过程，建立了交通信息感知价值模型，并数值模拟了不同信息组合下，通勤者路径选择的变化和信息感知价值的特征，进而分析了路径熟悉程度对信息感知价值的影响。结果表明，当交通信息可靠度较高时，随着两条路径出行时间信息预测值的同时增大，通勤者会倾向选择感知不确定性小的路径；获取信息后两条路径期望出行时间更新均值越接近，通勤者对信息的感知价值越小，甚至会出现负值；随着通勤者对路径熟悉度的增加，感知不确定性的下降，交通信息的感知价值减小。这些研究结果为更好地制定交通信息发布策略及研究出行者对交通信息的支付意愿提供了依据。

参考文献

张扬. 2010. 不确定性对城市交通出行者路径选择的影响[J]. 交通运输工程学报，10(5)：

77 - 80.

伍速锋,杨晓光,云美萍. 2006. 出行选择中的交通信息效用模型构建方法研究[C]. 北京:第二届中国智能交通年会论文集.

张顺明,叶军. 2009. 后悔理论述评[J]. 系统工程,27(2):45 - 50.

石小法. 2002. ATIS 环境下动态选择模型的研究[J]. 系统工程学报,17(3),271 - 276.

Bell D E. 1982. Regret in decision making under uncertainty[J]. Operations Research, 30: 961 - 981.

Chorus C G, Arentze T A, et al. 2006. The value of travel information: decision strategy-specific conceptualizations and numerical examples[J]. Transportation Research B, 40(6): 504 - 519.

Ettema D, Timmermans H. 2006. Costs of travel time uncertainty and benefits of travel time information: conceptual model and numerical examples[J]. Transportation Research C, 14(5): 335 - 350.

Small K A. 1982. Bayesian statistical inference for psychological research[J]. The American Economic Review, 72: 467 - 479.

Small K A. 1982. The scheduling of consumer activities: work trips[J]. The American Economic Review, 72(3): 467 - 479.

（闫祯祯、刘锴　著）

15 叙述性偏好法及其在城市居住环境质量评价中的应用

15.1 引言

叙述性偏好(Stated Preference)方法是为获得"人们对假定条件下的多个选择方案所表现出来的主观偏好"而进行的意愿调查方法，即将定性属性(如舒适度等)纳入，适用于不存在的新方案或替选方案尚未普及的相关研究。叙述性偏好方法将方案属性变数及水准值，通过实验设计产生数个模拟情境，将情境组合的替选方案供受访者选择，请受访者评分、排序或选择最偏好的方案，以了解不同情境下受访者对替选方案的偏好。叙述性偏好方法是通过可观测的因素和选择结果来推断中间判断过程中的不可观测因素的过程，它又称作叙述性偏好调查、意愿调查法等。

叙述性偏好方法起源于西方营销学领域，是应用最为广泛的研究消费者偏好的分析方法，多用于对用户购买决策的一种现实模拟(杨雁翔等，2010)。与叙述性偏好方法相对应的是传统的揭示性偏好(Revealed Preference)方法。揭示性偏好方法是通过直接询问实际发生的行为获得调查对象的偏好水平，而叙述性偏好调查是通过事先设定好若干描述属性，对各属性的不同水平进行混合形成各种"假定条件"，以被调查者对虚拟的"假定条件"的选择来推算其对每个属性的偏好水平。相比来看，叙述性偏好方法更具优势。揭示性偏好方法很难直接评价和估计目前尚不存在的情况，而叙述性偏好调查可分析目前不存在的环境特征或政策措施，并具有调查规模小，可以对不同属性的相对重要性进行数量比较和评价等优点，可以帮助规划者和政策制定者制订合理的计划。英国在20世纪80年代开始将叙述性偏好方法引入本国的交通政策研究中，之后叙述性偏好方法在市场营销、地理、交通、经济等多个领域开始广泛被使用。近年来，日本学者将其用于城市生活环境评价中，已得到一系列有价值的结论。指标权重的获取一直是评价研究的核心内容，也是居住环境质量评价研究的难点所在。本文将使用叙述性偏好方法推算影响居住环境质量的各指标要素的权重，为指标权重的获取提供一种新的思路。

居住环境是城市生活的载体，是满足居民日常生活、休憩、出行等活动最重要的场所，与居民的生活质量息息相关。近年来经济的快速发展带来了物质生活水平的极大提高，但随之出现的居住分异、环境污染、交通事故、邻里退化、医护可达性等问题，使得城市中不同人群开始关注并反映其实际生活的居住环境质量。居住环境质量评价可以追溯到1958年希腊学者道萨迪亚斯(C. A. Doxiadis)创建的人类聚居科学，自此开始人们对人类生活环境等问题进行了大规模的基础研究。对居住环境的研究主要集中在对居住环境质量的评价上，基于评价结果获得城市环境对人们生活质量的影响，并在此基础上预测居住环境的变化趋势，为提高城市的居住环境质量和相关政策的制定提供科学的理论依据。

评价研究的焦点体现在如何构建合理的评价指标体系和探索更好地确定指标权重的方法两个方面。自20世纪70年代以来，国内外学者对这两个方面进行了持续的研究，尤其是对指标权重的确定方法进行了大量的探讨。从指标权重的确定方法来看，可以将已有研究划分为两种方法：一种是对现实的居住环境要素的调查，以人们对要素的使用频率、重要程度或满意程度等作为权重值，这种方法基于现实情况让人们直接对要素的相对重要程度作出判断，由于和人们认识事物的判断过程不同，因此可能存在较大的误差；另一种是对环境要素进行虚拟组合，让人们从组合方案中选择满意的方案，通过对虚拟方案的偏好数据来推算环境要素的相对重要程度，即叙述性偏好方法，其在环境评价、交通政策、住房选择、休憩活动等领域已有广泛应用。

鉴于叙述性偏好方法以更加贴近人们做出判断和选择的过程来获得要素的权重，相对于直接询问权重，具有诸多优点。国外在20世纪70年代已将叙述性偏好方法应用于居住用地政策评价实践中(Knight et al, 1974)，而至21世纪国内在居住环境质量评价领域仍鲜有这一方法的实践。基于此，本文旨在探讨叙述性偏好方法在推算影响居住环境质量的要素权重中的应用，并对方法的有效度进行检验。以上海市杨浦区为例，选择12项影响居住环境质量的城市空间要素，使用叙述性偏好方法推算各要素对居民生活质量的影响程度(即权重)，发现不同城市空间要素对居民生活的影响程度以及不同人群对城市空间的偏好规律，并对叙述性偏好方法的拟合结果和居民的实际评价进行比较，检验方法的有效性。

15.2 国内外研究现状

居住环境质量有较为宽泛的内涵，在国内外的相关研究中有多种表述方式，如建成环境质量、居住满意度、可感居住环境质量等。本文关注城市居住空间相关的研究，评价指标选择与居住相关的环境要素。国内对居住环境的研究始于20世纪80年代，主要是关注人居环境的评价和分析。研究关注的问题集中在指标体系的建立和权重方法的确定方面。

15.2.1 居住环境质量评价指标体系

进行居住环境质量的评价，首先需要建立评价的指标体系。由于居住环境涉及的要素指标众多，在研究中多进行分类分级。按照分类原则，居住环境质量指标(Environment Quality Indices)(Poll, 1997)又可以粗略地分为两种：一种是基于实际环境的指标(Exposure-Based Indices)，由物质环境水平的实际环境指标构成，并根据研究目的再定义次级指标，国内学者多使用这种指标，如噪音水平、居住面积、空气质量、景观等(朱锡金，1980；陈青慧等，1987；宁越敏等，1999；陈浮，2000；巩如英等，2008；李卓等，2006)；另一种是反映空间环境要素影响，基于生活感受的指标(Effect-Based Indices)，是以环境影响的结果划分指标，其又被称为可感环境质量指标(Perceived Environmental Quality Index，PEQI)，这类指标如健康影响、安全性、保健性、方便性、舒适性、环境亲切性、可持续性等(Doi et al, 2008；浅见泰司，2006；罗志军，2001；徐磊青等，1996；Bonaiuto et al, 1999；张文忠，2001)。这两类指标在个体水平上的对应关系是一个主要的问题，在指标选择上，研究目的起着重要作用(Cicerchia, 1996)。

15.2.2 叙述性偏好方法及应用于居住环境评价的研究

叙述性偏好方法的思想最早由心理学家卢斯(Luce)和统计学家杜克(Tukey)于1964年提出，1972年格林(Green)、温德(Wind)和加因(Jain)将其应用于商业领域并取得了较好的效果，其后在商业营销领域得到大量应用(杨雁翔等，2010)，这些研究称其为联合分析法(Conjoint Analysis)。在交通、地理学、医学等领域，叙述性偏好方法也很早就受到学者关注，这种方法在偏好可以观察但不存在实际市场的情况下被证明是非常有效的。叙述性偏好方法是对采用虚拟调查方式的一类方法的统称，其包括选择实验(Choice Experiment)(Boxall et al，1996)、结合分析(Conjoint Analysis)(加知范康等，2008；森田纮圭，2008)、假想市场评价法

(Contingent Valuation Method,CVM)(钱欣等,2010)等不同的实现方式。虽然选择实验方法来源于市场营销领域,假想市场评价方法的理论基础源于公共物品理论,但是二者的共同点表现为最初都是在信息缺失的情形下为了获得数据而采用的方法,而随其发展,现在也被用于非使用价值的计量(张茵等,2005)。选择实验方法在近年的发展中受到重视,这个方法更关注于对虚拟调查中各要素的相对重要程度的测度。叙述性偏好方法不仅是一种数据处理的方法,而且是调查方法,在调查研究的整个过程中都需要精心设计,才能获得较好的拟合效果。

叙述性偏好方法在20世纪70年代发展于营销学领域,后来英国在20世纪80年代开始使用该方法研究本国的交通问题,之后叙述性偏好调查开始广泛运用于住房偏好(Wang et al, 2006)、环境评估(Aspinall, 2010)、交通方式选择(丁洁冰,2009;王方等,2007)、价格制定(宋庆梅,2011)、交通预测(赵鹏等,2000)、居民出行行为时间价值研究(王方,2005)等。

国外将叙述性偏好方法应用于居住环境评价及相关的研究主要可以分为以下几个方面:一是讨论叙述性偏好方法在环境评价和住房选择中的应用。克莱特等(Knight et al,1974)是早期使用叙述性偏好方法进行居住选择的实践者,他们通过让人们选择使用属性水平组合的偏好等级来获得人们在住房选择中对住房空间和景观质量之间的替代关系。在此之后,叙述性偏好方法的应用扩展到住房和场所选择等更加广泛的范围内。埃里克、布鲁斯及王等人(Eric et al,1996;Bruce et al,2002;Wang et al,2006)分别应用叙述性偏好方法对荷兰的埃因霍芬、英国、中国广州等地与住房或租房选择相关的问题进行了研究。住房的选择过程实际是人们对居住环境的评价过程,近年来也出现直接评价居住环境的研究,更加偏重对居住环境影响要素的权重分析。珀尔(Poll,1997)从邻里和住房两方面设计居住满意度的叙述性偏好调查,得到居住环境要素的权重系数和居住环境的评价以及模型的拟合程度。二是讨论叙述性偏好方法自身及与其他方法的比较,一方面是讨论叙述性偏好方法的实现方式,如选择实验、综合分析、假想市场评价等方法的原理、应用和比较(浅见泰司,2006;Boxall et al,1996;加知范康等,2008;森田纮圭,2008);另一方面是对叙述性偏好方法和其他方法,如揭示性偏好方法中的传统选择模型方法、回归方法以及定性分析方法等的比较(Jordan et al,1990;Powea et al, 2005)。三则是对叙述性偏好方法在城市规划和政策制定中的应用案例。海伦娜等(Helena et al,2011)对城市小公园规划中不同环境要素的权重,使用叙述性偏好方法进行调查发现草地和树木等结构性景观组成要素比装饰性的花草和水景更加重要。对国外相关研究的回顾发现,为了验证和提升叙述性偏好方法的可信度,叙述性偏好方法的应用呈现出通过与其他方法的对比,不断改进设计的趋势。而国内将叙述性偏好方法用于居住环境质量评价的研究才刚刚起步,仅张文忠(2001)对使用经济价值评价方法进行居住环境评价的原理进行了介绍，但尚未出现实证研究。

15.3 叙述性偏好方法的一般流程与关键技术

15.3.1 调查的一般流程

一般而言，叙述性偏好调查包括三个部分：(1) 实验设计，首先是属性数量的确定，根据调查目的筛选一定的属性，通常属性要有三个以上，但并非越多越好，理论上组合的属性数在 3—6 个最有利于人们进行比较选择；其次是属性水平的确定，属性一般设置两个以上的水平，确定的水平值必须是回答者认为现实的，水平值的范围以某个值为基准，按一定比例或数量增减来设定；最后进行方案的设计，将属性及水平有机结合，形成高效的方案。(2) 选定合适的评价方法，包括顺位法，对多个方案按主观偏好排出顺序；评分法，对各个方案按偏好程度给出评分；选择法，两个以上的方案中选出唯一最好的方案或最不好的方案；对比法，从方案中抽出两个方案进行比较。(3) 调查实施，实施的方法由调查规模及费用决定，可采用当面卡片式问卷调查、网络调查、电话调查等。

15.3.2 叙述性偏好方法实验设计

在确定了属性及其水平后，叙述性偏好调查的关键在于方案的设计。叙述偏好模式的方案设计，主要分为二因素法和整体轮廓法两大类。二因素法又称权衡法(Trade-off Procedure)，受访者每次只对一对属性中各水平值的不同组合加以评估。二因素法的优点是很容易应用，受访者容易填写，但每次只评估一对属性，选择者所需评估的次数较多，而且不考虑其他属性，较不接近事实。整体轮廓法将替选方案中每一个属性都同时列出，较接近事实，但受访者所需评估的替选方案太多，常超出受访者所能负担的范围。因此整体轮廓法在实际应用上又分要因设计、部分要因设计等方法。大部分的研究多采用整体轮廓法来组合选择方案，但属性较多时，受测者所需评估的选择方案太多，且无法同时在多个因素间进行权衡，常造成困扰。段良雄(1993)建议采用部分因子设计(Fractional Factorial Design)，使每一个受访者只评估含有一部分的属性或水准的选择方案。近年来又同时采用正交设计法或均匀设计法来减少选择方案的个数，大大降低了实验的复杂度。

15.4 评价指标体系构建及问卷设计

道威尔(Dowell，1998)从两个层面对城市地区居民的生活质量进行了定义：第一层面是城市居民能够从客观环境中获得的设施和空间的充足度；第二层面是以居民个人价值观作为客观条件权重的地区生活环境质量，尤其是住宅及附近地区居住的舒适程度，即居住环境的舒适性。世界卫生组织早在 1961 年就将人居环境概括为四个方面：安全性、保健性、便利性、舒适性。这种概括得到各国学者的认同，并以此分类进行了一系列居住环境质量评价的探索和评价（浅见泰司，2006；加知范康等，2008；森田纮圭，2008）。

为获得上海市居住环境质量评价体系，本文在已有研究的基础上，选择上海市中心城区的四平路和江浦路两个街道进行了预调查。从环境对生活质量影响的角度对指标进行分类，可分为生活便利性、休闲便利性、居住舒适性、环境亲切性以及生活安全性 5 个一级指标，相应分为 20 个二级指标和 68 个要素指标（三级指标）（图 15－1）。通过让居民选择对自身居住环境影响大或者相对重要的要素，以选择概率的统计作为指标筛选的依据。调查结果显示，生活便利性、居住舒适性、生活安全性 3 个一级指标的选择概率超过 50%，而休闲便利性和环境亲切性的选择比例都不足 20%。一级指标的选择概率存在明显差异，同时这种差异存在于二级和三级指标中。通过预调查结果进行筛选，构建上海市居住环境质量指标评价体系（表 15－1）。

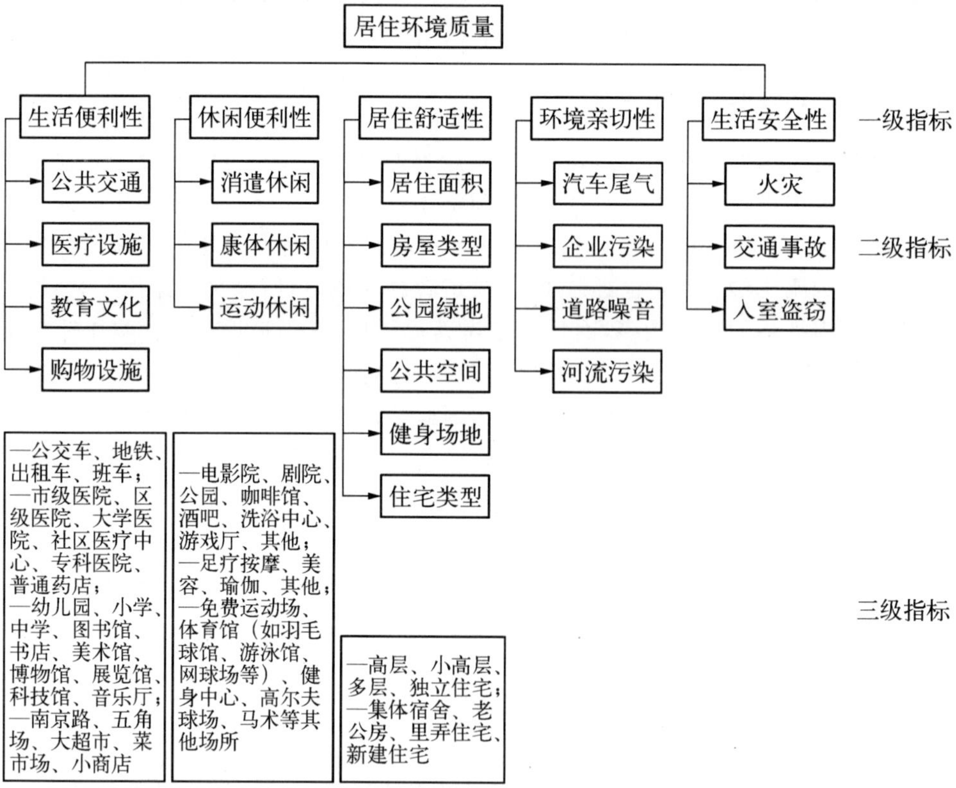

图 15－1　预调研框架

表 15－1　要素属性和属性水平

生活质量评价要素		属性水平
分类	属性	
便利性	轨道站距离	步行 5 分钟、步行 15 分钟、步行 30 分钟
	市级医院距离	步行 5 分钟、公交 15 分钟、公交 30 分钟
	中小学距离	步行 5 分钟、步行 15 分钟、步行 30 分钟
	商业地距离	步行 5 分钟、公交 15 分钟、公交 30 分钟
舒适性	住房面积	40 m^2、80 m^2、120 m^2
	公园距离	步行 5 分钟、步行 15 分钟、步行 30 分钟
	健身场距离	步行 5 分钟、步行 15 分钟、步行 30 分钟
	交通噪音	嘈杂（距离交通干道 200 m 内）
		安静（距离交通干道 200 m 外）
安全性	交通事故概率	两件/年及以下
	空气污染（尾气）	两件以上
	火灾事故概率	交通性道路密度低
	犯罪率	交通性道路密度高
		棚户简屋、工厂区
		其他区域
		抢盗事件三件/年及以下
		抢盗事件三件/年及以上

上海市居住环境质量评价指标体系分为三类评价要素，分别是便利性要素、舒适性要素和安全性要素。便利性要素包括公共交通、医疗设施、教育文化、购物设施四类设施，以居住地距离这些设施的空间时距作为判断生活便利程度的评价指标。考虑人们对时间长度感知的差异性和指标间的可比性，将时距分为三个属性水平，分别是 5 分钟、15 分钟、30 分钟，公共交通和教育文化设施为步行时间，医疗设施和购物设施考虑人们的可承受范围，定义为步行 5 分钟、公交 15 分钟、公交 30 分钟。

舒适性要素方面，本文将影响居住舒适性的因素定义为居住空间的使用性、周边公园绿地的便捷性、健身场所的便捷性以及环境的负荷性。对于居住空间的使用性，以住房面积作为代表，为有所区别，将其水平值设为 40 m^2、80 m^2 和 140 m^2；公园绿地和健身场所以步行 5 分钟、步行 15 分钟和步行 30 分钟来衡量，局部环境负荷以环境噪音的大小作为评价指标①。

安全性要素方面，随着城市机动车数量的不断增加，大城市的交通事故率居高不下，交通干道尾气污染严重，城市火灾事故频发，某些区域偷盗事件仍然困扰居民生活，各种灾害给城市带来巨大财产损失的同时，也给城市居民的安居乐业埋下了隐患，影响着人们的生活质量。

15.5 叙述性偏好调查及模型构建

15.5.1 叙述性偏好调查设计

本文通过对上海市杨浦区居民进行面访式问卷调查获得数据。问卷内容分为两部分:第一部分为调查者的基本情况。包括个人基本信息(性别、年龄、文化、职业、收入等)、家庭情况(是否和家人一起生活、人数、家庭收入、是否有小汽车等)以及现居住地。第二部分为叙述性偏好调查问题,分为四部分,分别是便利性、舒适性、安全性及综合部分[②]。在每部分虚拟问题之前为现居住地对应的设施环境条件的问题,即揭示性偏好问题,用于对叙述性偏好方法的检验。本次调查预想在分析时按照不同的个人信息最多将被调查者分为三类人群进行比较,按照置信度 20%的要求,每类人群的样本数应不低于 96 份,因此总样本数至少应为 300 份。叙述性偏好问题部分采用从两个选项中选择之一或都不选的形式,即在四个部分中每部分为四个问题,每个问题有三个选项,分别是居住地 A、居住地 B 和选项 C,其中居住地 A 和 B 分别是四个属性不同水平的组合,选项 C 是对居住地 A 和 B 都不满意时的选择,理论上为被调查者可以接受的最低居住环境水平。以便利性问题为例[③],对四个属性的三级水平进行全方案生成,共有 81 种方案,通过最小正交设计将方案数量减少到 14 种,并进行每两个方案的两两比较,去除其中有明显偏好的组合,则最终得到 62 种有效的对比组合。同时,舒适性、安全性和综合部分分别得到 14 种、7 种和 8 种(9 种)[④]代表方案,经过方案比较筛选,最终形成 47 种、9 种、11 种有效的对比组合。为保证每种组合出现的概率均等,在发放问卷时将三类问卷进行充分的随机重组,以使问卷中各选择组合出现的几率达到均等(表 15 - 2)。

表 15 - 2 叙述性偏好调查示例

便利性	居住地 A	居住地 B	C
轨道站距离	步行 5 分钟	步行 30 分钟	都不满意
市级医院距离	公交 15 分钟	公交 15 分钟	
中小学距离	步行 15 分钟	步行 5 分钟	
商业地距离	公交 15 分钟	步行 5 分钟	
舒适性	**居住地 A**	**居住地 B**	**C**
住房面积	80 m^2	40 m^2	都不满意
公园距离	步行 5 分钟	步行 5 分钟	
健身场距离	步行 15 分钟	步行 30 分钟	
交通噪音	嘈杂	安静	

续表 15-2

安全性	居住地 A	居住地 B	C
交通事故概率	低	高	都不满意
空气污染(尾气)	严重	不严重	
火灾事故概率	高	低	
犯罪率	低	低	
生活质量	居住地 A	居住地 B	C
市级医院距离	公交 30 分钟	公交 15 分钟	都不满意
公园距离	步行 5 分钟	步行 15 分钟	
空气污染(尾气)	高	低	

15.5.2 叙述性偏好调查实施

笔者于 2011 年 10 月 7 日至 16 日分五次在上海市杨浦区展开问卷调查，为了覆盖各种居住环境，同时兼顾对象人群的多样性，选择了多个调查地点，如从小区级绿地到各种规模的公园、从市级商业中心五角场到传统的路边小商店，还有不同年代的居住区中心、中小学门口、商业写字楼、银行大厅等。调查采用随机抽样的方式，通过地域差异，保证尽可能多地采集到不同居住环境下的样本。调查共计发放问卷 332 份，回收有效问卷 305 份，回收有效率 91.87%。其中男性 141 份，女性 164 份，分别占有效问卷的 46.2%和 53.8%；各年龄段以 26—40 岁的青中年人为主，占 44.3%；职业中企事业负责人和专业技术人员占到 27.9%，办事和商业服务人员占 29.8%。

15.5.3 要素权重模型拟合

叙述性偏好方法通过居民选择希望居住的环境来获得各环境要素影响程度的相对比重，符合离散选择模型的理论基础，在此采用离散选择模型进行数据分析，其模型表达式如下：

$$P_j = \exp(V_j) / \sum_{j=A,B,C} \exp(V_j) \quad (1)$$

$$U_{A,B} = W^T X_{A,B} + \varepsilon_{A,B} \quad (2)$$

$$U_C = M^T X_C + \varepsilon_C \quad (3)$$

其中：P_j是选择某一类环境的概率；V_j是选择某一个选项的固定效用；$U_{A,B}$是选择某一类环境的效用；U_C是设定环境所不能满足的期望效用；j 是某一类要素个数，要素类别指便利性、舒适性和安全性；W^T和 M^T是模型所要拟合的系数。

表 15-3 模型的拟合结果

居住环境指标		分类模型 模型系数	总模型 模型系数
便利性	地铁站距离	−0.037 0***	−0.024 6*
	医院距离	−0.004 3***	−0.002 9
	中小学距离	−0.037 5***	−0.024 9*
	商业地距离	−0.003 7***	−0.002 5
	McFadden's *LRI*	0.234 4	—
舒适性	住房面积	0.010 6***	0.006 8
	公园距离	−0.012 2*	−0.007 8
	健身场距离	−0.008 4*	−0.005 4
	交通噪音	−1.395***	−0.894 7***
	McFadden's *LRI*	0.251 8	—
安全性	交通事故概率	−0.694 6***	−1.288 7***
	尾气污染程度	−0.747 8***	−1.387 4***
	火灾概率	−0.572 8***	−1.062 7***
	犯罪率	−1.068 3***	−1.982***
	McFadden's *LRI*	0.094 7	0.180 1

注:1. *代表 0.1 显著水平上显著,**代表 0.01 显著水平上显著,***代表 0.001 显著水平上显著;2. 选项 C 都不满意,在模型中为虚拟变量,在结果中为虚拟系数,C 选项代表本组选择中能够接受的最低效用水平,结果表明此项虚拟系数的效果不理想,故未列出。

用统计软件(SAS)对305份有效问卷的三类要素和综合部分进行选择模型拟合(MDC 模块),拟合结果见表 15-3。四部分的模型拟合优度指标(McFadden's *LRI*)值分别为 0.234 4、0.251 8、0.094 7 和0.180 1,便利性和舒适性拟合效果较好,安全性结果不佳,综合部分模型结果一般⑤。由于在问卷中存在都不满意的选项,在模型处理中设置了虚拟变量,在结果中表现为虚拟系数。如果选 C 可以认为是对设定的居住地 A 和 B 都不满意,则 C 选项代表人们在本组选择中能够接受的最低效用水平。由于便利性、舒适性和安全性内部要素的量纲差异,以及人们思考问题的习惯,人们对不同类之间的要素进行判断时存在一定的困难,因此综合部分总模型的误差相对较大。选择前三部分模型中最显著的系数⑥,即中小学距离、交通噪音和犯罪率分别作为便利性、舒适性和安全性的代表,将综合部分的指标按照这三个指标的变动幅度进行修正。

由离散选择模型推算的模型系数便是各属性指标的权重。由于单位和量纲不同,权重值不可直接比较大小,而权重可以推算各属性的水平改变时为维持一定的居住环境质量,其他属性需要的水平变化值,即属性值指标间的相互替代关系。从便利性指标的关系来看,人们愿意以到医院时间增加 113 分钟(相当于公交 23 分钟),或到中小学时间增加 9 分钟,或到商业中心时间增加 84 分钟(相当于公交 17 分钟)来换取到地铁站时间减少 10 分钟;从舒适性指标之间的关系来看,如果环境负荷(噪音污染)由小变成大,必须住房面积增大 176 m^2,或者到公园的时间减少 75 分钟,或者到健身场的时间减少 46 分钟才能弥补损失⑦;从安全性指标的关系来看，如果交通事故率由无上升到必然发生那么尾气污染必须下降58%，或火灾概率下降78%，或者犯罪率下降46%才能平衡对人们生活质量的损失。从三部分指标之间的关系来看，环境负荷（噪音污染）和交通事故的重要性相当，如果这两种的发生概率由0增大到1，需要到轨道站点时间减少40分钟，或到商业中心时间减少68分钟，或居住面积增大180 m^2 才能平衡生活质量的损失。由此，人们对于环境负荷和安全性指标的重视程度可见一斑。

15.6 不同人群的居住环境评价

城市居民特征多样，不同人群对居住环境的需求不同。使用叙述性偏好方法对不同人群的居住环境要素权重进行分析，可以了解人群的需求特征，比较不同人群的居住环境偏好，进而有针对性地为居住环境改善提供规划或政策依据。

15.6.1 分类人群基本分析

根据人群的性别、年龄、受教育水平、婚姻、职业和收入六个属性对调查样本分别建模，各分类样本数量如下：

为了有效地比较人群间的差异，对人群属性进行简化分类，各种属性均最多划分为三类，将职业划分为管理技术类人群，商业办事类人群和未就业人群三类；将月均收入在6 000元以下的划为低收入人群，6 000—20 000元的划为中收入人群，20 000元以上的为高收入人群。在各种分类的情况下，多数人群达到了置信度10%要求下的至少96份样本的数量，但其中存在一些人群样本数较少，如高收入人群样本仅为28份，未婚人群为69份，老年人为79份。

15.6.2 分类人群模型拟合与比较

不同人群对空间环境的认知和使用存在很大差异。从人们对医院的等效用无差异曲线[8]来看，在到地铁站的时间增加10分钟的情况下，男性愿付出到医院的时间大于女性，男性对医院的距离不如女性敏感，可见女性相对男性更加重视到医院的距离；同样，低学历人群相比高学历人群更重视医院的距离。以到地铁站的时间为参照，对购物地时间的等效用无差异曲线进行研究，发现已婚人群明显比未婚人群对购物地的重视程度高。

从年龄来看，以人们对医院的等效用无差异曲线为例，在到地铁站的时间增加10分钟的情况下，青年人和中年人对医院距离的敏感程度远远小于老年人，即随着地铁站距离的增加，只有以到医院时间大幅减低才能平衡青年人和中年人失去的效用，而随地铁站距离的增加，老年人愿付出到医院的时间减少很小，说明医院对老年人远比青年和中年人群重要；而青年人相对中年人群来说，对医院距离的容忍程度较小，且随着到地铁站的时间增加到15分钟，需要紧邻医院才能够平衡其效用。从职业差异来看，未就业人群呈现出对医院距离很强的敏感性，其次是办事、商业和工业职业人群，管理和技术人群最弱，到医院的容忍时长为管理和技术人员最长，办事、商业和工业职业人群居中，未就业人群最短。同样，从收入水平差异来看，医院距离的重要性是中高收入人群低于低收入人群，同时，三种人群的最大容忍时间呈现从高收入到低收入逐级降低的趋势(图15-2至图15-7)。

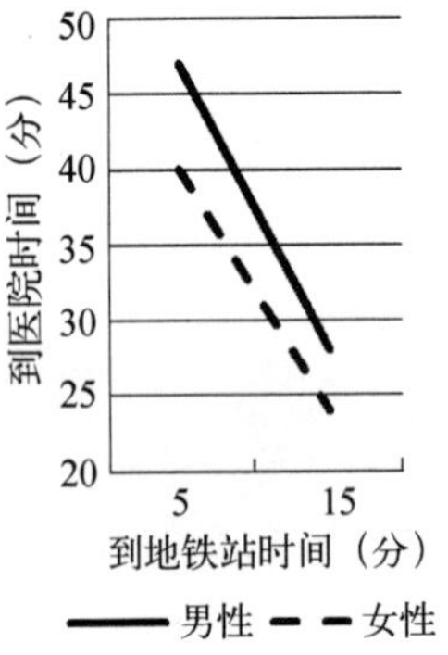

图 15-2　分性别无差异曲线

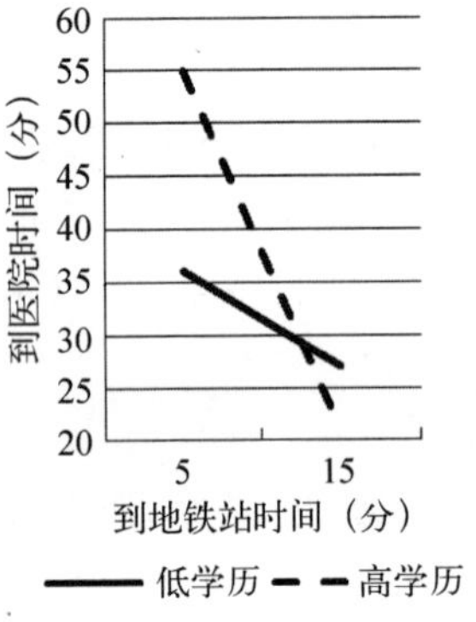

图 15-3　分学历无差异曲线

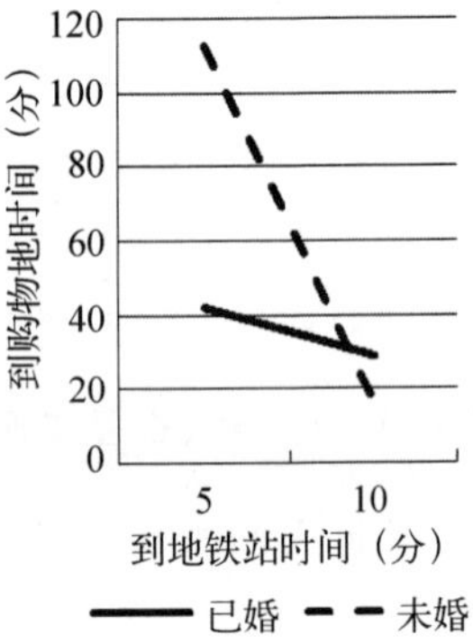

图 15-4　分婚姻状况无差异曲线

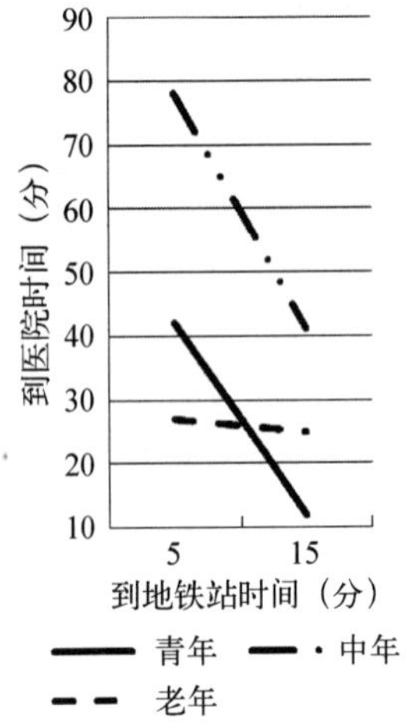

图 15-5　分年龄无差异曲线

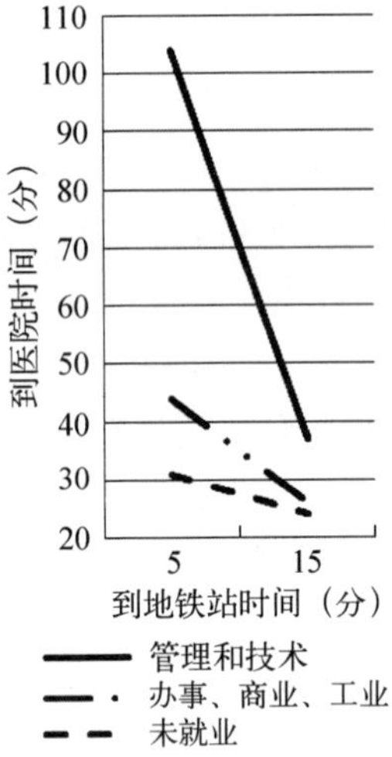

图 15-6　分职业无差异曲线

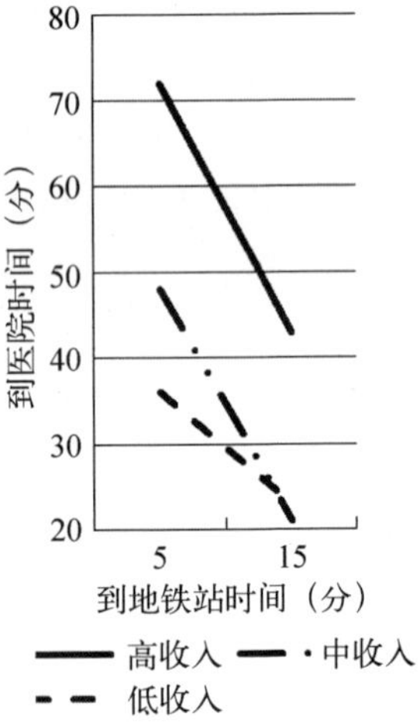

图 15-7　分收入无差异曲线

15.7　上海市杨浦区居住环境质量空间评价

将12个要素的客观数据在网格中空间落位，使用空间数据处理软件(Arc-

GIS10.0)做出网格的要素条件评价图。便利性要素以地铁站、市级医院、初级中学和购物地为中心，依据各设施的指标水平值进行分级评价。舒适性要素以居住面积、公园、健身场和交通噪音分别分级。安全性要素中交通事故以网格所处区域[9]划分概率的高与低；空气污染以道路网密度数据在空间数据处理软件（ArcGIS）分析工具中的自然间断点分级法划分为高和低两类；火灾事故的概率以地区的房屋建筑质量为划分依据；犯罪率以杨浦区实际发生件数[10]分析，多于两件的网格为犯罪率高发地区，否则为低发地区。

将影响要素指标网格化后，将叙述性偏好法得到的要素权重和各要素指标在空间上综合，得到杨浦区生活便利性、居住舒适性、灾害安全性和生活质量综合评价，以各类要素的最优和最差得分作为极大值和极小值，以手动分类的方式平均分为五级，做出评价图[11]（图 15－8）。为便于判断，将各评价图的颜色变化趋势和评价高低的方向相统一，均为颜色越深评价越高，反之，颜色越浅则评价越低。

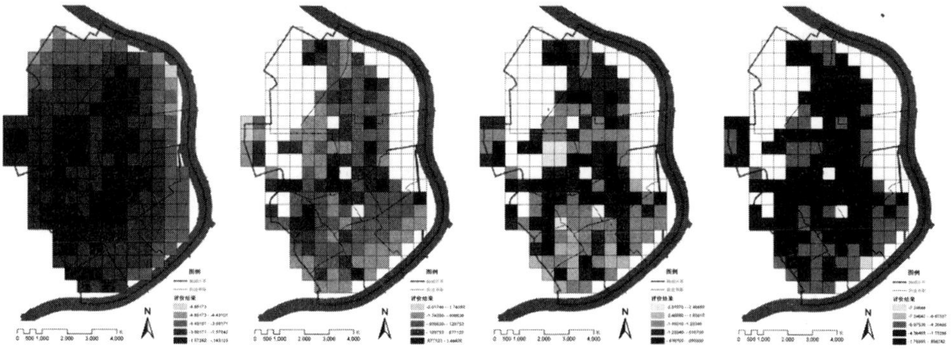

(a) 生活便利性评价图　(b) 居住舒适性评价图　(c) 灾害安全性评价图　(d) 生活质量评价图

图 15－8　居住环境质量评价示意图

从生活便利性评价图可见，高评价区域呈现沿地铁线路向外圈层递减的规律。参照要素空间分布发现，医院和学校较多集中分布于地铁线路沿线，也是形成这种规律的原因。

从居住舒适性评价图可见，高评价区域比较零散，较集中分布在四平路街道、五角场镇黄兴公园周围、殷行街道地铁 8 号线周边等区域；而评价较低的区域集中分布在环新江湾城和北外滩。参照要素空间分布发现，提高居住舒适性，降低交通噪音是前提，增加居住面积是关键。

从灾害安全性评价图可见，高评价区域具有一定的集聚性，一是殷行街道和新江湾城街道，二是五角场街道和四平路街道内环线两侧、黄兴公园和杨浦公园周边。城市副中心五角场、控江路街道、大桥街道是评价低的区域。参照要素的空间分布发现，灾害安全性评价主要受到空气污染的影响。

最后，将 12 个要素综合得到生活质量评价图。使用空间数据处理软件（Arc-

GIS)统计，居住环境质量评价为高和较高(深色)两个等级的网格占47.6%，评价为低和较低(浅色)两个等级的网格占31.9%。从空间上看，大部分高评价区域和低评价区域之间存在中评价区域，即存在一定的圈层递减规律。相对来说，便利性和安全性对居住环境质量的影响更明显。

15.8 结论与展望

15.8.1 结论

本文将城市空间生活质量评价体系中的12个要素按照对生活的影响不同划分为便利性要素、舒适性要素和安全性要素，通过分类要素和综合要素叙述性偏好调查获得数据，使用离散选择模型对调查数据进行分析，得到基于居民偏好的定量模型，对模型结果进行分析和有效度检验可以得到以下结论。

1) 叙述性偏好模型的可解释性较好，且有效度较高

在四个定量模型中，便利性模型和舒适性模型拟合结果较好(模型拟合优度指标分别为0.234 4和0.251 8)，安全性模型拟合结果较差(模型拟合优度指标为0.094 7)，总模型拟合结果一般(模型拟合优度指标为0.180 1)。各模型的系数多数达到显著水平，且系数符号均符合预期，尤其在三个分模型中所有系数都达到了显著水平，在综合模型中只有医院距离、公园距离两要素的系数不显著[12]。通过使用叙述性偏好方法获得的权重数据推算居民的生活质量评价，与居民实际评价相比较，对便利性、舒适性和安全性模型的预测有效度进行检验后发现，三个分模型与居民实际评价的符合程度都超过70%，可见叙述性偏好方法较为有效地估计了基于居民价值观的城市空间要素权重。

2) 不同要素之间的重要性存在较大差异

应用叙述性偏好方法和离散选择模型推算居民生活质量价值判断各要素的相对重要程度，对分类要素进行总体比较，便利性和安全性相比舒适性要素对生活质量影响更大；舒适性中的环境负荷要素和安全性要素条件降低时，维持生活质量不变需要的其他要素补偿更大；而便利性和安全性内部的补偿关系相对均衡。

3) 社会弱势群体对影响日常生活的基本要素更加敏感

城市作为人们的居住生活空间，并没有完全相互隔离，但是不同的人群对设施的使用水平是有明显差异的。从分人群的等效用无差异曲线分析发现，低学历人群、女性、老年人、低收入人群对医院距离相对敏感。从环境负荷与居住面积的等效用替代关系来看，女性、未婚人群、青年人、未就业人群、低收入人群对环境负荷变化补偿要求更高。总的来说，低学历、女性、老年人、未就业、低收入等人群的

共同特点是在社会中处于弱势地位，其对城市设施的使用机会和支配能力有限，因此对影响日常生活的基本要素（如医院、噪音等）更加敏感，在基本要素降低时维持原生活质量水平需要的补偿（其他要素条件改善）更高。

4）杨浦区的居住环境质量存在区域差异

便利性评价主要受到地铁站和学校距离的影响，评价等级呈现以沿地铁线路为中心由高到低圈层递减的规律；舒适性评价主要受居住面积和交通噪音的影响，评价等级呈现总体分散、局部积聚的规律；安全性评价主要受到空气污染的影响，区域间评价差异大。居住环境质量总体评价中高质量地区占评价区域的47.6％，低质量地区占31.9％，便利性和安全性对居住环境质量的贡献从影响程度和影响区域两方面都大于舒适性；由于缺少地铁线路、居住环境质量差、交通噪音和尾气污染严重等要素的影响，北外滩地块成为杨浦区的居住环境质量低地。

15.8.2 反思与展望

本文的目的是探索使用叙述性偏好方法推算居住环境要素的权重，为了更明确直观地了解方法的设计和应用性，对指标体系进行了简化，如舍弃了空间设施的等级属性（如医院和购物地仅考虑了距离，未考虑等级），而这在前人的评价研究中已有考虑（朱锡金，1980；张文忠，2001），在今后应予以重视。

由于在方法设计和调查实施中存在一些问题，叙述性偏好方法推算的权重结果出现一定的偏差。在问卷设计中，一些要素的属性水平使用定性描述，可能会掩盖人们对要素所固有的认识差异信息[13]。在问卷调查中，由于问卷较复杂，一般先由调查员对问卷进行解释，然后被调查者自行填写问卷或调查员辅助填写问卷，在这过程中调查员可能会对被调查者的判断产生定向引导。而在调查对象上，由于问卷多在人群集中的商业地、公园、社区中心发放，样本中的老年人、家庭主妇、未就业等人群比重相对较多，尽管调查对发放时间、地点进行了优化设计，但从人群基本属性来看这一问题仍然存在。

叙述性偏好方法作为一种通过对虚拟情景的选择而间接对组合要素的影响进行提取的方法，一方面可以推算各属性的相对重要程度，另一方面可以预测人们对规划的评价，因此在城市规划调研、规划方案形成等过程中可以加以利用，其完整的理论基础和大量的应用成果，值得我们在城市规划学科领域去进一步学习、探索和尝试。

注释

① 据《2009年上海市综合交通年度报告》数据，2008年上海中心城主要干线昼间和夜间的交通噪声平均等效声级分别为71.4 dB和66.4 dB，道路交通噪声水平等效声级远高于区域环境

噪声水平，因此交通噪音是上海中心城区重要的噪音污染来源。由于缺乏直接的观测数据，在此以到交通干道的距离作为噪音水平的替代数据。参照环境影响评估一级评价区域划定的距离影响源 200 m 范围的经验，并根据声波的传播规律，声源传至约 200 m 处声效等级降低约30 dB，即基本达到安静的范围，因此以距离交通干道 200 m 作为交通噪音嘈杂与安静的空间分界距离。

② 前三部分每个问题中为同类别四个指标比较，如便利性包括轨道站距离、市级医院距离、中小学距离、商业地距离四个指标，综合部分每次从前三部分各选择一个指标作为代表指标进行混合，因此为三个指标进行比较。

③ 在此以便利性为例，但舒适性、安全性、综合部分的属性数目和属性水平等级与便利性不完全相同，最终的组合方案数量存在差异。

④ 由于综合部分不同组合中属性水平数量的差异，因此生成两类正交设计结果。

⑤ 一般认为，模型拟合优度指标值为 0.2—0.4 比较合理。

⑥ 统计意义上，系数的 T 值绝对值越大，代表系数越显著，解释性越强。

⑦ 本文使用线性分类评定模型对数据进行分析，根据其原理，指标之间的关系在一定的范围内呈线性变化，可相互替代。问卷中，住房面积设定为 40 m^2、80 m^2、140 m^2，40—140 m^2 的数据原则上是可替代的，而 176 m^2 超出了这一范围，数据可能存在一定的偏差。

⑧ 假设初始情景位于到地铁站 5 分钟和到医院距离为最大容忍距离，观察到地铁站时间增加 10 分钟后到医院距离的变化值。

⑨ 据相关研究，交通性道路交叉口、学校机关门口、商业服务等人口密集区域等为交通事故高发地。

⑩ 根据“汇法网”上海市杨浦区人民法院 2011 年已审理案例判决书内容整理。

⑪ 这样做出的评价图能够保证在不同的权重下，相同等级是相对可比的。

⑫ 这里的显著水平指在 0.01 水平上。

⑬ 如在问卷中设定的噪音水平属性为“安静或嘈杂”，对于不同的人来说，区别两种感受的分界值可能不同。

参考文献

朱锡金. 1980. 居住环境的构成与质量评价[J]. 城市规划汇刊，(4)：37 - 48.

陈青慧，徐培玮. 1987. 城市生活居住环境质量评价方法初探[J]. 城市规划，(5)：52 - 58.

宁越敏，查志强. 1999. 大都市人居环境评价和优化研究——以上海市为例[J]. 城市规划，(6)：15 - 20.

陈浮. 2000. 城市人居环境与满意度评价研究[J]. 城市规划，(7)：25 - 27.

巩如英，王飞，王颖，等. 2008. 济南市城市居住区外部环境空间的评价[J]. 林业调查规划，33(1)：137 - 141.

李卓，陈鸿，刘宏斌，等. 2006. 我国城市人居环境及其评价指标体系研究——以西安市人居环境评价为例[C]. 中国环境保护优秀论文精选.

浅见泰司. 2006. 居住环境评价方法与理论[M]. 高晓路，张文忠，等译. 北京：清华大学出版社.

罗志军. 2001. 城市居住环境质量综合评价研究[J]. 高等函授学报(自然科学版), 14(2):36-40

徐磊青,杨公侠. 1996. 上海居住环境评价研究[J]. 同济大学学报(自然科学版),24(5):546-551.

张文忠. 2001. 城市内部居住环境评价的指标体系和方法[J]. 地理科学,27(1):17-23.

杨雁翔,连晓霞. 2010. 联合分析研究文献综述[J]. 现代农业,(5):198-199.

加知范康,加藤博和,林良嗣. 2008. 汎用空間データを用いて居住環境レベルの空間分布をQOL指標で評価するシステムの開発[C]. 日本都市計畫學會:都市計畫論文集.

森田纮圭. 2008. 既存空間データに基づく地區レベルでの居住環境評価を可能とするシステム開発[D]:[碩士學位論文]. 愛知縣:名古屋大學.

钱欣,王德,马力. 2010. 街头公园改造的收益评价——CVM价值评估法在城市规划中的应用[J]. 城市规划学刊,(3):41-50.

张茵,蔡运龙. 2005. 条件估值法评估环境资源价值的研究进展[J]. 北京大学学报(自然科学版),41(2):317-328.

段良雄. 1993. 叙述性偏好法在旅运选择上之应用[D]:[硕士学位论文]. 台南:成功大学.

丁洁冰. 2009. 基于SP调查的客运专线旅客乘车选择行为研究[D]:[硕士学位论文]. 北京:北京交通大学.

王方,陈金川,张德欣. 2007. SP调查在交通方式选择模型中的应用[J]. 交通运输系统工程与信息,7(2):90-95.

宋庆梅. 2011. 基于时间差别定价的地铁票价相关问题研究[D]:[硕士学位论文]. 北京:北京交通大学.

赵鹏,藤原章正,杉惠赖宁. 2000. SP调查方法在交通预测中的应用[J]. 北方交通大学学报, 24(2):29-32.

王方. 2005. 基于SP调查的行为时间价值研究[D]:[硕士学位论文]. 北京:北京工业大学.

Aspinall P A, Ward T C, Alves S, et al. 2010. Preference and relative importance for environmental attributes of neighbourhood open space in older people[J]. Environment and Planning B:Planning & Design,37(6):1022.

Bonaiuto M, Aiello A,Perugini M, et al. 1999. Multidimensional perception of residential environment quality and neighbourhood attachment in the urban environment[J]. Environ,Psycho, 19(4): 331-352.

Boxall P C,Adamowicz W L, et al. 1996. A comparison of stated preference methods for environmental valuation[J]. Ecological Economics,18 (1996): 243-253.

Bruce W,Alex M, Mark W,et al. 2002. Modelling tenants' choices in the public rented sector—a stated preference approach[J]. Urban Studies, 39(4): 665-688.

Cicerchia A. 1996. Indicators for the measurement of the quality of urban life—what is the appropriate territorial dimension[J]. Social Indicators Research, 39(3):321-358.

Doi K, Kii M, Nakanishi H. 2008. An integrated evaluation method of accessibility, quality of life, and social interaction[J]. Environment and Planning B: Planning and Design,35(6): 1098-1116.

Dowell M. 1998. Building knowledge about quality of life for urban planning[J]. APA Journal, 54(3):347 - 358.

Eric M, Harmen O, Harry T. 1996. Predicting consumer response to new housing: a stated choice experiment[J]. Journal of Housing and the Built Environment, 11 (3):297 - 311.

Helena N, Chaham A, Terry H. 2011. Assessing restorative components of small urban parks using conjoint methodology[J]. Urban Forestry and Urban Greening, 10: 95 - 103.

Jordan L, Harry T. 1990. Stated preference and choice models applied to recreation research: a review [J]. Leisure Sciences: an Interdisciplinary Journal, 12(1):9 - 32.

Knight R L, Mark D M. 1974. Conjoint Preference Estimation for Residential Land Use Policy Evaluation[R]. Santa Monica, CA: RAND Corporation.

Poll R V. 1997. The perceived quality of the urban residential environment: a multi-attribute evaluation[D]: [PhD Thesis]. Groningen: Rijksuniversiteit Groningen.

Powea N A, Garrodb G D, McMahon P L. 2005. Mixing methods within stated preference environmental valuation: choice experiments and post-questionnaire qualitative analysis[J]. Ecological Economics, 52: 513 - 526.

Wang D, Li S. 2006. Socio-economic differentials and stated housing preferences in Guangzhou, China[J]. Habitat International, 30: 305 - 326.

（王德、赵倩、朱玮　著）

下篇　应用前沿

16 家的移动性：基于行动者关联理论的移动性规划

16.1 引言

20 世纪，城市逐渐成为人口和商业主要的“自然”栖息地。1950 年，仅有 29%的人口居住在城市里。今天，这一比例已经超过 50%，而估计到 2050 年，这一数字将达到 70%(Nature,2010)。城市是一个处于不断变化中的复杂系统，其所包含的广域或者地方性的关系网络很难以静态方式去理解。正如比弗斯东等人(Beaverstock et al,2000)所说：“城市正在被各种流空间(如信息、知识、资金或文化)而非内部固化的组件(如形态或功能)所创造和再生。”因此，城市可以被看作允许不同速度或形态的流空间转换的变速箱。在这方面，韦格纳(Wegener,2004)识别出城市空间的异步性；日常生活中人与物最快速的流动；就业和家庭组成相对快速的变化；住房与非住房建筑长时间尺度的生命周期以及自然环境和土地利用的缓慢变化。实际上，这些观察的视角说明城市中包括建成环境在内的任何事物都不是一成不变的，而且这种流动并不会止步于行政边界。但是，城市流动的视角在荷兰城市规划领域并不常见(Vromraad,2010)。

在城市中，不仅人居环境在持续变化，人类生活空间的意义也在变化。近年来，个体或家庭组织日常生活和生命历程的方式更多地与技术、经济、社会和文化发展密切相关。鲍曼(Bauman,2000)提到:“世界变成了容纳无限可能性的收容器,充满了无数可能争取或者已经错过的机会。”居民活动机会的无限增加已经受到西方社会学中个体化研究的关注,表现为行为选择丰富与统一偏好缺失之间的矛盾,从而使行为决策更加困难。个体化过程也会影响信息和通讯技术的使用,造成人地关系的动态化和多样化。个体化和“基于地点”的活动分离共同形成了考莱利斯(Couclelis,1998)社会分析的背景,后工业社会将出现更多“基于人”的活动。从这一点来说,后工业社会不同于(前)工业社会,工业社会的活动主要是基于实体的空间地点所产生的,其时间和地点是固定的。在转型过程中,后工业社会中活动—移动行为的模式开始变得碎片化,时空被压缩或延展,并出现不断变化的组合(Hubers et al,2008)。这些现象的出现使得城市规划更为复杂和困难。

人类的日常生活也在很大程度上受到工业社会转型的影响。现代社会随着信息技术的发展,人们在城市中相互会面的机会增多了。社交网络也随之发生变化:前工业化的乡村或城市,日常生活的会面都发生在熟人之间(Lofland,1973),陌生人很少能够碰面(Wellman,2001);在工业化城市,公共或私人交通工具以及信息和通讯技术的使用,使陌生的人或地发生接触的机会增加且形式多样;在后工业化城市,汽车与信息和通讯技术使用迅猛增长的现实使这种人际交往模式更加普遍和深入(Urry,2004)。正如斯瑞弗特(Thrift)1999 年所说:“世界是由成千上万个愉快或不愉快的会面组成的,这种会面通常发生在多个路径交汇的地方。”这些会面包含有与个人社交网络中成员的正式会面(Wellman,2001),也包括与其他人或公共生活中的生命体或非生命体所发生的破碎、暂时、凌乱甚至是“流动”的会面(Wittel,2001; Sheller et al,2003)。移动和活动的增加使居民更多地参与到城市生活中,从而影响其态度、行为、幸福感以及身体健康(Matthews,2008; Kwan et al,2008; McQuoid et al,2012)。

社会学中,城市生活通常被认为是现代性和理性化中拒绝强权叙述[①]的一个核心命题。后工业化城市日益增长的实体、虚拟的移动性及其对个体居民、城市规划的影响,并没有完全得到讨论和理解。在传统的城市社会研究中,社会移动性以及社会不平等的双重发展与城市的包容性有关,表现为城市作为居民的栖息地能够包容复杂事物,甚至是消极厌世的态度(Park et al,1925; Simmel,1995)。现代性的诸多讨论提到,城市复杂性的另一侧面,是孤独、自我、封闭的个体以及丧失凝聚力的社区(Putnam,1995)。如今,这种现象变得更为严重和恶化。实体和虚拟的移动世界以及相对高密度、差异化和动态化的城市公共会面,更表现出局促和紧张的社会氛围。鲍曼(Bauman,2005)将人类的生活描写成“流动的生活”与“一种长期处于不确定之中的危险生活”。迄今为止,对居民怎样应对生活环境中熟悉(或陌生)的接触,以及如何在信息和通讯技术使用及移动性增加的背景下利用城市空间,还没有形成充分的理解和认识。目前所了解的是:在移动性的条件下，人们会将“家的感觉”寄托于某些地方，这是一种恋地情结，使其感到安全、舒适并且与外界环境相联系。由于移动社会和城市化的增长，这种对家的依恋感和归属感会愈发强烈(Duyvendak，2011)。在这种快速变化、高速流动的城市环境中，人们可能会找到一种全新的家的感觉。城市规划需要关注社会可持续性的问题，以便制定相应的政策去促进社会融合、凝聚力和幸福感。从经济的角度讲，城市空间结构规划也需要考虑居民的幸福感，这些社会经济指标是与交通、出行和城市环境相关联的生活质量的条件。生活质量成为城市魅力和经济发展的核心指标(Morais et al，2013)。

如上所述，罗得(De Roo)和伯伦斯(Boelens)提出了移动性和复杂性增长的过程是自主演化的，并向着不同的方向发展。因此，城市规划者不能够控制或者规划，但是可以尽量去回应、参与或适应这些变化。关联法是对常用的物理主义规划方法的合理替代(Healey，2007)，在很大程度上衍生于行动者网络理论(Actor-Network Theory，ANT)。这种方法的基本假设是人与物在网络化社会生活中是动态关联的。但是，这更像是一种联系的方法论，而不是实质的方法。在高速移动的城市化社会，随着大量、连续且流动的会面产生，需要去理解什么是居民在人与物的关系中所追求的、他们是怎样管理这些关系的，这些命题将成为学术讨论的核心。

本文尝试建立一种实体关系的理论框架，将时间地理学及实践方法与实用主义的观点相结合，融合研究人类情感的哲学分析及移动性条件下的人类学分析，进而更加深入地理解人地关系。

16.2 时间地理学与关联理论

社会是由人、组织和实体以时空中连续且网状的路径所组成的。这种在时空中交织的路径是时间地理学的理论核心(Hägerstrand，1970；Dijst，2009)。哈格斯特朗(Hägerstrand)创建的时间地理学是为了提高生活质量，正如该理论发表于1970年的里程碑式的巨著《区域科学中的人》中所述，时间地理学中的世间万物都处于“变化”之中，甚至静态的物体依然如此，因为在时间过程中它们仍然是变化的。时间地理学对世界的描述是：“我们在时间的长河中都是搬运工，就像水和风一样(Hägerstrand，1995)。”人类、设备、材料的物质性，形成了实体在移动中的限制和存在方式。在时间地理学中，活动参与不只是一种选择，而是受限于三种制约：能力制约、组合制约和权威制约。能力制约是由于个人的生理构成、心理状态及其所使用的工具而受到的个体行为制约。组合制约规定了个体为了完成某项活动，如生产、消费及社会交往等，而与其他人或某种工具、材料等在某时、某地同时存在并持续一段时间。权威制约则规定了个体需要通过某些社会规则、法律和金融壁垒及权力关系才能进入某些空间(Dijst,2009)。这些制约决定了在主要活动地点之间移动的弹性程度。惯常活动(如睡觉、洗浴、工作或学习)会在相对固定的时间段发生在这些主要的活动地点。时间间隔或时间窗口则是在主要活动地点或其他地点之间出行的时间长度(Putnam et al,2005)。

时空棱柱是时间窗口所受制约的三维表现,它包含了出行过程中可能参与的城市活动机会。时空棱柱在城市空间的投影被称为"潜在活动空间"或可达区域。进行时空行为决策并行动后,时空棱柱则被转化为时空路径。个体在虚拟的时空棱柱中就像是在气球中移动,其范围的扩大或缩小因个体所受的能力、组合和权威制约以及涉及日常路径的行为决策而产生差异。时间地理学体现了两方面的时空动态性。第一,当个体居民是固定的,时空中的他人、移动对象以及自然过程(日出、日落及天气变化)会不断地进入和退出个体的感知范围。第二,当个体居民在空间中移动时,个体所处的实体空间环境一直处于变化之中。基于这两方面的动态性,个体获得了理解和规划未来行为的经验、情感和信息(Dijst,2009; McQuoid et al,2012)。

行动者网络理论与时间地理学紧密相关。"现代社会具有一种纤维化形态的属性,而且这个属性是无法简单地用阶层、领区、范围、类别和系统来描述的"(Latour,1999)。拉图尔等(Latour,2005; Callon,1999; Law,1993)将行动者网络理论发展为社会科学的关联理论,加入了空间关系维度以及时间地理学中时间维度的重要性。行动者网络理论将世界看作自然界中大量的行动者、人类、非人类等在同一空间中相互作用的集合(Latour,1999; Murdoch,1998)。这种集合被称为行动者网络。"后行动者网络"的倡导者认为,网络过多地强调了一成不变的结构(Callon et al,2004),而他们更倾向用"流体"(Mol et al,1994)或"胶状"(Sheller et al,2003)这样具有弹性和变化的形容词来理解网络。现实生活中,不同关联类型的关系确有存在(Callon et al,2004; Brown et al,2005; Amin et al,2002)。尽管哈格斯特朗建立的传统时间地理学并没有过多强调意向性和其他人与事物的关联性,但路径的实体存在和发展的重要意义是行动者网络理论和时间地理学共同具有的原则(Schwanen,2006)。

如拉图尔(Latour,1999)所述:"重要的不是行动者做什么,而是什么提供给行为主体以行动、主观性、意向性和道德性。"此外,拉图尔还说到:"行动不是一种简单的人类行为,而是行为主体的关联分析。"换句话说,重要的不是行动者,而是他们之间的关系。例如,一位火车乘客接听电话最初始于已设定好的电话铃声,而这种交流又引发了一系列的行为:在一些人中唤起抗拒行为,引起一段评论或者换到另一个车厢。这个例子也可用来说明拉图尔(Latour,1999)提出的从行为主体到另一个的转化。这是人类与非人类行动者之间相互作用与交流的结果,两者能够共同引起网络的变化,同时也包含了情感和思想。人造物(Artefact)② 被认为是文化—物质的混合体，不只是社会之外的固态事物。社会行动者不仅与物质世界相关，而且是具体化和物质化的对象。

（后）行动者网络理论的另一个特征是在相互作用和交流的网络中不存在尺度的转换。拉图尔提到“背景随着网络的本地变化而变化”（Pred，1977；Massey，1991；Latour，1999）。他指出，人、组织和事物是通过在本地尺度的面对面交流，在社会、自然和空间结构中相会或相遇。基于行动者关系网络，空间不存在绝对性，如时间地理学中人类活动的载体。相反，空间则被认为是具有空间影响的范围，是多种关系的系统（Harvey，1969；Murdoch，1998）。因此，距离不再以“米”来衡量，而是一个功能的概念。

行动者网络理论试图去理解物质和非物质实体是怎样形成且怎样以网络形式相互作用或者消失的，而不是回答为什么会导致这样的过程。经常使用的“具化”[③]观点能够填补这一空白。哈格斯特朗的世界观是一种唯物主义的观点，将人类的存在抽象为沿着路径移动的中立个体（Rose，1993）。但是，人类的身体会表现出生物学特征（如种族、性别、年龄和体重）、文化与生活方式差异（如服饰、眼镜、首饰和拐杖），这些均具有社会含义。个体或对象在生理或文化上的碰撞很可能是通过身体的感知（视觉、听觉、触觉、味觉和嗅觉）能力及其与周边环境的直接接触而实现的。在这种“具化本体论”[④]中，身体是理解个体体验外界环境并产生自身感受的根本出发点，其承认以世界为基础的物质存在（Hubbard，2005；Davidson et al，2004）。

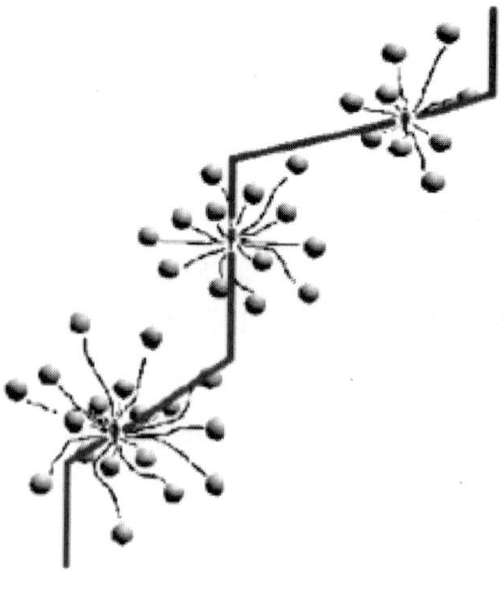
图 16 - 1　移动中的二维动态性

这些理论方法都与时间地理学相关联。时空间中的个体经历着与物质或非物质行动者所发生的二维关系，如图 16 - 1 中的灰色部分。一位骑车者可以与对患病亲友的记忆、自行车、自行车道、其他骑车者及天气等发生着弱关联（Westeneng，2012）。这些关系一直在变化，从未停止过（Anderson，2009）。

16.3　情感与环境：在家的感觉

环境的具化体验是诸多社会和哲学理论讨论的话题。在 19 世纪末和 20 世纪初，城市与城市生活引起了学者关于现代化影响的关注。20 世纪初，理解城市生活的理论中，除了格奥瑞尔·西梅尔（Georel Simmel），还有批判学者本杰明（Benjamin,2002)建立的一种对城市物质层面体验的分析。理想的体验者是“闲逛者”(Flaneur),他是城市商业化的结果,是新奇和时尚交汇环境最直接的体验者(Benjamin,2002)⑤。因此,身份、身体和自我与城市及其设施发生着错综复杂的关联。塞耐特(Sennett,1990)是一位强调人类的身体和情感均要融入空间或建筑中的当代社会学家。在他看来,城市挑战了人类处理差异并建立一种健康可持续的身份认同的能力。在这些关于城市的现代叙述中,最利害攸关的是由于个体能力、社会关系和物质框架的动态性而导致的归属感和异化疏远。在下面的陈述中,将要预设一种在个人、社会和城市设施间相互影响的情感维度,这有助于关联规划的概念化。时间地理学和行动者网络理论的介绍作为关联规划的基础,还将借鉴包括所谓的实践理论、哲学实用主义和普莱斯纳(Plessner)人类学理论在内的理论方法。虽然传统的社会理论“趋向于系统性地将情感现象和空间边缘化”(Reckwitz,2012),但是这三种方法可以在承认情感、影响和空间的实践基础上,构建人类与城市环境相互影响的模型。对于这种视角,归属感和家的感觉是一种实践,而不是纯粹的精神或情感陈述。

建立这一框架的第一步是将人类的环境参与概念化,而不是纯粹的函数化或工具化,也不是完全哲学层面的思辨(参见哈格斯特朗的行动者网络理论)。人类与环境的互动和会面不只是来源于有意识的行动,也不是公正的观察(Disinterested Observations),而是受到互动或会面中情感因素的影响。因此,行动的意图或目的是与感受相互交织的(Joas,1992)。例如,一位妇女可能无意识地选择穿过一排房子的线路回家,尽管这段路的距离会略长,但她感到安全。建筑和城市规划就是一个创造符号权和控制居民行为的方式,这一观点既不是最初的也不是一个创新的议题。然而,究竟建筑、地方、走廊、公园等是如何来影响人类的?如何将感情和感觉在其中概念化?第二步在此时就显得非常必要。人类与城市环境的关系要以动态、弹性的方式去理解,而不是固化的结构。在萨泽兹克等(Schatzki et al,2001)的巨著《当代理论的实践转向》中,这种观点被描述为“具化、大量的实践交织起来并围绕在一种共识的实践理解周围。”当身体走过街道或隧道、坐在草地或长椅、站在操场或集市的时候,当身体感受到不安或喜悦的时候,情感与人造物是相互关联的。在哲学、心理学和人类学中,情感、情绪或感觉的现象以及身体与环境的联系是不易被捕捉到的,因此产生了很多的方法。作为研究情感的第一代现代理论家之一,实用主义者詹姆斯(James,1977)强调把情感只当作一种与身体无关的私人的精神陈述来研究是没有成效的。这种主观主义的观点只是在重复笛卡尔(Descartes)将身体和精神分离开的二元论带来的问题。主观主义具有两面性:一方面是它不能解释为什么我的感受能够被他人所理解;另一方面是为什么感受或感情是在特定环境中出现的以及我们是怎样与环境联系起来的。与实用主义者相一致的还有海德格尔(Heidegger)和后来的萨特(Sartre),他们都将感受和情感置于人类和世界的实践性关联之中。海德格尔(Heidegger,1979)甚至认为情绪(心情)是世界上所有生物都具有的先天之物(Apriori)。情绪对于海德格尔来说构成了一种对世界的归属感,其在现象学中是先于感知和行动的。拉特克利夫(Ratcliffe,2009)构建了关于感觉的概念框架,他认为"感觉是身体与世界的一种关联,而不是完全相互独立的",并借鉴海德格尔、胡塞尔(Husserl)以及法国现象学家梅洛·庞蒂(Merleau Ponty)的观点提出"感觉"应当从人类及其身体与特定环境之间更广泛的依恋来理解和阐释。海德格尔将感觉作为一种已经存在的情绪来理解的方法缺少对于身体参与的理解。尽管海德格尔(Heidegger,1971)没有建立身体哲学,但他在晚年关于居所的研究中进行了尝试和努力。他试图将情绪置于物质环境之中,并以此建立身体对环境的依附。他对于居所的哲学研究相对抽象,而且并没有考虑人类特有的依附属性能够包容或接受不同的处境。他将居所理解为一种已经存在的情绪,它建立于"文化"之上,是生物长期与地方和建筑交互作用的结果。他可能被批判,因其使人类身体对环境的依附具体化为一种根本的情绪。对于理解发生在当代移动社会不同类型的感觉,海德格尔的理论带给我们的启示是居所和家的感觉的缺失。实践理论和实用主义核心实践的新形式,是超越海德格尔的存在主义范畴的。拉特克利夫对感觉的认识是有用的,因为它使我们超越主观意识的情感体验和强调态度的呆板命题。对于体验的分析,实用主义者詹姆斯和杜威(Dewey)将我们引向人类包容环境的实践性交互作用(Practical Intertwinement)。詹姆斯(James,1977)将体验称为"双管",它集合了个体所拥有的感知和感觉以及对于事物的感知和感觉。杜威(Dewey,2008)运用体验的观点去理解人类与环境所发生的日常生活的实践参与。习惯和传统决定了人类体验是如何在特定实践情境下逐渐消失的,因此,这就解释了为什么情感和感觉可以与他人分享。然而,情境也同时处于变化、转型和创造之中,因为人类具有以体验方式去适应新情境的能力。这种过去经验、现时挑战与未来适应和解决办法的组合,是日常生活的实用主义认识论的一个主要特征,它将运用于后文对"家的感觉"的理解。

戴闻达(Duyvendak)将"家的感觉"的概念与更加社会学化的实用主义认识论联系起来,建立了高度移动社会条件下理解"家的感觉"的差异化评估方法。戴闻达对"家的感觉"的研究背景源自于当代西方社会中运用政治学观点去研究迁居、多元文化论和国家建设的政策。作为对全球化和流动社会的回应,不同理论对转型类型的划分以及社会文化影响的观点差异巨大。尽管大部分社会理论家认同移动性的增加会影响人类与地方、空间的关系,但他们或者认为空间联系出现弱化,或者提出四海皆为家的观点。正如戴闻达(Duyvendak,2011)所说:"我认为,争论变得非常有意思,移动性的变化明显对地方依恋、地方意义、地方归属感产生巨大影响。"他提出了一种用来把握积极和消极的规范假设,这些假设将指导人们用变化的方式去对待在不同地方或移动情境中的“家的感觉”，例如在机场或旅途中。这个框架包括两类：对移动性的积极或消极的评价以及一般（或特定）地方。在这些类别中，戴闻达事实上描述了四种观点。第一种观点与海德格尔等理论家相一致，认为现代生活中的移动性具有负面效应。他们认为现代社会中的个体居民失去了与地方建立深厚依恋的能力。用戴闻达（Duyvendak，2011）的语言来说，这些研究者认为人们已经“迷失在空间中”，因为真正的地方已不复存在。古普塔等（Gupta et al，1992）假定地方包括与家人、朋友等亲密社会关系相处的熟悉环境、工作地点及周边设施，可以是家，也可以是常去的酒吧。地方的定义是“空间加上特质（熟悉、持续，具备社会、文化和私人依恋）”，与之相对应的是“只是一般的”和“非地方”纯空间。赞同“迷失在空间”暗喻的社会理论家认为，不存在可以改变这种发展趋势的方法。第二种观点同样接受空间与地方的对立。他们认为人类长期处于移动之中，但是他们具备能力或策略去适应在家或在一般地方，最有代表性的是居住在国际连锁的酒店，虽然是客观的、没有人情的地方，但具有标准化且方便的特征。旅行者尽管不能感受到“家”，但他们不会感到迷失。

戴闻达提出的第三种观点则强调即使在移动性的条件下，特定地方的旧区更新也很重要。一种方式是将移动的个体以怀旧的方式定格在真实的地方，如家庭。另一种是当移动中的工作生活增加了“迷失”的可能时，家庭生活就会被认为是一种安全且具有归属感的天堂，例如具有强烈社会凝聚力的小村庄（Bellah et al，1996；Putnam，1995）。这种对“真实家 ”的再评价，被戴闻达（Duyvendak，2011）称为“防御性的地方主义者”。第四种观点被他称作“选择性的归属者”。移动性被看作积极的力量，人们能够在移动过程中自发形成“家的感觉”，并将其依附于某些情境和环境，形成了“移动的家庭”（Duyvendak，2011）。信息和通讯技术在这种观点中显得尤为重要。通常移动设备和媒介被看作对社会凝聚力和空间联系起着消极作用，但信息和通讯技术会对移动的家庭战略产生积极作用。然而，具有相似功能的手机却有着不同的评价：一位女性走在街道上，同时全神贯注地与她的姐妹聊着电话。她似乎既没有出现在街道的场景中，也没有附属于这个地方。然而，她与她的姐妹形成了亲密的联系，这实际是家庭社交网络。当疏忽了处在同一空间中的行人时，她其实只与她的家人发生了联系，并且加深了对家庭的归属感，尽管这个家庭可能在一个她并不熟悉的城市。与城市环境、一般或特定地方的联系或接触，与人们所使用的通讯工具有着密切联系。信息和通讯技术允许我们随时随地与既有社交网络或家庭发生虚拟空间的相互作用。

公共空间的重构是信息和通讯技术普及化中最令人兴奋的结果。当人们在城市中开车、坐火车、步行，或者坐在咖啡馆的时候，智能手机或者移动网络不仅能随时随地实现空间定位，还能够与他人在虚拟空间中共同存在或导航（Arminen，2010）。移动电话的照片库可能用来建立与私人社交网络或者家庭的信息联系。从这个意义上讲，信息和通讯技术和其他能够引起特殊情感联系的物质实体的作用一样，正如在丹麦对于火车通勤者的研究(Jensen，2012)。在通勤者例行化的行为中，他们用听音乐或者聊天等方式创造了亲密空间和有意义的时间。简单来看，这似乎是一种时空间的消亡，它们具有很强烈的作用，并且部分影响到通勤者的身份建构。信息和通讯技术也对出行的组织有影响(如设定闹钟)。信息和通讯技术还能帮助在公共空间中建立一个私人的虚拟小空间(如耳机的使用)，并且与在场或不在场的人都有部分的交流[如新闻或脸书(Facebook)]。“家的感觉”变成了流动的状态，而不是固化在某个空间。后文基于人类学关于人们是怎么处理不同的相互作用的讨论，将有助于理解和挖掘城市生活中的会面和体验。

16.4 普莱斯纳的理论：关系结构和城市生活实践

时间地理学和实践理论以及哲学人类学者，认为对一切人类、生命体、非生命体来说，其根本的生存基础均要占据并处于绝对的空间。这种哲学视角的重要代表是普莱斯纳。1928 年，普莱斯纳撰写了《有机体及人类的发展阶段》(*Die Stufen des Organischen und der Mensch*/ *The Levels of the Organic and Man*, *1928/1975*)。其中，他讨论了具有界限的有机体的关系结构，植物、动物、人类具有不同的定位特征，以此来控制各自相互之间及其与环境的关系。作为哲学人类学者，他试图从生物学的视角去理解人类之间、人类与世界的关系(Fischer，2009)。遗憾的是，他的工作很少被翻译成英语。然而，他的思想对于人地关系管理和城市生活归属感的理解具有重要影响(Dijst，2013)。

普莱斯纳认为人类正面临着“离心关系结构”。普莱斯纳(Plessner，1928/1975)阐述到：“人们不仅生存并体验，还体验着自身的感受。”这可以理解为，当我们说话、写作或做手势时，我们也听到了自己的声音，看到了自己的笔迹并目击了自己的行为(Mishare，2009)。这种离心关系结构包含了人类持续的摇摆式体验：一方面以个人为中心，即感受身体内部的个人世界；另一方面离心位置，即感受身体外部一定距离的范围。这种离心的关系结构使人们能够超越现实，而用他人的视角来看待自己(Fuchs，2005；Lindemann，2009)。例如，有人想买一部新车，他会考虑自己喜欢什么款式，以及别人是怎么评论他的新车的。换句话说，这种超越能力可以反映自身与生命体、非生命体之间的关系，并且根据他人的期望来变化和调整(Heinze，2009；Lindemann，2009)。

受限于这种反映能力，人们经历着一种脆弱的平衡，他们形容自己是“高危且脆弱的”(Heinze，2009)。与实践理论相一致，我们可以说他们对地方没有归属感，但他们一直在试图建立内部与外部的平衡。为了跳出这种无法接受的存在主义体验，人们不得不创造重塑生活的可能性(Plessner，1928/1975)。这些用来规范环境中生命体和非生命体之间关系的可能性，可以完成相对于其他对象的自身定位，并且划定它们自身以及与其他对象的界限。在普莱斯纳（Plessner，1928/1975）的哲学中，界限的意义是用来让人或生命体区分熟悉和陌生的。界限可以被视作关系领域，人们可以收集熟悉事物、人和文化传统来管理他相对陌生的流动关系。在这个开放式、可塑、非固化（Jones，2009）的界限领域，同化作用和异化作用在相互影响的对象间同时发生着。

城市环境中，高密度、多样化且动态的公共会面频繁发生，人们通过采纳他人的观点并反馈在自身行动上来超越自我的能力会变成压力。城市生活充满了感觉（知觉）上的冲动。尤其是当人们对周边任何事情都敏感时，他们就会感到不适，没有家的感觉。这些体验会对人们的活动参与和出行决策产生很大的消极影响。例如，下面这位受访者就回答了假如有一天假期，他想做的事（Berkers，2011）：

> 简单来说，我就想待在我觉得舒服的地方。对于敏感的人，这种地方可能不多。它是特定的地方，也包括特定的人。当你是一个敏感的人，你又不得不跟30个人待在同一个屋子里，那是一个很不平衡的能量空间，你很难逃脱或独善其身。最难的是，你可以封闭自己，但那意味着你就完全与世隔绝了。

在日常生活中，当人们处于移动之中时，他们需要在不断转换的时空情境中，相对于他人、生命体和非生命体，来定位自我。为了自我保护，他们会通过选择或逃避某些地方、前往路线、参与时间等来选择合适的位置。一位妇女在乌特勒支市中心的精神体验，可以提供一个很好的例子（Berkers，2011）：

> 我不喜欢去Hoog Catharijne（乌特勒支的一个室内购物广场），那里有一点能量过剩。我每次离开那里，都会深深地松一口气。那里太热闹，以致我不得不保持精力充沛。我宁愿不去超市，我觉得太忙乱了，需要做很多事情。当我和儿子一起去买东西时，我经常说，你先看看。比如Sting（一个商店），那就像是一个大仓库。当我一走进去，就会马上觉得疲惫。吵闹的音乐声充满了整个空间，进来的人们带来了很多能量。

从其他角度来看，相似的经历也发生在旧金山的一位贫困的单身妈妈去市中心购物的时候（McQuoid et al，2012）：

> 我的孩子们非常兴奋，因为他们从没见过这么多漂亮的东西。他们想去触摸每一样东西。我只想“别碰任何东西”，店员们看到这些，他们很可能想：她一定是住在贫民区的穷妈妈。我们想去看百货公司，因为那里非常大、非常新。你知道吗？我再没有去过，因为在那里我一样东西都买不起。我只能

四处看看，不知道该如何是好。我感觉他们认为我们是小偷，似乎我们一直被监视着。

这些妇女通过命令孩子的方式来避免这些不悦的购物体验，同时也就减少了参与这些地方活动的频率。

同样地，城市环境中也会有一些地方让人愿意前往。这些地方可能会引起人们的兴趣，使他们跨越界限去感受积极的情感体验，就像是享受夜生活的人们会不自觉地“陶醉”在音乐、舞蹈和酒精中(Hubbard，2005)。这种界限跨越可见下文(Berkers，2011)：

有一个地方我年轻时非常喜欢，也经常去，就是大教堂(位于乌特勒支市中心)的回廊花园。因为我父亲曾经是一位雕刻家，他修复了那里。我经常去那里，觉得那里很安静。我想去坐坐，也帮着雕刻一点。那里是城市中我觉得唯一能够平静下来的地方。

由人们与他人、商品或地方的关联需求决定的，不只是外出活动的目的地，也包括出行过程的交通方式选择。一位旧金山市拥有汽车的单身妈妈这样描述乘坐公交的不适(McQuoid et al，2012)：

公交车上总是很拥挤、很嘈杂，太多人了。挤在公交车上的人们都非常粗鲁，推搡着你。他们经常背着包，我不想让他们的包碰到我。你知道，他们刚从市场回来，包里经常会装着鱼或者其他东西……我非常不喜欢公交车，我讨厌公交车。

另一位没有车的旧金山妇女也描述了同样的感受，但她别无选择：

如果你没有车，但又需要去市场买东西，你就必须与公交车上的大包小包混战一番。那真是太难堪了！对于公交车司机，你必须要让他等等你。对于公交车上的人，你要试着抓紧自己的东西，并挤上公交车，然后他们都在看着你。嘿！你又来了！所有人都在看着你，像是在说：“你得抓紧点时间！”是的，我不喜欢那样。

在某些空间所经历或享受过的氛围，如朋友家、歌剧院、音乐厅等，可能会影响出行交通方式的选择倾向。这从一位男士用手机的体验可见一斑，糟糕的火车经历破坏了他刚与朋友见面的好兴致(Dogterom，2011)：

对于我来说，信息和通讯技术使用的程度更多受到我的情绪以及当天情境的影响……比如我晚上坐在安静的火车上从朋友家里返回乌特勒支，大约40—50分钟的路程，无需换乘，本应是个很安静的环境。突然有三个人进入到车厢，用手机聊着天，那些内容都不是我想听到的。

公共交通上的不悦经历可能不仅是不再乘坐公交的一个理由，还会造成一定的心理阴影，尤其是对那些不能够单独开私家车的老年人。对行凶抢劫的恐惧（除设施问题外）已经成为丹麦和加拿大老年人不乘坐公交的一个重要因素。

除了地点和交通方式的选择，另一个重要话题是怎样为自己划定开放且可塑的熟悉领地。很多对象都可以关注，比如服饰、移动物体或者同伴（McQuoid et al，2012；Longhurst，2001；Lofland，1973/1985）。旧金山的一位妇女就在公交上为自己创造了“静土”（McQuoid et al，2012）：

> 我有一个IPOD（苹果播放器），看到了吗？当我在公交上的时候，我就会用我的IPOD，因为我不想听到周围人讲话，或者看到那些刚出狱的人来势汹汹想要打架的样子，有时他们也会挑衅，可能那是一种释放。我只是为了放松，平稳安全地出行，所以在公交上除了我自己的音乐，我不会去听任何事。

这位妇女通过戴耳机来传递一个视觉信号，就是她不想与周围的任何人接触。旧金山的另一个妇女用了另一种东西，也达到了同样的目的，就是穿着一个巨大臃肿的黑色夹克：

> 我不会去改变夹克的颜色，也不会去改变尺码。它就好像我的被子，你知道吗？尽管会有点热，但我仍然会穿着它，因为它就是我的被子。尽管我的同事送我一个新夹克，但是我不想去变化什么新式样。它是黑色的，但不像我现在穿得这件那么臃肿。

夹克使她感到舒适，她想人们会觉得她穿得这么糟糕，就会远离她，减少跟她的接触。

不仅限于日常生活，人们在长期的生命历程中也会通过选择居住环境，以减少与陌生或不喜欢的人或事的关联，从而更好地保护自己，例如选择在门禁社区居住。居住界限领地的定位和发展不只倾向于自我保护，也会将自己开放给喜欢的环境，或者超越自己的界限去鼓励积极的情感体验。这从一位住在荷兰宾格登（Beegden）村庄的居民的话中就能清楚地体会到（Beljaars，2011）：

> 村庄非常好，每个细节都有差别。比如刚刚，因为我坐在这里，我听到朋友在门外说话，我就问道：“你最近去哪了？”从谈话中我得知他刚动了手术，我觉得太不可思议了。只是在街上的偶遇，就可以问你最近去哪了，然后对方可以很坦诚地回答你。这真是不可思议！整个世界好像尽收眼底，然后问一句：你好吗？

但是，这种乡村生活体验并不是每人都一样，有人喜欢社交，而有人则喜欢享受宁静，就像下面这位住在宾格登村庄的妇女（Beljaars，2011）：

> 对于我来说，我居住的只是一片土地，一片与自然亲近的土地。当遛狗

或放松时，可以与自然亲密接触。除了这里，我也可以住在 Horn(村庄的名字)，如果那里有个跟现在一样的好房子，当然 Swalmen 和 Neer(周围村庄的名字)也可以……

这些案例都表明，人们会处理自己与周边的他人、生命体、非生命体的关系或位置。通过划定界限或者定位自身，他们能够掌握自己与环境的关系。感情和情绪是这些关联中本质且固有的一部分。

16.5 研究结论与规划应用

城市化、个性化和移动性是引起人与文化表达的社会会面(例如服饰、艺术、城市建筑)发生根本变化的主要因素。由于陌生接触的数量和多样性的显著增加，尤其城市中的碰面机会，人们经历着一个危险、不确定且紧张的生活方式(Bauman，2005)。基于这些理论的发展，戴闻达(Duyvendak，2011)提出了"家的感觉"会不会和如何在现代生活中产生和发展。他认为现代生活比以往更需要家的感觉。这与社区认同和归属感相关，这种社会联系的存在和感受更需要人们的认可和参与(McKenzie，2004；Woodcraft et al，2011)，是社会可持续性的一个核心议题(Colantonio et al，2009；Bramley et al，2009)。在移动社会中，家的感觉不仅限于居住环境，与可持续发展相一致(Omann et al，2002)，应当引起城市规划者的重视，为满足个体居民对于生活意义的追求，空间与建筑结构应当提供可能的机会。

本文提出了进行移动性规划的强烈诉求，其中阐述了社会维度是移动性和政策领域中环境友好和经济可持续的根本和必要元素(Colantonio et al，2009；Vallance et al，2011)。从关联的视角，我们提出了移动社会中时空间的变化必然也伴随着背景的变化。按照特定的场景逐步更替和变化，影响其中的会面和体验。为了掌控与陌生人的接触，人们会根据背景和场景来定位自身，由此获得舒适的体验来自我保护。在这种方式中，他们创造了一种归属的场景，或者说是家的感觉。实体环境起到了容纳新关联、限制或选择关联类型两方面的作用。认识论上利用行动者关联理论和实用主义观点来探寻行动者的创造力以及内外博弈的人类学需求。我们尝试表现移动性规划需要关注特定的会面和背景，而不是建立大尺度的结构框架。

在政策应用方面，对社会联系的了解的不足，可能导致社会的不良发展。由于归属感的缺失，人们可能不再走出房间，或者在某些时间避免访问某些地方。我们通常会从妇女、同性恋或者少数族群去观察空间的不平等及由此而产生的社会隔离。人们也会减少使用公共交通工具，以避免与厌恶的人见面而感到不悦。另一个典型案例是停车场通常被认为是非地方，那里的人们都很忙碌，甚至令人不舒服(Ben-Joseph,2012)。地方使用的多样化,例如,停车场被年轻人用来闲逛,也可能产生负面影响。这种情况在一些居住邻里也时有发生。住房市场上的坏名声可能使人们不愿意居住在那里。

为了营造家的感觉,政策制定者不能够再依赖传统的政策,如设施配套和土地利用(Vromraad,2010; Healey,2007),或者执行社会阶层和种族群体在社区层面混住的政策以达到社会融合(Zwart et al,2007; Granovetter,1973; Eijk,2010; Vervoort,2011)。尤其是以步行和自行车取代小汽车出行的方式,能够改变移动模式,并带给人们更多与他人接触的机会(Heringa et al,2013)。通过联系个体居民的时空路径以吸引他人共同参与,由此感受地方性,建立地方感,这种方式是值得推广的。正如荷兰环境与设施委员会的结论,地方和城市研究的流动视角在现有规划实践中并不常见。但是,随着移动性复杂社会的来临,这种方式比现有的静态、界定的规划方法更可取(Dijst,2013)。虽然从规划和社会科学更传统的视角,社会凝聚力中"家的感觉"更多地与低移动性社会和拥有稳定团体(如家庭主妇)的社区相联系,移动性的方法却关注高度移动的社会中不同类型关联的多样性问题。从流动的视角,城市中的一次出行或远足构成了大量的节点(前图16-1),因此为会面提供了机会。所以,移动过程中家的感觉是实践的结果,而不只是静态的陈述。

为了能够预测、回应和适应社会联系体验的变化,城市规划者需要依靠适用于流动的方法。地理信息科学能够用来分析、模拟、可视化和理解这些流动与空间的体验。特别是20世纪80年代全球定位系统技术与全球定位系统、地理信息系统软件整合后,实时的时空融合变成了可能。移动(导航)设备上的小型化时空融合全球定位系统、地理信息系统与电子传感器的结合,可以用来测量健康状况、社会融合等,其功能可谓是一举两得。这些设备在提供实时导航服务的同时,收集了丰富的时空环境数据(Richardson,2013)。科学研究可以充分利用智能手机来获取质性数据,如日志、图片、评论,这些信息都可能由被调查者评定并由时空融合全球定位系统、地理信息系统来采集。这就使得研究者能更设身处地地理解"家的感觉",并讨论如何在移动情境下建立归属感。

注释

① 译者注:Master Narrative 译作"拒绝强权叙述",是后现代思想家反对普遍统一真理的观点。

② 译者注:Artefact 指科技人造物,是行动者网络理论中所讨论的概念,指行动者网络制造整合科学事实和人造产品相一致的机器。

③ 译者注:Embodiment,具化,指身体通过意义更广泛的系统而社会建构的过程。

④ 译者注:Embodied Ontology,具化本体论。具化是试图避免精神与身体相分离的一系列思想和观念,认为知识产生于人们所处的特定背景。

⑤ 译者注：闲逛者（Flaneur），城市体验作为流行的多重意象的体验，是闲逛者体验的精髓部分，因为他们在城市中溜达，接收着听觉，尤其是视觉信息。

参考文献

Anderson B. 2009. Affective atmospheres[J]. Emotion, Space and Society, 2: 77 - 81.

Arminen I. 2010. New reasons for mobile communications: intensification of time-space geography in the mobile era[M]// Ling R, Cambell S W. The Reconstruction of Space and Time: Mobile Communication Practices. New Brunswick: Transaction Publishers: 89 - 108.

Amin A, Thrift N. 2002. Cities: Reimaging the Urban[M]. Cambridge: Polity Press.

Bauman Z. 2000. Liquid Modernity[M]. Cambridge: Polity Press.

Bauman Z. 2005. Liquid Life[M]. Cambridge: Polity Press.

Beaverstock J, Smith R, Taylor P, et al. 2000. Globalization and world cities: some measurement methodologies[J]. Applied Geography, 20: 43 - 63.

Beljaars D. 2011. Life in place or place in life? The importance of daily activities and social networks for the embodied, affective and emotional meaning of the village[EB/OL]. [2011 - 03 - 07]. http://igitur-archive. library. uu. nl.

Bellah R, et al. 1996. Habits of the Heart: Individualism and Commitment in the American Life [M]. Berkeley: University of California Press.

Ben-Joseph E. 2012. Rethinking a Lot: the Design and Culture of Parking[M]. Cambridge: The MIT Press.

Benjamin W. 2002. The Arcades Project[M]. Cambridge/London: Belknap Press of Harvard University Press.

Berkers V. 2011. Religion, spirituality and leisure: a relational approach: the experience of religion and spirituality of Dutch new christians and new spirituals during leisure activities[EB/OL]. [2011 - 02 - 21]. http://studenttheses. library. uu. nl.

Bramley G, Dempsey N, Power S, et al. 2009. Social sustainability and urban form: evidence from five British cities[J]. Environment and Planning A, 41: 2125 - 2142.

Brown S, Middleton D. 2005. The baby as virtual object: agency and difference in a neonatal intensive care unit[J]. Environment and Planning D, 23: 695 - 715.

Callon M. 1999. Actor-network theory: the market test[M]// Law J, Hassard J. Actor Network Theory and After. Oxford: Blackwell Publishers: 181 - 195.

Callon M, Law J. 2004. Guest editorial[J]. Environment and Planning D, 32: 3 - 11.

Colantonio A, Dixon T, Ganser R, et al. 2009. Measuring socially sustainable urban regeneration in Europe[EB/OL]. [2009 - 09 - 21]. http://www. brookes. ac. uk.

Couclelis H. 1998. Editorial: the new field workers[J]. Environment and Planning B, 25: 321 - 323.

Davidson J, Milligan C. 2004. Embodying emotion sensing space: introducing emotional geographies[J]. Social & Cultural Geography, 5: 523 - 532.

Dewey J. 2008. Experience and Nature, Later Works, Vol. 1[M]. Carbondale and Edwards-

ville: Southern Illinois University Press.
Dijst M. 2009. Time geographical analysis[M]// Kitchin R, Thrift N. International Encyclopedia of Human Geography 11. Oxford: Elsevier: 266 - 278.
Dijst M. 2013. Space-time integration in a dynamic urbanizing world; current status and future prospects in geography and GIScience[J]. Annals of the Association of American Geographers, 103: 111 - 116.
Dogterom N. 2011. ICT use in evolving and floating atmospheres: attitudes to ICT use in various public spaces in the Netherlands[EB/OL]. [2011 - 01 - 25]. http://igitur-archive. library. uu. nl.
Duyvendak J W. 2011. The Politics of Home. Belonging and Nostalgia in Western Europe and the United States[M]. Basingstoke: Palgrave Macmillan.
Eck J R V, Burghouwt G, Dijst M. 2005. Lifestyles, spatial configurations and quality of life in daily travel: an explorative simulation study[J]. Journal of Transport Geography, 13: 123 - 134.
Fischer J. 2009. Exploring the core identity of philosophical anthropology through the works of Max Scheler, Helmuth Plessner, and Arnold Gehlen IRIS[J]. European Journal of Philosophy and Public Debate, 1: 153 - 170.
Fisker C. 2011. End of the road: loss of (auto) mobility among seniors and their altered mobilities and networks: a case study of a car-centred Canadian city and a Danish city [EB/OL]. [2011 - 02 - 13]. http://vbn. aau. dk.
Fuchs T. 2005. Corporealized and disembodied minds a phenomenological view of the body in melancholia and schizophrenia[J]. Philosophy, Psychiatry & Psychology, 12: 95 - 107.
Granovetter M. 1973. The strength of weak ties[J]. The American Journal of Sociology, 78 (6): 1360 - 1380.
Gupta A, Ferguson J. 1992. Beyond culture: space, identity, and the politics of difference[J]. Cultural Anthropology, 7(1): 6 - 23.
Harvey D. 1969. Explanation in Geography[M]. London: Edward Arnold.
Hagerstrand T. 1970. What about people in regional science[J]. Papers of the Regional Science Association, 24: 7 - 21.
Hagerstrand T. 1995. Action in the physical everyday world[M]// Cliff A, Gould P, Hoare A, et al. Diffusing Geography: Essays for Peter Haggett. Oxford: Blackwell Publishing: 35 - 45.
Healey P. 2007. Urban Complexity and Spatial Strategies: Towards a Relational Planning for Our Times[M]. London: Routledge.
Heidegger M. 1971. Building dwelling thinking[M]// Hofstadter A. Poetry, Language, Thought. New York: Harper Colophon Books.
Heidegger M. 1979. Sein und Zeit[M]. Tübingen: Max Niemeyer Verlag.
Heinze M. 2009. Helmuth Plessner's philosophical anthropology[J]. Philosophy, Psychiatry & Psychology, 16: 117 - 128.

Heringa A, Bolt G, Dijst M, et al. 2013. Individual activity and travel patterns challenge the meaning of residential environments for inter-ethnic contact[J]. TESG, 112: 381 - 388.

Hubbard P. 2005. The geographies of going out: emotion and embodiment in the evening economy[M]// Davidson J, Bondi L, Smith M. Emotional Geographies. Aldershot: Ashgate Publishing Limited: 117 - 134.

Hubers C, Schwanen T, Dijst M. 2008. ICT and temporal fragmentation of activities: an analytical framework and initial empirical findings[J]. TESG, 99: 528 - 546

James W. 1977. The Writings of William James[M]. Chicago: University of Chicago Press.

James W. 1984. What is an emotion[M]// Burkhardt F. The Works of William James-Essays in Psychology. Cambridge: Harvard University Press: 168 - 187.

Jensen H L. 2012. Emotions on the move: mobile emotions among train commuters in the south east of Denmark[J]. Emotion, Space and Society, 5: 201 - 206.

Joas H. 1992. Die Kreativität des Handelns[M]. Frankfurt am Main: Suhrkamp.

Jones R. 2009. Categories, borders and boundaries[J]. Progress in Human Geography, 33: 174 - 189.

Kwan M-P , Peterson R, Browning C, et al. 2008. Reconceptualizing sociogeographic context for the study of drug use, abuse, and addiction[M]// Thomas Y, Richardson D, Cheung I. Geography and Drug Addiction. Berlin: Springer: 437 - 446.

McQuoid J, Dijst M. 2012. Bringing emotions to time geography: the case of mobilities of poverty[J]. Journal of Transport Geography, 23: 26 - 34.

Morais P, Migueis V L, Camanho A S. 2013. Quality of life experienced by human capital: an assessment of European cities[J]. Soc Indic Res, 110: 187 - 206.

Latour B. 1999. Pandora's Hope, Essays on the Reality of Science Studies[M]. Cambridge: Harvard University Press.

Latour B. 1999. On recalling ANT[M]// Law J, Hassard J. Actor Network Theory and After. Oxford: Blackwell Publishers: 15 - 25.

Latour B. 2005. Reassembling the Social: an Introduction to Actor Network Theory[M]. Oxford: Oxford University Press.

Law J. 1993. Organizing Modernities[M]. Cambridge: Blackwell.

Lofland L. 1973/1985. A World of Strangers: Order and Action in Urban Public Space[M]. Illinois: Waveland Press.

Lindemann G. 2009. From experimental interaction to the brain as the epistemic object of neurobiology[J]. Hum Stud, 32: 153 - 181.

Longhurst R. 2001. Bodies: Exploring Fluid Boundaries[M]. London:Routledge.

McKenzie S. 2004. Social Sustainability: Towards Some Definitions[D]:[PhD Thesis]. Magill, South Australia: University of South Australia.

Massey D. 1991. A global sense of place[J]. Marxism Today, (6): 24 - 29.

Matthews S. 2008. The salience of neighborhood: some lessons from sociology[J]. American Journal of Preventive Medicine, 34: 257 - 259.

Mishare A. 2009. Human bodily ambivalence: precondition for social cognition and its disruption in neuropsychiatric disorders[J]. Philosophy, Psychiatry & Psychology, 16: 133 - 137.

Murdoch J. 1998. The spaces of actor-network theory[J]. Geoforum, 29: 357 - 374.

Mol A, Law J. 1994. Regions, networks and fluids: anaemia and social topology[J]. Social Studies of Science, 26: 641 - 671.

Nature. 2010. The century of the cities: the explosion in urban population loos set to continue through the twenty-first century, presenting challenges and opportunities for scientists[J]. Nature, 467: 900 - 901.

Omann I, Spangenberg J. 2002. Assessing Social Sustainability: the Social Dimension of Sustainability in a Socio-Economic Scenario[R]. Tunisia: Presented at the 7th Biennial Conference of the International Society for Ecological Economics in Sousse.

Plessner H. 1928/1975. Die Stufen des Organischen und der Mensch[M]. Berlin: De Gruyter.

Putnam R. 1995. Bowling alone: America's declining social capital[J]. Journal of Democracy, 6(1): 65 - 78.

Park R, Burges E, McKenzie R. 1925. The City[M]. Chicago and London: University of Chicago Press.

Pred A. 1977. The choreography of existence: comments on Hagerstrand's time-geography and its usefulness[J]. Economic Geography, 53: 207 - 221.

Rathcliffe M. 2009. Existential feeling and psychopathology[J]. Philosophy, Psychiatry & Psychology, 16(2): 179 - 194.

Reckwitz A. 2012. Affective spaces: a praxeological outlook[J]. Rethinking History, 16(2): 241 - 258.

Rose G. 1993. Feminism and Geography: the Limits of Geographical Knowledge[M]. Minneapolis: University of Minnesota Press.

Reckwitz A. 2012. Affective spaces: a praxeological outlook[J]. Rethinking History, 16(2): 241 - 258.

Richardson D. 2013. Real-time space-time integration in GIScience and geography[J]. Annals of the Association of American Geographers, 103: 2251 - 2261.

Schatzki T, et al. 2001. The Practice Turn in Contemporary Theory[M]. Florence, USA: Routledge.

Schwanen T. 2006. On arriving on time, but what is on time[J]. Geoforum, 37: 882 - 894.

Sennett R. 1990. The Conscience of the Eye: the Design and Social Life of Cities[M]. New York: Alfred A. Knopf.

Sheller M, Urry J. 2003. Mobile transformations of public and private life[J]. Theory, Culture & Society, 20: 107 - 125.

Simmel G. 1995. Die Großstädte und das Geistesleben(1903)[M]. Frankfurt/Main: Suhrkamp.

Urry J. 2004. The system of automobility[J]. Theory, Culture, Society, 21: 25 - 39.

Vallance S, Perkins H, Dixon J. 2011. What is social sustainability? A clarification of concepts

[J]. Geoforum, 42: 342 - 348.

Eijk G V. 2010. Unequal Networks: Spatial Segregation, Relationships and Inequality in the City[M]. Delft: IOS Press.

Vervoorta M. 2011. Living Together Apart: Ethnic Concentration in the Neighbourhood and Ethnic Minorities' Social Contacts and Language Practices[R]. Utrecht: The Netherlands Institute for Social Research(SCP).

Vromraad. 2010. VROM Council Recommendations for Sustainable Urban Development[R]. The Hague: Vromraad(Advice 076).

Wegener M. 2004. Overview of land-use transport models[M]// Hensher D, Button K. Transport Geography and Spatial Systems. Kidlington, UK: Pergamon/Elsevier Science: 127 - 146.

Wellman B. 2001. Physical place and cyber place: the rise of personalized networking[J]. International Journal of Urban and Regional Research, 25: 227 - 252.

Westeneng M. 2012. De oudere fietser in zijn element? De beleving en regulering van veiligheid door oudere fietsers. Een focus op relationele situaties binnen het tijdgeografisch raamwerk [D]:[Master Thesis]. Utrecht: Universiteit Utrecht.

Wittel A. 2001. Toward a network sociality[J]. Theory, Culture and Society, 18: 51 - 76.

Woodcraft S, Hackett T, Caistor-Arendar L. 2011. Design for social sustainability: a framework for creating thriving new communities[EB/OL]. [2011 - 07 - 23]. http:// www.youngfoundation.org.

Zwart F De, Poppelaars C. 2007. Redistribution and ethnic diversity in the Netherlands: accommodation, denial and replacement[J]. Acta Sociologica, 50(4): 387 - 399.

（戴斯特、吉姆勒　著，赵莹　译）

17 未来移动性调查:新加坡智能手机出行调查经验

17.1 引言

技术进步在出行调查这一领域中有着众多影响。从为了更好地跟踪出行、出行时间和模式而使用具有全球定位系统功能的设备,到从每天填写的纸质版日志转向在线记录,可用工具范围的日益扩大改善了收集出行者数据所使用的方法以及使用数据的方式。然而这些进步也给研究者带来挑战,他们必须权衡采集近乎无限量数据的潜力与减轻被调查者负担及开发一个适用于各种环境和广泛用途的系统的需求(例如家庭或运费的调查)之间的关系。本文的研究试图在未来移动性调查的背景下平衡这些关系。未来移动性调查是一项基于智能手机的出行统计调查,目前已作为每四五年进行一次的新加坡家庭出行统计调查(HITS)的一个子集进行开发和部署。

定位设备可用性的提高极大地扩大了交通数据采集方式的选择范围。家庭出行调查长达数十年的经验表明,调查结果会受到居民记忆质量的影响,而现在我们可以在时间和空间上详细地跟踪被调查者(人类或其他物种)的移动和活动。虽然这不是万无一失的,同时仍需要大量的数据处理工作,但是通过智能手机收集的全球定位系统、全球移动通信系统、无线网络和加速度计数据,可支持新兴的基于智能体或基于活动的行为模型所需的详细、精确的数据。在这一领域的发展表明(Auld et al,2009; Bricka et al,2006; Stopher et al,2007; Shiftan et al,2008; Chen et al,2011),定位技术可以减少一些"没有出行"天数和行程缺失的错误记录,从而提高报告的行程次数、地点和路径的准确性,以及减少被调查者的负担。

以上及更多的优势使得出行调查开始转向使用专用的全球定位系统设备,并有一小部分调查开始使用智能手机。本文介绍了一种基于智能手机的交通综合调查方法,这种方法可作为一个平台进行其他调查。首先,它描述了全球定位系统与其他定位设备在出行调查实践中的使用情况。其次,详细说明未来移动性调查(FMS)的结构和组成部分,并简短讨论了在前期调查中对测试系统的研究。从这些初期的研究中,我们总结了经验教训。本文的目的是向对交通调查领域中定位—传感一体化技术感兴趣的学者提供有用的信息。

17.2 背景

当基于智能手机的出行调查处于起步阶段时,基于全球定位系统设备的调查已在全球范围内广泛实施。它开始于1996年美国联邦公路管理局在肯塔基州莱克星顿进行的一个概念证明型研究,随后发展到澳大利亚、荷兰、加拿大、以色列等国家(Stopher et al,2007; Bar-Gera,2007;Doherty et al,1999; Battelle,1997; Bohte et al,2009)。虽然全球定位系统设备可以准确纪录出行时间和地理信息,但是被调查者依然必须提供详细的属性信息,如出行目的和交通方式。为了收集不能从全球定位系统数据中得到的信息,研究者尝试各种提示被调查者回想记忆的方法,包括基于纸质问卷(Bachu et al,2001)、移动电话(Ohmori et al,2005)和网络的方法(Itsubo et al,2005; Li et al,2008; Oliveira et al,2011; Marca,2002; Greaves et al,2010; Chiao et al,2011; Auld et al,2009; Bohte et al,2009)。回忆法的类型部分取决于进行调查的类型以及目标人群(如能否使用计算机、语言能力等)的人口统计数据。例如,斯托弗等(Stopher et al,2007)在澳大利亚悉尼的调查中,通过电话、网络、面访或邮件的形式,提供了全球定位系统被调查者完成他们提示回忆部分的选项,其中电话和邮件调查完成的比例最大,而互联网最少。这样的调查结果表明,结合调查者和被调查者之间互动的提示回忆方法是最成功的。但是,这种相互作用可能会增加调查实施成本和完成负担。

尽管全球定位系统设备作为家庭出行调查的补充基本上是成功的,但它仍受到一些限制。从经济上来看,进行出行调查的机构必须购买并分发全球定位系统设备。虽然这些设备自首次引入后成本已大大下降，但仍需要大额投资。虽然全球定位系统设备可重复使用，但潜在的损失、损害或盗窃还是会影响调查机构投资的积极性。而智能手机可以帮助克服这一障碍，因为它们的所有权归属于调查对象自身，因此调查机构可减少在投资上的负担。从功能上来看，当被调查者在出行调查期间忘记携带全球定位系统设备时，将构成潜在的需要重复采集信息的问题。在这一方面，智能手机具有明显的优势，因为用户通常习惯携带自己的手机，因而降低了信息缺失的可能性。

智能手机成为越来越普及和通用的记录仪。除了全球定位系统，智能手机通常还包括多种传感技术，如加速度传感器、无线网络以及全球移动通信系统，它们的组合可提供更详尽的出行者行为信息，以及当全球定位系统不足以确定出行者位置时其他传感技术的补充数据。例如，明尼苏达大学的 UbiActive 应用使用三维加速度计、全球定位系统和三维磁传感器捕获的数据，确定如运动时间、速度和方向等的输入，从而计算体力活动的持续时间和强度(Chen et al,2012)。同时，系统还会在每段出行结束后提示用户提供他们对其出行的幸福感或满意度的评价。此外，该应用程序还为用户提供了有关他们的体力活动和热量消耗方面的信息。基于智能手机的调查已由加州运输局和佛罗里达运输部四区提出，他们强调希望用这些技术来补充和完善传统出行调查方法。在下面的章节中，介绍了一个实用的“基础”调查，它可能被用作一个独立的出行调查，也可在越来越多的传感器及传感器应用开发时被用作发展额外调查的平台。

17.3 未来移动性调查

未来移动性调查收集用户输入的四个阶段。

(1) 注册:家庭负责人提供家庭的基本信息，包括年龄段、性别、教育水平、家庭成员之间的关系，以及参与后续调查者的电子邮件。

(2) 家庭基础信息调查:家庭负责人提供详细的家庭信息，包括社会经济信息、汽车保有量以及其他信息。

(3) 活动日志:被调查者访问未来移动性调查网站来验证未来移动性调查应用程序记录以及判断生成的活动和模式信息(如下文所述)。

(4) 后期调查:参与者提供调查经验的反馈，以及更多有关家庭和偏好信息的反馈。

这四个阶段由未来移动性调查的技术(即应用程序、服务器和网络界面)支持完成，具体工作流程和技术措施如下所述:

未来移动性调查全球互动工作流程如图 17－1 所示。

(1) 调查者邀请用户参与调查。

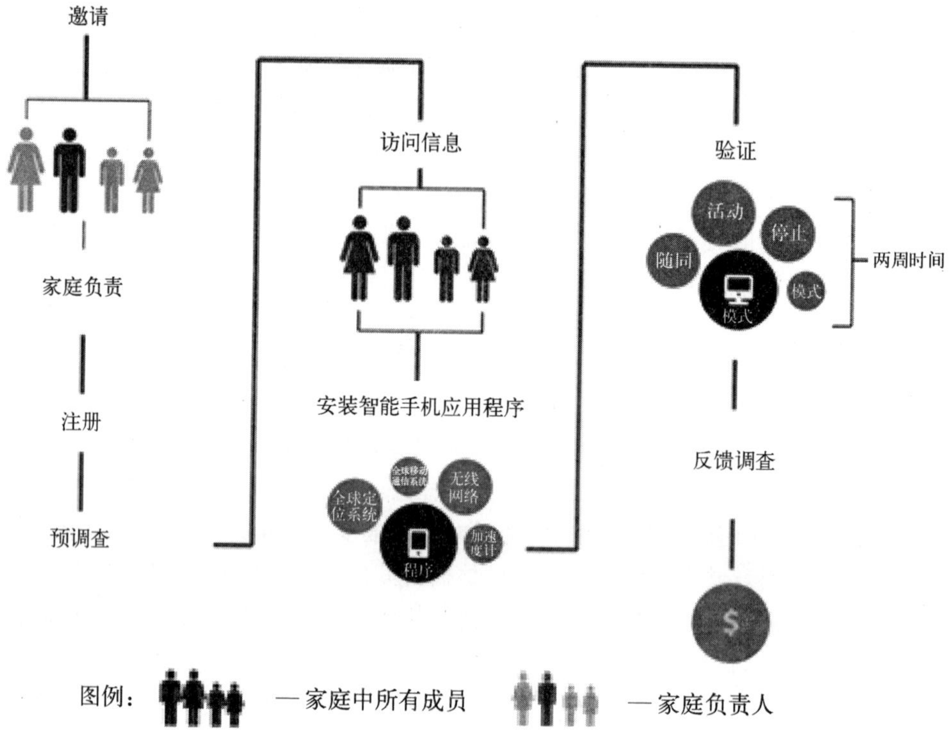

图 17－1　未来移动性调查工作流程

(2) 用户以他/她的家庭为名义接受邀请，成为家庭负责人，并以网上报名的形式注册。

(3) 家庭负责人收到一封有登陆激活信息的确认邮件，该邮件将指引他/她完成预调查(家庭基本信息的填写)。与此同时，参加调查的其他家庭成员每人也将通过电子邮件收到访问指令。

(4) 家庭中的被调查者下载、安装并开始运行未来移动性调查智能手机应用程序，该程序适用于基于苹果移动平台操作系统和基于安卓操作系统的手机。每个被调查者需要定期到未来移动性调查网站签到，以确认他或她的日常活动和出行。

(5) 在调查过程中，我们会在随机选择的两天中询问被调查者当日的出行满意度及出行计划。

(6) 完成所有的日志调查内容后(当前设置为两个星期的数据采集，其中至少完成五天的活动日志确认)，被调查者还需完成一个关于未来移动性调查应用程序、活动日志和整体调查等经验信息的后续调查。

(7) 完成后期调查后，被调查者将收到 30 新加坡元(25 美元)的奖励。根据被调查者的意愿，可以结束调查或继续收集数据。

我们以一个清晰、简洁、直观的方式提供数据和信息，并设计了对用户而言相对容易上手的流程。然而，正如图 17－2 中的总体结构所示，界面背后存在着一个更为复杂的程序。智能手机应用程序的数据上传到服务器上，服务器通过几个接近实时运算的算法来为用户交互网络界面提供数据。

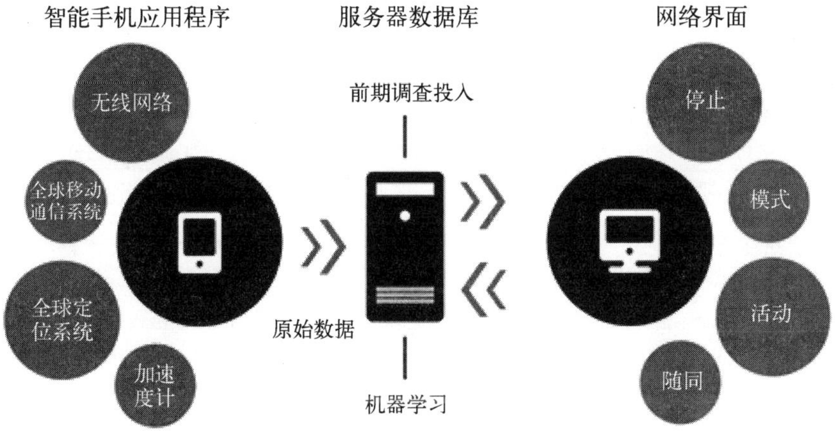

图 17－2　调查结构

为了最大限度地减少用户的交互负担，原始数据需要通过应用后台智能程序转换为轨迹和活动。通过智能手机的传感器采集并上传到服务器的原始数据，用于在不同定位精度下确定智能手机在空间中的位置，同时经过运算处理后用于帮助确定用户的活动地点和地点之间的交通方式。基于前期调查结果（例如汽车、自行车、摩托车等的拥有情况等）、以往验证信息、经常访问的地方和兴趣点表单等，我们可以创建一个背景知识库，以提高检测精度并帮助推断活动。在用户与应用程序界面交互的过程中，机器学习分类器逐渐“学习”（记录信息）。例如，通过邮政编码和频繁出现的地点信息以及用户在网络界面中预先填写的信息，可以迅速地“学习”用户的家庭和工作地点。

一些（行为）属性使得我们可以很简单地确定相关的行为维度（例如步行的速度使“走”的模式在某种程度上容易被识别），而另一些属性则在现有可用的传感器信息的基础上较难识别。例如，由于检测到的过渡相当平滑，导致在区分乘坐私家车和出租车、识别从搭乘公共汽车转为步行至最终目的地的换乘模式等方面都可能会出现问题。为了克服这些困难，我们选择同时使用提示回忆调查与后台智能的方法。在用户交互时间有限的情况下，同时使用自动化智能和用户提供的数据将使未来移动性调查收集准确、详实的数据。

最后，我们设计了整体用户界面以满足三个目标：符合建模的重点，满足广泛的用户类型，最大限度地减少技术的复杂性。未来移动性调查是开发下一代活动分析法模型项目的一部分，因此，我们按照活动决策、模式决策、地点决策和路线决策的优先级顺序采集精确的数据。例如，对我们的研究而言，在界面设计中获得从A到B的准确路线不及准确的识别活动类型和到B的交通方式重要，因为后者更难通过传感器数据获取。路径识别可以通过后期处理实现，例如，采用概率地图匹配(5)和基于路径规划算法补充(如谷歌地图API[①])。关于用户使用，我们设定未来移动性调查能够独立运行(即不依赖于被调查者的辅助)，目的是为并不特别熟悉这些技术、阅读地图能力不佳和(或)不喜欢传统网络交互式调查的人开发一个智能手机应用程序和网站，使之可以轻松地与地图和图标互动。

未来移动性调查的技术复杂性赋予界面设计以挑战。例如，智能手机与网络界面之间需要尽可能实现无缝的交互，同时允许用户彻底了解两者之间功能上的联系(例如，不运行应用程序的情况下，数据上传至网站上；全球定位系统关闭时，数据会比较少)。此外，该界面必须弥补数据质量低等限制性，使用户能够很容易地完成添加、合并、删除位置或纠正一个错误的模式推断等操作。

以下各节将描述我们实现上述目标的方法，并详细说明正在进行的试验研究及即将进行的新加坡陆路交通管理局家庭出行统计调查。

1) 预调查

如上所述，未来移动性调查将作为新加坡2012年家庭出行统计调查的一个子集进行调查，此次调查计划邀请1 000名拥有智能手机的被调查者参加(在大约30 000名常规被调查者之中)。在未来移动性调查中包含的问题会反映家庭出行统计调查的信息(目前包括人口统计学的调查和为期一天的活动日志)并与之兼容，以获得结果的可比性和一致性。然而，将陆路交通管理局的纸质版日志转换成在线格式，对被调查者产生了一系列认知负担、问题顺序和使用界面可视效果相关的问题。

我们的界面设计导致纸质问卷和在线版本之间存在大量问题排序和问题量的差异。使用来自两种调查形式的数据来正确校准行为模型，对研究工具进行一致性验证，以确保修正的问题、在界面方面的差异(例如，在网上调查方面加强彩色图像的使用和更多元化的字体、图像)以及问题顺序不会显著影响调查结果和被调查者充分参与的可能性。

试验研究的被调查者和可用性测试的参与者的意见表明，我们设计用于反映家庭出行统计调查的预调查(即家庭基础信息调查)是一项繁重和漫长的任务(可用性测试显示这项调查一般完成时间为15—20分钟)。因此，我们将对发展后台智能必要的问题仍保留在预调查中，如家庭规模、家庭和工作地址以及车辆拥有情况；而将剩下的问题转移到后期调查中。此外，我们试图通过设置响应之前答案的问题来限制预调查的感知长度(例如，只有当被调查者表示他被雇佣时，才询问其关于工作场所的细节)。

同时,我们也面临着另外一些涉及使用网上调查的挑战,包括:(1) 必填与可选问题答案;(2) 有限的问题答案;(3) 问题顺序;(4) 隐私和保密。这四个问题相互交织。例如,网上调查可以通过不允许被调查者在未对当前问题提供答案的情况下回答下一个问题的方式来强制得到问题答案。而在传统纸质版调查中,被调查者可能会在纸上通过自由移动,在他们不愿回答的问题上留下空白。某些必填问题的设置既是机遇亦是难题:有太多的强制性问题,被调查者可能会感到他的隐私被侵犯,从而降低继续调查的意愿;相反,太少强制性的问题,被调查者可能不会为调查结果的可用性提供足够的信息。我们在权衡下提供了"不愿意回答"的应对方案,并为敏感问题提供了概括性的选项(例如,在年龄和收入的回答选项上设置类别,而不是要求得到具体答案)。此外根据已有文献(Iarossi,2006),一旦被调查者投入调查中,我们会渐进地引入敏感话题,如收入和种族问题。最后,在预调查(事实上是调查的各个部分)中关于个人隐私和答案保密性的保护方法都记录在应用程序的隐私政策中,其中概述了隐私保护的技术和控制访问的方法,并特别指出关于收集到的定位数据的共享限制。

2) 智能手机应用程序

另一个大家关注的领域是以调查为目的的被调查者的资源利用情况,特别是手机电池寿命和用户数据使用计划。由于定位—传感应用程序的使用而导致电池耗电的问题在文献中被广泛讨论(Zhuang et al,2010; Kjærgaard,2012; Lane et al,2010)。不同于独立使用全球定位系统设备的调查,在基于智能手机的调查中,我们必须确保在不妨碍常规(通常是密集)使用手机的情况下采集被调查者的数据。为此,我们专注于"分阶段抽样"的概念。长时间关闭全球定位系统以节省能源[正如在"Funf"[②] 开放式传感网络中表明的那样(Aharony et al,2011)]。在睡眠期间,应用程序只采集全球移动通信系统、无线网络及加速度计的数据;而在工作期间,它也采集频率高(1 Hz)的全球定位系统数据。该方法有助于延长电池寿命,同时可以最大限度地提高合理获取目标活动详细信息的可能性。我们测试了各种手机在睡眠、工作模式的续航时间,以及标准的续航时间(即 5 分钟睡眠状态,10 分钟工作状态)和在续航内的可能活动(即睡眠期间,被调查者可能在办公室或在家)。我们使用了加速度计和无线网络作为补充技术来监测出行的开始和结束(例如强制固定全球定位系统点)以避免失去重要的细节。然而,我们需要对资源效率和数据精度之间进行权衡,因为使用分阶段的数据采集不可避免地会降低全球定位系统睡眠时间的数据质量。另外,我们的应用程序为用户提供了数据上传方式(持续上传的方式是基于手机数据或者无线网络,偶尔上传的方式只使用无线网络)的选项,来给用户一定的自主决定权。最后,我们试图保证参与调查的手机在不完全失去数据精度的基础上,能够不充电续航一整天。我们在试验研究中测试了所有的这些方法,并且还在进一步的测试和修正中。

在开发智能手机的应用中,我们选择了一个简单、便捷的界面,如图 17－3 所示。虽然用户与应用程序的主要交互内容是用户必须在界面上进行登入和退出的操作,但用户也可以选择数据同步发送至服务器的方式,以及应用程序自动注销时电池损耗的程度。我们考虑到用户在智能手机应用程序上完成活动日志及应用程序时向用户提供反馈的可能性,因此将这些可能性用于今后的评估中,有两点原因:首先,我们的目标是保证应用程序在后台运行时尽量不突兀,在减少电池损耗的同时避免使用者感到费心。其次,由于我们最初的目的是对传统的家庭出行调查进行补充而不是最终取代它,所以我们必须最大限度地降低仪器对于目标行为造成的影响。虽然我们对其他实验设计感兴趣,且我们目前的修正做法是可行的,但向被调查者提供行为反馈则与我们特定的目标背道而驰。

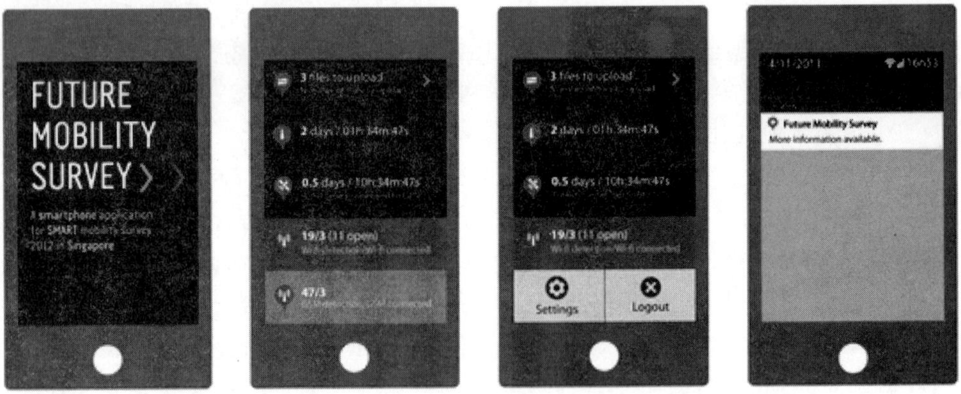

图 17－3　一般应用界面示意图

3) 活动日志

针对数据采集和处理的时空分辨率,我们选择了一个网络界面(图 17－4)作为可以直接向用户清楚地呈现这些数据的最简单的方法。但这个方法导致了一些额外的问题。正如麦卡克伦(MacKerron,2011)所说:“调查实施……在网络上比其他的模式更加复杂:在线工具必须能够弥补那些缺乏训练的调查者来管理它的问题。网络调查的实施会影响被调查者所提供数据的可及性、相容性和一致性以及被调查者的动机和经验,由此产生关联效应,影响数据的安全。”

为了向用户提供足够但不至于泛滥的信息,我们设计了一个用以反映调查内容且与智能手机的应用程序保持一致的在线界面——这是在任一屏幕上均能以最少交互点将活动日志直观提供给用户的方式。智能手机的应用程序和后端处理确保能产生一天的出行和活动点的详细地图,界面则采用这一地图唤起被调查者的记忆,需要时允许被编辑。通过响应用户选择的方式和活动的具体问题,我们试图尽量减少显示在屏幕上的多余文字,从而减轻用户感知的负担。

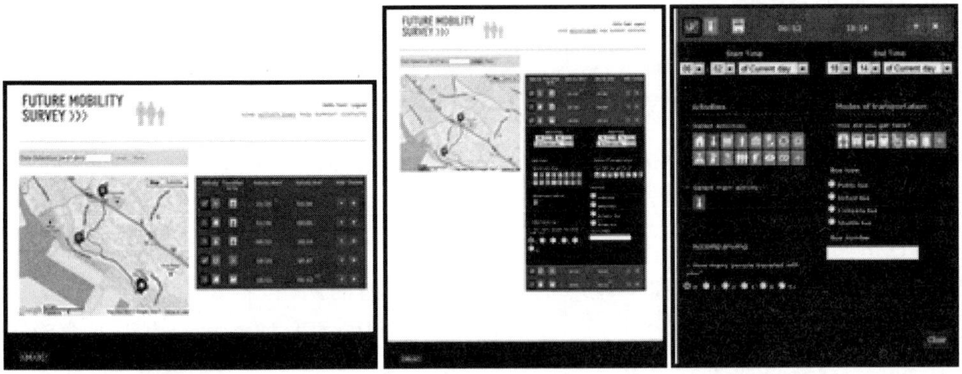

图 17-4　基于网络的未来移动性调查活动日志界面示意图

注：包括全屏幕、全屏幕的开启位置及全屏幕开启位置的细节（左起）。

两轮可用性测试（其中每轮有五个被调查者进行测试）有助于说明这些解决办法。我们试图在被调查者家中的个人计算机上执行测试。平均每个测试需要一两个小时来完成。使用一个“出声思考”的方案，被调查者在进行一系列的任务中能够出声表达和分享他们的经验及思维过程。根据肢体语言及由用户选择与系统交互的步骤，记录重要评注（Barnum，2010）。基于这些可用性测试，我们做出以下有关活动日志的决定：

(1) 将地图与用户交互的活动日志匹配（体现在互动时统一的编号、图标和突出显示）；(2) 在使用彩色和可读字体的基础上保持用户的可读性；(3) 最小化文本内容，同时确保有足够的指向性；(4) 清楚地组织内容，从而指导用户执行所需的任务（例如，将在同一屏幕上特定活动相关的所有问题组成一组，从而引导用户回答有关该任务的所有问题）；(5) 当前问题清晰，并提供有限但足够的选项；(6) 为活动和模式选择提供足够的图例指引。

可用性测试的反馈有助于我们制定应对措施包括常见问题解答（Frequently Asked Questions，FAQ）和视频教程。

4) 后期调查

一旦被调查者完成了两个星期的数据采集并确认了其中五天的活动后，他将被提示参与后期（或反馈）的调查。这项调查有两项功能：提供被调查者在整体调查中的体验反馈（包括注册、安装及填写活动日志）；补充在调查环节中的人口特征和偏好的问题，从而减轻在之前给定时间内回答问题的负担。如上所述，最初（以及在可用性测试中）的被调查者认为家庭基础信息调查问卷冗长，因此，我们把对于使用智能程序推导出行模式而言不必要的一些问题转移至后期调查中。这种转变可降低认知负担，并可为需要的问题提供额外的空间。我们希望这一部分既可协助提高整体的调查经验，同时也能提供与标准家庭出行统计调查工具相媲美的信息反馈。

17.4 试验研究

在 2012 年 2 月，未来移动性调查试点研究开始进行。试点研究主要测试两方面内容，一方面是网站及应用程序二者的用户界面；另一方面则是研究的整体结构，包括调查采集的数据。通过社交网站[如脸书(Facebook)和推特(Twitter)]、新加坡国立大学(NUS)和南洋理工大学(NTU)内的网络、传单派发和个人交流方式招募被调查者，从而产生了一个以自愿为原则的便利样本集。由于不能确定有多少人曾看过或收到招募材料，因此这种招募方式并不具有对覆盖面、样本量或无反应误差等计量方面的计算能力。

由于我们可以提供的智能手机数量有限，大多数被调查者需要使用自己的手机。被调查者需要保持应用程序运行两个星期，并确认至少五天的数据。如前所述，满足所有要求的被调查者都收到了 30 新加坡币(25 美元)的奖励。虽然我们努力使样本大致代表新加坡的人口特征，但参与调查(接入到智能手机和电脑)的基本要求较高，使老年人、英语理解能力较低者及非专业人士等群体参与调查有一定困难，这些因素造成了试点群体属性一定程度的偏差。在一般情况下，试点样本具有低年龄、高学历、低小汽车拥有率(图 17 - 5)的相同属性。这其中，最初的 74 人完成了家庭基础信息调查问卷，低于 50%(34 人)的被调查者安装了应用程序并采集了数据，仅 36%(27 人)的被调查者实际确认了他们的数据。我们认为样本流失有以下几个原因：首先，因为试点调查开始时，应用程序不适用于安卓操作系统和苹果移动平台操作系统各自的公开市场，被调查者可能面临访问和安装应用程序的困难。其次，由于缺乏与被调查者及可用性测试者的交流，被调查者并不完全清楚他们参与调查的过程，包括签订并填写家庭基本信息调查问卷，安装应用程序，运行应用程序，确认采集的活动和模式的数据。我们试图询问那些已注册但没有采集数据的人士，但仅有少数人通过电子邮件回复的方式与我们交流。

截至 2012 年 7 月，超过 30 人已完成采集并确认数据使之成为试点研究的一部分(数量忽高忽低，因为更多的人在试点要求完成之前加入研究或停止采集)。虽然我们要求被调查者运行 14 天调查应用程序并确认 5 天他们的活动日志和出行方式，即可获得奖励，但我们发现，许多人在参与调查完成后仍继续采集及确认。在这些积极参与的被调查者中，大约有 68%的人确认超过所需五天的数据，平均确认了他们全部活动日志的 60%。这种现象表明，一些被调查者可能在调查过程中产生兴趣，或可能享受于记录自己的活动。当然，那些随后通过注册、安装和使用该应用程序的人可能比那些只注册却并未完全参与的人对这款应用程序和服务更感兴趣。

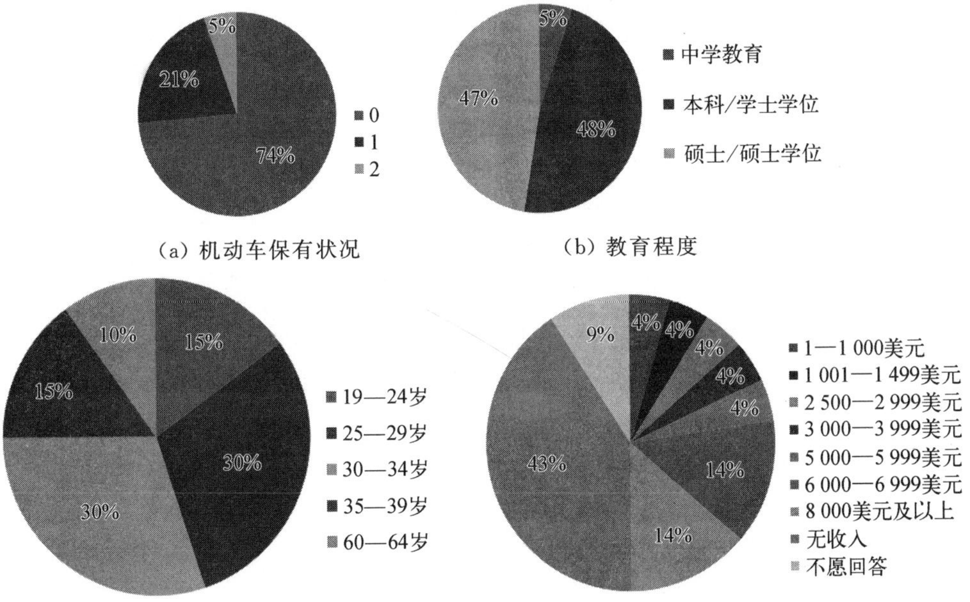

(a) 机动车保有状况　(b) 教育程度

(c) 年龄分布　(d) 月收入状况

注：无收入经常被错地替代为不愿回答。

图 17－5　参与采集及确认数据的注册用户的人口统计细分情况(N＝34)

注：图(d)月收入状况是作者的预调查样卷数据。文章发表后，作者正式调查时有一些收入区间没有人填写，为 0。因此，图(d)中出现档间不连续情况。

17.5　研究结果

17.5.1　调查结果

试点研究并没有提供有效的统计样本，但整体的经验提供了一些有用的调查结果，帮助我们继续发展未来移动性调查和其他可能的类似调查，包括：

(1) 缺乏提醒：一旦安装在手机上，用户往往忘记了应用程序的存在，他们需要明确的提醒以进行进一步的交互(比如是否开启全球定位系统、是否访问本网站)，而有些用户则上传了数天的数据却没有访问该网站。

(2) 电池使用寿命：电池的使用时长是一个重大挑战，但对于大多待在室内的用户以及习惯于在工作中为手机充电的用户而言，它的影响较小(全球定位系统可用性的减少降低了使用这种传感器和相关的电池消耗)。一般来说，安卓操作系统平台的应用程序耗电量少于在苹果移动操作系统平台开发的应用程序。调查记录发现电池使用时长为 10—24 小时，一般要求至少每天充电一次，但仍需要进一步的分析。

(3) 手机性能比较：我们团队内部试用了多种手机(如 HTC Wildfire S、HTC Sensation 的安卓操作系统平台，iPhone 3GS、Phone4、iPhone 4S 的苹果移动操作系统平台以及 GALAXY SⅡ)，对操作系统和手机性能进行了多天的测试(即每个人同时使用两部手机，可以是一部手机基于苹果移动操作系统平台而另一部手机基于安卓操作系统平台，或两款手机均基于安卓操作系统平台)。调查发现，即使手机及其设置类型完全相同，数据质量仍可能差别很大。可能的解释包括全球定位系统噪音与人体产生的干扰(通过将手机放置在不同的地方、位置)，以及最初全球定位系统时钟设置的差异。此外，这两个手机平台的定位技术显著不同(如苹果移动平台操作系统将无线网络、全球移动通信系统和全球定位系统在同一个"位置"软件包成组打包，发给程序设计器)。

(4) 回忆提示：对于惯常出行，被调查者往往只能记住有限天数内的信息，特别是关于出行起始时间和出行方式的记忆。然而，人们显然可以通过出行轨迹相对容易地识别过去的位置和活动。

(5) 验证细节：一方面，当后台智能向被调查者提供信息时，一些定位点可能遗失(例如，从巴士下车走路回家在我们的调查中被认为是一项活动，但有时后台智能会错将其遗漏)，只有非常有经验的或者深入了解调查的被调查者才会手动增加新的定位点。另一方面，被调查者可以轻松地删除检测错误的定位点，因此，在合理的范围内，比之于信息漏报，我们更倾向于信息误报的检测(例如，一天中呈现太多的定位点，将使界面信息过分繁杂)。

(6) 地图互动：正如预期的那样，一些用户喜欢地图互动的方式，而另一些用户喜欢文字互动的方式。一个理想的界面，将允许在两个模式中存在相同类型的交互方式。

(7) 缩放级别：缩放级别用以显示每一时刻的重要定位。高缩放水平允许用户仔细核实定位点，但会失去背景环境；低缩放水平提供了背景环境，但会误导用户的精确位置。在这里，我们的界面提供了一个通过以往、当前和后续活动地点的缩放情况来确定位置的折中方案。这可能会导致基于最长的距离有不同程度的缩放情况，从而有不同程度的定位误差。

(8) 参与体验：可用性测试和试点被调查者普遍认为，整体参与是相当简单的，尽管有时令人沮丧，尤其体现在最初较少的交流过程中，即使是技术娴熟的人也似乎要面对相当陡峭的学习曲线。

(9) 隐私问题：一些被调查者存在明显的隐私担忧，表现在拒绝邀请其他家庭成员(如配偶)参与调查，或只参与最少一组天数的调查。有趣的是当被问及是否允许未来将自己的数据共享以便其他研究时，他们却很少反对。

从这些发现中我们提炼出一些重要的经验教训：

(1) 用户理解：即使拥有详细的资料和解释，新用户仍然难以理解他们在调查中的任务和责任，以及必要的数据类型和细节的重要性，例如，如何区分活动和出行。能够通过平台界面设计和信息向被调查者通俗易懂地（即大多数用户理解的方式）回答这些问题比与被调查者进行面对面的互动更加重要。

（2）简单性：招募的被调查者如果不能通过简单的方式进入应用程序（例如在一个应用程序商店里），就会导致参与调查的障碍。在后期阶段，我们测试了已列入安卓操作系统应用程序商店（Google Play）的应用程序，结果发现简化安装应用程序、注册参与调查这一系列的工作流程可能会鼓励被调查者的参与。此外，最初的工作流程要求被调查者在网上注册、回复电子邮件、安装应用程序，然后返回至网站上确认他们活动日志的数据，这对用户而言过于复杂。因此，我们为安卓操作系统手机开发新的工作流程——使被调查者可以直接在安卓操作系统应用程序市场中访问该应用程序，在其手机上注册，并立即开始采集数据——这使得用户使用过程被大大简化。

（3）数据需求和用户负担之间的平衡：主要是采集数据和节省电池之间的权衡，这在被调查者进行调查的过程中引起很大的反响。预期实现两种功能的均衡，使得被调查者既能像往常一样使用手机，也能通过在线地图看到清晰的活动轨迹。我们采用分阶段抽样的方式，目的在于应对用户在活动期间可能产生的行为，从而努力尝试达到一个平衡。

（4）进一步努力：在未来移动性调查系统发展中，一个关键点是尽可能地将直观的网站和界面呈现在用户面前。但由于目标人群是不同的受众，这种理想的平衡可能不存在。更重要的是，第一次使用未来移动性调查的用户可能会比那些经常使用它的人需要一个能够获得更多密集信息的界面。在理想的情况下，该界面会根据用户的专业知识逐渐改变。

以上这些经验教训将转为我们未来移动性调查下一步的努力方向。

17.5.2 下一步工作

接下来的发展目标是将陆路交通管理局的家庭出行统计调查的结果最大化，以及准备直接在全球其他地方的调查中实现。我们优先考虑的方面分为以下三类：

（1）用户操作简单化：① 苹果移动平台操作系统市场。进入苹果移动平台操作系统的市场，要求应用程序有更多的“用户”功能，如提供显示一天的活动和出行距离统计的地图，需要应用程序和界面做出一些调整。② 按步骤的活动日志教程。由于操作步骤对于初学者有一定难度，计划提供详细的教程说明并在首次登入活动日志时予以演示。③ 自动邮件提醒。在数据采集的要求未完成时，提供自动发送邮件功能以提醒用户重新启动应用程序；在多天的活动日志信息没有得到确认时，自动发送邮件提醒用户登录活动日志界面。

（2）后台智能：① 允许个性化的分阶段抽样。目前，根据总人口量的调整，该算法可最大限度提高获取出行路径的能力(如从8—10时和14—19时进行密集的数据采集,从而获取通勤轨迹),但这可通过量身定制,以满足不同个性化的日常规律。② 使用定位环境的功能以提高采样能力。例如,了解到被调查者已到达工作地,可以表明其可能不需要积极的全球定位系统采样。③ 提高地图匹配功能,以增加出行方式的检测精度。④ 将定位和加速度计数据与巴士、地铁站的位置信息加以整合,以提高检测平缓"出行方式变化"的能力。

(3) 界面及活动日志的改善:① 充分利用彩色图标提高可视化的效果,例如,按主题对图标进行分组。② 利用地图应用程序编程接口功能(例如使用右键打开互动盒),为熟悉操作方法的用户增加地图交互功能。

17.6 结论

未来移动性调查是一种基于智能手机的新型活动调查。为了开发切实可行、易于理解、节省资源(特别是手机电池和数据计划)并具有研究价值的调查系统,调查系统(包括智能手机应用程序、活动日志和网站)的设计、开发和实施都需要一个广泛的测试和评估权衡时期。虽然试点研究并未采集到有统计学意义的样本,但是它已经提供了关于如何建立满足用户需要界面的有价值的见解,以及用于培养检测站点和后台智能模式的数据。我们发现,只有提供一个明确的调查工作流程和简单的用户交互界面,才能保证被调查者的参与率。这方面的经验证明了基于智能手机进行出行调查的可能性和未来发展中需要努力的方向。参与过程要简单,数据采集和电池寿命之间需取得适当的平衡以及要努力确保被调查者不会对参与调研的要求感到不知所措。

未来移动性调查目前作为新加坡最新的居民出行调查的一部分,预期将对上千用户进行调查。在这样的背景下,我们计划通过进行"对照组"实验以更好地测试这种技术的优点和局限性。利用这之前或之后的方法,试图将未来移动性调查组与一个控制组做比较(即"标准"调查的被调查者)。这样一个实验设计使我们能够测试使用未来移动性调查系统的被调查者的实际响应力,同时,提高对于使用先进的、逐步普及的定位—传感技术的出行调查优势的理解。

[致谢:本文受到由新加坡国家研究基金会(NRF)支持的新加坡—麻省理工学院未来城市移动性(FMS)联合研究技术中心(SMART)以及麻省理工学院葡萄牙项目的资助,参见 MIT- PT/SES—SUES/0041/2008] any errors that may have been inadvertently introduced during the translation.]

注释

① API(Application Programming Interface),即应用程序编程接口,是一些预先定义的函数,目的是提供应用程序与开发人员基于某软件或硬件的以访问一组例程的能力,而又无需访问源码,或理解内部工作机制的细节。

② Funf 是一个收集和分析移动数据的开源框架,其基本思路是在手机上安装一个收集器应用,来跟踪一组用户的各种行为活动,这些活动之后被分析进而决定用户行为中的特定模式。

参考文献

Aharony N, Pan W, Ip C, et al. 2011. Social FMRI, investigating and shaping social mechanism in the real world[J]. Pervasive and Mobile Computing, 7: 643 – 659.

Auld J A, Mohammadian A. 2009. Framework for the Development of the Agent-Based Dynamic Activity Planning and Travel Scheduling(ADAPTS) Model[J]. Transportation Letters: the International Journal of Transportation Research, 1(3): 243 – 253.

Bachu P, Dudala R , Kothuri S. 2001. Prompted recall in global positioning survey: proof of concept study[J]. Transportation Research Record, 1768: 106 – 113.

Barnum C M. 2010. Usability Testing Essentials[M]. Burlington, MA: Elsevier.

Bar-Gera H. 2007. Evaluation of a cellular phone-based system for measurements of traffic speeds and travel times: a case study from Israel[J]. Transportation Research C: Emerging Technologies, 15(6):380 – 391.

Battelle T D. 1997. Lexington Area Travel Data Collection Test: Final Report[R]. Washington, DC: Office of Highway Information Management and Office Technology Applications, Federal Highway Administration.

Bohte W, Maat K. 2009. Deriving and validating trip purposes and travel modes for multi-day GPS-based travel surveys: a large-scale application in the Netherlands[J]. Transportation Research C: Emerging Technologies, 17(3): 285 – 297.

Bricka S, Bhat C R. 2006. A comparative analysis of GPS-based and travel survey-based data [J]. Transportation Research Record, 1972: 9 – 20.

Chen J, Bierlaire M, Flötteröd G. 2011. Probabilistic Multi-Modal Map Matching with Rich Smartphone Data[R]. Proceedings of the Swiss Transportation Research Conference(STRC).

Chen Q, Fan Y. 2012. Smartphone-Based Travel Experience Sampling and Behavior Intervention[R]. TRB Annual Meeting.

Chiao K A, Argote J, Zmud J, et al. 2011. Continuous improvement in regional household travel surveys: New York metropolitan transportation council experience[J]. Transportation Research Record, 2246: 74 – 82.

Doherty S T, Noël N, Lee-Gosselin M, et al. 1999. Moving Beyond Observed Outcomes: Integrating Global Positioning Systems and Interactive Computer-Based Travel Behaviour Surveys[R]. Washington, DC: Proceedings of the Transportation Research Board Conference on Personal Travel: the Long and Short of It.

Greaves S P, Fifer S, Ellison R et al. 2010. Development of a GPS/Web-Based Prompted-Recall Solution for Longitudinal Travel Surveys[R]. Washington, DC: Proceedings of the 89th Annual Meeting of the Transportation Research Board.

Iarossi G. 2006. The Power of Survey Design: a User's Guide for Managing Surveys, Interpreting Results and Influencing Respondents[R]. Washington, DC: World Bank.

Itsubo S, Hato E. 2005. A Study of the Effectiveness of a Household Travel Diary Using GPS-Equipped Cell Phones and a WEB Diary Through a Comparative Study with a Paper-Based Travel Survey[R]. Washington, DC: Paper Presented at the 85th Annual Meeting of the Transportation Research Board.

Kjærgaard M B. 2012. Minimizing the power consumption of location-based services on mobile phones[J]. IEEE Pervasive Computing, 11(1): 67 - 73.

Lane N D, Miluzzo E, Lu H, et al. 2010. A survey of mobile phone sensing[J]. Communications Magazine, 48: 140 - 150.

Li Z, Shalaby A. 2008. Web-Based GIS System for Prompted Recall of GPS-Assisted Personal Travel Surveys: System Development and Experimental Study[R]. Washington, DC: TRB 87th Annual Meeting Compendium of Papers DVD, Transportation Research Board.

MacKerron G. 2011. Implementation, implementation, implementation: old and new options for putting surveys and experiments online[J]. Journal of Choice Modelling, 2(1): 20 - 48.

Marca J E. 2002. The Design and Implementation of an On-Line Travel and Activity Survey [R]. Center for Activity Systems Analysis, Paper UCI-ITS-AS-WP-02 - 1.

Ohmori N, Nakazato M, Harata N. 2005. GPS Mobile Phone-Based Activity Diary Survey[R]. Proceedings of the Eastern Asia Society for Transportation Studies.

Oliveira M, Vovsha P, Wolf J, et al. 2011. GPS-Assisted Prompted Recall Household Travel Survey to Support Development of Advanced Travel Model in Jerusalem, Israel[R]. Washington, DC: Paper Presented at the 90th Annual Meeting of the Transportation Research Board.

Shiftan Y, Ben-Akiva M. 2008. A Practical Policy-Sensitive, Activity-Based, Travel-Demand Model[R]. Jerusalem: Paper Submitted for a Special Issue of Annals of Regional Science of the 3rd Israel-Netherlands Workshop in Regional Science.

Stopher P, FitzGerald C, Xu M. 2007. Assessing the accuracy of the Sydney household travel survey with GPS[J]. Transportation, 34(6): 723 - 741.

Zhuang Z, Kim K-H, Singh J P. 2010. Improving Energy Efficiency of Location Sensing on Smartphones[R]. Proceedings of 8th International Conference on Mobile Systems, Applications, and Services(MobiSys'10).

(科特里尔、佩雷拉、赵方、迪亚斯、林滨鹤、本·阿齐瓦、齐格拉斯　著，吴逸思　译)

18 基于手机定位数据的隔离研究：以爱沙尼亚为例

18.1 引言

种族隔离是一种多维度的现象，包括心理和文化维度。同时，隔离也是一个明显的空间过程(Massey et al,1988; Ellis et al,2004)。事实上，隔离的空间性已经成为众多研究的焦点，例如性别隔离和社会经济隔离(Kwan,1999)。其中，居住地隔离是研究最多的方面，其重要性在于居住区位可以反映人们的机会和身份。高质量普查数据的可获得性，同样使得关于隔离的研究集中在居住地方面。有关居住隔离的研究表明，少数族裔在空间和社会层面上被孤立，生活环境往往比其他居民更为恶劣(Musterd et al,2009)，这种隔离不利于机会的获得并影响个体生活的许多方面(Abramson et al,1995; Wang et al,2012)。

种族隔离不仅与居住相关。有学者认为，相比于居住地，工作地的群体种族混合度高、隔离少(Aslund et al,2010)。然而，有研究发现，由于社区带来的时间和空间制约以及社会网络的局限性，居住隔离导致了工作地的隔离(Tammaru et al,2010)。

有些学者认为，由于人们能够选择休闲的同伴和场所，因此他们在家和与工作活动相关的场所以外有更多的机会发生不同种族间的接触(Shinew et al,2004; Schnell et al,2001;

Weber et al,2013)。这表明少数族裔更可能在家和工作地之外体验种族融合。然而,该论点与马丁·路德·金在1963年指出的教堂隔离的现实相冲突(Dougherty,2003)。这就说明个体在休闲活动中的隔离是由自我选择造成的。对隔离的分析包括去教堂、赌场和国家公园,而在体育比赛和诸如音乐会之类的大型文化活动中蕴含着更大的融合可能性,因为不同的族群会一起参与此类活动。隔离研究较少聚焦于居住区以外的空间,原因是如普查之类的优质数据是根据居住区位收集的。

本文的目的在于识别爱沙尼亚多数族裔和少数族裔在居住和工作地以外的空间移动性的差异。对空间移动性的分析使我们能够理解种族隔离的多维性并评估种族之间在不同生活领域产生接触的可能性。大部分的个体活动发生在有限的空间范围内。这些大部分生活事件发生的物理空间位置,被称为"锚点",通常包括家、工作地以及与主要社会网络和休闲活动相关的空间(Golledge et al,1997)。本文采用自动存储在移动服务提供商日志文件中的被动手机定位数据,分析占多数的爱沙尼亚裔和占少数的俄罗斯裔在家和工作地以外的锚点的空间移动性(Ahas et al,2005;2008)。爱沙尼亚最大的移动运营商(EMT)为我们提供了2010年手机呼出活动的位置和时间信息。该运营商提供的匿名数据仅用于研究目的,包括用户的首选语言、年龄和性别。我们通过手机用户选择的语言来判断其种族。所有的数据都是匿名的,本文中对数据的使用符合伦理规范实践和欧洲联盟(简称欧盟)数据保护条例。

18.2 数据和方法

本文利用爱沙尼亚最大的移动运营商 EMT 提供的呼叫详细记录(CDR),提取包括呼叫、短信、网络和其他服务在内的所有呼出活动的位置和时间信息。每个在 EMT 移动网络内进行呼出活动的用户,都会被赋予一串随机的数值作为识别标签以确保匿名性,该标签不能与特定的个人或电话号码相联系。

在爱沙尼亚的移动通信服务领域内,EMT 的市场份额估计为45%。一项2010年的特别调查显示,130万爱沙尼亚人中约96%使用手机。EMT 的移动通信网络覆盖了爱沙尼亚99.99%的区域。被动手机定位方式在人口或道路网络密集的区域更为准确,而在人口稀少的地方准确性会降低(Ahas et al,2008)。

从获取的2010年的数据中随机选取塔林(爱沙尼亚的首都,人口为40万)常住人口中的6 250个爱沙尼亚裔居民和6 250个俄罗斯裔居民(表18-1)构成本文的样本。基于呼出活动的位置、时间和规律等数据,根据锚点模型(Ahas et al,2010),可以计算每个样本居住和工作的锚点位置。个体的空间移动性通常是惯常的,因此根据锚点模型得出的工作和居住地位置准确性较高。我们采用爱沙尼亚的 227 个自治市和塔林的 25 个区进行空间分析。在样本的所有呼出活动中，41.6%发生在家中，19.7%发生在被确认为工作地锚点的范围内，剩余的 38.7%构成了本文的数据基础。

表 18-1　本文样本的属性分布与 2000 年普查时塔林居民的分布比较

	样本			塔林		
	爱沙尼亚裔	俄罗斯裔	全部	爱沙尼亚裔	俄罗斯裔	全部
性别分布比例(%)						
男性	40	46	43	45	45	45
女性	60	54	57	55	55	55
年龄分布比例(%)						
18—29[①] 岁	15	11	13	24	19	22
30—39 岁	29	27	28	17	18	18
40—49 岁	24	26	25	16	23	19
50—59 岁	16	24	20	16	15	15
60 岁及以上	16	12	14	27	25	26
每天平均呼出活动数[②]分布比例(%)						
0—1 个	15	13	14	—	—	—
2—3 个	37	39	38	—	—	—
4—6 个	28	30	29	—	—	—
7—9 个	12	10	11	—	—	—
10 个及以上	8	8	8	—	—	—
俄罗斯裔在居民区的比例[③](%)						
0%—39%	58	24	41	—	—	—
40%—59%	27	32	29	—	—	—
60%—79%	15	44	30	—	—	—

为了获悉样本在家和工作地以外的空间移动性，我们考虑了样本在经常访问区域的访问频率。经常访问区域是指任一月份中至少有两天在该地有呼出活动，并且一年中至少有两个月如此的区域。利用 2000 年的普查数据，计算得到样本经常访问区域的平均数和这些区域中俄罗斯裔的比例。在塔林以及塔林以外的城市，分别考察了这些变量。对空间移动性的种族差异的分析采用了线性模型。

爱沙尼亚人中有 68%为多数族裔，少数族裔包括来自前苏联地区(俄罗斯、乌克兰、白俄罗斯等)的俄罗斯裔。与多数族裔相比，少数族裔的生活相对隔离：在不同的经济部门工作，上不同的学校，在不同的区域居住。多数和少数族裔的社会网络也不同，这与所属语言有关。族群之间的接触主要是工作相关的互动。尽管 1/3 的爱沙尼亚裔和 1/2 的俄罗斯裔在工作时会与其他族群接触，但是在私人生活中的往来很少(Korts,2009)。

18.3 结果

本文的研究结果显示，种族身份是影响样本在家和工作地以外区域的空间移动性的最重要变量。在样本的家乡塔林，多数和少数族裔在空间移动性上存在小却显著的差异。爱沙尼亚裔经常访问区域的年平均数目是 5.3，而俄罗斯裔是 5.6，差异是 0.3(表 18－2)。尽管两者的数值接近，但是样本访问区域在地理上的分布却是隔离的。图 18－1 表明，俄罗斯裔的访问区域集中在塔林的北部和东部。这些地方同时也是俄罗斯裔集中居住的区域，例如，位于塔林东部的 Lasnamägi 居住区，10 万居民中有 66％为俄罗斯裔。相反，塔林的西部、中部和南部是爱沙尼亚裔经常访问的区域。此外，在爱沙尼亚裔和俄罗斯裔经常访问的区域中，俄罗斯裔居民的平均比率分别是 36.4％和 42.3％，差异是 5.9％(表 18－2)。这些结果说明，尽管每个族群在各自居住地的空间移动性是相似的，但是人们更可能访问那些本族群聚居的区域。

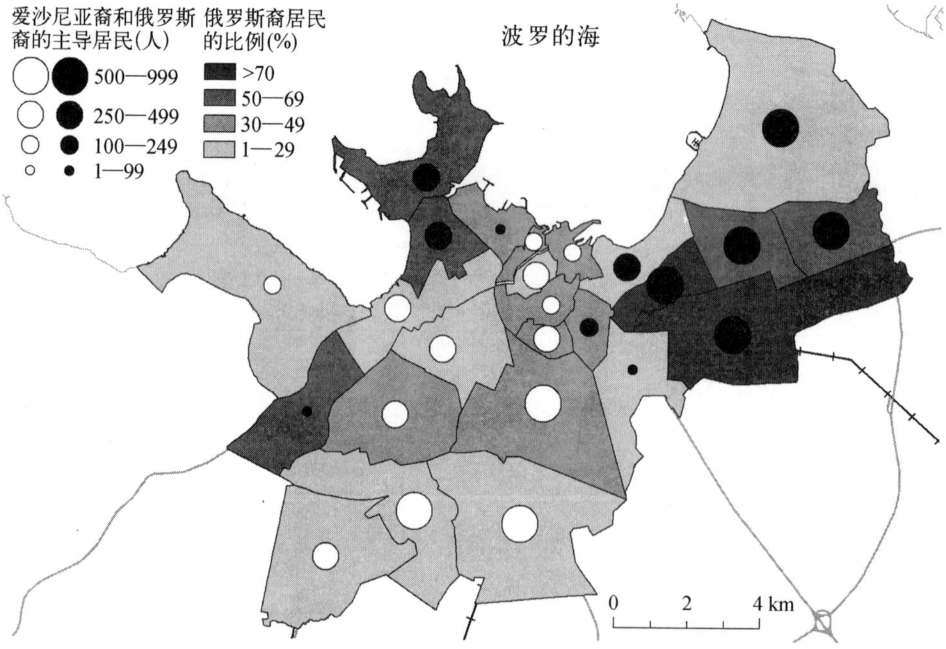

图 18－1　基于每个区主导族群的塔林经常访问区域(家和工作地以外)的分布

表 18－2　塔林及其他城市的种族差异:经常访问区域的数量和俄罗斯裔比例

	经常访问区域数(个)		俄罗斯裔的比例(%)	
	塔林	其他城市	塔林	其他城市
只考虑语言(参照:爱沙尼亚语)				
俄罗斯语	0.3***	－0.7***	5.9***	15.2***
语言(参照:爱沙尼亚语)				
俄罗斯语	0.2***	－0.8***	5.1***	14.4***
性别(参照:男性)				
女性	－1.1***	－0.6***	－1.0***	0.6*
年龄(参照:18—29 岁)				
30—39 岁	－0.4***	－0.1	0.0	－1.9***
40—49 岁	－0.6***	－0.1	－0.2	－2.3***
50—59 岁	－0.9***	－0.1**	0.3	－2.9***
60 岁及以上	－1.4***	－0.2***	－0.1	－3.6***
每天平均呼出活动数(参照:4—6 个)				
0—1 个	－4.6***	－1.2***	2.8***	2.7***
2—3 个	－2.7***	－0.7***	0.7***	1.4***
7—9 个	2.7***	0.8***	－0.3	－0.8*
10 个及以上	6.1***	2.7***	－0.5**	－1.9***
俄罗斯裔在居民区的比例(参照:40%—59%)				
0%—39%	0.4***	－0.0	－0.9***	－1.7***
60%—79%	0.3***	0.0	1.8***	1.4***

注:**代表 5%显著性水平上显著;***代表一1%显著性水平上显著。

空间移动性的种族差异在塔林以外的城市更明显。爱沙尼亚裔每年平均访问 1.9 个区域,而俄罗斯裔访问 1.2 个区域。根据普查数据,少数族群俄罗斯裔经常访问的区域中俄罗斯裔的人口比例为 27.7%,爱沙尼亚裔经常访问的区域中俄罗斯裔的人口比例为 12.5%(表 18－2)。爱沙尼亚裔经常访问的区域遍布爱沙尼亚全境(图 18－2),俄罗斯裔经常访问的区域十分有限,分布于俄罗斯裔居民密集的区域。因此,俄罗斯裔倾向于访问爱沙尼亚的东部和东北部,以及塔林东部接近俄罗斯裔大量聚居的区域。位于塔林南部郊区的前苏联时期的俄式乡间小屋(Dachas),以及位于塔林西侧的前军事重镇帕尔迪斯基(Paldiski),也是俄罗斯裔经常访问的区域。

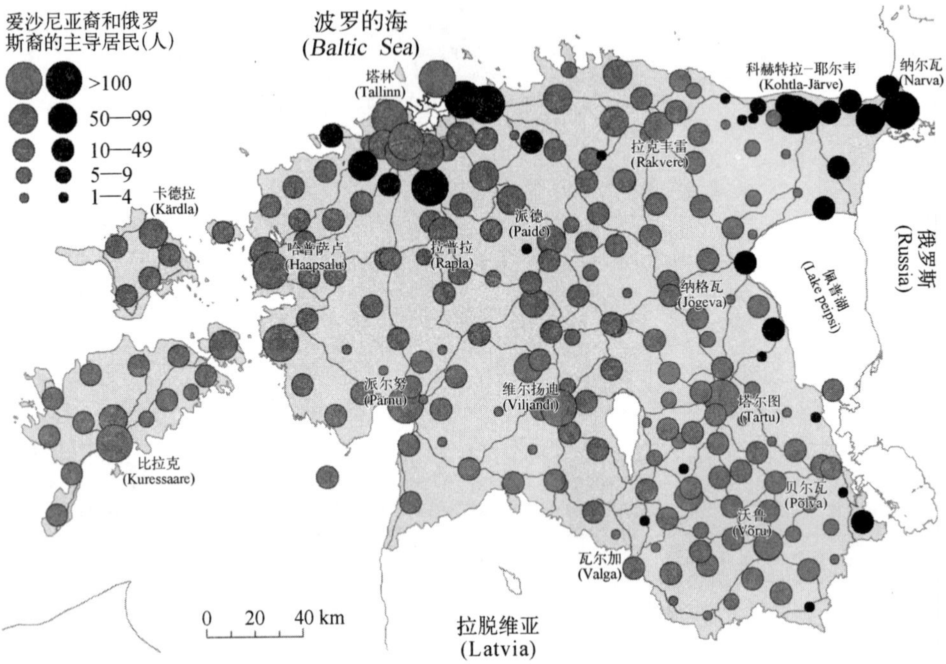

图 18-2 基于每个区主导族群的爱沙尼亚经常访问区域(家和工作地以外)的分布

18.4 讨论和结论

从这些结果可以推断，爱沙尼亚的俄罗斯裔少数族群经历了明显的隔离，以及在家和工作地以外区域受限制的社会流动。从某种程度上来说，这种隔离与居住地的隔离是一致的，已经有研究通过对普查数据的分析对后者进行了探讨(Tammaru et al,2003)。本文聚焦于样本经常访问的区域，因此研究结果表现的不是随机行为，而是到特定地方或社区的联系。我们发现，少数族裔经常访问的区域，与该族群的聚居地有关。这证实了如下的研究结果：尽管人们通常认为少数族裔在休闲的方式、地点和同伴方面拥有更多的选择，但是其休闲活动经常被限制在以族群为中心的网络内(Johnson et al,1998)。本文的研究表明，不同族群在家乡塔林的活跃性相当，但是少数族裔在塔林以外的空间移动性比多数族裔更受限制。

边缘化理论可以部分解释这些结果。该理论将种族差异归因于社会经济因素，即贫穷和歧视(Scott et al,1994)。在前苏联时期破产的工业区内由于语言障碍和失业，可能使占少数的俄罗斯裔失去与爱沙尼亚的多数族裔相同的机会。对这些结果的分析也可以基于种族理论来理解，它强调族群之间的文化因素，包括传统、价值观、信仰、规范和社会化实践的差异(Floyd,1999)。该理论认为,少数族裔偏好母语环境,会选择传统和价值观相同的人作为休闲同伴。除了这些传统的隔离理论外,社会网络理论同样有助于我们对结果的解读。该理论认为,社会网络主要基于"同质原则",即人们喜欢与价值观和身份相近的人互动,例如同一族群(McPherson et al,2001)。居住在爱沙尼亚的俄罗斯裔居民的社会网络以俄罗斯裔为中心(Vihalemm,2007),由于在家和工作地以外的活动中同伴十分重要(Carrasco et al,2008),因此休闲活动的目的地就由社会网络的位置所决定。

相较于传统的调查方法,手机定位数据为休闲活动的地理隔离现象分析提供了重要的补充证据。手机定位的优势在于观察期长并且数据由第三方定期记录。虽然本文的数据不能提供访问目的或访问期间发生的互动等信息,但是样本访问的区域表明他们的移动发生在语言相同的网络内。将隔离研究的焦点扩展至个体的整个活动空间,还与地理背景的不确定性问题(UGCoP)有关,由于时间和空间的不确定给实体地域带来的语境影响仍需探究(Kwan,2012; Wang et al,2011)。本文的研究表明,为了确保少数族裔的融入、促进族群之间的融合,政策制定者需要解决休闲活动时的种族隔离以及家乡内部和家乡外部的隔离问题(Silm et al)。

[致谢:本文作者对塔图大学地理系的奥莎(Aasa)、穆里森普(Müürisepp)、图密特(Toomet)和塔马卢(Tammaru),Positium LBS公司的惕卢(Tiru)和穆罗夫(Murov),以及所有参与本文研究的匿名手机用户表示感谢。本文在技术和资金上受到多方支持,包括:爱沙尼亚信息技术基金会(HITSA)、Positium LBS、EMT以及教育和科学部的机构研究(IUT2-17)的资助;爱沙尼亚科学基金会(ETF7562)的资助;欧盟区域发展基金会环境保护与技术研发项目(TERIKVANT3.2.0802.11-0043)的资助。]

注释

① 塔林的年龄组是20—29岁。

② 普查数据库中不包括此数据。

③ 居民特征的分布,是基于普查数据。

参考文献

Abramson A J, Tobin M S, VanderGoot M R. 1995. The changing geography of metropolitan opportunity: the segregation of the poor in United States metropolitan areas, 1970 to 1990 [J]. Housing Policy Debate, 6: 45-72.

Ahas R, Aasa A, Roose A, et al. 2008. Evaluating passive mobile positioning data for tourism surveys: an Estonian case study[J]. Tourism Management, 29: 469-486.

Ahas R, Mark Ü. 2005. Location based services: new challenges for planning and public administration[J]. Futures, 37: 547-561.

Ahas R, Silm S, Järv O, et al. 2010. Using mobile positioning data to model locations meaningful to users of mobile phones[J]. Journal of Urban Technology, 17: 3 - 27.

Aslund O, Skans O N. 2010. Will I see you at work? Ethnic workplace segregation in Sweden, 1985—2002[J]. Industrial and Labor Relations Review, 63: 133 - 143.

Carrasco J A, Miller E J, Wellman B. 2008. How far and with whom do people socialize: empirical evidence about distance between social network members[J]. Transportation Research B, 2076: 114 - 122.

Dougherty K D. 2003. How monochromatic is church membership? Racial-ethnic diversity in religious community[J]. Sociology of Religion, 64: 65 - 85.

Ellis M, Wright R, Parks V. 2004. Work together, live apart? Geographies of racial and ethnic segregation at home and at work[J]. Annals of the Association of American Geographers, 94: 620 - 637.

Floyd M. 1999. Race, ethnicity and use of the national park system[J]. Social Science Research Review, 1: 1 - 24.

Golledge R G, Stimson R J. 1997. Spatial Behavior: a Geographical Perspective[M]. New York: The Guilford Press.

Johnson C Y, Bowker J M, English D B K, et al. 1998. Wildland recreation in the rural South: an examination of marginality and ethnicity theory[J]. Journal of Leisure Research, 30: 101 - 120.

Korts K. 2009. Inter-ethnic attitudes and contacts between ethnic groups in Estonia[J]. Journal of Baltic Studies, 40: 121 - 137.

Kwan M-P. 1999. Gender, the home-work link, and space-time patterns of non-employment activities[J]. Economic Geography, 75(4): 370 - 394.

Kwan M-P. 2012. The uncertain geographic context problem[J]. Annals of the Association of American Geographers, 102(5): 958 - 968.

Massey D, Denton N A. 1988. The dimensions of residential segregation[J]. Society Forces, 67: 281 - 315.

McPherson M, Smith-Lovin L, Cook J M. 2001. Birds of a feather: homophily in social networks[J]. Annual Review of Sociology, 27: 415 - 444.

Musterd S, Kempen R V. 2009. Segregation and housing of minority ethnic groups in western European cities[J]. Tijdschrift voor Economische en Sociale Geografie, 100: 559 - 566.

Schnell I, Yoav B. 2001. The sociospatial isolation of agents in everyday life spaces as an aspect of segregation[J]. Annals of the Association of American Geographers, 91: 622 - 636.

Scott D, Munson W. 1994. Perceived constraints to park usage among individuals with low incomes[J]. Journal of Park and Recreation Administration, 12: 79 - 96.

Shinew K J, Glover T D, Parry D C. 2004. Leisure spaces as potential sites for interracial interaction: community gardens in urban areas[J]. Journal of Leisure Research, 36: 336 - 355.

Silm S, Ahas R. 2010. Ethnic differences in activity spaces: a study of out-of-home non-employment activities with mobile phone data[J]. Annals of the Association of American Geographers, 21(3): 358－363.

Tammaru T, Kulu H. 2003. The ethnic minorities of Estonia: changing size, location, and composition[J]. Eurasian Geography and Economics, 44: 105－120.

Tammaru T, Strömgren M, Stjernström O, et al. 2010. Learning through contact? The effects on earnings of immigrant exposure to the native population[J]. Environment Planning A, 42: 2938－2955.

Vihalemm T. 2007. Crystallizing and emancipating identities in post-communist Estonia[J]. Nationalities Papers, 35: 477－502.

Wang D, Chai Y, Li F. 2011. Built environment diversities and activity-travel behaviour variations in Beijing, China[J]. Journal of Transport Geography, 19(6): 1173－1186.

Wang D, Li F, Chai Y. 2012. Activity spaces and sociospatial segregation in Beijing[J]. Urban Geography, 33(2): 256－77.

Weber J, Sultana S. 2013. Why do so few minority people visit national parks? visitation and the accessibility of America's best idea[J]. Annals of the Association of American Geographers, 103(3): 437－464.

（阿哈斯、西尔姆　著，桂晶晶　译）

19 出行成本空间分析与交通弱势群体问题的再研究

19.1 引言

澳大利亚是世界主要移民国家之一，在过去的几十年中，澳大利亚许多城市都经历了高速发展。但受到传统生活方式和居住习惯的影响，许多主要城市的发展仍然延续了传统的低密度扩散式城市发展模式。居民的居住选择普遍是以主要公路为连接的郊区社区而并非靠近功能设施，城市边缘地区的高速增长也成为当前澳大利亚城市发展的特点，而对私人轿车和高速公路的高度依赖使得这种发展模式得以延续。尽管大部分的城市人口居住在广大郊区，而其主要经济活动，例如服务和就业，却仍然高度集中在包括中央商务区(CBD)在内的主要经济中心。这样明显的居住和其他城市活动的分离使得大量城市居民表现出较高的交通出行需求，并且长期以来私人轿车出行在澳大利亚城市交通活动中占据主导地位。以布里斯班市为例，在2006年私家车出行量占到了所有交通出行的78.1%(Department of Transport and Main Road,2011)。随着城市人口的增长和城市活动空间的不断扩张，日渐庞大的小汽车出行量不但正在增加城市交通的压力，而且也明显提高了家庭汽车能源花费、温室气体排放量等(Gipps et al,1997; Weisbrod et al, 2003; Dodson et al, 2007; Mees et al,2008)。为了控制过高的私家车出行带来的交通建设成本和环境成本，澳大利亚政府近年来确立了可持续性发展的国家城市政策，建设可持续城市交通系统和发展低碳城市的目标已经成为很多政府战略规划的重点（Australian Government，2010），主要目标包括通过发展高质量的公共交通系统，吸引更多的私家车使用者使用公交和轨道交通而减少私家车出行（Office of Urban Management，2006；Brisbane City Council，2008；Australian Government，2010）。2008 年，布里斯班市政府通过了 2008—2031 年度交通战略规划。该规划提出了一系列交通模式份额的战略目标，包括加强城市轻轨项目和公共汽车快速通道（Bus Rapid Transit，BRT）的投资，以满足郊区居民出行的公共交通服务需求，改善交通设施。其目标为到 2031 年将私家车出行比例从 78.1％降低到 56％（Office of Urban Management，2006）。

由于澳大利亚城市结构的离散性和低密度的特点，提供高质量的公共交通系统往往需要昂贵的建设投资与运营成本，这使得公共交通系统总体的成本大大增加。作为公共交通的主要收入来源之一，居民出行所支付的公交服务费用也在逐年剧增。截至 2012 年，为支持多项服务和交通设施的改善，布里斯班的平均公共交通费用已在三年内增加了 15％。根据最近一项公共交通使用者的调查报告，只有 12％的受访者认为公共交通是一种廉价的交通出行方式（TransLink，2010）。在澳大利亚的其他主要城市，公共交通出行相比私家车出行同样也没有被认为是一种经济划算的交通方式。虽然交通运营管理者采取了大量政府补贴和激励计划，意在拉动较低的公共交通出行率，尤其是城郊地区；但是交通补贴的实施与分布往往根据人口密度和已有公交服务水平等固定条件进行。新的交通规划虽已强调政府在未来会提供更高效、舒适的公共交通和服务来满足出行需求，但并未充分阐述当前不断拔高的公交票价以及潜在的社会支付能力与公平性问题。高额的公交票价正在迫使多数居民仍坚持选择私家车出行，价格已日益被认为是影响公共交通竞争力的一个重要维度。除了对居民交通模式的影响，高额的公交票价也正在悄悄引发其他的社会经济问题，如会导致工作者尤其是低收入工作者和兼职工作者生产力和就业参与度下降（因为他们收入中更多的比例被用于支付高额的交通费用），进而导致大量的税收减少，加之逐渐滋生的无车族（包括低收入者和学生）的逃票现象，都正在威胁规范的社会行为和城市总体吸引力。

目前交通规划者面临着双重压力，即在满足居民对更新、更好的公共交通服务需求的同时又要确保高品质交通设施和服务的可支付性与社会公平性。尽管目前已有大量研究关注公共交通服务供给、交通网络效率和社会弱势群体的交通可达性问题（Hine et al，2003；Yigitcanlar et al，2007；Currie et al，2009；Currie，2010；Dodson et al，2011），但很少有研究关注公共交通服务的消费成本和城市弱势群体对高额交通费用的支付能力和潜在的脆弱性，而这些问题深刻影响着城市交通发展的可持续性、社会公平和未来公共交通使用水平等重要问题。另外，在现有西方国家交通的社会脆弱性研究中，很多研究集中在家庭私家车使用和家庭汽油消耗的交通压力方面，而很少关注家庭在其他交通方式中的现实成本(Dodson et al，2010；Li et al，2013)。并且许多研究是基于家庭汽车保有率和对交通需求的假设来评估家庭交通压力，而不是家庭在日常交通出行行为中真正花费的成本。鉴于公共交通在澳大利亚城市交通出行活动中越发重要，本文将以布里斯班市为例从更全面的视角重新审定澳大利亚城市中不同模式的交通行为特征与新的交通弱势群体问题。首先，本文首次将居民公共交通出行模式纳入到已有的以私家车为主导的单模式城市交通弱势群体问题的研究中来，建立更完整的研究框架来重新分析城市弱势群体在不同交通模式出行上的交通成本和潜在脆弱性。其次，本文将从数据和方法上推进现有交通成本和脆弱性研究。特别是通过对不同模式的交通数据进行出行行为的空间分析，并整合不同交通方式的成本分析，包括公共交通的标准计费，使用私家车的燃油消耗与油价来测算布里斯班市居民私家车出行和公交出行的交通费用成本。本文通过对布里斯班市居民小汽车和公交出行特征和成本的空间模拟，进而开展居民对于不同交通出行方式的支付能力和脆弱性分析。通过加入这些新的定性和定量分析的维度，我们旨在探索三个主要问题：(1) 私家车出行和公共交通出行的地理模式是怎样的？(2) 如何重新判定交通脆弱地区及其地理特征？(3) 这两种交通方式的出行成本在城市空间上的差异是怎样的？

本文的结构如下：第 19.2 节将详细介绍本研究使用的数据，第 19.3 节描述了出行成本空间分析和社会脆弱性的分析方法，第 19.4 节对分析结果进行讨论，最后一节总结了本文的重要发现以及不足和展望。

19.2 数据

19.2.1 通勤数据

本文利用澳大利亚统计局 2006 年统计调查的通勤数据来计算私家车出行和公共交通出行消费。使用通勤数据的原因是通勤是大多数居民最重要、最典型的日常交通活动，同时也直接影响家庭主要交通成本(Horner，2004)。通勤数据库包含所有上班出行的起点(居住地)和终点(工作地)以及标有通勤数量的出行起讫点(OD)矩阵。为考虑布里斯班市民通勤的全部出行范围，本文利用昆士兰东南地区(包含布里斯班、黄金海岸、阳光海岸)的 300 个起始区域和 300 个终点区域的私家车出行数据和公共交通(包括公共汽车、城铁和轮渡)出行数据。本地统计区(区界略大于通常的交通小区)被作为呈现这些起始区域和终点区域的标准空间单元。

19.2.2 昆士兰私家汽车注册数据和澳大利亚政府绿色汽车指南

私家车通勤者的汽车能源效率(VFE)被认为是决定能源和金钱消耗的重要

变量之一。为计算所有私家车出行能源消耗的汽车能源效率，本文使用了完整的昆士兰汽车注册数据库。汽车注册数据是昆士兰政府统计的约 44.2 万辆（2008 年）私家车注册数据，包含制造商、型号、生产年份、车体款型、气缸编号，以及车主所居住的地区。

澳大利亚政府绿色汽车指南提供了 1986—2009 年在澳大利亚销售的和使用的 14 996 种汽车款型（制造商和型号）的环境指标，包括每款车型的具体空气污染率、标准二氧化碳排放量、噪音和标准汽车燃油消耗等数据。本文抽取了每款车型的燃油消耗率[百公里标准耗油量（L/100 km）]用于汽车能源效率分析，因为它提供了相对可靠的车辆燃油消耗信息。

19.2.3 运输联线公共交通的定价数据

公共交通出行的费用根据公共交通的定价数据来计算。布里斯班所有公共交通出行的费用是由公交运营商运输联线（TransLink）的定价体系设定的。运输联线的运营服务覆盖了整个大布里斯班的 23 个地区。如图 19 - 1 所示，运输联线定价体系以同心圆结构运行，区域 1 为布里斯班 CBD，被主要的近郊区区域 2 和区域 3 围绕；北边的阳光海岸、南边的黄金海岸和西边的伊普斯维奇（Ipswich）同样也是如此。公共交通的服务收费是根据单次出行跨越的区域数量来计算的，不受具体出行的距离和换乘次数的影响（如一个区域内收费 AU＄3.06，跨越两个区域则收费 AU＄4.17）。

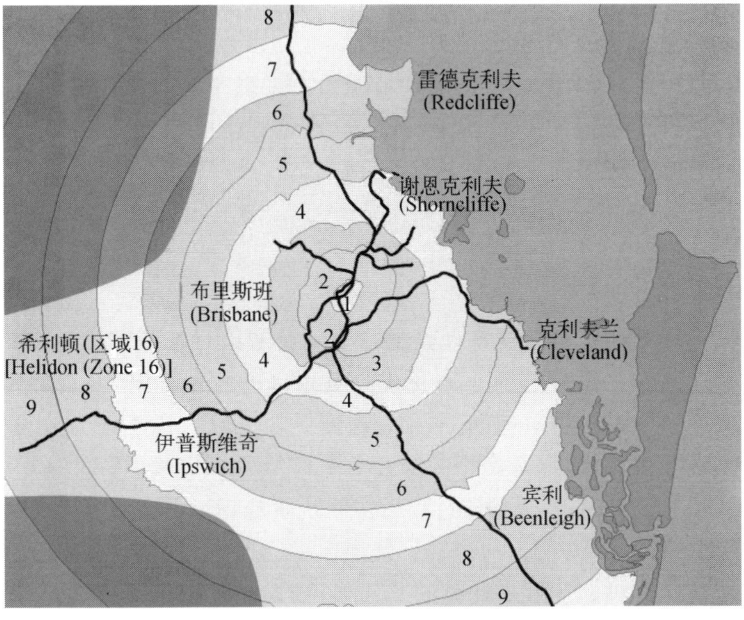

图 19 - 1 布里斯班公共交通的收费分区

19.3 方法

为科学地评估在不同交通模式下的城市居民交通出行成本与潜在的社会脆弱性，首先计算居民在日常交通活动中使用私家车和公共交通出行的实际花费。出行交通花费以金钱单位澳大利亚元（AU＄）来计算。

19.3.1 计算私家车出行花费

居民私家车出行花费通过私家车的出行距离、燃油消耗和汽车燃油价格来计算。

第一，私家车单次出行的距离反映出每个地区平均的家庭小汽车出行实用需求。私家车出行的平均燃油消耗基于私家车出行的平均距离来计算。每个区域私家车平均出行距离，是基于昆士兰路网数据模拟的最短路径来计算其区域内所产生的（而非吸引的）所有私家车通勤的起点和终点数量（通勤数据）进而测算得来。

第二，本文假设布里斯班汽车能源效率是影响私家车能源消耗的一个变量。我们通过汽车注册数据和绿色出行指南中的能源效率数据，模拟了布里斯班各个地区私家车使用的标准汽车能源消耗率（每跑 100 km 的燃油消耗量）。这样，具体品牌和型号汽车的燃油消耗会根据汽车注册数据分配在各个地区。将所有包含汽车燃料效率的汽车注册数据再次汇总在地区层面就能够计算这个地区所有私家车汽车能源消耗的平均值。

第三，每个地区私家车出行的平均能源效率乘以平均单次出行距离就可以计算每个地区私家车出行的燃油消耗（私家车燃油消耗量）。最后运用当前的汽车燃油价格（取 2012 年燃油每升为 AU＄1.4 的平均价格进行计算）计算了每个地区居民平均私家车单次通勤出行金钱花费（AU＄/单次私家车出行）。

19.3.2 计算公共交通出行花费

基于公共交通通勤的数据来计算平均公共交通出行花费，基本方法是基于公共交通出行起点和终点跨过的运输联线收费划区的收费标准（高峰时间）来计算每次公共交通出行的花费。例如，如果一次通勤从区域 7 到区域 1，它穿过的运输联线收费划区共有 7 个，那么费用为穿过 7 个区域的标准收费（AU＄6.62）；如果一次通勤从区域 8 到区域 5，它穿过的运输联线收费划区共有 4 个，那么费用为穿过 4 个区域的标准收费（AU＄4.77）。横穿市中心的通勤费用是根据区域 1 和最远通达区域之间穿过的区域来计算的。例如，如果一个人从北边的区域 5 穿过市中心到南边的区域 3，那么公交卡的收费是穿过 5 个区域的费用。

由于布里斯班的公共交通通勤者中78.7%的通勤是指向市中心的(包括终点在市中心和终点不在市中心的出行),所以很容易通过起讫点直线连接叠加的空间分析方法捕捉绝大部分通勤所穿过的区域。对于那些不向布里斯班市中心方向通勤的公共交通通勤者(如那些沿着运输联线收费划区没有穿过区域边界的),他们起点到终点通勤的费用是通过运输联线网上费用查询系统(Journey Planner)查找的。对于一些在该查询系统中找不到的出行,其收费是根据他们的出行距离来辅助决定。例如,在该查询系统上可以找到最接近的出行起讫点的出行费用。虽然这个过程可能潜在包含一些数据误差,但这被认为是可以接受的,因为它们只代表了布里斯班全部公共交通出行中的极少部分(<1%)。最后,当每条公共交通起讫点出行费用计算出来后,就能得到各个地区的单次公共交通出行的平均费用(AU\$/单次公交车出行)。

19.4 结果与讨论

结果与讨论部分在描述私家车出行和公共交通出行的地理特征基础上比较私家车出行和公共交通的出行费用,最后根据布里斯班社会经济劣势群体分布来重新评估私家车出行和公共交通出行的脆弱性。

19.4.1 通勤流

用直线表现使用私家车和公共交通的通勤流每个起点和终点的通勤数量,发现布里斯班私家车出行具有分散和多中心的结构特点(图19-2),在主要的郊区就业中心和附近的区域之间私家车通勤数量大。大多数区域内通勤的地区是东部卡帕拉巴(Capalaba)和克利夫兰之间,北部的斯特锐别(Strathpine)和西部的伊普斯维奇郡。同时还有大量的私家车通勤发生在一些以工业为基础的郊区,如布里斯班港和北部郊区之间的通勤以及西部罗克利(Rocklea)和伊普斯维奇之间的通勤。这表明居民的职业特点和当地的产业特征可能会很大程度上影响私家车的使用率和他们的空间出行特征。还有值得注意的是,布里斯班市CBD仍然吸引了一定的私家车通勤流量,这表明布里斯班市中心作为最重要的就业中心和许多高收入工作人员的目的地,仍然吸引了相当水平的近郊私家车通勤。

对比私家车出行,布里斯班公共交通通勤呈现出很明显的单中心结构(图19-3)。布里斯班公共交通通勤者中78.7%都是向市中心通勤的,包括那些通勤终点在市中心和终点不在市中心的。虽然CBD只容纳了布里斯班近20%的就业,但却吸纳了高达69%的公共交通出行。相比之下,整个郊区地区提供了布里斯班超过一半的就业,但在郊区范围的公交车通勤只占布里斯班市公交车通勤总量的29%,并且随着居住地远离布里斯班CBD,公共交通出行的数量越少。郊区之间较低的公交车通勤率一定程度上反映了当前布里斯班公共交通运营路线和服务特点仍是以CBD为主导的，并不能很好地服务于在郊区工作的城市居民。远郊地区的公共交通规划（尤其是轨道交通服务方面）仍然应该提高面向郊区就业的可达性，尤其是连接较为分散的郊区居住地和工作地的公交系统。

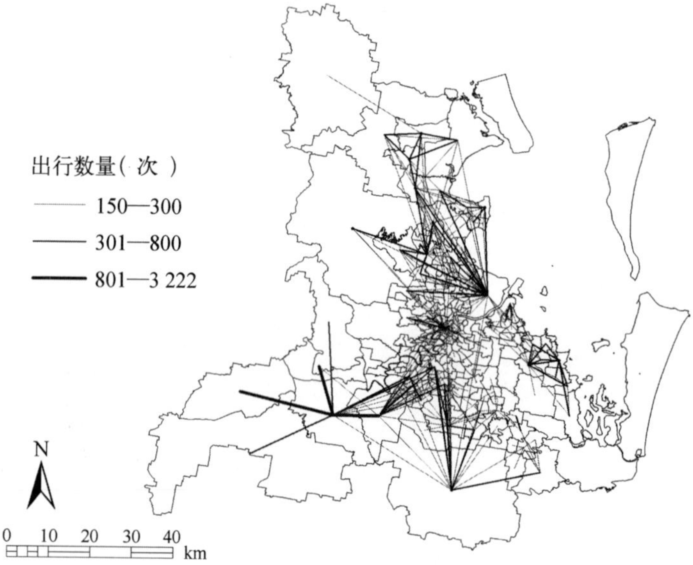

图 19-2　私家车通勤流

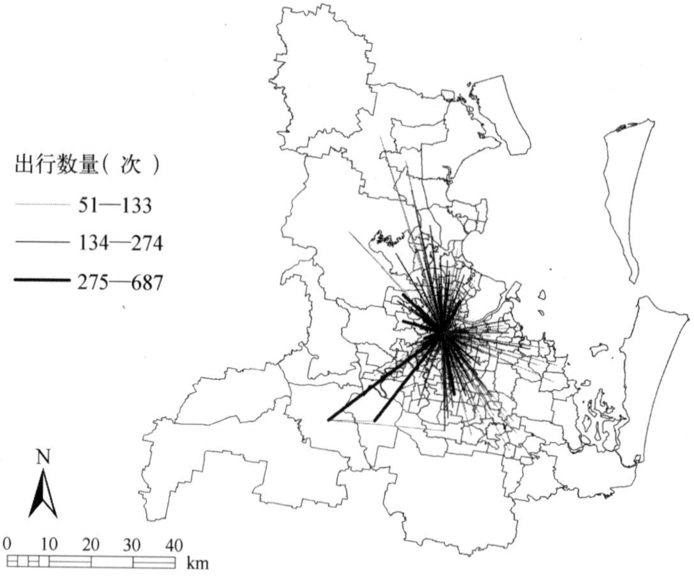

图 19-3　公共交通通勤流

19.4.2 出行费用

分析私家车和公共交通通勤的平均出行成本，发现私家车出行的平均费用（为支付小汽车燃油消耗所付的费用）向市中心不断减少，同时随着居民远离市中心，他们每次出行的私家车燃油费用就会趋于增加（图 19－4）。中远郊区高额的私家车能源花费不单单是因为许多居民会向更加分散的地区进行通勤，而且还一定程度受到当地拥有较高比例的能源效率较低的汽车（如大型私家车）的影响。这样生活在远郊的家庭趋向更长的通勤距离和使用能源效率更低的汽车，共同导致了远郊居民出行的汽车燃油花费更高。图 19－4 中嵌入的小图则凸显出由于市中心向郊区较长距离的反向通勤，导致市中心居民小汽车出行的平均费用较之周边的近郊区居民更高。

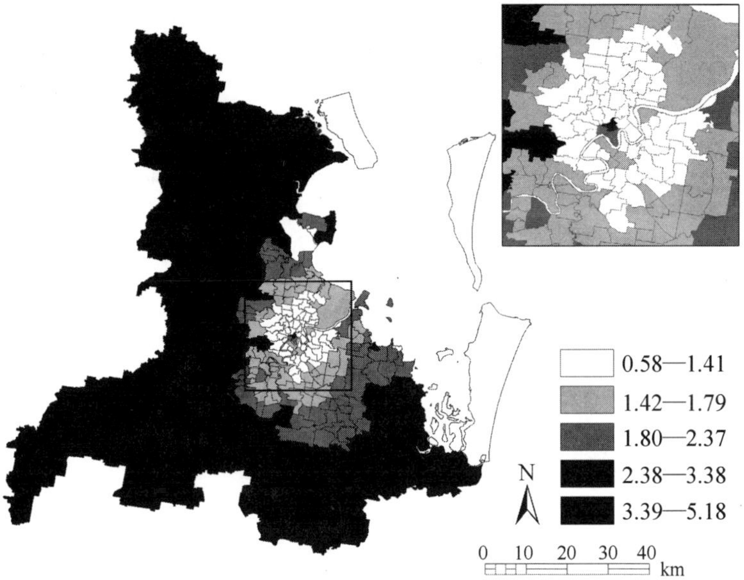

图 19－4 小汽车出行单程平均燃油花费（AU＄/单次出行）

布里斯班各区居民公共交通出行的单程平均票价［包括所有搭乘公共交通工具（公交汽车、城铁，还有轮渡）的出行］整体费用的空间分布模式与图 19－4 所示的私家车出行相似。由于出行距离的拉长，处于南端和北端的远郊地区的公交出行平均花费较高。近郊居民公交出行的花费较低，反映出他们所处地区的就业可达性和本地公交服务水平的优势（图 19－5）。

对各个地区两种交通模式出行的单次花费的差异进行比较，发现总体上搭乘公交车的居民出行费用要普遍高于使用私家车出行的费用，地区差异从 AU＄ 0.76 到 AU＄ 4.3 每单次出行（图 19－6）。较高的费用差异出主要出现在位于南北轨道

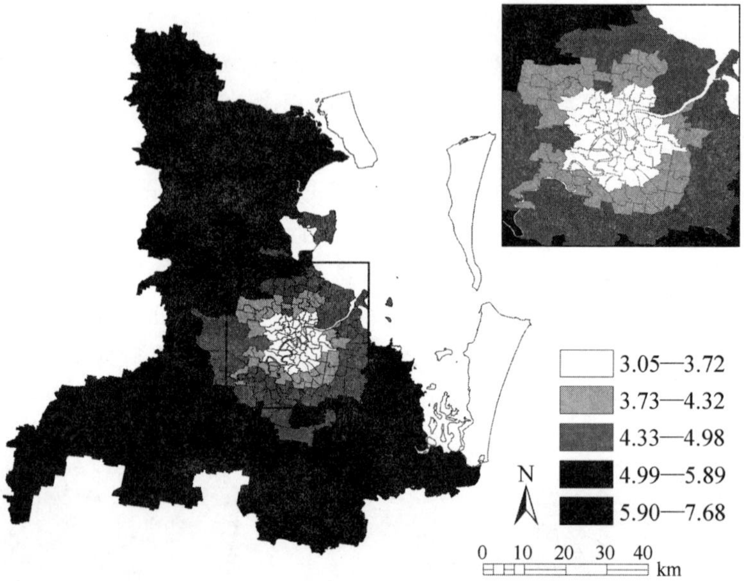

图 19－5　公共交通出行单程平均票价花费(AU $ /单次出行)

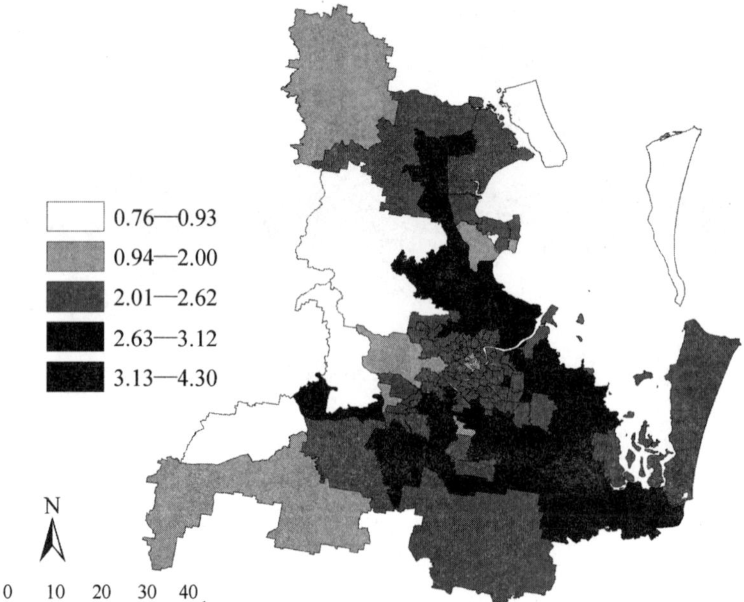

图 19－6　公共交通与小汽车出行单程平均花费差异(AU $ /单次出行)

交通干线的远郊区和高密度的海滨地区。这些地方出现较高的出行花费差异主要源自其中公共交通搭乘者往往进行相对较长的出行距离。这也反映出当地居民就业特征的差异。对于那些依赖中心城区工作的远郊居民，他们不得不支付更高的公共交通费用来完成通勤出行，而当地其他从业者则可以很轻松地驾车到较近的地方上班。

为体现出两种交通模式的价格特点对相关交通群体以及支付能力的影响，计算出使用公交车和小汽车出行在每单位千米上的费用（费用强度）。首先，从公交车出行的消费强度的分布可以看出靠近市中心的近郊公交系统在每千米上的费用要高于远郊地区的公交系统（图 19－7）。这表明虽然远郊地区的居民搭乘公交的单次出行花费要高于近郊居民，但他们在每千米的行程上却支付较低的费用。在近郊搭乘公交平均费用强度是 AU＄0.85/km，明显高于中等距离郊区（AU＄0.3/km）和远郊区（AU＄0.18/km）。这种随地区变化的价格结构显示出政府对远郊公交系统采取了更高的交通补贴来吸引和挽留当地并不稳定的公交搭乘群体。

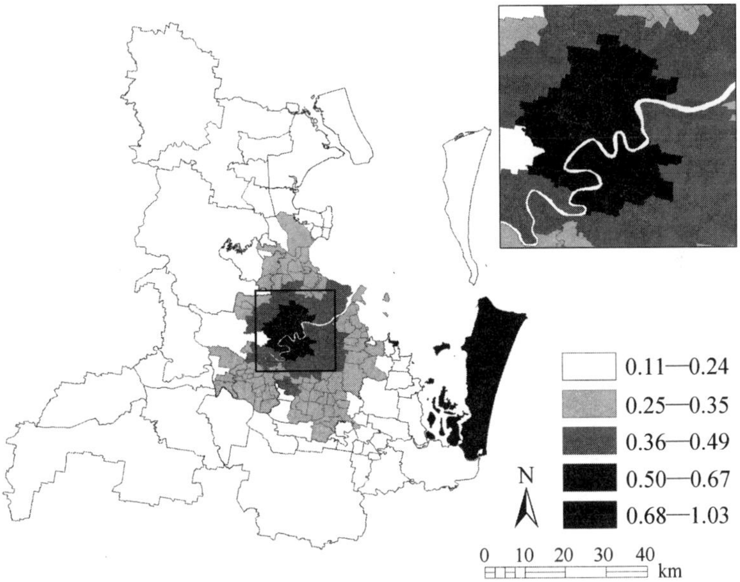

图 19－7　公共交通出行的费用强度（AU＄/km）

小汽车出行的单位千米出行费用等同于汽车能源效率（L/100 km）的分布，其分布特征与公交车的费用强度结构相反，即单位千米的出行费用随着相对市中心的距离而增加（图 19－8）。这是源于远郊居民往往保有较多的大型私家车，能源效率较低，因此在单位出行距离上对比在近郊使用的小型私家车花费更大。

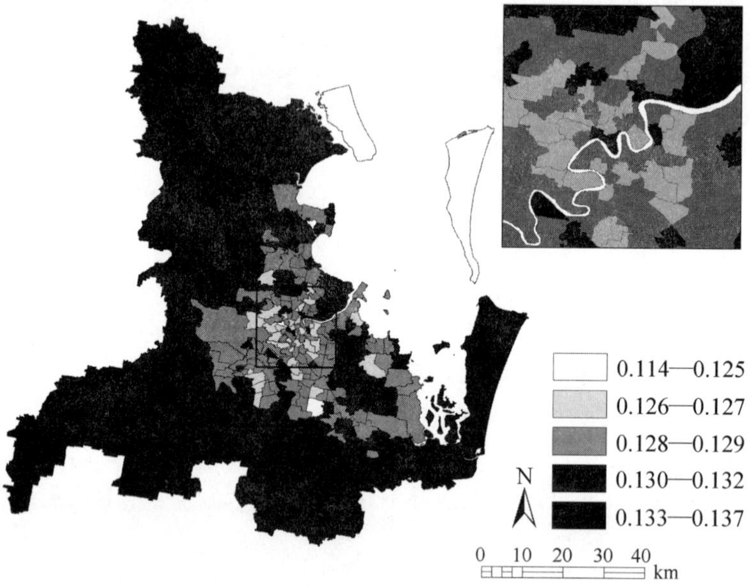

图 19-8　小汽车出行的费用强度(AU $ /km)

把两种交通模式的费用强度进行比较,结果表明公共交通的费用强度在各个地区皆高于小汽车出行。这项差异在布里斯班近郊区与 CBD 尤其明显(图 19-9)。然而这种空间分布与布里斯班的公交车出行率的分布特征相反。较高的

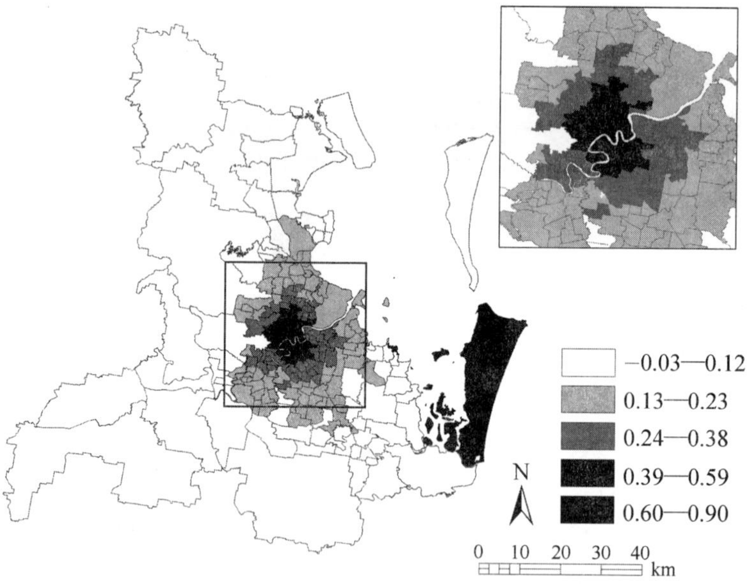

图 19-9　公共交通与小汽车出行费用强度差异(AU $ /km)

公交费用强度并没有影响到近郊居民较高的搭乘率。而远郊居民则不太考虑他们在单位千米的公交费用率的优势仍然大量选择开车出行。这也意味着交通政策中变化费用率价格弹性的实际效果并不理想。许多郊区居民不愿选择公交出行或者并不采用公交来完成整个出行。例如,很多远郊区居民仍采用开车来完成长距离出行,而在进入近郊地段才改搭公共交通来完成剩余的行程。这种方式对政府要决心改变城市交通模式的目标贡献不大。

19.4.3 社会经济弱势地区的出行费用

将测算出的居民出行支付成本与布里斯班市的社会经济弱势地区进行空间比较,进一步研究处于特定弱势地区的居民的交通脆弱性。社会对公共交通政策的普遍期待是运营商应该在有效和公平的基础上合理划拨资源,用来提高公共交通的服务品质。但从其单结构性可以看出,目前布里斯班公共交通的建设以及费用补贴重点是放在中远郊地区(意在吸引以小汽车出行的主体人群),而并非具体留意那些低收入而且缺乏个人交通资源地区的需求。

首先用澳大利亚统计局制定的"地区社会经济索引数据"(SEIFA)来划定布里斯班的社会经济弱势地区。这个索引数据由众多人口社会经济变量(如家庭收入、受教育程度、职业、房产拥有率等)综合估算而成,目前被应用于大量的社会经济研究中。生活在地区社会经济索引数据值较低的地区的居民被看作相对弱势,与地区社会经济索引数据值较高地区的人群比较,他们具有较低的交通费用支付能力。为判定最具有交通脆弱性的热点地区,把平均交通出行花费最高的地区和社会经济属性最弱的地区在空间上加以叠加。出行花费最高的地区为平均出行费用高于布里斯班平均值一个标准偏差的地区,而所选最弱势地区需要求它们的地区社会经济索引数据值低于整个布里斯班地区的最小十分位数。

图 19-10 显示出布里斯班最弱势地区中那些正在面临最高的交通经济负担的地区。这些地区的弱势群体一直面对住房、教育以及低收入的多重压力,而在以往被忽略的交通层面,他们又表现出对于高额交通开支的高度脆弱性。交通脆弱性最高的地区高度集中在布里斯班传统的远郊重镇,比如西面的伊普斯维奇和南面的洛根(Logan)还有北面的卡布尔彻(Caboolture)。另外结果还表明,这其中许多地区的居民面对的是多种模式的交通经济压力,他们不仅承受着高额的私家车出行燃油费用,而且还面临着更高的公交出行经济压力。虽然布里斯班交通价格政策有意偏向于远郊地区的居民,意在减少大量郊区的小汽车出行以及拥堵和碳排放,但其目前的价格费用对于许多远郊弱势地区的居民来讲仍然很高。从这个角度看,公共交通价格仍为城市绿色交通的一个瓶颈,鼓励居民由私家车出行模式向公共交通出行模式转化在这些重要地区还很难实现。今后城市交通政策的制

定不但要完善公共交通的网络效率和可达性,还要考虑其价格因素在社会交通选择方面的影响。

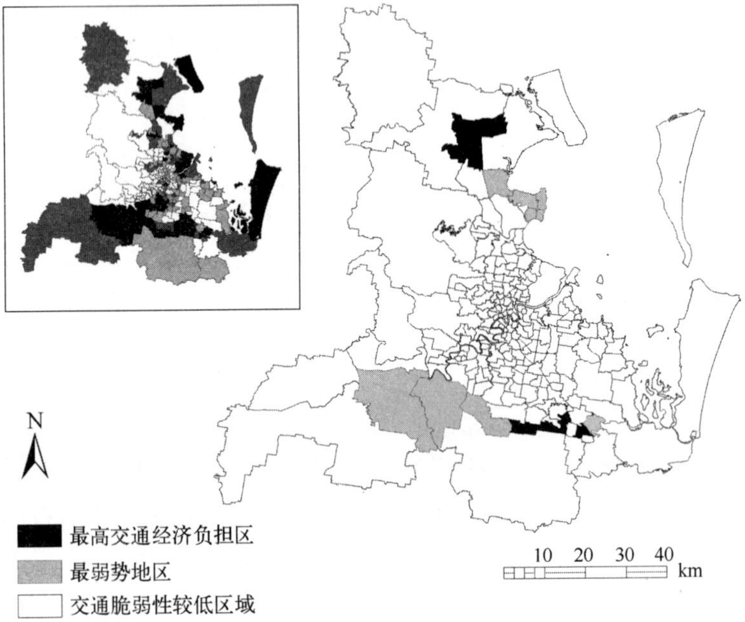

图 19-10　布里斯班交通脆弱性地区

注:小图为地区社会经济索引数据值。

19.5　结论

公共交通在澳大利亚城市交通活动中正起着越来越重要的作用。然而相对于出行成本低廉的私家车,公共交通的高票价正在使之呈现逐渐显著的竞争劣势,这也威胁着政府有效改善交通模式和达到可持续性的城市交通系统发展目标。本文采用大量交通数据和空间分析方法,具体演算了布里斯班城市居民使用私家车和公交车在日常出行中的交通特征和出行成本,进一步探讨由于价格与出行成本原因造成的西方国家城市多模式交通发展中的新社会脆弱性问题。

具体的出行、车辆及性能数据以及公交交通价格数据的整合为本文的研究提供了可能,其可靠性相对以前的研究也有了大幅提高。通过对居民日常出行以及不同交通模式交通成本的空间分析,研究结果发现私家车与公交使用群体各自呈现出截然不同的空间出行特征。而在总体出行成本上这两个群体均体现出随综合距离上升的趋势。除了强调人的出行行为因素在交通成本上的影响外,又着重比较了小汽车出行与公交车出行在单位千米上的价格特点。结果表明在布里斯班各个地区，公交车出行的单位距离成本均高于小汽车出行，因此均不能被看作相对价格低廉的交通模式。然而，由于相对较短的出行距离、较低小汽车保有率和停车条件的限制，近郊区居民对高额的公交价位并不太敏感。而市郊和远郊的居民明显体现出其对搭载公交的排斥性，这体现在广大市郊地区居高不下的小汽车使用率。这种城市不同空间群体对公交价格的不同反应也呼应了之前国际上对交通价格功能弹性研究中的类似发现（Cervero，1990；Moore，2002；Crowther，2011）。最后本文将模拟的居民出行支付成本与布里斯班市的经济社会弱势地区进行比较，结果表明处于特定远郊弱势地区的居民不仅承受着高额的私家车出行燃油费用，而且还面临着更高的公交出行的经济压力。

本文通过对城市居民不同模式出行特征和交通成本的空间分析，推进了居民交通出行支付能力分析和交通脆弱性研究。特别是同时引入交通中私家车的能源效率和公共交通票价的因素，这在同类问题研究中尚属首次。然而，本文还需要一些进一步的研究，尤其是一些方法上的改进。首先，一些小汽车的常规使用成本如每年的牌照费、保养费以及拥堵和停车费用并没有被纳入家庭交通成本分析。其次，关于对公交车出行的费用计算只是根据布里斯班公交车出行的空间特征设计的，方法本身还不能被广泛应用于其他城市的公交出行费用计算。再次，居民出行成本的测算是单纯基于通勤出行活动得到的，并没有考虑其他出行活动（如购物出行）。最后，本文只是围绕单一城市进行空间出行成本研究，今后还会加入其他城市作为比较来验证我们的研究发现是否有代表性，其结果会不会在其他城市有所不同以及不同的原因，以便更好地为交通政策服务。

参考文献

Australian Government. 2010. Our Cities: the Challenge of Change[R]. Canberra: Background and Research Paper.

Brisbane City Council. 2008. Transport Plan for Brisbane 2008—2026[R]. Brisbane: Brisbane City Council.

Cervero R. 1990. Transit pricing research: a review and synthesis[J]. Transportation, 17: 117 - 139.

Crowther A. 2011. Assessing equity in transit pricing: an analysis of triangle transit[EB/OL]. [2011 - 01 - 25]. http://hdl. handle. net.

Currie G, Richardson T, Smyth P, et al. 2009. Investigating links between transport disadvantage, social exclusion and well-being in Melbourne-preliminary results[J]. Transport Policy, 16: 97 - 105.

Currie G. 2010. Quantifying spatial gaps in public transport supply based on social needs[J]. Journal of Transport Geography, 18(1): 31 - 41.

Department of Transport and Main Road. 2011. Connecting SEQ 2031[R]. Brisbane: An Integrated Regional Transport Plan for South East Queensland.

Dodson J, Sipe N. 2007. Shocking the suburbs: urban location, homeownership and oil vulnerability in the Australian city[J]. Housing Studies, 23(3): 377 - 401.

Dodson J, Li T, Sipe N. 2010. Urban structure and socio-economic barriers to consumer adoption of energy efficient automobile technology in a dispersed city: a case study of Brisbane, Australia[J]. Journal of the Transportation Research Board, 2157(2): 111 - 118.

Dodson J, Mees P, Stone J, et al. 2011. The Principles of Public Transport Network Planning: a Review of the Emerging Literature with Select Examples[R]. Issues Paper 15. Urban Research Program, Griffith University.

Gipps P, Brotchie J, Hensher D, et al. 1997. Journey to Work: Employment and the Changing Structure of Australian Cities[R]. Melbourne: Research Monograph 3, Australian Housing and Urban Research Institute.

Hine J, Mitchell F. 2002. Transport Disadvantage and Social Exclusion: Exclusionary Mechanisms in Transport in Urban Scotland[M]. Aldershot: Ashgate.

Horner M W. 2004. Spatial dimensions of urban commuting: a review of major issues and their implications for future geographical research[J]. The Professional Geographer, 56(2): 160 - 173.

Li T, Dodson J, Sipe N. 2013. Investigating private motorised travel and vehicle fleet efficiency: using new data and methods to reveal socio-spatial patterns in Brisbane[J]. Geographical Research.

Mees P, O'Connell K, Stone J. 2008. Travel to work in Australian capital cities, 1976—2006[J]. Urban Policy and Research, 26(3): 363 - 378.

Moore G R. 2002. Transit ridership efficiency as a function of fares[J]. Journal of Public Transportation, 5(1): 454 - 462.

Office of Urban Management. 2006. South East Queensland Infrastructure Plan and Program 2006—2026[R]. Brisbane: Queensland Government.

TransLink. 2010. TransLink Public Transport User Survey[R]. Brisbane: TransLink.

TransLink. 2012. TransLink Transit Authority Annual Report 2010—2011[R]. Brisbane: TransLink.

Queensland Government. 2009. Climate Q: Towards a Greener Queensland[R]. Brisbane: Queensland Government.

Weisbrod G, Vary D, Treyz G. 2003. Measuring economic costs of urban traffic congestion to business[J]. Journal of the Transportation Research Board, 1839: 98 - 106.

Yigitcanlar T, Sipe N, Evans R, et al. 2007. A GIS-based land use and public transport accessibility indexing model[J]. Australian Planner, 44(3): 30 - 37.

（李铁北　著）

20 基于结构方程模型的居民交通需求与交通出行行为研究

20.1 引言

基于活动的交通需求预测方法在过去的20年得到了学者的广泛关注。相比于传统的交通需求预测方法，基于活动的需求预测方法考虑将交通需求作为一种派生需求，涉及对活动和出行行为关系的分析。从20世纪80年代中开始，基于活动的分析方法(Activity-Based Approach，简称活动分析法)得到了快速发展，其理论和模型框架来源于蔡平(Chapin)对活动动机的社会评述及哈格斯特朗(Hägerstrand)的时间地理学。鲍曼等(Bowman et al，2001)定义了活动和出行计划决策的框架，包括出行者日常活动计划与计划调整。

北村等(Kitamura et al，1992)首先将结构方程模型(Structural Equation Modeling，SEM)应用到活动出行分析中，分析了活动对出行的影响，结果表明长距离通勤者用在娱乐性活动上的时间偏少，通勤时间与非强制性活动之间呈现负的相关性。陆等人(Lu et al，1999)提出了家庭个人属性与活动行为分析的模型框架，对家庭个人属性、活动参与以及出行行为间的关系进行了分析，揭示了出行者日常活动出行的一般规律。葛洛布(Golob，2000)同样使用结构方程模型，对波特兰的案例进行了检验，对活动参与、出行时间以及出行的发生进行了预测，同时探讨了对可达性指标和出行链的影响。马修等(Matthew et al,2008)则使用面板数据(多日、多年)来分析居民长期和短期的日常活动规律以及居民的活动计划，结果发现居民年度的出行计划有一定的类似性，而工作日和周末的活动计划有明显的区别。

基于活动方法的交通研究，在中国尚处于起步阶段。由于该方法在分析人的交通行为尤其是交通行为之间的相互关系方面有独到之处，因此该方法是交通行为分析领域重要的研究发展方向。基于该方法进行决策行为分析预测，能够准确地模拟家庭中各种复杂的相互作用，可以对交通出行者的行为做出更为合理的解释，从而为交通运输管理部门的交通运输规划、交通运输政策的制定以及交通需求管理(Transportation Demand Management，TDM)政策分析等提供更为有力的决策依据。

20.2 基于结构方程模型的居民交通需求与出行行为模型分析

20.2.1 家庭出行活动决策研究

1) 家庭出行活动决策框架

人类的各种需求，例如谋生、社会交往和自我满足等，激发了活动的需求。同时，活动需求也受许多因素的调节，包括责任、能力和健康等，并且活动还受到时间和空间的限制。人类生活所在的时空是一个连续体，只有消耗特定的时间，才能参与在不同时间的活动，也只有在不同的地点间移动，才能参与在不同场所的活动。家庭出行活动决策研究主要包括：(1) 家庭对活动决策的影响；(2) 家庭类型、家庭人数、成员关系、年龄、性别和工作对活动决策的影响；(3) 儿童给家庭中其他成员带来的影响。

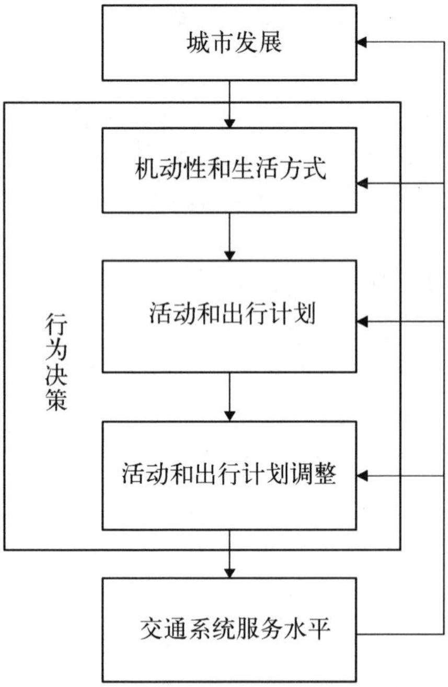

图 20-1 出行者活动和出行决策框架

家庭活动出行决策，根据其决策周期分为三个方面，即机动性和生活方式、活动和出行计划、活动和出行计划调整(图 20-1)。每一方面都有各自不同的制定决策的时间框架。机动性和生活方式一般以年为决策时间单位；活动和出行计划决策则以相对较为频繁和固定的时间间隔发生；活动和出行计划调整决策的时间单位最短，一般在一天内发生。长期决策的结果约束短期决策，并受与短期决策相关的实际效果的影响。

2）家庭出行活动决策分析模块

本文将家庭活动出行分析的整体架构分为三个模块，分别是家庭活动决策模块、家庭内部活动分配模块和家庭成员活动出行生成模块（图 20－2）。首先在家庭生活方式和机动性的影响下，根据家庭决策的结果，确定一段时间内家庭参与各类活动的需求强度；其次根据家庭结构特点，成员特性和成员间相互作用关系的影响，对家庭成员的活动进行分配；再次根据活动分配结果及各成员间、各类活动间、活动与出行间的相互作用，生成各家庭成员的活动和出行安排计划。

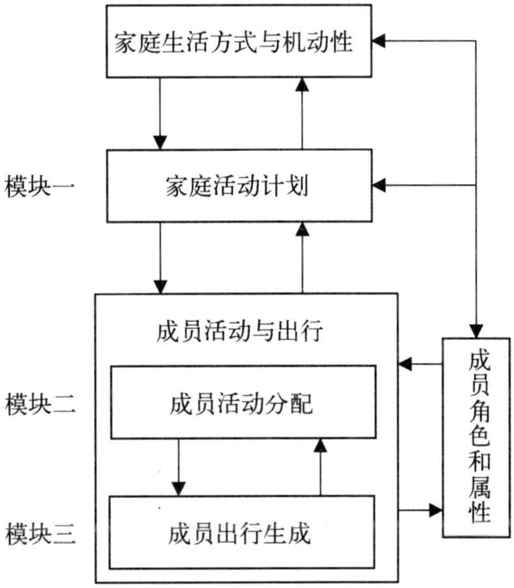

图 20－2　家庭活动出行决策模块划分

第一个模块即家庭活动决策模块（图 20－3），是在给出一定的家庭生活方式与机动性（包括家庭结构、家庭分工、活动优先权等）的前提下，根据家庭决策的结果，确定一段时间内家庭参与各类活动的需求强度。需求强度包括各类活动所需的时间、次数等。在影响家庭活动计划的家庭生活方式中，家庭结构、家庭总成员数量、特定家庭成员的数量、家庭的生活水平等，是比较重要的因素。

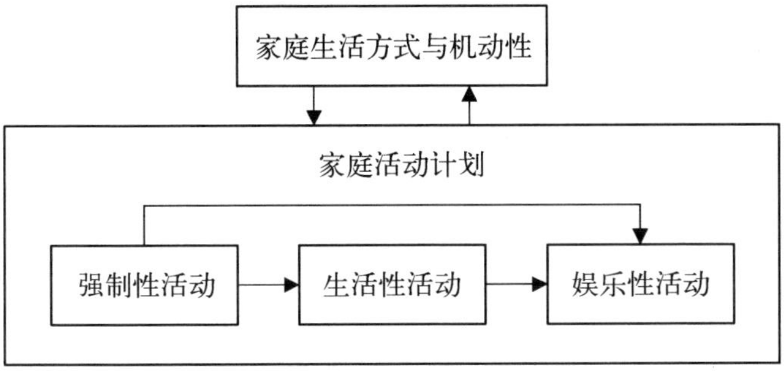

图 20－3　家庭活动决策模块

第二个模块即家庭内部活动分配模块（图 20－4），是根据家庭结构特点、成员特性和成员间相互作用关系的影响，对家庭决策的各类活动进行分配。确定一段时间内家庭内各成员参与各类活动的强度，包括各类活动所需的时间、次数等。

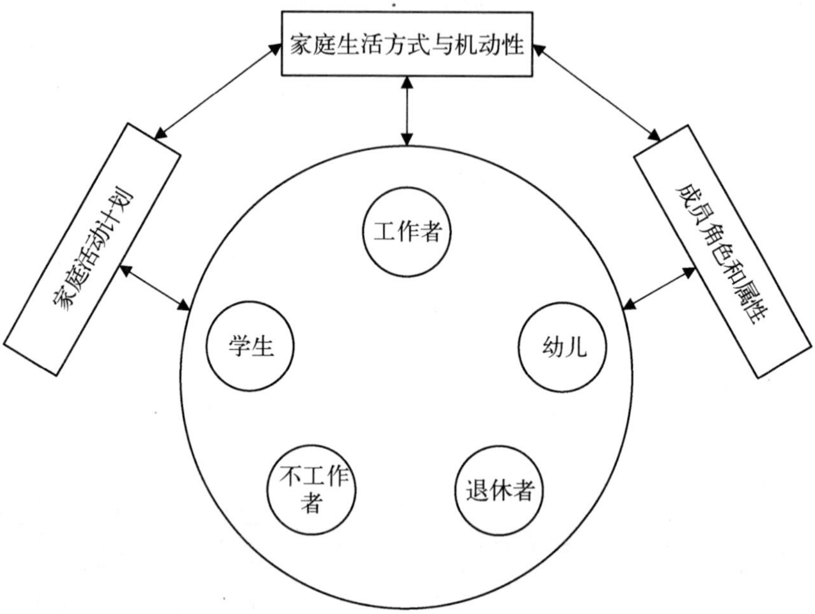

图 20－4　家庭内部活动分配模块

影响家庭内部活动分配的因素有很多，家庭的生活方式与机动性，家庭的结构和各成员的分布，以及家庭成员在家庭中的地位和所承担的角色是比较重要的因素。这些因素中，个人角色对家庭成员的活动分配影响最大。本文中将个人角色分为五类，包括工作者、幼儿、退休者、学生和不工作者。其中，幼儿没有单独的活动和出行；学生以上学活动为核心，伴随少量的生活性活动和娱乐性活动；处于工作日的工作者以工作活动为核心，伴随少量的公务性活动，以及一定量的生活性和娱乐性活动；处于休息日的工作者和不工作者，以生活性活动为主，娱乐性活动为次；退休者的日常生活以生活性活动和娱乐性活动为主，且娱乐性活动明显增多。

家庭成员活动出行分配模块(图 20－5)是整体构架的第三个模块，根据各家庭成员活动分配结果及各成员间、各类活动间、活动与出行间的相互作用，生成各家庭成员的活动出行安排计划。在本文中，出行计划主要是指活动出行时间、出行方式的选择。

根据家庭活动决策理论，生活方式和活动性的决策很大程度上决定了活动和出行决策，因此想要准确地模拟活动和出行行为，就要对生活方式和活动性的一些重要决策结果进行详细的分析。这些因素主要包括：家庭结构、个人角色、活动优先权、个人责任、生活习惯、经济状况和个人能力等。

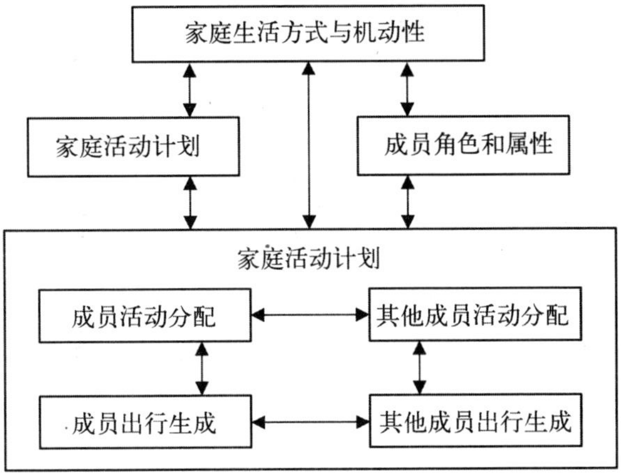

图 20－5　家庭成员活动出行分配模块

20.2.2　模型与方法

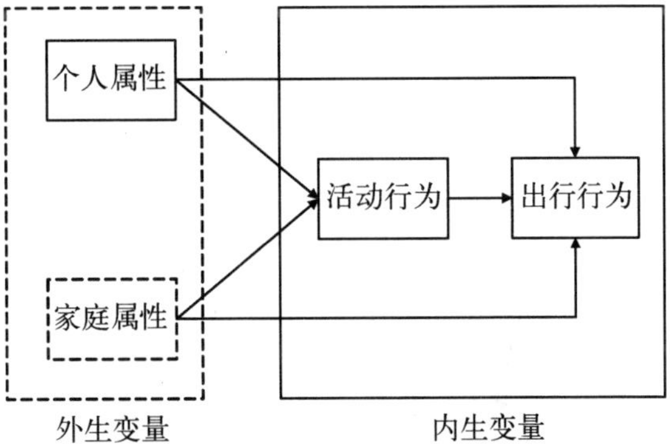

图 20－6　个人及家庭属性、活动、出行行为相互影响的一般化模型

交通需求是一种派生需求，基于活动的交通需求预测模型着重于研究活动行为对出行行为的影响分析。图 20－6 显示了个人及家庭属性、活动行为以及出行行为相互影响的一般化模型。其中个人及家庭属性被认为是外生变量，而活动行为与出行行为被认为是内生变量，受到外生变量的影响。个人及家庭属性一方面可以直接影响居民的出行行为选择，另一方面可以通过影响活动行为从而间接地影响出行行为。

本文采用结构方程模型的方法来研究家庭及个人属性、活动行为、出行行为之间的相互作用关系。结构方程模型是在 20 世纪 60 年代才出现的一种统计分析手段，被称为近年来统计学的三大进展之一。它是一种建立、估计和检验因果关系模型的方法，模型中既包含可观测的显在变量，也可能包含无法直接观测的潜在变量。从数理角度看，结构方程模型综合了路径分析和证实性因子分析(Confirmatory Factor Analysis，CFA)，是一种多用途的数学方法。目前结构方程模型已在心理、行为、教育和社会科学等学科领域得到了广泛的应用。

随着交通行为科学研究问题复杂性的增加，国外学者已经开始将结构方程模型引入到交通领域中。本文中的结构方程模型不含有隐变量，如下式所示：

$$y = By + \Gamma x + \varepsilon \tag{1}$$

其中：y 为外生变量；x 为内生变量；B 和Γ为结构系数矩阵；ε 为结构方程模型的残差矩阵。结构方程模型利用协方差矩阵拟合的方法来进行参数估计，拟合的目标是求参数使得模型隐含的协方差矩阵 $\sum(\theta)$ 与样本协方差矩阵 S 的残差最小。该残差是 S 和 $\sum(\theta)$ 的函数，被称为拟合函数(Fit Function)。而根据拟合函数的定义方法，可以产生不同的模型拟合方法及相应的参数估计。对于简单的模型，可采用未加权最小二乘估计和广义最小二乘估计，对于复杂模型，则一般采用极大似然估计。

得到拟合模型后，需要从不同的角度对模型进行评价。模型评价可以从两个方面进行：一是用各种拟合指数对模型做整体评价；二是检验参数的显著性，评价参数的意义和合理性。拟合指数是拟合优度统计量(Goodness of Fit Index)的简称，是研究者从某一角度构造出来用于反映模型拟合好坏的统计量。所有的拟合指数都是 S 和 $\sum(\theta)$ 的函数，用于衡量他们的差距。近几十年来，众多学者先后提出了四十多种拟合指数，用于评价和选择模型，这其中重要的包括适配度指标(x^2)、CN 值、近似误差均方根(RMSEA)、拟合优度指标(GFI)、调整后配适度指标(AGFI)等。

结构方程模型在交通行为分析中的应用有下列潜在优点：

(1) 可同时考虑并处理多个因变量。本文的家庭活动模型，家庭决策和家庭成员间的相互影响，都是多因变量的问题。容许自变量和因变量含测量误差，人类态度、决策、行为等变量离散性很大，往往含有误差。

(2) 可估计变量之间的影响强弱，包括直接效应和间接效应。结构方程模型结合了路径分析技术，能够对变量之间的效应进行分解，除了普通的直接效应(外生变量或内生变量对内生变量的直接影响)，还能得到间接效应(外生变量或内生变量通过影响一个或多个中介变量，对目标内生变量产生间接影响)，从而得到变量之间的总效应(直接效应与间接效应之和)，更准确地分析变量之间的相互作用关系。本文在上一节提出的家庭出行活动决策框架中，家庭生活方式、活动性、家庭活动决策、家庭活动分配和家庭出行生成之间的关系错综复杂，很多都不是直接效应能够解释的，需要将直接效应和间接效应综合成总效应，再来加以分析。

(3) 结构方程分析均容许自变量和因变量含测量误差。

(4) 模型易于解释且便于研究者改进。

20.3 滕州市居民交通需求与出行行为分析

20.3.1 数据来源及变量选择

模型数据来源于清华大学交通研究所 2012 年完成的滕州市居民出行调查。滕州市位于中国山东省，城市人口约为 34 万人，人口密度约为 3 749 人/km^2。从人口密度分布看，滕州市依然是一个单中心城市，城市中心区人口密度为 3 万人/km^2以上，远远高于城市边缘地区(图 20－7)。从土地利用现状看，滕州市的商业区同样主要集中在城市中心，城市南部和西部为工业区，居住区主要集中在城市东部和北部(图 20－8)。

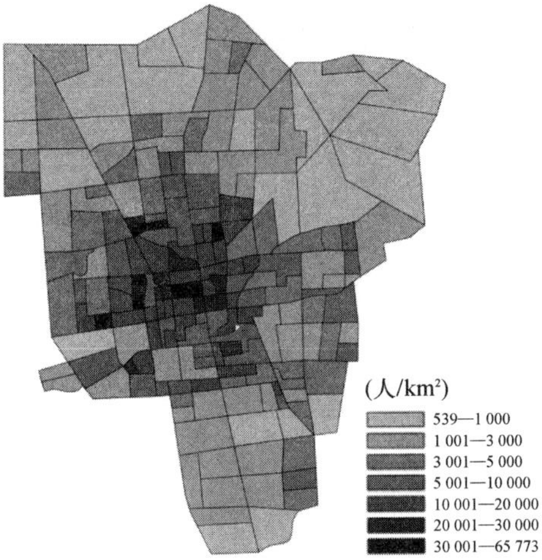

图 20－7　滕州市人口密度分布示意图

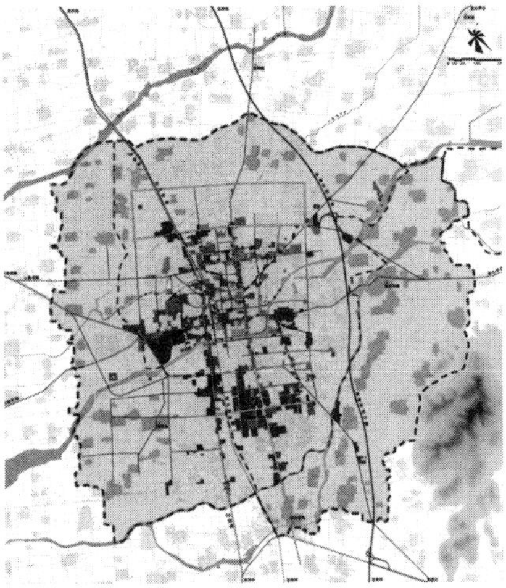

图 20－8　滕州市土地利用现状图

在此次居民出行调查中，调查内容包括出行者的出行目的、次数、方式选择以及被调查者的家庭和个人社会属性，例如年龄、性别、家庭规模、收入，等等。调查总样本共 1 042 户家庭，2 049 名居民，总计 5 426 次出行。通过居民的一日出行调查记录，整理出居民个人及家庭属性、活动参与和出行行为的相关数据。本文中的变量选择共包括 4 大类 13 种变量(表 20－1)。样本总体特性(最小值、最大值、平均值、标准差)描述如表 20－2 所示。

表 20－1　外生变量及内生变量选择

	变量描述	变量名称	变量取值说明
外生变量	家庭属性描述	家庭规模	家庭人数
		家庭收入	0—1999 元＝1；2000—3999 元＝2；4000 元及以上＝3
		小汽车拥有	家庭拥有小汽车数量

续表 20-1

	变量描述	变量名称	变量取值说明
外生变量	个人属性描述	年龄	年龄
		性别	男性为 1,女性为 2
		驾照拥有	拥有驾照为 1,没有为 0
内生变量	活动描述	强制性活动	工作、上学
		生活性活动	生活购物
		娱乐性活动	锻炼、文体娱乐
	出行行为描述	出行次数	一日出行次数
		活动链数量	基于家的活动链数量
		出行时间	出行总时间
		小汽车使用	小汽车使用占出行方式的百分比

表 20-2 样本变量总体特性

变量描述	变量名称	最小值	最大值	平均值	标准差
家庭属性描述	家庭规模	1	6	3.03	0.83
	家庭收入	600 元	12 000 元	2 390.5 元	1 208.7
	小汽车拥有	0 辆	2 辆	0.37 辆	0.51
个人属性描述	年龄	8 岁	78 岁	37.65 岁	15.95
	性别	男性:47.5%;女性:52.5%			
	驾照拥有	拥有驾照:55.5%;无驾照:44.5%			
活动描述	强制性活动	0	4	1.03	0.66
	生活性活动	0	2	0.14	0.37
	娱乐性活动	0	4	0.18	0.49
出行行为描述	出行次数	2 次	9 次	2.59 次	1.07
	活动链数量	1 条	4 条	1.30 条	0.38
	出行时间	6 分钟	130 分钟	21.87 分钟	12.98
	小汽车使用	0	1	0.16	0.36

从调查样本的年龄分布看,样本以 20—50 岁为主,平均值在 38 岁左右(图 20-9);从收入分布看,月收入平均在 2400 元左右,有过高和过低收入的样本都较少,收入为 0—500 元的样本也有一定比例,这是由于样本中存在老年人和儿童的原因(图 20-10)。

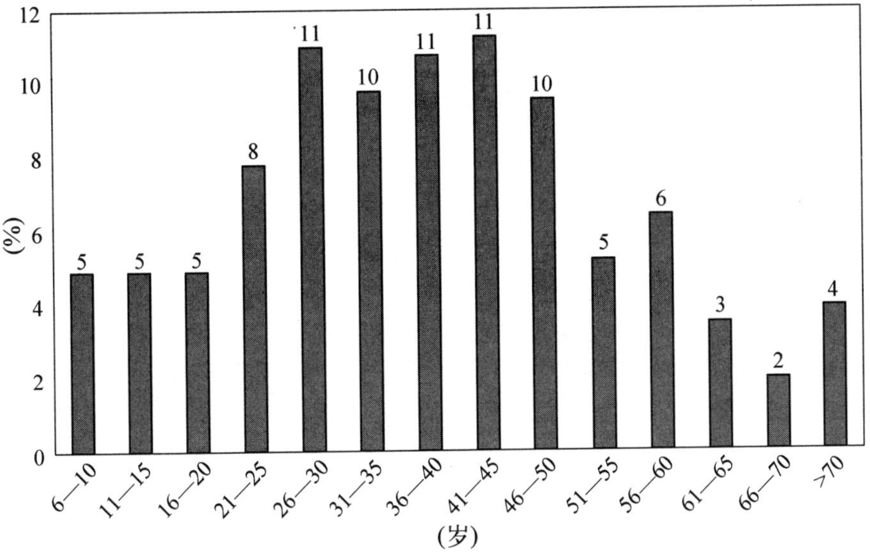

图 20－9　调查样本人口年龄段分布

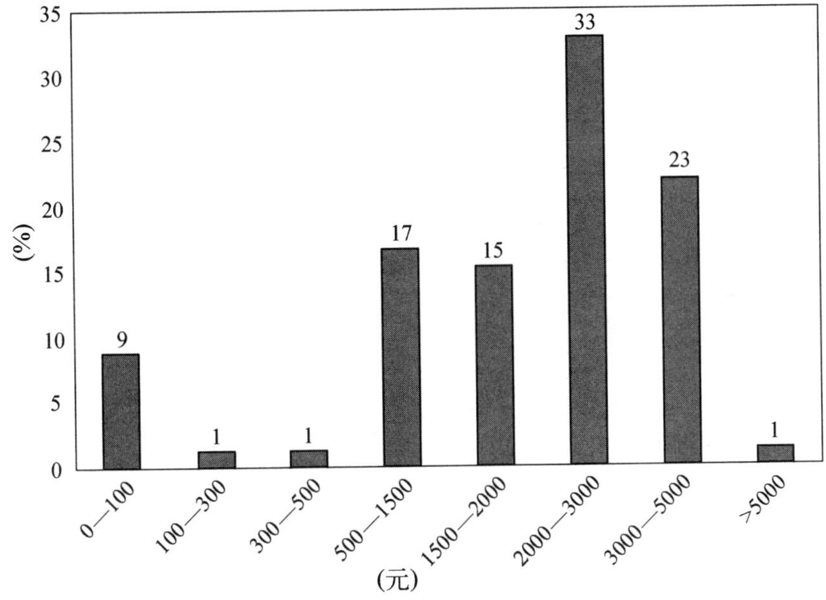

图 20－10　调查样本人口月收入分布

图 20－11 至图 20－13 显示了调查样本的出行特性。首先，居民出行目的分布显示，上班、上学和回家，即通常所说的通勤出行占出行总量的 80%，其余以生活、购物、文体娱乐等为主(图 20－11)。其次，在居民出行方式选择上，由于滕州市城区面积不大，居民出行距离不长，因此非机动化交通方式仍占较大比重，步

行、自行车和电动车的比例高达66%；机动化方式中，私人小汽车(11%)与公共汽车(10%)的比例相当(图 20-12)。再次，大部分居民(81%)出行平均时耗在40分钟以内，说明滕州市人均出行时间较短，出行距离不长(图 20-13)。

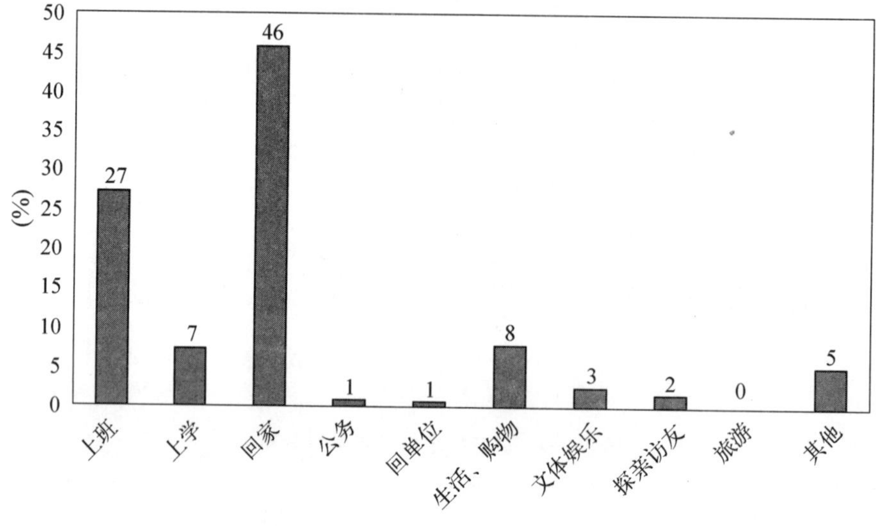

图 20-11 调查样本出行目的分布

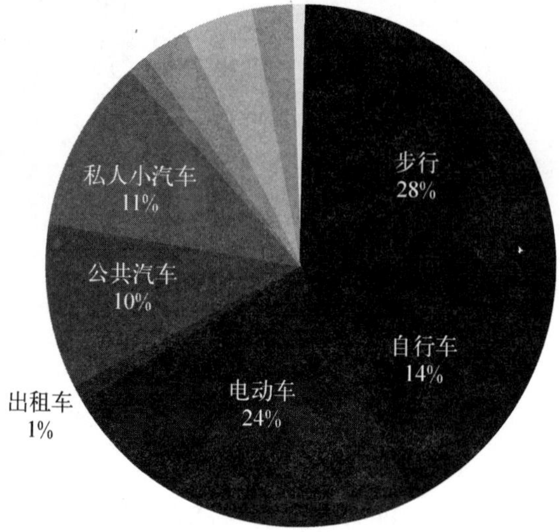

图 20-12 居民出行方式构成

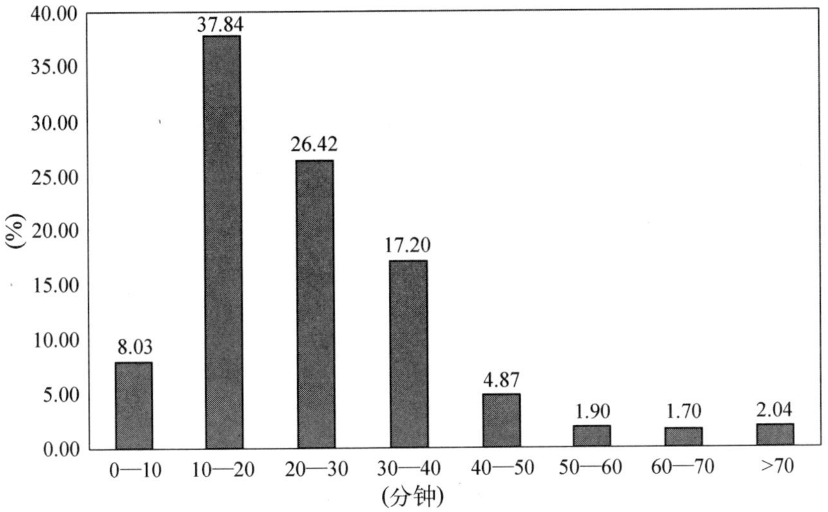

图 20－13　居民出行平均时耗

20.3.2　模型结果与分析

模型整体适配良好，有 31 个自由度，适配度指标 $x^2=24.905$，CN 值＝3 700＞200，近似误差均方根 RMSEA＝0.000；拟合优度指标 GFI＝0.998，调整后配适度指标 AGFI＝0.995，均大于 0.900，说明模型整体拟合程度较好，对模型变量具备良好的解释性。

根据家庭及个人属性对活动行为的效应分析结果可以看到，家庭规模对生活性活动有负效应，这可能是由于家庭规模大，能够承担生活性活动的家庭成员也比较多(表 20－3)；家庭收入对于娱乐性活动有明显的正效应，这也符合正常的预期。个人属性方面，年龄越大，参与的强制性活动越少，生活性活动和娱乐性活动增多；性别也同样呈现这个规律，女性的生活性活动和娱乐性活动更多。表明当前的社会中，老人和女性群体偏于维持家庭生活，并拥有更多的空闲时间参与娱乐活动。

表 20－3　家庭及个人属性对活动行为的总效应、直接效应、间接效应

	家庭属性	个人属性			
	家庭规模	家庭收入	年龄	性别	驾照拥有
强制性活动	0.018	－0.007	－0.423	－0.079	0.061
	0.000	0.000	－0.175	0.000	0.000
	0.018	－0.007	－0.248	－0.079	0.061
生活性活动	－0.028	－0.009	0.326	0.098	－0.094
	－0.036	0.000	0.497	0.137	－0.119
	0.008	－0.009	－0.171	－0.039	0.025

续表 20-3

	家庭属性 家庭规模	个人属性			
		家庭收入	年龄	性别	驾照拥有
娱乐性活动	−0.009	0.035	0.215	0.078	−0.031
	0.000	0.038	0.108	0.046	0.000
	−0.009	−0.003	0.107	0.032	−0.031

注：表中每一活动的三行从上到下分别为总效应、直接效应和间接效应，表 20-4 至表 20-6 相同。

家庭及个人属性对出行行为的效应分析结果显示，家庭收入对出行次数、出行时间、小汽车使用等都有正效应（表 20-4）。小汽车拥有对小汽车使用有明显的正效应，而对活动链数量有明显的负效应，这可能与小汽车使用的方便性有关，拥有小汽车的居民倾向于不做充分的出行规划。年龄对出行次数的负效应说明老年人的出行频度较低。性别对小汽车使用的负效应说明女性使用小汽车者比男性少。驾照拥有作为小汽车使用的必要条件，对小汽车使用有明显的正效应。

表 20-4　家庭及个人属性对出行行为的总效应、直接效应、间接效应

	家庭属性 家庭规模	个人属性				
		家庭收入	小汽车拥有	年龄	性别	驾照拥有
出行次数	−0.007	0.012	−0.003	−0.109	0.044	−0.014
	0.000	0.000	0.000	−0.025	0.009	0.000
	−0.007	0.012	−0.003	−0.083	0.035	−0.014
活动链数量	−0.003	0.007	−0.028	0.016	0.018	0.013
	0.000	0.000	−0.042	0.000	0.000	0.000
	−0.003	0.007	0.013	0.016	0.018	0.013
出行时间	0.060	0.043	0.000	0.096	−0.034	0.042
	0.058	0.045	0.000	0.086	−0.025	0.036
	0.002	−0.002	0.000	0.010	−0.010	0.006
小汽车使用	0.001	0.025	0.261	0.034	−0.027	0.476
	0.000	0.025	0.261	0.046	−0.024	0.472
	0.001	0.000	0.000	−0.012	−0.004	0.004

从活动行为之间的相互影响效应分析可以看到不同类型活动之间的效应大多是负效应。人们的日常活动时间是有限的，因此一般以主要活动为主，特别是在生活性活动和娱乐性活动之间，由于这两种活动一般占用的是工作之外的空闲时间，因此处于相互竞争的状态（表 20-5）。

表 20-5　不同类型活动行为之间的总效应、直接效应、间接效应

	强制性活动	生活性活动	娱乐性活动
强制性活动	−0.157	−0.513	−0.186
	0.000	−0.536	−0.339
	−0.157	0.023	0.152
生活性活动	0.242	−0.207	−0.236
	0.305	0.000	−0.194
	−0.063	−0.207	−0.042
娱乐性活动	0.079	0.259	−0.077
	0.000	0.327	0.000
	0.079	−0.068	−0.077

活动行为对出行行为的效应分析表明，强制性活动对出行次数有明显的正效应，对出行时间则有负效应，这与滕州的城市规模有关(表 20-6)。在目前的中小城市，居民的居住地与工作地往往比较靠近，上午的工作完成后一般会回家吃午饭，因此出行次数多，出行时间短。强制性活动的出行链数量比较多，说明人们出行一般也都会做出行规划，在上下班的途中增加活动数量。生活性活动对小汽车的使用有负效应，这可能是由于人们倾向于在离家近的地方购物，出行时间也比较少。娱乐性活动对小汽车的使用有一定的正效应，这可能与自驾出游有一定的相关性。

表 20-6　活动行为对出行行为的总效应、直接效应、间接效应

	强制性活动	生活性活动	娱乐性活动
出行次数	1.029	0.124	0.364
	0.958	0.531	0.706
	0.071	−0.407	−0.341
活动链数量	0.276	0.092	0.147
	0.248	0.193	0.258
	0.028	−0.102	−0.111
出行时间	−0.236	−0.050	−0.057
	−0.220	−0.158	−0.147
	−0.015	0.108	0.090
小汽车使用	−0.009	−0.030	0.009
	0.000	−0.038	0.000
	−0.009	0.008	0.009

20.4 结论与展望

出行者日常活动和出行行为研究是建立在基于活动的需求预测模型的基础上，居民的日常出行计划主要受到家庭属性和个人属性的影响。个人活动参与和出行行为受四个主要因素的影响：(1) 时间限制；(2) 个人特征；(3) 家庭特征；(4) 家庭成员间的相互作用。本文采用结构方程模型，分析家庭个人属性对于出行者日常活动模式、出行计划的影响，不同的家庭及个人属性对结构的正负效应及影响大小有一定的差异。本文的模型实证结果表明，所构建的模型预测精度很高，证明了模型具有良好的可操作性。

由于时间有限，本文对于日常活动和出行模式影响的分析仅考虑了家庭及个人属性因素的影响，事实上城市形态与土地利用也是影响出行者活动和出行模式的重要因素之一。未来的研究还需要重点考虑将土地利用模型与基于活动的交通研究方法进行整合开发，建立系统的、基于活动的交通需求预测模型。

参考文献

王媛媛. 2005. 基于个人决策行为的居住地选择模型及应用研究[D]:[硕士学位论文]. 北京:清华大学.

周钱，李一，孟超，等. 2008. 基于结构方程模型的交通需求分析[J]. 清华大学学报(自然科学版)，48(5)：879－882.

周钱. 2008. 基于家庭决策的交通行为和需求预测研究[D]:[博士学位论文]. 北京:清华大学.

Ben-Akiva M. 1996. Travel demand model system for the information era[J]. Transportation, 23：241－266.

Bowman J L, Ben-Akiva M. 2001. Activity-based disaggregate travel demand model system with activity schedules[J]. Transportation Research A, 35:1－28.

Golob T F, Kim S, Ren W. 1992. How households use different types of vehicles：a structural driver allocation and usage model[J]. Transportation Research A, 30：103－118.

Golob T F, Kitamura R, Lula C. 1994. Modeling the Effects of Commuting Time on Activity Duration and Non-Work Travel[R]. Washington, DC：Presented at the Annual Meeting of Transportation Research Board.

Golob T. 2000. FA simultaneous model of household activity participation and trip chain generation[J]. Transportation Research B, 34：355－376.

Kitamura R, Robinson J P, Golob T F. 1992. A Comparative Analysis of Time Use Data in the Netherlands and California[R]. Proceedings of the 20th PTRC Summer Annual Meeting：Transportation Planning Methods.

Lu X, Pas E I. 1999. A structural equations model of the relationships among socio-demograph-

ics, activity participation and travel behavior[J]. Transportation Research A, 31: 1－18.
Maat K, Timmermans H J P. 2009. A causal model relating urban form with daily travel distance trough activity/travel decisions[J]. Transportation Planning and Technology , 32(2): 115－134.
Matthew J R, Tomas R. 2008. Long-and short-term dynamics in activity scheduling: a structural equations approach[J]. Transportation Research A, 45: 545－562.

（陆化普、张永波、丁宇　著）

21 北京市居民交通拥堵体验的研究

21.1 引言

2005—2010年，北京市拥有私家车的家庭数量从134万剧增到357万，占全市家庭的比率从14.1%激增到33.8%(图21-1)，相当于全国汽车拥有家庭数的7%。高速增长的私人汽车数量引发了北京市严重的交通拥堵问题。根据北京交通发展研究中心发布的《北京市2010年交通运行报告》可知，2010年北京市工作日路网平均日交通拥堵指数达到6.14，即“中度拥堵”级别(图21-2)，全日里交通处于“严重拥堵”和“中度拥堵”的时间分别高达1小时和1小时25分钟，周末整个路网处于“中度拥堵”的时间更多达4个多小时；五环(含五环)范围内早高峰(7:00—9:00)和晚高峰(17:00—19:00)期间50%以上的路网处于拥挤状态，拥挤路段分别达到637条和1 134条、135 km和250 km，路网的平均速度仅为23.9 km/h和21.2 km/h。日益严重的交通拥堵问题不仅严重影响了居民的日常生活节奏和心理状态，更通过时间延误、燃料浪费及总悬浮微粒(Total Suspended Particulate, TSP)排放量增加(殷玮等，2011)给整个社会造成巨大的资源浪费、环境污染和健康风险损失。如2010年IBM公司对世界20个大城市的8 192名司机进行的一项调查显示，北京市道路交通情况对95%的受访者的健康状况产生了负面影响，全市居民通勤痛苦指数高达99分(总分100

分)，与墨西哥城的通勤状况并列全球最差[①]。《2006 年中国城市生活质量排行榜报告》和最新的城市宜居性评估显示，北京市的交通满意度无论在全国 287 个城市中还是全市不同的影响宜居性的因素中都排在最后(赵弘，2009；王德利，2013)。谢旭轩等(2011)的估算结果表明，北京市 2008 年因拥堵而导致的时间延误成本、燃油消耗成本和大气污染物排放损害总和至少约为 50 亿元—250 亿元。北京中林资产评估有限公司根据《2011 北京市交通发展年度报告》数据的评估结果也显示，2010 年北京市居民出行受交通拥堵影响的人数平均每天达 1 381.8 万人次，平均每辆车每月仅燃油损失就达348.4 元[②]。

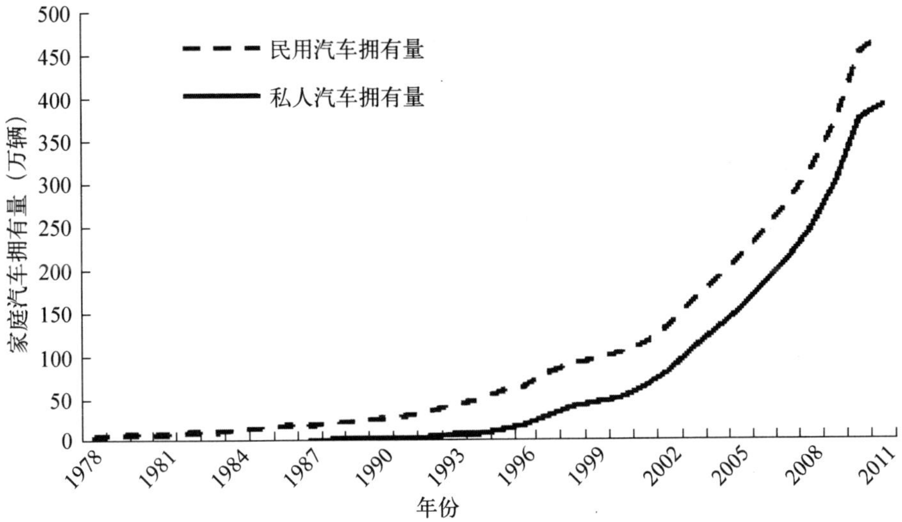

图 21－1　北京市家庭汽车拥有量(1978—2011 年)

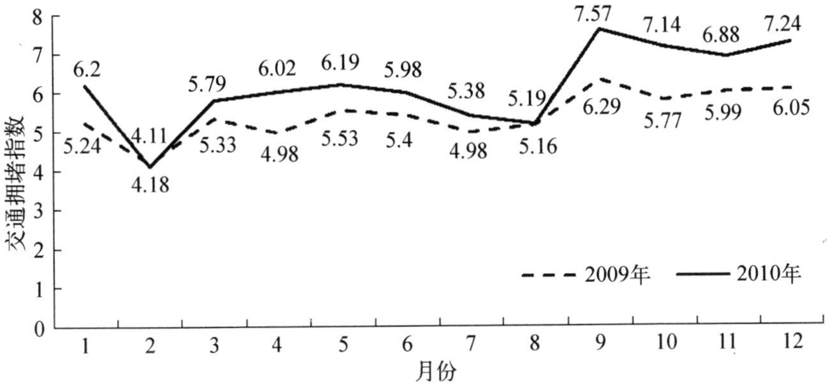

图 21－2　2009—2010 年北京市中心城区的拥堵指数

为应对交通拥堵带来的社会经济问题，北京市出台了大量治理交通拥堵的措施——如颁布《北京市小客车数量调控暂行规定》、调整非居住区停车场白天的收费标准、采取“尾号限行”和“摇号上牌”的措施限制机动车的使用、征收“拥堵费”、推动公共交通网络建设等[③]。但是，这些措施的效果并不显著，拥堵问题仍然在持续困扰着居民和政策制定者。因此，以下两个问题显得十分重要：第一，为何这些层出不穷的拥堵治理措施效果不佳？总的来说，已有的政策主要侧重于管理交通需求（限制私人汽车使用的数量、提高私家车使用成本）和提高道路通行效率。但是，现有调控交通需求的政策很少考虑汽车使用者的选择局限、行为模式和主观体验，从而使得很多政策并不能促进汽车用户向其他交通方式转变。如尽管私人交通工具的快速发展是导致北京市交通拥堵的主要因素（王德利等，2012），各种交通方式的有效衔接较差仍然使很多人不愿意选择公共交通出行（马静，2011）。刘力群（2002）指出，尽管很多道路拓宽后增加了机动车的通行效率，但是由于过路口的距离延长了1—3倍，使得行人通过效率降低，进而产生了新的拥堵和安全问题。易如等（2011）也指出，限行政策虽然能够减少工作日高峰期的交通出行量，但是可能反而增加周末的出行量。因此，如不考虑居民自身的主观体验而单纯地依靠价格和数量控制不一定会使汽车用户转向其他交通方式，不仅难以解决拥堵的问题，还可能带来新的不便。第二，这些政策的合理性和合法性何在？尽管当前的政策提及要调整城市空间结构和职住、通勤结构（赵文春，2004），多数研究也侧重于运用经济手段调节交通需求或通过行政手段控制车辆使用和人口流入（郭锐欣等，2007），即增加出行成本和限制出行次数。然而，由于无论是出行成本的上升还是出行机会的减少都是居民的损失，对哪些人应该和为何要承担这些损失——即政策的可接受性和公平性问题，现有研究很少考虑。实际上，由于限行和收费等治理政策对不同人群的影响不同——如富裕阶层可能不会在意多买一辆车来应对限行政策，而收入相对较低的用户却被迫放弃使用汽车而忍受长距离通勤的不便，从而引发社会对政策公平性和合理性的质疑。

针对这两类问题，本文主要从不同个体及社会群体的行为心理特征角度出发，考察已有交通政策的有效性和合理性。在接下来的部分，本文首先简要回顾了已有的对交通拥堵问题的解释和治理政策，指出其对个体行为模式特征及不同社会群体差异的忽视；其次基于笔者于2011—2012年在北京地区进行的一项大型调查，分析个体的交通拥堵状况、日常出行模式及社会群体间的差异；最后针对实证结果，归纳现有政策可能存在的缺陷和不合理之处，并提出一些治理交通拥堵的新思路。

21.2 文献综述

目前对交通拥堵问题的研究主要包括两部分：一部分研究通过模拟分析等方法解释造成交通拥堵的机制及原因；另一部分研究则侧重于借鉴和评估各类治理

拥堵的政策。此节将分别回顾、归纳两类研究的文献,并对其加以简要述评。

21.2.1 交通拥堵的形成机制

除了交通硬件或技术原因(如道路数量少、道路设计不合理、交通信号系统低效)外,从交通需求角度出发,学者将交通拥堵的主要原因归结为职住不均衡、汽车使用的外部性及道路流量、通行效率的变化。第一,由于居住和就业的空间分离导致交通需求和交通流量偏高,在交通设施供给不充分和城市管理效率偏低的情况下就会造成交通拥堵(郑思齐等,2011;孟晓晨等,2009)。切尔韦罗(Cervero,1989)对美国42个郊区就业中心的分析显示,居住—就业不平衡程度与周围高速公路的拥堵状况有正相关关系。斯科特等(Scott et al,1997)对哈密尔顿的研究表明,减少过剩通勤可以使交通拥堵和汽车尾气排放显著减少。宋博和赵民(2011)基于城市出行发生的空间均质假设证明,随着城市规模的扩大,路网的交通拥堵情况会恶化,因而减少城市的空间失配和增强土地的混合利用就成为解决交通拥堵问题的重要入手点。第二,由于汽车等交通服务的使用成本或价格中未包含道路拥堵所造成的社会负担——"外生成本"(External Costs),因而新建的道路设施会诱发更多的交通需求而使得道路供给似乎永远"稀缺"——这就是著名的"唐斯定律"(Downs' Law)。唐斯定律被很多学者认为是交通拥堵的症结所在(韩小亮等,2006;陈勇,2009),这也成为拥堵收费政策的理论基础。第三,还有很多研究从交通流量的变化角度解释交通拥堵的形成。如刘有军和田聪(2013)利用元胞传输模型对方格网式和环形放射式路网的交通流运行状态的模拟结果表明,环形放射式路网比方格网式路网更容易产生交通拥堵和拥堵闭环。郭锐欣和毛亮(2007)基于对北京市的实地调查以及凯恩斯和利斯顿·海斯模型,发现出租车的空车率与交通拥挤程度有密切关系,但是北京市的交通拥堵情况更多地受其他车辆流量变化的影响。周映雪等(2013)利用北京市二环快速路的交通流数据,运用生存分析的方法考察了交通拥堵持续时间的分布特性,指出北京的交通存在工作日比双休日、早高峰比晚高峰更容易发生拥堵的特征。古杰等(2012)运用时间地理学的研究方法,发现出行路径的时空集聚所形成的运动型时空共存是交通拥堵产生的根本原因。上述三种视角中,第一种主要见于城市规划学科,第二种主要被经济学者所运用,而第三种多见于交通工程研究;三者的研究视角对交通拥堵的形成都具有独特的、重要的解释力,也构成了目前解释交通拥堵问题产生的主流思路——当然这并非全部,如王元庆等(2007)就从现有政府部门职能分工和机构设置视角提出了目前交通问题产生的另一种原因。

21.2.2 交通拥堵的治理政策

已有的交通拥堵治理政策主要包括拥堵定价(Congestion Pricing)和征收燃

油税、限制汽车使用、公交补贴(Transit Fare Subsidy)及优化城市设计等(Parry,2002)。首先,拥堵定价政策是国外研究的一个热点。周江评(2010)系统总结了2003—2010年针对交通拥挤收费问题的文献,指出目前国内的已有研究主要涉及交通拥挤收费背后的经济学原理、国外城市交通拥挤收费的实例介绍、国内城市实施拥挤收费的可行性和实施交通拥挤政策的支持技术等几个方面,如王简(2011)基于问卷调查从市民交通支出的角度对拥堵收费的可行性进行了评估;而国外研究则主要涉及交通拥挤收费的实现形式、目标、影响、经验总结、接受程度和数学模型等话题。从庇古的外部性收费思想到唐斯定律,学者逐渐认识到交通需求的引致特征意味着单纯加强交通设施建设并非上策(Levine et al,2002)。诺贝尔经济学奖得主维克瑞(Vickrey,1969)首创了以瓶颈路段为核心的动态拥堵定价方法(韩小亮等,2006)。斯达克(Starkie,1986)提出了交通拥堵收费政策的推广策略。科克艾尔曼等(Kockelman et al,2005)提出了基于信用的拥堵定价政策。布莱斯、帕尔玛等(Blythe,2005;Palma et al,2011)则分别提出了交通拥堵收费的技术问题。总体上,国内对这一政策还处于引用和评估阶段,而国外则已经开始进行政策的总结和优化。同时,还有很多学者强调限制私家车流量和提倡公共交通。如高明华和张正河(2009)认为,治理大城市交通拥堵问题应限制私车的使用量、降低出租车的空载率和大力发展公共交通。何玉宏和谢逢春(2011)也提出采用家用小汽车"供应短缺"的政策并倡导"自行车+公共交通"的出行模式。当然,交通需求管理不仅包括不同交通方式的交通量管理,还涉及其时空间分布(张敬淦,2004),因而很多学者提出要优化城市的空间设计。如科诺等(Kono et al,2012)认为对城市规模的优化管制具有与最优收费项目(First-Best Toll Regime)类似的效果。姜洋(2011)认为限号等刚性政策和"类修路治堵"型措施不可持续,而应重点改善公交慢行出行环境,坚持公交导向型的土地开发政策。崔红建和马天山(2009)认为,发展可持续的城市交通不仅要通过提高燃料税、停车费和排污费等汽车使用成本构建合理的城市交通出行成本模式,还应建立组群式多中心城市布局形态。梁立东(2009)根据南宁市朝阳地区交通拥堵治理的经验,指出分区差异化管理以及"公交干线+步行网络"的快慢交通结合方式对交通拥堵的治理效果较好。刘治彦等(2011)在综合国际经验的基础上指出,目前的"治堵"措施侧重道路供给管理、需求管理和改进城市空间规划三个方面,提出加强交通系统建设、疏导合理的交通需求和改进城市空间规划的综合治理措施。

21.2.3 文献述评

尽管上述关于交通拥堵的理论分析和政策研究已经被广泛应用到各大城市的交通管理中,但是这些政策的有效性和合理性仍然受到了不同程度的批评和质疑。总体上，这些质疑可以归结为以下两个方面：一是不同居民在不同的活动背景下对交通拥堵程度的敏感度和接受程度是否相同？二是交通时间和经济上的成本与效率是否是人们调整出行行为时所考虑的全部因素？一方面，不同居民对交通拥堵有不同的成本—收益估计，因而会达成一个社会整体平衡的拥堵水平。从供需模型看，交通拥堵会造成交通服务质量下降，那些对拥堵敏感的个体将随之减少其出行需求而使拥堵得到缓解；而那些没有因拥堵所带来的不便而转换出行方式或调整出行计划的个体，他们要么所受损失较小，要么能够从拥堵的出行中得到很高的收益。因此，尽管很多交通拥堵政策声称基于拥堵的负外部性——如降低了社会运作效率和恶化了空气质量，但实际上是个体对拥堵有不同的敏感程度。例如，正是由于人们对出行的时间长度和可靠性有不同的付费意愿（如Small et al，2005；Kockelman et al，2005；Li et al，2010），通过让那些对拥堵比较敏感或出行收益较低的用户放弃某种出行而缓解拥堵，拥堵收费才有其合理性，车辆使用权限的交易市场才会成为可能。如果交通拥堵的防治措施不考虑这些个体差异，不仅其政策效果将很小（Mokhtarian et al，2001），其公平性和正义性也将受到质疑。实际上，由于个体选择某类出行方式受到多方面的因素限制，交通拥堵收费或交通使用管制限制的还是居民的出行需求（Emmerink et al，1995；Evans，1992），因此对于政策本身所造成的社会损失（机会成本）、拥堵收费是否过多（Calfee et al，1998），以及所得收入是否被合理利用（Eliasson et al，2006；Giuliano，1994）等问题还有待进一步研究。

一方面，尽管公共交通能为拥堵收费的成功实施作出贡献（Kottenhoff et al，2009），但是这不代表公共交通必然更有效率。由于最优的拥堵程度与公共交通的价格及服务水平无关（Basso et al，2012），也没有研究表明公共交通比私人交通运行得更好（Basso et al，2012），因此对私人汽车使用的限制并不会必然导致相对更多的公共交通出行（Brownstone et al，2005），从而不能仅以鼓励公共交通为名义限制私人汽车的使用。实际上，根据 2005 年《北京市第三次综合交通调查》的数据，私人汽车至少在个体层面更为有效——尽管公交车的平均出行距离比私家车短 4.5 km，其平均出行时间却比私家车长 24.3 分钟；地铁的情况也类似，尽管其平均出行距离与私家车相近，但其平均出行时间却比私家车长 36.3 分钟[④]。因此，私人汽车数量的剧增可能是公共交通效率低下的一个表现，对其使用的限制不一定使整个交通系统更为有效或对全体居民更为有利。相反，考虑到很多老年人受可达性或移动能力的限制而对私人汽车有很强的依赖（Ziegler et al，2011），限制私人汽车使用实际上削弱了他们的移动能力。同时，由于通勤还受住房区位的影响，如北京市通勤的便利程度和满意度呈由中心城区向外围地区递减的格局（王德利等，2012），内城的交通便利性必然会提升内城房价，因此住房成本的平均水平往往与城市的交通拥堵程度呈负相关

(郑思齐等,2011)。因此,住房市场同样会调节城市的职住平衡结构,进而影响交通出行选择(孟晓晨等,2009)。富裕阶层愿意为住在更少拥堵的地区支付更高的价格,而选择住在通勤距离较长或拥堵程度较高路段的居民往往是受房价所限。如周素红和刘玉兰(2010)发现,广州市的保障性住房通常位于郊区,为改善住房条件,住在那里的中低收入人群不得不选择长距离通勤。因此,交通拥堵的社会成本包括居住区位的选择成本。尽管住在更便捷、顺畅和功能混合的地区对优化出行方式有重要影响(杨励雅等,2011),但是这需要额外的社会投入或私人成本,因此并非每个人都应该或能够住在中心城区,仅从拥堵的负外部性出发而让大量出行者为交通拥堵买单或承担治堵政策的成本会限制其基本的出行需求,进一步增加其生活成本。

另一方面,个体对拥堵的评价及其出行的决策是个性化的,而现有研究并未考虑不同个体对拥堵收费的不同行为反应(Emmerink et al,1995)。由于个体对拥堵损失和收益的衡量不仅考虑经济方面,更基于自身的主观体验对交通出行的利弊进行综合评估和选择,因此无论追求"效用"最大化还是出行时间最小化的假设,都似乎不能很好地反映现实(Emmerink et al,1995)。实际上,对主观幸福感的研究已经表明,出行的体验而非仅仅工具性的效用(准时性、经济性和连续性)才是大多数人最关注的问题。如基于卡尼曼(Kahneman,2000)对决策效用(Decision Utility)和体验效用(Experienced Utility)的区分,埃特玛(Ettema,2010)等于2010年指出,日常交通出行不仅涉及在不同交通方式之间做出选择,更作为一种主观的体验而受到情感性(如开车所带来的身份感)和体验性因素(如与家人一起出行)的影响。之后,基于瑞典的交通调查数据,埃特玛等于2012年发现,除了传统上考虑的时间等因素外,车内活动(In-Vehicle Activities)对出行者的通勤满意度也有很大影响,并且人们实际上喜欢适当的车内密度而不喜欢坐空车。这意味着,即使交通拥堵的经济成本不高,其情感体验的损失也可能改变其行为模式并增强其付费意愿;反之,即使交通拥堵的时间损失较大,个体却可以通过一些其他伴随活动而加以应对,从而降低其受到的影响。因此,对交通拥堵及其治理的研究有必要考虑个体的主观体验及出行模式的特征;否则,治堵政策不仅可能对缓解拥堵无效,还可能非人们所希望,从而不能达到提高社会福利的作用。

综上,仅从经济上的外部性出发而制定的交通拥堵防治措施,往往过于注重拥堵的时间效应和经济影响,而忽略了居民对交通拥堵的主观体验和群体差异,因而既难以取得很显著的效果,也容易产生新的社会问题。为此,笔者认为有必要从个体主观体验的角度对居民自身体验的交通拥堵程度、所受拥堵的影响及其对拥堵的避免能力、意愿进行深入研究。一方面,居民作为出行的需求者和拥堵的承受者会权衡拥堵带来的利弊,其主观感受既是对当前交通状况的综合评价,也是对其未来行为的一个重要预测指标。因此,在综合考虑了不同居民对拥堵的主观体验的基础上制定的政策才会更合理有效，其公平性和认可度也会更高。另一方面，日常活动的多样性和重复性体现了交通拥堵对居民的切实影响，表现了不同居民对拥堵的不同应对策略或行为反应，因此基于日常主观体验对交通拥堵的影响进行评价才更切合实际。

21.3 研究设计及研究数据

本节基于上述文献综述介绍了本文主要论证的问题、分析方法、变量的测量及实证数据。

21.3.1 研究设计

根据前面的文献综述，从个体主观体验的角度出发，不仅可以避免对个人交通需求强加的先验假设（如出行的时间偏好及效用函数），真实详细地评价个人在日常出行中的拥堵经历及其对这些经历的在意程度，还能够考察不同社会群体之间在拥堵经历、所受影响和限制因素上的差异，从而能够更公平有效地制定拥堵治理政策。不过由于个人的主观体验十分复杂，也存在测量上的困难，因此本文着重考察不同居民主观上对交通拥堵的评价及其与客观拥堵程度的差别，更为系统深入的分析（如从心理学角度对主观体验的测量）留待未来进一步深入。具体而言，本文主要分析哪些地区（居住地、目的地）的哪些人、在哪些时段、使用哪些交通方式和进行哪些活动时经历的交通拥堵更为严重，旨在回答以下三个问题：(1) 由于汽车使用者的出行需求受不同因素（如高房价、公共交通设施缺乏、通勤的时间要求等）的限制，现有限制汽车使用的政策能否切实减少汽车出行量？(2) 由于交通拥堵对不同个体的影响程度不同（如由于公交车的老年乘客往往对准时性的要求不高且可以在拥堵的时候与同伴聊天，而驾车的上班族不仅在意拥堵对行程的拖延，更需要在拥堵时不断控制汽车的行停，因而后者可能更容易因拥堵而焦躁烦乱），单纯以通行效率为导向的政策设计是否公平合理？(3) 对于政策制定者来说，有何缓解交通拥堵及其影响的良策？

21.3.2 测量指标

从宏观角度出发，交通拥堵通常被界定为某条道路的交通需求（一定时间内欲通过的车辆数）超过其交通容量（一定时间内道路所能通过的最大车辆数）时车辆被滞留在道路上的交通现象。从个体角度出发，拥堵最直观地反映为出行者的出行速度受阻，而出行时间超出其往常的通行时间。前者往往以交通流量和速度为基础衡量拥堵程度，如刘梦涵等(2008)提出了以行程速度为自变量的道路交通拥堵强度评价模型。由于本文侧重对个体的研究，因此主要采用后一界定方式，以个人报告其出行时间与“平时正常通行的情况”相比多花的时间作为衡量交通拥堵的指标。同时，由于不同个体在不同城市、时段和出行目的下对拥堵的接受程度不同，因此，本文还引入了主观的拥堵程度指标，即询问居民“您对此次出行的拥堵程度如何评价”？1为“很顺畅”；2为“很轻微”；3为“时行时停”；4为“几乎不动”。为了避免居民在评价和回顾其交通拥堵时的记忆误差和随意性，本文仅涵盖了个人前一天在北京的出行活动。尽管这可能存在所选的那一天与往常相比不够典型的问题，但本文较大的样本量保证了整体的代表性。相应的出行方式、拥堵程度及其背景因素（如有何人陪伴、有无伴随活动、活动目的及目的地区位等）由基于时间地理学的日常出行日志调查方法获得，该方法能够有效地涵盖个体活动的背景信息，从而能够详细分析出行者的活动模式、行为偏好、情景限制和拥堵的产生机制。

21.3.3 研究数据

本文数据来源于笔者在2011年11月至2012年6月间进行的一次大型调查。此次调查涵盖了北京市的10个行政区[⑤]，由于怀柔区、平谷区、密云县和延庆县农村地区较多并且交通拥堵不算严重，未被纳入此次调查。调查根据各区人口数量采用了分层抽样的方法，最终467户家庭、1 243名11岁以上的家庭成员参与了此次调查。总体来说，已婚的、本地的、中年的、受教育水平较高的样本偏多——其中已婚的受访者达到81.41%，具有北京户口的有82.31%，本科及以上的受访者占31.41%，处于40—59岁的受访者占37.48%；而2010年北京市人口普查中的这些比例分别为67.88%、62.92%、20.78%和29.49%。这与本调查偏重于12岁以上的家庭成员和较少包含移民有关，因此总体上样本的选取比较有代表性。受访者被要求提供一份其前一天[⑥]24小时的活动日志及每项活动的具体信息——包括出行活动的目的地、同伴、伴随活动及拥堵程度等。同时，调查还收集了受访者及其家庭的人口、经济信息（如汽车拥有和使用情况）和居住地的建成环境特征（如各种设施的可达性）。

除去没有出行的受访者，此次调查共收集了来自434个家庭、1 006名成员的4 342个出行活动，其中主要包括步行2 790次、乘坐公交车出行195次、地铁613次、私家车495次。由于步行主要发生于站点的接驳且很少经历拥堵，本文主要基于机动车出行活动进行分析。总体上，北京市的交通拥堵程度较为严重——1 552个非步行出行活动的平均时长为39.29分钟，而平均拥堵时间就达到3.27分钟，占总出行的8.32%；如果将那些去往同一最终目的地的换乘记为一次出行的话，总计有1 438次出行，其平均时长为53.41分钟，平均拥堵时间为3.59分钟，占总出行的6.72%，即每15分钟的出行中有约1分钟被拥堵所延误。

21.4 实证结果

本节主要对比了不同特征的居民在不同背景下所报告的主观和客观交通拥堵程度的差异，并通过构建回归分析模型探讨影响居民交通拥堵体验的主要因素。

根据调查的活动日志，按照社会经济特征——出行活动的目的地、时段、活动目的和出行的交通方式等对北京市居民经历的交通拥堵进行比较分析。由于步行和骑车基本不存在拥堵，这里只分析了机动车出行活动，结果如下。

1）私家车用户经历的拥堵最为严重

表 21 - 1 显示，乘坐公交车、地铁和私家车的平均拥堵时间分别为 4.33 分钟、1.37 分钟和 5.62 分钟，经历较严重拥堵（主观评分为 3 和 4）的行程数分别为 111 次、6 次和 75 次，占各个出行方式总行程数的百分比分别达到 17.26%、2.37%和 22.73%。可以发现，北京市的私家车用户经历的拥堵最为严重，而地铁则相对顺畅。

表 21 - 1　不同交通方式的拥堵程度

		所有行程	乘坐公交车	乘坐地铁	乘坐小汽车
主观的拥堵程度［频次(次)及百分比(%)］	1(很顺畅)	777(63.38)	380(59.10)	222(87.75)	175(53.03)
	2(很轻微)	257(20.96)	152(23.64)	25(9.87)	80(24.24)
	3(时行时停)	182(14.84)	107(16.64)	3(1.19)	72(21.82)
	4(几乎不动)	10(0.82)	4(0.62)	3(1.19)	3(0.91)
总行程数(频次)(次)		1226	643	253	330
拥堵时间(平均值)(分钟)		4.07	4.33	1.37	5.62
行程时间(平均值)(分钟)		43.46	40.85	45.01	47.37

2）年轻上班族经历的拥堵最为严重

从表 21 - 2 可以发现，女性、已婚者、外来移民、上班族、受教育水平较高者和青年人（19—39 岁）经历了相对严重的交通拥堵。独立样本的 T 检验（两个子类）、完全随机多样本的秩和检验（Kruskal Wallis 检验[⑦]）和卡方检验显示，除性别和户口外，不同群组间有显著的差异。考虑到年轻的、已婚的、受教育水平较高的上班族刚刚步入家庭和事业稳定期，因此工作和家庭阶段是引起这种差异的主因——这一方面由于上班族多在高峰时段出行，另一方面则由于这些人多在郊区买房。

表 21 - 2　不同社会经济特征居民的拥堵程度

	户口		工作		性别		婚姻	
	移民	北京居民	非工作者	工作者	女性	男性	非已婚者	已婚者
平均主观拥堵程度	1.56	1.52	1.34***	1.55	1.53	1.53	1.42***	1.56
平均拥堵时间(分钟)	4.70	3.87	2.78*	4.19	4.20	3.95	3.00***	4.39
平均行程长度(分钟)	46.14	42.63	42.02	43.60	42.07	44.66	41.74	43.98

	受教育水平			年龄			
	初中及以下	高中及大专	本科及以上	<19 岁	19—39 岁	40—59 岁	>60 岁
平均主观拥堵程度	1.38***	1.47	1.61	1.14**	1.57	1.49	1.33
平均拥堵时间(分钟)	3.46	3.78	4.42	0.71**	4.38	3.78	1.79
平均行程长度(分钟)	37.86	42.85	44.73	27.14	43.02	47.00	31.03

注：*、**和***分别表示 0.1、0.05 和 0.01 的显著性水平。

3）以通勤型高峰拥堵为主

此次调查显示，北京市的交通拥堵主要源于通勤所造成的高峰期道路流量压力。如图 21 - 3 所示，从北京市居民日常出行的报告情况看，存在两个明显的出行拥堵高峰——早高峰大约从 7 点持续到 10 点，而晚高峰大约从 17 点持续到 21 点。高峰时期主观的拥堵感受略高于实际的拥堵时间；类似地，尽管工作日比周末的实际拥堵更甚，但是主观的拥堵体验类似，这与工作日的日程安排相对更为宽松灵活有关。与前面对不同交通方式的拥堵程度的分析类似，乘坐私家车上下班的居民经历的拥堵更为严重，而地铁相对轻微(表 21 - 3)。

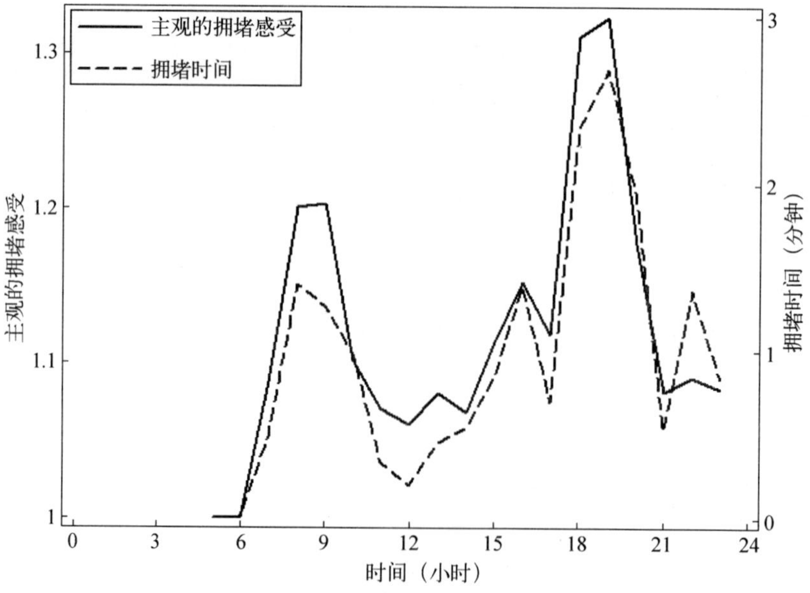

图 21 - 3　北京市交通拥堵的日变化情况

表 21－3　不同时间及通勤方式的拥堵程度

	是否周末		通勤交通方式		
	工作日	周末	乘坐公交车	乘坐地铁	乘坐私家车
平均主观拥堵程度	1.53	1.53	1.63	1.33	1.74
平均拥堵时间(分钟)	3.98	4.52	4.51	2.00	6.19
平均行程长度(分钟)	43.39	43.79	44.21	39.93	47.53

4）日程宽松时对拥堵的体验敏感度较低

有意思的是，尽管前面对上下班高峰的分析显示拥堵的主观体验基本上与拥堵时间呈正相关，但是主观体验还受到不同活动类型或出行伴随情况的影响。如表 21－4 所示，尽管回家的出行活动比去往工作地的拥堵时间更长，但是其主观体验的拥堵水平并无显著差异，这很可能与日程安排的紧迫度有关——人在较为宽松的日程下对拥堵的评价或拥堵对其负面影响会相应降低。类似地，尽管有朋友陪伴时出行的平均拥堵时间较短，但是其拥堵的主观感受也不低，这可能由于与朋友一起的往往是有约定时间的活动，因此对拥堵也较为敏感。

表 21－4　不同目的及伴随情况下出行的拥堵程度

	目的				有无伴随活动		同伴		
	回家	去工作地	维护性	娱乐性	无	有	无	家人	朋友
平均主观拥堵程度	1.56	1.51	1.47	1.48	1.47	1.57	1.54	1.53	1.47
平均拥堵时间(分钟)	4.62	3.58	3.23	3.87	3.13	4.77	4.02	4.98	2.87
平均行程长度(分钟)	45.56	41.79	33.90	45.79	40.07	45.87	42.43	45.74	49.22

5）近郊地区的交通拥堵最为严重

以出行的目的地统计，去往宣武区、崇文区、大兴区及石景山区的出行相对较为顺畅，而丰台区、西城区及朝阳区的拥堵相对严重。尽管外围地区（如昌平、房山、顺义及通州）的拥堵时间较长，但是居民的拥堵感受相对没有那么强烈——这一方面可能与其单程出行时间较长有关（尤其是丰台区、门头沟区、顺义区及通州区），另一方面可能由于住在郊区的居民相对而言对拥堵没有那么敏感。以出发地统计的结果类似，不过门头沟区、昌平区、西城区和房山区的拥堵情况相对没有那么严重，说明这些地区的晚高峰比早高峰更为拥堵；相反，大兴区的拥堵相对更为严重，说明其早高峰比晚高峰更为拥堵。因此，总体上，既不是住在内城的居民也不是住在远郊区的居民所经历的交通拥堵最为严重，而是住在四环及六环之间的近郊地区的交通拥堵最为严重（图 21－4）。

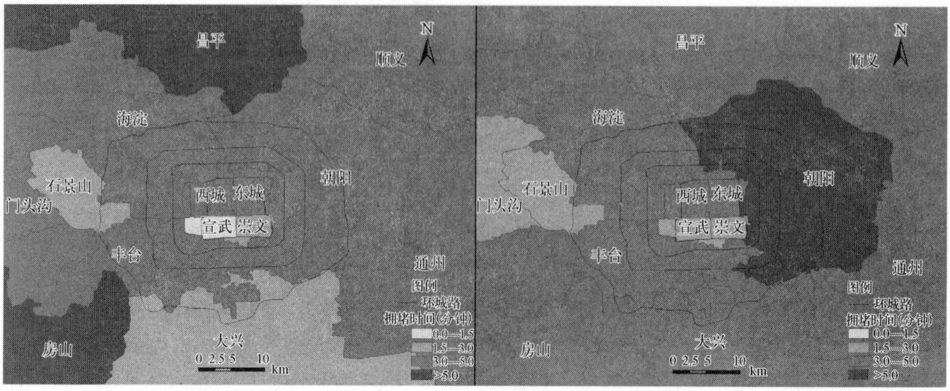

(a) 按目的地统计的拥堵时间分布　　(b) 按出发地统计的拥堵时间分布

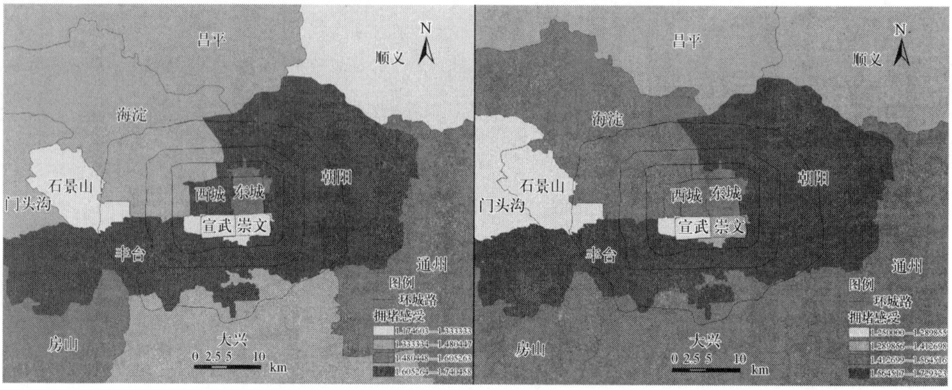

(c) 按目的地统计的拥堵感受分布　　(d) 按出发地统计的拥堵感受分布

图 21－4　北京市交通拥堵的空间分布

6) 汽车用户的拥堵情况

由于私人汽车的使用往往被认为是北京交通拥堵的主要肇因，同时对小汽车使用的控制也是大多数交通拥堵治理政策的切入点，因此这里有必要对北京市汽车用户的拥堵情况进行深入系统的分析。此次调查中北京市家庭汽车拥有率为37.1%，比统计年鉴的数据(33.8%)要高，但是比较接近，因此大体能够反映全市的情况。如图 21－5 所示，北京市小汽车出行的拥堵高峰与整体的拥堵高峰大体相似——早高峰大约从 6 点持续到 10 点，晚高峰大约从 17 点持续到 21 点；但是拥堵程度更为严重——高峰期小汽车的拥堵

表 21－5　不同时间及通勤方式的汽车拥堵程度

	是否周末	
	工作日	周末
平均主观拥堵程度	1.80	1.31
平均拥堵时间(分钟)	6.28	2.79
平均行程长度(分钟)	48.33	43.23

感受平均在1.5以上，平均拥堵时间超过5分钟，远高于整体的交通拥堵程度。与整体的交通拥堵体验不同，汽车出行工作日的主观和客观拥堵程度都较周末更严重(表21-5)，这与工作日的出行更多地集中在内城地区有关。

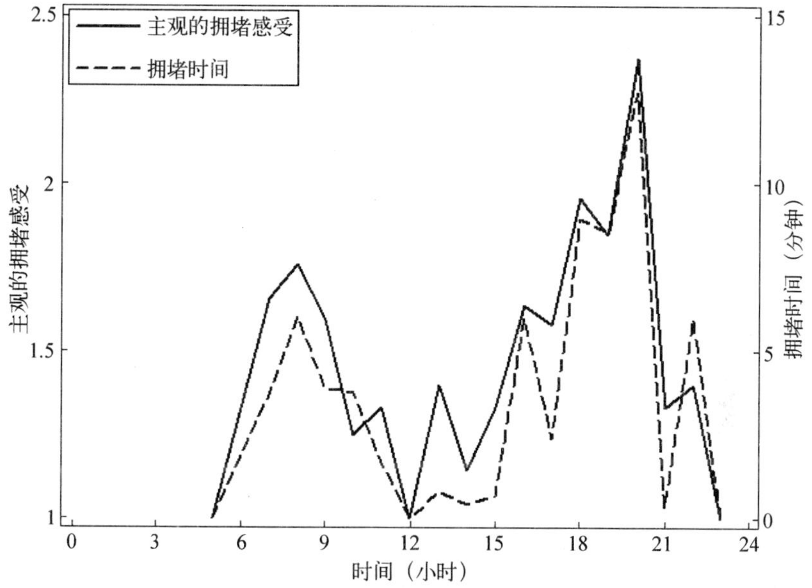

图21-5　北京市汽车拥堵的日变化情况

7）回归分析结果

为了更系统地分析造成个体间交通拥堵差异的因素及其影响的大小，本文进一步对出行的延误时间和主观拥堵体验进行了回归分析——根据数据的特征，对前者运用了线性回归分析，而对后者进行了Logistic回归分析，结果如表21-6所示。可以发现，对拥堵的主观体验和延误时间的回归分析结果大体一致，且基本与之前的交叉分析结论相同。具体而言，已婚者、去往内城的出行和历时较长的出行中所延误的时间和主观体验的拥堵感更为严重，这些人往往因家庭或住房原因而住在郊区且每天要长距离往返于内城和郊区之间。住在商品房、乘坐地铁出行的居民所经历的交通拥堵相对没有那么严重，这与商品房的交通区位较好和地铁相对较为准时、快捷有关。尽管受教育水平较高的居民在出行中被延误的时间并不比其他人多，但是其主观体验的交通拥堵更为严重，这很可能由于这些人的日程相对更为紧迫。而尽管去上班和有朋友陪伴的出行所延误的时间更短，但是其主观的拥堵感受并未得到缓解——这可能由于上班或约会对时间的要求较高，因此会增加出行者的焦虑感，使其高估拥堵程度。总体上，本文表明，一方面，由于公交车的出行效率不优于小汽车出行，而考虑到公交车站点的可达性、等车时间、长距离出行中的站点接驳和舒适程度等劣势，短期内不大可能有很多居民放弃使用小汽车；另一方面，人们对交通拥堵的体验不仅仅受到时间和通行效率的影响，还受到其出行目的的左右——在日程较紧张时对交通拥堵更为敏感，而在日程较宽松或较有人陪伴时对拥堵的体验相对没有那么强烈，因此可以考虑对不同类型的活动加以分类管理；同时，建成环境乃至房价的空间分布对交通拥堵也有显著的影响——在对房价和公共交通条件的权衡中，很多居民往往受高房价的限制而宁愿忍受交通拥堵的负面影响，选择住在那些离公交车站及地铁站较远的郊区，因此制定交通治理政策还应该考虑房价的限制因素。

表 21－6　北京市交通拥堵程度的回归分析结果

	主观体验		估算的延误时间系数
	系数	偶值	
性别(女性＝0)	－0.026	0.974	－0.647
年龄	－0.060	0.942	－0.347
受教育水平	0.236**	1.266**	0.282
婚姻状况(非已婚者＝0)	0.400*	1.491*	0.990*
个人月平均收入	－0.028	0.972	0.107
工作情况(无工作者＝0)	0.421	1.524	0.712
本地户口(移民＝0)	－0.214	0.808	－0.776
小区类型(非商品房＝0)	－0.298*	0.742*	－1.066**
是否去往内城(否＝0)	0.515**	1.674**	0.838*
出行方式(公交为参照)			
地铁	－1.973***	0.139***	－3.624***
小汽车	0.225	1.252	0.600
是否周末(否＝0)	－0.017	0.983	0.485
出行时长	0.025***	1.025***	0.100***
出行目的(回家为参照)			
上班	－0.066	0.936	－0.762*
维护性活动	－0.095	0.909	－0.580
娱乐性活动	－0.054	0.947	－0.564
陪伴情况(无人陪伴为参照)			
有家人陪伴	－0.367	0.692	－0.135
有朋友陪伴	－0.231	0.794	－2.060***
节点 1/常数项	2.772***	15.989***	－0.272
节点 2	4.123***	61.773***	—
节点 3	7.413***	1 657.962***	—
样本量	1 227	—	1 227
拟合程度(Pseudo R^2)	0.114	—	0.177

注：*、**和***分别表示 0.1、0.05 和 0.01 的显著性水平。

21.5 结论与讨论

随着私家车拥有率的不断上升，北京市的交通拥堵问题日益严重。尽管交通部门制定了一系列治理交通拥堵的政策——如摇号上牌、尾号限行和推动公共交通建设等，其政策效果并不明显，反而引发了有关社会公平性和政策合理性的质疑与讨论。为此，本文试图从个体的出行行为和体验出发，找出产生出行拥堵和选择汽车出行的影响因素，评估个体对交通拥堵问题的敏感性和转换出行方式的可能性，以期为制定更有效的治理交通拥堵的政策提供建议。

基于在北京市进行的活动日志调查数据，本文分析了影响北京市居民日常出行中交通拥堵主观体验的相关因素。结果表明，居民对交通拥堵的主观体验与客观程度存在一定的差别，不同群体间所体验的拥堵程度也存在很大分异。从实际的拥堵情况来看，北京市的交通拥堵以私家车的通勤高峰拥堵为主，空间上主要分布在近郊区，尤其是去往内城时居民经历的交通拥堵最为严重，但是住在商品房小区的居民所经历的拥堵相对较小。从交通出行方式上看，地铁出行的拥堵相对较小，同时公共汽车出行并不比小汽车出行更有效率。从主观的拥堵体验看，当日程较为宽松时，人们对拥堵感受敏感度降低；受教育水平较高者对拥堵时间相对更为敏感。因此，本文基本确证了文献中对交通拥堵政策的两种质疑：一方面，尽管一些出行者对出行中的拥堵感受很强烈，但是他们仍然没有减少交通出行量或转换出行方式，说明这些出行者很可能受到其他因素的限制或能够从拥堵的出行中获得收益——如很多上班族不可能减少其通勤数量，也很难为了中心城区便捷的公共交通而承担高额的房价；另一方面，尽管北京市的整体交通拥堵情况较为严重，但不同人对同样的时间延误体验不同，非上班族(如老年人和青少年)以及非上班活动对交通拥堵的体验相对没有那么敏感，因此保证上班等对日程要求较为严格的活动的通行效率更为重要。

为此，在未来制定交通拥堵的治理措施时，有必要考虑公共交通本身的效率、建成环境的限制和活动类型、需求的差别。一方面，在制定治理交通拥堵的政策时，有必要考虑个人面临的其他限制因素，不能仅仅从汽车使用限制或活动控制的角度出发。例如，如果城市中心区没有大量可以低价使用的住房，居民必然会选择住在公共交通较差的郊区而大量依赖汽车出行，房价对居民居住区位选择的限制会使得即使提高汽车使用成本也难以转换汽车用户日常的出行方式。长期来看，除调整城市的空间结构以优化出行的时空分布外，降低内城的居住成本和完善郊区的公共交通服务似乎更为重要。因为只有居住成本与交通成本能够有效权衡、公共交通与私人交通能够相互替代的时候，对汽车使用的限制和拥堵的治理才会有效。而从目前汽车用户虽面临更为严重的交通拥堵时间和具有更差的交通体验却仍然不减其汽车拥有或使用的热情看，这两方面显然仍是其交通方式选择的重要限制因素，因此这也应该是未来治理拥堵的重点。另一方面，虽然时间是大多数出行者最为关注的因素，但是从其他方面改善居民的出行体验也不失是一个很好的思路。如居民上班时或日程较紧时对拥堵更为敏感，因此可以考虑对不同目的的交通出行进行分流。无论通过管制还是通过道路收费保障那些重要的交通出行的效率，提高那些日程不太紧张的出行者的舒适度和方便度（如接驳的连续性等），这样就可以满足不同居民的交通需求，从而将交通拥堵的负面影响降至最低。总之，从个体体验的角度出发应该成为制定交通拥堵治理政策和缓解交通拥堵影响的重要视角，如此才能使政策更有效、更公平。当然，尽管本文从实证角度提供了不少重要发现，但是对个体的出行方式、行为和体验的研究还远远不够，如居民居住区选择过程中对交通问题的权衡、影响汽车使用的具体因素、提高公共交通效率的方式等，因此未来有必要对这些方面的研究进一步扩展和加强。

注释

① IBM. 2010. IBM Global Commuter Pain Study Reveals Traffic Crisis in Key International Cities[R/OL]. (2010-08-21)[2013-05-08]. http://www-03.ibm.com.

② http://news.xinhuanet.com.

③ http://www.chinanews.com.

④ http://2006.moc.gov.cn.

⑤ 其中东城区和西城区还分别包含政区合并前的崇文区和宣武区。

⑥ 如果前一天不在北京市内则为其离开北京前的最后一天。

⑦ 该检验用于定序变量、多于两个子类的比较；由于对拥堵的主观体验有定序性质，对其采用了该检验。

参考文献

陈勇. 2009. 经济学视阈下的城市交通拥堵问题分析[J]. 改革与战略，25(186)：61-63.

崔红建，马天山. 2009. 基于交通需求下的城市交通可持续发展策略研究[J]. 武汉理工大学学报(社会科学版)，22(3)：80-84.

高明华，张正河. 2009. 关于大城市交通拥堵问题的解决途径[J]. 城市问题，171(10)：75-78.

古杰，周素红，闫小培，等. 2012. 居民日常出行时空集聚视角下的城市交通拥堵形成机制研究——以广州为例[J]. 地理科学，32(8)：921-927.

郭锐欣，毛亮. 2007. 特大城市出租车行业管制效应分析：以北京市为例[J]. 世界经济，342(2)：75-83.

韩小亮，邓祖新. 2006. 城市交通拥堵的经济学分析——基于计算经济学的模拟检验[J]. 财经研究，(5)：19-31.

何玉宏，谢逢春．2011．制度、政策与观念：城市交通拥堵治理的路径选择[J]．江西社会科学，31(298)：209－215．
姜洋．2011．系统动力学视角下中国城市交通拥堵对策思考[J]．城市规划，35(290)：73－80．
梁立东．2009．城市旧城中心区交通拥堵治理策略研究——以南宁市朝阳地区为例[J]．规划师，25(166)：49－55．
刘力群．2002．改善北京大型平交路口交通拥堵状况的建议[J]．城市发展研究，(4)：72－75，65．
刘梦涵，于雷，张雪莲，等．2008．基于累积 Logistic 回归道路交通拥堵强度评价模型[J]．北京交通大学学报，32(142)：52－56．
刘有军，田聪．2013．不同路网形态下城市交通拥堵特性分析[J]．中国公路学报，26(119)：163－169，190．
刘治彦，岳晓燕，赵睿．2011．我国城市交通拥堵成因与治理对策[J]．城市发展研究，18(122)：90－96．
马静．2011．“摇号”治堵：北京新政半年考——访中国社会科学院城市发展与环境研究所城市经济研究室主任、研究员刘治彦[J]．人民论坛，332(19)：50－51．
孟晓晨，吴静，沈凡卜．2009．职住平衡的研究回顾及观点综述[J]．城市发展研究，16(93)：23－28，35．
宋博，赵民．2011．论城市规模与交通拥堵的关联性及其政策意义[J]．城市规划，35(284)：21－27．
王德利，杨青山．2012．北京城区交通便捷性空间分异特征及问题分析[J]．经济地理，32(176)：49－55．
王德利．2013．北京城市宜居性的综合测度与提升路径[J]．中国人口·资源与环境，23(150)：11－17．
王简．2011．拥堵收费探讨——基于交通支出视角[J]．中央财经大学学报，286(6)：83－87．
王元庆，孙林岩，孙传姣．2007．我国大城市交通问题产生的体制原因及解决对策[J]．城市问题，142(5)：75－80．
谢旭轩，张世秋，易如，等．2011．北京市交通拥堵的社会成本分析[J]．中国人口·资源与环境，21(125)：28－32．
杨励雅，邵春福，李霞．2011．城市居民出行方式选择的结构方程分析[J]．北京交通大学学报，35(160)：1－6．
易如，张世秋，谢旭轩，等．2011．北京市机动车尾号限行和油价上调政策效果比较[J]．中国人口·资源与环境，21(136)：108－112．
殷玮，夏晓梅，张德礼，等．2011．交通拥堵对 TSP 排放的影响分析[J]．环境科学与技术，34(4)：196－199．
张敬淦．2004．北京交通拥堵症结分析[J]．城市问题，(5)：2－5．
赵弘．2009．论北京城市副中心建设[J]．城市问题，166(5)：36－40．
赵文春．2004．北京交通问题的症结[J]．城市问题，(4)：62－64．
郑思齐，符育明，任荣荣．2011．居民对城市生活质量的偏好：从住房成本变动和收敛角度的研究[J]．世界经济文汇，201(2)：35－51．
郑思齐，孙聪．2011．城市经济的空间结构：居住、就业及衍生问题[J]．南方经济，263(8)：

18 - 31.
周江评.2010.交通拥挤收费——最新国际研究进展和案例[J].城市规划,34(277):47 - 54.
周素红,刘玉兰.2010.转型期广州城市居民居住与就业地区位选择的空间关系及其变迁[J].地理学报,65(2):191 - 201.
周映雪,杨小宝,环梅,等.2013.基于生存分析的城市道路交通拥堵持续时间研究[J].应用数学和力学,34(364):98 - 106.
Basso L J, Jara-Díaz S R. 2012. Integrating congestion pricing, transit subsidies and mode choice[J]. Transportation Research A: Policy and Practice, 46(6): 890 - 900.
Blythe P T. 2005. Congestion charging: technical options for the delivery of future UK policy [J]. Transportation Research A: Policy and Practice, 39(7 - 9): 571 - 587.
Brownstone D, Small K A. 2005. Valuing time and reliability: assessing the evidence from road pricing demonstrations[J]. Transportation Research A: Policy and Practice, 39(4): 279 - 293.
Calfee J, Winston C. 1998. The value of automobile travel time: implications for congestion policy[J]. Journal of Public Economics, 69(1): 83 - 102.
Cervero R. 1989. Jobs-housing balancing and regional mobility[J]. Journal of the American Planning Association, 55(2): 136 - 150.
Eliasson J, Mattsson L-G. 2006. Equity effects of congestion pricing: quantitative methodology and a case study for Stockholm[J]. Transportation Research A: Policy and Practice, 40(7): 602 - 620.
Emmerink R H M, Nijkamp P, Rietveld P. 1995. Is congestion pricing a first-best strategy in transport policy? A critical review of arguments[J]. Environment and Planning B: Planning and Design, 22(5): 581 - 602.
Evans A W. 1992. Road congestion pricing: when is it a good policy [J]. Journal of Transport Economics and Policy, 26(3): 213 - 243.
Giuliano G. 1994. Equity and fairness considerations of congestion pricing[J]. Transportation Research Board Special Report,(242): 250 - 279.
Kahneman D. 2000. Evaluation by moments: past and future[J]. Choices, Values, and Frames, 2000: 693 - 708.
Kockelman K M, Kalmanje S. 2005. Credit-based congestion pricing: a policy proposal and the public's response[J]. Transportation Research A: Policy and Practice, 39(7 - 9): 671 - 690.
Kono T, Joshi K K, Kato T, et al. 2012. Optimal regulation on building size and city boundary: an effective second-best remedy for traffic congestion externality[J]. Regional Science and Urban Economics, 42(4): 619 - 630.
Kottenhoff K, Brundell F K. 2009. The role of public transport for feasibility and acceptability of congestion charging-the case of Stockholm[J]. Transportation Research A: Policy and Practice, 43(3): 297 - 305.
Levine J, Garb Y. 2002. Congestion pricing's conditional promise: promotion of accessibility or mobility[J]. Transport Policy, 9(3): 179 - 188.

Li Z, Hensher D A, Rose J M. 2010. Willingness to pay for travel time reliability in passenger transport: a review and some new empirical evidence[J]. Transportation Research E: Logistics and Transportation Review, 46(3): 384 - 403.

Mokhtarian P L, Salomon I. 2001. How derived is the demand for travel? Some conceptual and measurement considerations[J]. Transportation Research A: Policy and Practice, 35(8): 695 - 719.

Palma A, Lindsey R. 2011. Traffic congestion pricing methodologies and technologies[J]. Transportation Research C: Emerging Technologies, 19(6): 1377 - 1399.

Parry I W H. 2002. Comparing the efficiency of alternative policies for reducing traffic congestion[J]. Journal of Public Economics, 85(3): 333 - 362.

Scott D M, Kanaroglou P S, Anderson W P. 1997. Impacts of commuting efficiency on congestion and emissions: case of the Hamilton CMA, Canada[J]. Transportation Research D: Transport and Environment, 2(4): 245 - 257.

Small K A, Winston C, Yan J. 2005. Uncovering the distribution of motorists' preferences for travel time and reliability[J]. Econometrica, 73(4): 1367 - 1382.

Starkie D. 1986. Efficient and politic congestion tolls[J]. Transportation Research A: General, 20(2): 169 - 173.

Vickrey W S. 1969. Congestion theory and transport investment[J]. The American Economic Review, 59(2): 251 - 260.

Ziegler F, Schwanen T. 2011. I like to go out to be energised by different people: an exploratory analysis of mobility and well-being in later life[J]. Ageing & Society, 31(5): 758 - 781.

（王丰龙、王冬根　著）

22 中国城市集中式职住分离的特征及其形成

22.1 引言

交通出行无论对城市居民还是对城市管理者来说都是一个棘手的问题。遥远的通勤距离、难熬的等待时间、拥堵的路况以及由此引起的环境能源、社会心理、安全健康等问题已经成为影响城市健康发展的顽疾。这些问题仅仅依靠交通部门的技术措施和行政命令无法从根本上解决,需要地理学、城市规划、社会学、管理学等多学科相互配合,采用智能化的交通工具、优化的城市空间布局、科学的法制法规、先进的管理指挥等多种手段进行综合治理。

交通拥堵的发生与交通车数量、道路通行能力、道路密度等直接相关,而其根源则在于城市空间上的职住分离或称不匹配现象。对此,国外学者对我国城市进行了长期、持续的关注(Wu,2007; Wu et al,2005; Huang et al,2002),国内学者自20世纪90年代以来也进行了多角度的理论和实证研究,一般认为职住分离是城市化和郊区化的必然产物(周一星,1996;冯健等,2004;马清裕等,2006)。首先表现在居民对居住地的选择受到更多要素的影响而更趋分散化(顾朝林等,1997;张文忠,2001;张文忠等,2003),进而产生居住、就业的空间不匹配问题(丁成日,2005;周素红等,2006;宋金平等,2007;孟繁瑜等,2007)。这种不匹配不仅让通勤和出行成为一个难点和热点问题(张文忠等,2004;郑思齐等,2007;李强等,2007;张艳等,2009;赵晖等,2011),而且产生了空间分异、空间错位等深层社会现象(李志刚等,2004;郑国等,2006;郑国,2007;刘剑锋,2007;刘志林等,2009;柴彦威等,2011;黄友琴等,2009;孟晓晨等,2009;赵西君等,2010;徐涛等,2009),严重影响了出勤效率,增大了生活成本。

对北京(孟斌,2009)、广州(周素红等,2006)、上海(顾翠红等,2008)、武汉(黄友琴等,2009)等城市所做的调查分析结果表明,空间分异在中国突出地表现为由于大规模建设单一功能的封闭式居住区所带来的影响,如北京天通苑、回龙观等大型居住区。然而,上述现象并没有引起学者们足够的关注,迄今的研究仍然以各个城市的实证研究居多,缺乏对中西方城市职住分离现象特征的理论辨析,指出二者的根本差异。本文认为,由于不同国家的历史、背景以及空间分异产生的原因和特征不同,笼统地谈职住分离无益于解决中国的实际问题。为此,有必要对中国从传统单位大院开始到当代郊区封闭性居住区的居住模式发展过程进行回顾,深入剖析这些居住模式影响下形成的职住分离现象,进而找到其形成的原因和改进的措施。

相关研究中,柴彦威等从 1996 年起至今,对单位大院的演化过程给予了持续的关注,分析了单位大院与中国城市空间结构在空间、社会、体制上的渊源关系,指出单位大院的解体与职住分离之间具有一定程度的相关性(柴彦威,1996;柴彦威等,2011)。目前单位体制虽然已经结束,但其长期的隐性影响仍然存在,具体表现为单位集体购房等现象(柴彦威等,2008)。这个观点是深入理解“后单位制时期”中国城市空间和出行的重要切入点,也有助于解释中国职住分离的发生缘由及其特点。

综合以上研究成果,本文认为,对职住分离现象的分析不能一概而论,中国城市的职住分离与西方有很大不同。相对而言,对中国城市造成出行问题影响更多的是“集中式职住分离”,而西方的特点则是“分散式职住分离”。造成这种区别的原因很大程度上来自于中国特有的城市空间结构,特别是单位大院解体后城市空间转型对其产生了持续的影响,具体表现为单位大院的同形异构和影子化存在。

22.2 职住分离的类型

22.2.1 职住分离的评价

改革开放以来,中国的城市居民逐渐摆脱了就业和住房上的体制束缚,能够根据自己的经济承受能力和生活偏好寻找合适的就业岗位和居所。由此造成的职住分离问题，是在计划经济时期以单位大院为代表的居住模式下未曾出现过的。这一方面说明人们有了自由选择的机会，是一个进步。另一方面也说明选择度还不够充分，还不能够对就业和居住场所进行更加自由的选择和置换。但是有一点可以肯定，这种情况下出现的职住分离并非一个完全消极的现象，而是代表了城市发展的一个必然阶段，其对城市居民及其生活的影响有正面的、积极的一面；而对出行造成的消极影响则涉及房地产市场、收入水平、交通条件等诸多方面原因，必须通过社会、经济、法制等渠道多管齐下才能解决。

从城市空间规划和社会心理学的角度来看，职住分离的根源在于住宅、就业场所等固定空间与人的活动等流动空间之间的错位。一方面，各类功能区一旦形成就难以改变，而人们对居住地、就业地的选择一旦完成，其更改也具有客观的难度。另一方面，当代生活方式和交通工具的多样化让人们的出行在目标、轨迹和时段上更加难以捉摸，而客观物质环境也不可能与此达到完全的对应。因此，在自由选择的市场经济体制下，试图达到完全的职住平衡从根本上说是徒劳的。更何况职住平衡只强调了居住和就业两个方面，而当代城市生活的目标是多重性的，必须兼顾更多的方面才能达到平衡。因此，职住分离虽然是造成出行压力的一个原因，但同时也是当代城市难以避免的生活方式。

因此本文认为，真正的问题不在于职住分离本身，而在于职住分离的性质和规模。迄今为止，针对职住分离问题，西方很多城市管理和交通治理的方法被引入中国，但是由于中国特定的城市空间形态和生活习惯，这些方法并未能有效地根治中国城市的病症，并且近年来城市化的发展更使得交通拥堵有愈演愈烈之势。究其原因，中西方的职住分离在程度和模式上有很大不同，可以分别归纳为分散式和集中式。

22.2.2 职住分离的两种方式

1）分散式职住分离

相比较而言，西方国家的城市所表现出来的职住分离，总体上属于“分散式职住分离”(图 22－1)，即就业场所和居住地之间虽然有分离的现象，但从总体上来说，同一特定就业地的员工一般不集中于某一特定的居住地，即使有，数量也不多。因此，各个居民的就业地、居住地、通勤路径都相对分散在不同的地区，重叠程度不高。具体表现在：

(1) 居住地分散：同一就业地的员工在不同的居住地居住。(2) 就业地分散：同一居住地的居民在不同的就业地就业。(3) 路径分散：通勤路径、起点和终点不集中分布。

通过以上三种分散，就产生了即使有职住分离，也在客观上避免或减轻了过高的重叠出行而造成拥堵的情况。

形成这种状况的原因在于：首先，西方的人口总量不多，因此大型集中居住区不多；其次，人们可以自由选择居住地、职业，各个地区间差距不大，使得迁徙比较容易，避免了移居的实际和心理障碍，从而易于根据就业地的变化而相应选择不同的居住地；再者，多数西方城市虽然呈现中心区一极突出，但其他就业和居住地均较分散，从而避免了交通出行的重叠。

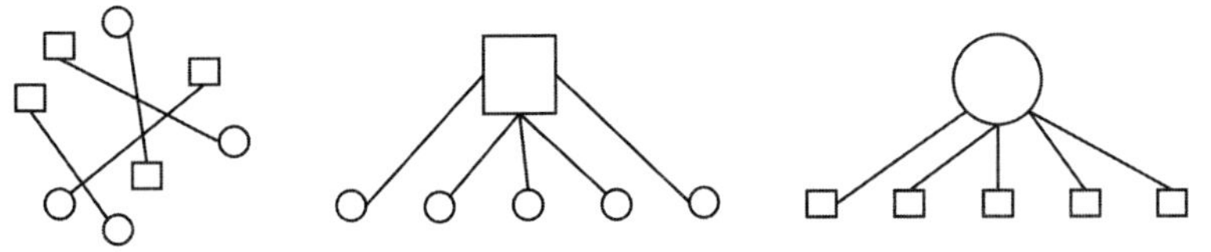

(a) 居住、就业分散　(b) 就业集中、居住分散　(c) 居住集中、就业分散

图 22－1　分散式职住分离的三种类型

2) 集中式职住分离

相比较而言，中国的城市表现出较为明显的"集中式职住分离"(图 22－2)，即成一定规模的特定人群既相对集中地在某些特定地区就业，同时生活上也集中于某些特定的共同居住地。具体表现为集中的居住、集中的就业、集中的出行路径或时段三个方面同时发生。

(1) 集中的居住生活空间。人们普遍居住在单位或郊外的大型居住区内，这些居住区面积大、人口密集、住宅类型和档次相对单一。

(2) 集中的就业场所。大量人流在选择可能性有限的工作岗位和地区就职，如大型企业、国营单位、开发区、工业园区、CBD 等。

(3) 集中的出行路径和时段。在集中的居住地和集中的就业场所之间的路径选择比较单一，时间上也有所重叠，因而构成集中的人流和车流。

以上三个方面，前两个是空间布局的问题，是主因、诱因，第三个是道路系统的问题，是辅助因素。

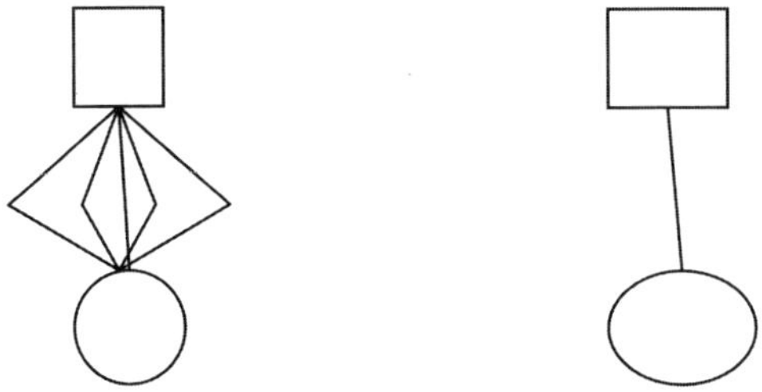

(a) 居住、就业集中＋路径分散　(b) 居住、就业、路径集中

图 22－2　集中式职住分离的两种类型

造成集中式职住分离的原因，主要是职住混合的区域少，单一功能的居住、就业区域面积大，且相互间隔一定距离。城市空间整体上呈现出由许多单一功能的大型斑块进行的镶嵌。而如果居住和就业地之间的连接路径有限，就造成了出行的集中，无论在出行的时段、路径、方向上都会发生较大程度的重叠，从而加剧了交通拥堵。

22.2.3 分散与集中的比较

职住分离的分散式和集中式，是相对而言的。职住分离的三个要素都有可能发生集中的现象，如集中式居住、集中式就业。分散式集中的特点，在于各项的集中不同时发生。在本文的研究中，仅有集中的居住生活空间，没有集中的就业场所，或反之，都不会造成太大的影响，都称之为分散式职住分离。集中式的职住分离则是居住地、就业地、路径时段的同时集中。

在集中式职住分离的情况下，通勤表现为典型的“钟摆式”，即早晚通勤在就业、居住地两点之间发生明显的、大流量的逆向转换。而这正是当今中国大城市（如北京、上海、广州等地）的真实状况。

从出行的角度看，分散式职住分离如同形成了众多的毛细血管，可以疏解出行的人流、车流；而集中式职住分离则形成了较大的出行重合现象，如同粗壮的动脉，加大了出行时段、路径的重合概率，从而增加了拥堵的可能性。

22.3 集中式职住分离的形成

产生集中式职住分离的原因是多样的，如民间小型私营企业还未充分成熟壮大，大型国营或集体企业仍然占据很大比例，集中的大型就业区域和单位较多；房地产市场不够成熟，不同尺度的开发规模不够均衡；政府对土地开发的控制力度不够，未能有效遏制城市扩张和房地产的无序开发；急剧的城市化让城市各个区域的发展不够平衡，人们倾向于选择有限的比较成熟和完善的地区；人们在计划经济的残余影响下价值观仍然有一定程度的趋同性，居住和工作的选择都倾向于一些固定的模式，客观上限制了多种居住生活空间类型的发展等。此外，老乡、同学等圈子型集体居住情况多，造成同类人员之间工作和生活扎堆的现象，加重集中式职住分离的程度。

22.3.1 就业地的变化

当前的生活方式下，就业、购物、就学、休闲娱乐等因素相组合，构成了多重的出行目标。与此配合，各类就业中心的规模越来越大。目前，无论是郊外购物中心、城市中心商业区、CBD、社区超市，还是其他公共设施（如学校、公园等）都有可观的占地规模，都属于规模大、人口多、瞬时人流容量大的地区。这些集中的设施与集中的就业、居住地叠加在一起，进一步深化了出行的集中，增加了拥堵的程度。

22.3.2 居住地的变化

在居住小区内，各类型、各阶层住宅的分异加剧了集中式职住分离的程度。根据当代西方城市规划的理论，不同档次、类型的房屋混合建设，能够形成更体现社会公平、和谐的社区。但是在我国当前的社会发展条件下，受住宅的开发方式、周边的社会安全、人们的自我认知、市场的自由选择度等因素的影响，为某一特定阶层服务的单一类型、单一档次的住宅区还是占多数。廉租房、经济适用房、高档公寓、别墅等服务于不同阶层的住宅区，大多各自孤立存在、互不相干。而这些不同类型住房的租住户大都拥有类似的出行能力和方式，很多集体居住的员工拥有共同的工作场所，造成出行重叠的现象极为普遍。

22.3.3 出行路径的变化

中国城市的典型形态是大街廓，路网密度稀疏，可选择的路径不多，再加上路况不佳，大多数居民选择依靠少数设施环境较好的交通干道通行，这又进一步加重了交通重叠的程度。此外，改革开放前后，中国城市从步行、自行车、公交组合的出行方式向公交、机动车组合的出行方式转化。机动车的大量增加，让稀疏的路网不堪重负。即使在拥有地铁、轻轨等新型交通工具的地方，也出现了过于集中的人流，使得位于郊区大型居住区附近的各个场站不堪重负，这些不能不说是集中式职住分离的一个内生性问题。

22.4 集中式职住分离与单位大院型空间的关系

以上这些因素，构成了集中式职住分离的基础。然而，集中式职住分离的发生，是上述现象的同时发生，为何能同时发生，需要进一步挖掘。在中国，这个问题就要追溯到中国特有的单位大院型空间与集中式职住分离之间的深刻关系。

由于单位大院特有的空间和社会特征，对城市出行构成了较大的影响，而集中式职住分离的一个渊源正是来自于单位大院的空间传统。事实上，在单位大院的范围内，就呈现了典型的“集中式职住分离”——人们集中地上班、集中地回到居住地，只不过这种现象在很短的距离内发生，不但没有造成交通问题，反而呈现出宜居的状态。然而，当城市格局发生变化以后，单位大院的这种集中式职住分离特征扩大到城市尺度，就造成了比较明显的问题。特别是到了 20 世纪 80 年代以后，随着单位制度的弱化，中国城市进入了一个任何西方城市都未曾经历过的“后单位制时期”。这个时期的城市空间虽然发生了较大程度的转型，但是仍然受到单位大院模式持续、隐性的影响，表现出如下三个方面的变化，而这三者都在客观上增加了职住分离的强度。

22.4.1 单位大院“内部分化”现象造成的路径集中

改革开放之前，单位大院作为基本的城市空间单元，表现出内部功能混合和对外相对隔离的特点，大多数日常生活都能在单位内部完成，出行属于偶发性行为，出行目的相对单一；其较大的占地规模、大片封闭的围墙、极少的出入口，在当时的出行特点和交通手段条件下，没有构成太大的问题。单位制度解体后，居住在单位大院里的居民成分日趋复杂，其日常工作生活也不再局限于单位大院以内，出行从周末节假日的偶发行为变成常态化行为。但是单位大院的封闭式空间结构却很难在短时间内彻底改变，占地、格局、交通等方面仍然在很大程度上维持着单位大院的基本特点，保持着封闭的独立单元的格局，与城市整体的交通格局不能很好的融合，出行需要绕行很远，客观上增加了路径集中的程度，进而增加了拥堵的机会和通勤的时间与距离。

22.4.2 单位大院“同型泛化”现象造成的居住地集中

虽然在改革开放后的三十多年中，住房制度实现了从福利型分配向商业住宅市场的转变，但并不是从传统封闭型单位大院向现代开放型城市社区的脱胎换骨。很多新建居住区虽然去掉了“单位”的体制束缚，但是仍然延续“大院”的空间格局，保持封闭型围墙、严格门禁的空间特征和管理模式。在未来的很长一段时期内，原有的单位大院都将和新建住宅区一起，构成双重并存的封闭型空间体系。这些居住区一方面造成了和单位大院类似的空间出行问题，即由于较大的占地，封闭的、与外部不相接轨的内部交通体系，较远的通勤距离等原因，增加了城市出行的压力，阻碍了出行的顺畅实现，增加了出行距离，加大了出入口及附近道路的拥挤程度，减少了疏解的可能。另一方面，这些由单位体制泛化而来的居住区，通过价格、管理等方式实现了新的居住单一化，居民的等级分化现象严重，因此这些居住地的集中分布就构成了集中式职住分离的一个基础。

22.4.3 单位大院“重影化”现象造成的集中式职住分离

单位大院的体制和空间结构虽然在表面上淡化了，但是实际上不但没有完全消失，还以一种隐性的方式放大到城市尺度。住宅建设从形式上脱离了单位体制的羁绊，但是实质上二者之间仍然维持着千丝万缕的联系。由于人们的实际可支配收入与高昂的房价不成比例，作为福利的一部分，由单位出面联系、集体购买相对廉价的住房供职工居住的现象仍然比较普遍，如很多大专院校等大型单位在郊外购房。这样的居住区可以称为单位的影子空间，即原来的单位体制及其就业、居住二元制的空间组合模式被放大，从封闭的大院内部范围脱逸出来，扩展到街区乃至城市的尺度。这类带有职工福利性质的住房一般都与单位所在的就业场所之间有一定的距离，而且在通勤方向上普遍具有同时性、同向性的特点，因而给出行造成的影响也更为明显，会出现瞬时大流量的同向出行，而这正是造成交通拥堵的重要症结之一。

总之，后单位制时期城市空间的演变可以归纳为单位大院的“内部分化”、“同型泛化”和“重影化”三种特征，新型居住区作为单位大院的泛型复制品和影子空间，与原有的单位大院并置共存。这种情况下，出行造成的拥堵问题并未因单位体制式微而削弱，反而因为这种体制的隐性存在以及新旧两种封闭型空间的并存而造成了新的问题。可以说是单位大院的空间遗存持续以及新的出行方式和交通工具对当代城市的特定空间结构产生了影响。

22.5　北京的案例简析

北京是集中式职住分离现象非常典型的城市。通过对北京 12 个区县的居住—就业平衡度状况的分析发现，中心区及近郊区县的就业岗位明显富余（崇文区除外），远郊区县则表现出居住主导的特性。旧城内的西单、王府井、前门等地区是主要的传统就业地区，二环、三环、四环沿线的建国门 CBD、西单金融街、亚运村、燕莎商务区、中关村等是新兴就业区（图 22－3）。北京的城市空间呈现中心集中环状发展的格局，大型就业区在市中心集中的现象非常明显。“2004 年，北京中心 CBD 在 4 km^2 的范围内集中了 1 895 家企业（其中外资企业 570 家），从业人员 7 万余人，其影响范围远达通州东部”。

在 1990 年后的城市空间格局上，“亚运工程建设改变了过去均衡发展的态势，城市出现‘北重南轻’的格局，‘扇形结构’逐渐明显”。受房价、购车等因素的影响，中心区的就业人员，特别是中低收入的服务人员，越来越多地居住在远郊的昌平回龙观、朝阳天通苑等大型居住区内。这些大型居住区倾向于单一的居住功能，形成名副其实的卧城。如回龙观常住人口约为 40 万，核心居住区是以 27 个经济适用房小区为主体的文化居住大社区，“十二五”期间还将形成三个外围居住区。而“可利用的产业发展用地只有 1 500 亩，相对于地区的人口规模和就业等发展需求，产业发展的空间明显不足”[①]。

这些大型卧城内的居民大多在前述的中心城内就业地集中上班，而且在通勤路径上，由于距离很远，人们上班很多选择开车走高速。而连接这些就业地和居住地的是以老四带（京昌路、安立路、机场路、京通路）和新四带（京承线、京沈线、京津线、京开线)，以及城内的二环、三环、四环为主的有限的几条主要交通线。如此，又造成了严重的交通重叠现象。

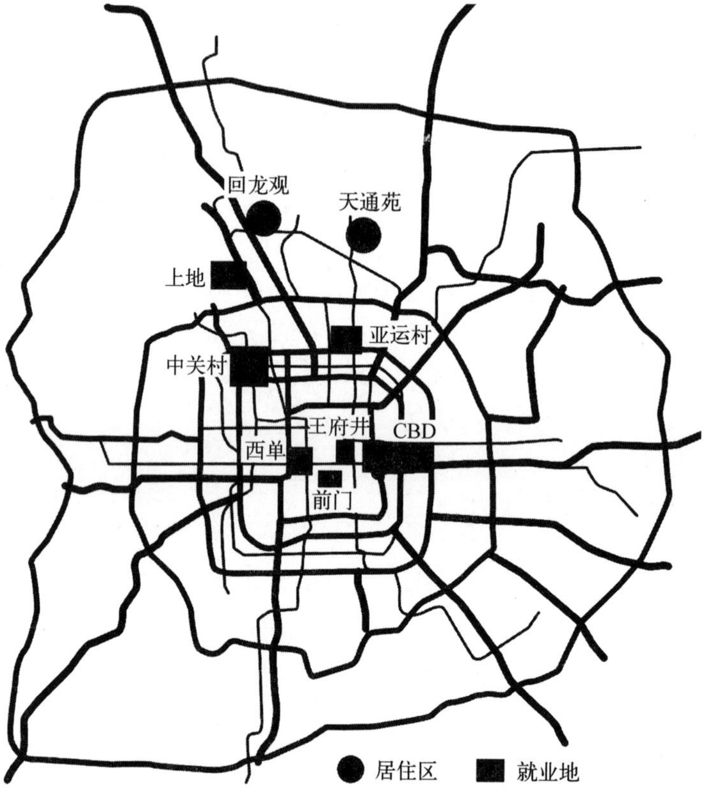

图 22-3 北京居住—就业空间分布示意图

以上三种现象叠加在一起，造成了明显的集中式职住分离。据北京市规划委员会进行的居住—就业平衡状况研究，北京几个样本社区中居民近距离就业的比例较低，就地(在本居住组团)就业的比重仅为 4.71%；就近(在本区以内)上班的比重为 47.54%，回龙观仅为 34.21%；到邻近区以外较远距离上班的居民比重为 47.75%，回龙观的居民该比重达到 59.21%。居民居住地与工作地之间的距离在 10 km 以上的占到 62.32%，其中 20 km 以上的占了 29.89%。回龙观、天通苑等人口在 10 万以上的大规模居住区，60%以上的居住人口就业地在市区，每天仅上下班时间就会有将近 20 万—40 万人往返于这些地区和市区之间，形成了该区域交通周期性拥堵，居民花费在路上的时间需要 1—3 个小时。天通苑居民平均通勤距离和通勤时间(单程)都最长，分别为 11.8 km 和 53.8 分钟。

同时，城市内部由于故宫、北海等大型文物保护单位的存在以及各个机关单位大院的存在等，北京的城市格局呈现大型斑块、稀疏路网的特点。这些要素互相影响，使得北京的集中式职住分离现象更加突出。其中典型的一个表现是回龙观作为超大型居住区，其居民很多在上地、中关村等大型就业地上班，集中的居住和就业造成大量通勤人流的重合，很大程度上加重了交通拥堵现象。

22.6 结论

由以上讨论可以看出，职住分离是城市发展过程中必然会出现的现象，其优劣不能一概而论，必须对其性质和特征加以细致的区分。根据居住地、就业地、路径的重叠、集中程度和发生状况，职住分离可以分为分散式和集中式两种类型。我国城市的情况大多属于后者，其特点在于：由于郊区大型卧城居住区的建设、市区大型就业中心的存在，加上单位大院体制的隐性存在以及单位集体购房、不同类型住宅分异等的影响，集中的通勤出行现象突出，严重影响着道路的通行量和人们的出行效率。

因此，职住分离本身不是问题的核心，核心在于如何有效调控集中式职住分离的现象。这需要研究集中式职住分离条件下出行的内在规律和表现形式，针对不同人群的特定需求，探讨多样化、分散化出行的实现途径。从当代城市生活方式出发，探讨适应特定出行条件的最佳组合模式，把出行与合理化的功能布局结合起来考虑。

解决集中式职住分离的可能途径包括：提高就业和住宅市场发育完全、各类不同档次的住宅的供应量，使得在某一特定就业岗位的人们可以分散居住在不同的地域，总体上疏解交通流量；政府的政策导向与控制措施落实到位，如采用不同类型的开发策略、引入更高程度的以公共交通为导向的开发（Transit-Oriented Development，TOD）模式等。

同时，需要对造成我国城市空间特殊机理的单位大院重新理解。单位大院的解体，虽然在一定程度上增加了职住分离，但是其最根本、最严重的问题在于：由于单位的体制仍然存在，使得其空间分配突破了大院范围，扩展到城市尺度，再与房地产市场的开发结合，就会造成更大规模的集中式职住分离。

本文的研究主要还是定性的问题确认，而集中式职住分离的程度如何计算，还需要更多数据的支撑和定量的比较。集中式职住分离的尺度如何掌握，还需要进一步深入研究。希望本文能够为下一步更深入的研究提供一个基本思路。

注释

① 回龙观地区工作委员会，回龙观地区办事处.2010.北京市昌平区回龙观地区经济和社会发展第十二个五年规划纲要[Z].

参考文献

柴彦威,陈零极,张纯.2007.单位制度变迁:透视中国城市转型的重要视角[J].世界地理研究,16(4):60-69.

柴彦威,陈零极.2009.中国城市单位居民的迁居:生命历程方法的解读[J].国际城市规划,24(5):7-14.

柴彦威,刘志林,沈洁.2008.中国城市单位制度的变化及其影响[J].干旱区地理,31(3):26-31.

柴彦威,张艳,刘志林.2011.职住分离的空间差异性及其影响因素研究[J].地理学报,66(2):22-27.

柴彦威,张艳.2009.关于"中国城市单位转型研究"[J].国际城市规划,24(5):1-5.

柴彦威,张艳.2010.应对全球气候变化,重新审视中国城市单位社区[J].国际城市规划,25(1):20-23.

柴彦威.1996.以单位为基础的中国城市内部生活空间结构:兰州市的实证研究[J].地理研究,15(1):30-38.

丁成日,凯利·贝斯卡(Kellie Bethka).2005.就业中心与城市发展[J].国外城市规划,2005(4):11-18.

冯健,周一星.2004.1990年代北京郊区化的最新发展趋势及其对策[J].城市规划,28(3):13-28.

冯健,周一星.2004.郊区化进程中北京城市内部迁居及相关空间行为:基于千份问卷调查的分析[J].地理研究,3(2):227-242.

顾朝林,克斯特洛德.1997.北京社会空间结构影响因素及其演化研究[J].城市规划,(4):12-15.

顾翠红,魏清泉.2008.上海市职住分离情况定量分析[J].规划师,24(6):57-62.

何艳玲.2005.后单位制时期街区集体抗争的产生及其逻辑[J].公共管理学报,2(3):19-23.

黄友琴,易成栋.2009.户口、迁移与居住分异——以武汉为例的实证研究[J].城市发展研究,16(6):36-40.

李强,李晓林.2007.北京市近郊大型居住区居民上班出行特征分析[J].城市问题,(7):55-59.

李志刚,吴缚龙,刘玉亭.2004.城市社会空间分异:倡导还是控制[J].城市规划汇刊,(6):48-52.

李志刚,吴缚龙,卢汉龙.2004.当代我国大都市的社会空间分异——对上海三个社区的实证研究[J].城市规划,28(6):60-67.

刘剑锋.2007.从开发区向综合新城转型的职住平衡的瓶颈:广州开发区案例的反思与启示[J].北京规划建设,1:85-88.

刘志林,张艳,柴彦威.2009.中国大城市职住分离现象及其特征:以北京市为例[J].城市发展研究,16(9):110-117.

马静,柴彦威,塔娜.2010.中国城市转型研究的新动态——兼评《转型与重构:中国城市发展多维透视》[J].城市观察,(3):15-23.

马清裕,张文尝.2006.北京市居住郊区化分布特征及其影响因素[J].地理研究,2006(1):121-130.

孟斌.2009.北京城市居民职住分离的空间组织特征[J].地理学报,6(12):42-46.
孟繁瑜,房文斌.2007.城市居住与就业的空间配合研究:以北京市为例[J].城市发展研究,(6):87-94.
孟晓晨,吴静,沈凡.2009.职住平衡的研究回顾及观点综述[J].城市发展研究,16(6):23-28.
宋金平,王恩儒,张文新,等.2007.北京住宅郊区化与就业空间错位[J].地理学报,62(4):387-396.
塔娜,柴彦威,刘志林.2012.单位社区杂化过程与城市性的构建[J].人文地理,(3):28-32.
塔娜,柴彦威.2010.过滤视角下的中国城市单位社区变化研究[J].人文地理,25(5):6-10.
王美琴.2010.城市居住空间分异格局下单位制社区的走向[J].苏州大学学报(哲学社会科学版),31(6):9-13.
徐涛,宋金平,方琳娜.2009.北京居住与就业的空间错位研究.地理科学,29(2):174-180.
张纯,柴彦威.2009.中国城市单位社区的空间演化:空间形态与土地利用[J].国际城市规划,24(5):28-32.
张汉.2010.中国体制转型背景下的单位制社区变迁[J].南方建筑,(1):1-6.
张文忠,刘旺,李业锦.2003.北京城市内部居住空间分布与居民居住区位偏好[J].地理研究,22(6):751-759.
张文忠,刘旺.2002.北京市住宅区位空间特征研究[J].住区规划研究,26(12):86-89.
张文忠,孟斌,吕昕.2004.交通通道对住宅空间扩展和居民住宅区位选择的作用:以北京市为例[J].地理科学进展,24(1):7-12.
张文忠.2001.城市居民住宅区位选择的因子分析[J].地理科学进展,20(3):269-275.
张艳,柴彦威,周千钧.2009.中国城市单位大院的空间性及其变化:北京京棉二厂的案例[J].国际城市规划,24(5):20-27.
张艳,柴彦威.2009.基于居住区比较的北京城市通勤研究[J].地理研究,28(5):1327-1340.
赵晖,杨军,刘常平,等.2011.职住分离的度量方法与空间组织特征——以北京市轨道交通对职住分离的影响为例[J].地理科学进展,30(2):198-204.
赵西君,何燕.2010.北京市居住与就业的空间错位及原因[J].城市问题,178(5):18-22.
郑国,李纯斌,吴静.2006."空间失配"假设及对中国城市问题研究的启示[J].城市问题,(2):16-20.
郑国.2007.开发区职住分离问题及解决措施:以北京经济技术开发区为例[J].城市问题,(3):12-15.
郑思齐,张文忠.2007.住房成本与通勤成本的空间互动关系:来自北京市场的微观证据及其宏观含义[J].地理科学进展,26(2):35-42.
周素红,闫小培.2005.城市居住—就业空间特征及组织模式:以广州市为例[J].地理科学,25(6):664-670.
周素红,闫小培.2006.广州城市居住—就业空间及对居民出行的影响[J].城市规划,(5):13-18,26.
周一星.1996.北京的郊区化及引发的思考[J].地理科学,16(3):198-206.
Huang Y, Clark W A V. 2002. Housing tenure choice in transitional urban China: a multilevel analysis[J]. Urban Studies, 39(1): 7-32.

Wu F, Li Z. 2005. Sociospatial differentiation: progress and space in subdistricts of Shanghai [J]. Urban Geography, 26(2): 137 - 16.

Wu F. 1997. Urban restructuring in China's emerging market economy: towards a framework for analysis[J]. International Journal of Urban & Regional Research, 21(4): 640 - 663.

Wu F. 2007. The poverty of transition: from industrial district to poor neighbourhood in the city of Nanjing, China[J]. Urban Studies, 44(13): 2673 - 2694.

（张天新、刘凤　著）

23 信息权力与智慧城市

23.1 引言

从跨入信息时代以来，世界竞争开始转向第五维空间，即虚拟的赛博空间，实力衡量的虚拟化和抽象化也使得信息资源和信息技术的掌控日益重要，成为区域发展的要件（滕丽等，2006；刘卫东等，2004；巴凯斯等，2000），这为各国与地区的发展提供了新的机遇和挑战。

中国从20世纪90年代末开始重视信息化建设，从“数字城市”、“智能城市”到“智慧城市”，已实施了数轮信息工程。在此期间，各城市信息基础设施建设、信息化管理技术日趋成熟，一方面带来城市管理和服务效率的提升，另一方面也迎合了当代全球信息竞争的背景需求（王兆进等，2012）。不过，当前的智慧城市建设似乎更多地强调对城市管理和市民生活改善的意义，对于作为竞争力提升的信息化含义却重视不足（巫细波等，2010）。因此，从这一思路出发，本文探讨信息权力论下的城市建设，作为对当前智慧城市建设的理论回应。

信息权力论是地缘政治学的一个新理论，用以描述信息时代的国家间竞争和发展战略，是继海权论、陆权论、空权论、太空权论之后的第五种地缘政治理论（David，1999）。信息权力论认为，信息资源的控制在21世纪至关重要。信息技术与设施的提升，有助于一些国家和地区占领赛博空间的“高地”，从而扰乱或限制竞争对手的信息获取与流通，降低其竞争力。这为中国众多城市的智慧城市建设提供了一个新的思路。为何要建设智慧城市？智慧城市建设的真正目标是什么？哪些城市才真正具有掌控信息权力的潜力？这是本文想要探讨的主题。

23.2　信息权力与城市竞争

23.2.1　信息权力论

在地缘政治学理论中，最早提出的海权论主要对应于航海时代，指出拥有制海权，即控制重要航线与岛屿的重要性；随后的陆权论则对应于铁路时代，强调陆上交通要道及依靠强劲的部队进攻或战略包围；而后随着航空技术的发展，空权论应运而生，强调制空权和居高临下的进攻；而航天飞机的发明，让太空权论（空间论）登上舞台，强调进入太空的自由及开发资源的优先权（Colin et al，1999）。无论是海权论、陆权论、空权论，还是太空权论，对抗的规则都是一致的：其一，增强自身装备与作战实力；其二，争得控制全局的权力，即对领土、资源和线路的占领；其三，把握先机，摧毁对方装备，降低对方战斗力。这些规则均是针对实体资源的操作行为。而信息权力论强调，进入信息时代后，不同国家和地区主体间的对抗越来越集中于“无形的战场”，即赛博空间，在这个虚拟空间中，竞争规则与过去的传统对抗大为不同（Masahiro，2005）。赛博空间是类似于领陆、领海、领空和大气空间一样的全球领域，信息也是一种战略资源，优先获得重要信息、掌控绝密信息、获得信息流通的控制权、领先创新信息生产是取得 21 世纪战争胜利的关键（赵捷等，2011）。而 2009 年奥巴马在白宫公开发表讲话——“确保国家赛博空间安全”，这也在一定程度上助推了信息权力论的流行（吕晶华，2011）。

23.2.2　信息权力论下的城市竞争

一方面，按照信息权力论的观点，不同主体的对抗是在虚拟空间进行的，但对抗的力量与现实空间的基础设施密切相关，可以通过打击敌方信息基础设施来达到控制对方信息的目的。而城市是信息基础设施的主要集中地，是专业化信息交流的节点，所以城市是信息权力的主要空间载体。

另一方面，信息分布是不均的，信息基础设施、虚拟空间的准入条件、传输效率与层次以及人才的不平等，会产生网络分割，形成中心和边缘的等级结构（甄锋，2004）。在全球层面形成拥有控制全球能力的超级信息中心，在区域层面则形成有主导地区能力的综合信息中心（孙中伟等，2009；汪明峰等，2006）。这些控制能力主要体现为信息集聚、发布与共享，并形成持续且强烈的集聚效应。这也就让拥有不同基础设施和集聚效应的城市形成了不同的控制能力，从而使虚拟空间在城市层面形成新的权力结构，也就是基于信息权力的城市体系。

由于信息权力是新的竞争机制，各城市可通过加强信息领域的投资与建设，增强对赛博空间的控制，从而在新的全球城市竞争中达到独占鳌头或者后发制人的效果。智慧城市的建设也可以从这一脉络加以理解。

23.3 信息权力的界定方法

信息资源就像太空权论中的外太空物质，赛博空间就像太空，信息权力就像制空力，体现为对这个空间的控制作用。所以，从源头理解，可以将信息权力分解为三个方面——信息生产力、信息获取力和信息控制力（表 23－1）。

表 23－1 信息权力的定义和指标分解

<table>
<tr><th>定义</th><th colspan="2">指标</th></tr>
<tr><td rowspan="4">信息生产力</td><td colspan="2">信息服务业产值(亿元)</td></tr>
<tr><td colspan="2">信息服务业产值占国内生产总值(GDP)的比重(%)</td></tr>
<tr><td colspan="2">信息服务业人均 GDP(%)</td></tr>
<tr><td colspan="2">信息服务业就业人员比重(%)</td></tr>
<tr><td rowspan="3">信息获取力</td><td colspan="2">移动电话普及率(部/万人)</td></tr>
<tr><td colspan="2">固定电话普及率(部/万人)</td></tr>
<tr><td colspan="2">互联网用户普及率(户/万人)</td></tr>
<tr><td rowspan="11">信息控制力</td><td rowspan="6">经济信息</td><td>中国人民银行总部及分部所在地</td></tr>
<tr><td>中国银行总部及分部所在地</td></tr>
<tr><td>证券交易中心所在地</td></tr>
<tr><td>证监会总部所在地</td></tr>
<tr><td>期货交易所所在地</td></tr>
<tr><td>中国企业 100 强总部所在地</td></tr>
<tr><td>政策信息</td><td>直辖市，副省级城市，地级市</td></tr>
<tr><td rowspan="4">技术控制</td><td>专利授予量(个)</td></tr>
<tr><td>高等学校在校人数(万人)</td></tr>
<tr><td>互联网信息服务收入百强企业数量(个)</td></tr>
<tr><td>电子信息百强企业数量(个)</td></tr>
</table>

信息生产力主要指对人工信息的生产能力。信息生产力越强，信息权力也越强。而信息产业是信息生产能力的基础，因此可以通过信息传输业、计算机服务业和软件业等信息产业的数据来间接表征城市的信息生产力。

信息获取力主要指获取外界有用信息的能力。它和信息基础设施密切相关，基础设施越完善，普及率越高，信息获取的能力就越强。因此，可以通过移动电话普及率、固定电话普及率、互联网用户普及率等基础设施水平来表征城市的信息获取力。

信息控制力是信息权力里最重要的一环，包含经济信息的控制、政策信息的控制及信息技术的控制三个方面。经济信息的控制可由各大金融、证券机构及公司总部来表征；政策信息的控制可由城市的行政等级决定；信息技术的控制可由人才、专利授权量和掌握核心技术的企业来表征。

23.4 基于信息权力的城市评价

23.4.1 对象与方法

基于数据的可获取性和代表性，选取已提出建设智慧城市的 23 个地级以上城市作为分析对象，分别是北京、上海、杭州、广州、深圳、成都、郑州、武汉、天津、青岛、宁波、济南、南京、长春、福州、大连、厦门、重庆、长沙、石家庄、沈阳、合肥和贵阳。按照前表 23-1 的指标体系，分别整理研究对象城市的各指标特征并对之进行标准化。继而，按照信息生产力、信息获取力和信息控制力三个方面对每个城市的各项指标进行量化评估，最后再综合形成每个城市的信息权力。这其中，三方面的权重采用德尔菲法(Delphi Method)确定，信息生产力指数权重为 30%，信息获取力为 20%，信息控制力为 50%。对内部各指标的权重则采用平均赋值法予以确定(汤坚玉等，2006)。

对于信息控制力的计算采用相对赋值法。对于经济信息，总部赋值 3 分，分部 1 分；证券交易中心、证监会总部和期货交易所均赋值 3 分；由于世界 100 强中国企业总部所在地的 60 多个总数中北京占了 44 个，所以给北京赋值 5 分，其余城市根据比例赋值；对于政策信息，直辖市赋值 3 分，副省级城市 1 分，地级市 0.5 分。

23.4.2 评价结果

图 23-1 是 23 个城市信息生产力的排名。信息生产力主要体现了城市的信息产业规模和实力，是信息权力的基础指标。得分靠前的依次是北京、杭州、广州、上海、深圳、福州，其中北京和杭州的得分超过 3 分，与其他城市有较大距离。北京作为首都，经济实力雄厚，在信息化领域一直处于领先位置，由于区位优势吸引许多信息企业进驻，所以排名第一。而杭州则由于其吸引众多国际与国内信息技术产业落户，兼之“杭州湾信息产业带”的战略实施而排名第二。广州、上海、深圳作为全国经济最发达的城市，信息产业发展较为成熟且后劲十足；福州近些年积极开展信息产业建设，同时也引进许多高新技术产业，排名较为靠前。排名靠后的是济南、重庆、天津、大连、厦门、南京和沈阳，结果显示这些城市信息化建设及信息产业较为滞后。

图 23-2 是 23 个城市信息获取力的排名。信息获取力主要考察的是各城市信息基础设施的建设水平。宁波、福州、青岛、广州、郑州、厦门、杭州和石家庄的排名较前。而排名居中的是长沙、北京、成都、长春、武汉、天津、济南、上海、深圳等城市，几个经济实力强市排名靠后的原因应与外来人口多，导致人均基础设施普及率偏低有关。贵阳和重庆排名最后，显示信息基础设施的建设任重而道远。

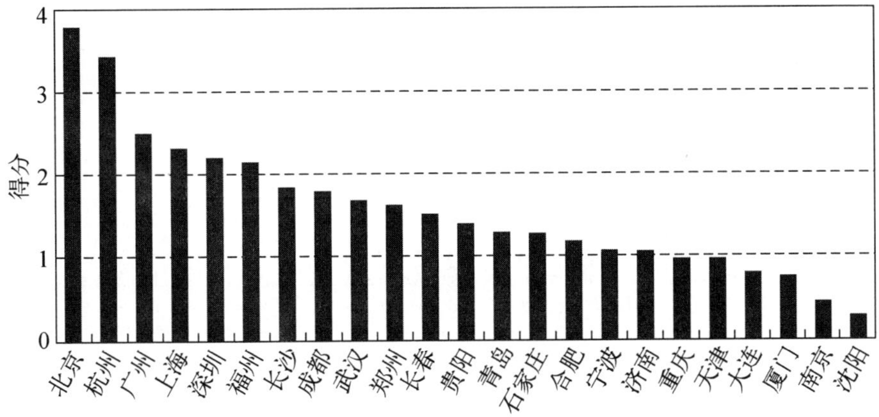

图 23－1　各城市信息生产力排名

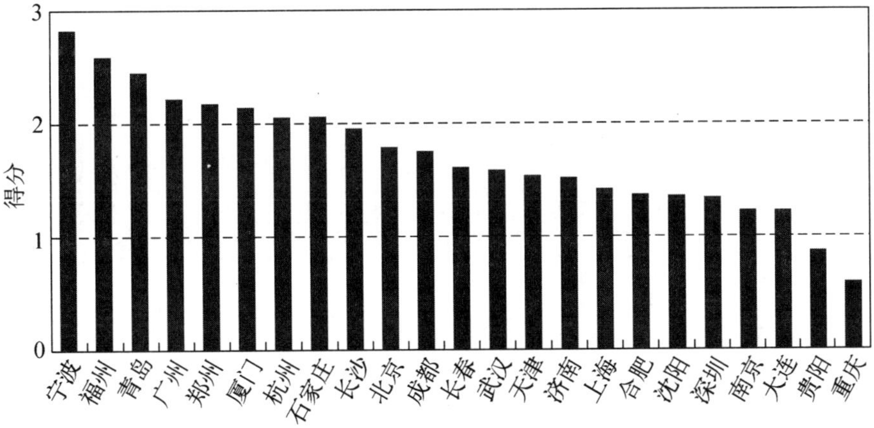

图 23－2　各城市信息获取力排名

图 23－3 是 23 个城市信息控制力的排名。北京与上海占据前列，并且与其他城市拉开较大差距。北京作为首都，四大银行等重要金融机构总部均设立在此，而上海则拥有证监所、证券交易中心，以及较多的信息专利。石家庄、长沙、合肥和贵阳排名最后，这些城市大型金融机构总部很少，同时高端人才较少，创新能力偏弱。信息控制力是信息权力的核心，在当今的信息时代，信息控制力对城市发展及竞争力提升会起到关键作用。

图 23－4 是 23 个城市信息权力的总排名。北京、上海、杭州、广州、深圳、成都位居前六位，郑州、武汉、天津、青岛、宁波、济南位居第二集团，而合肥、贵阳排名最后。

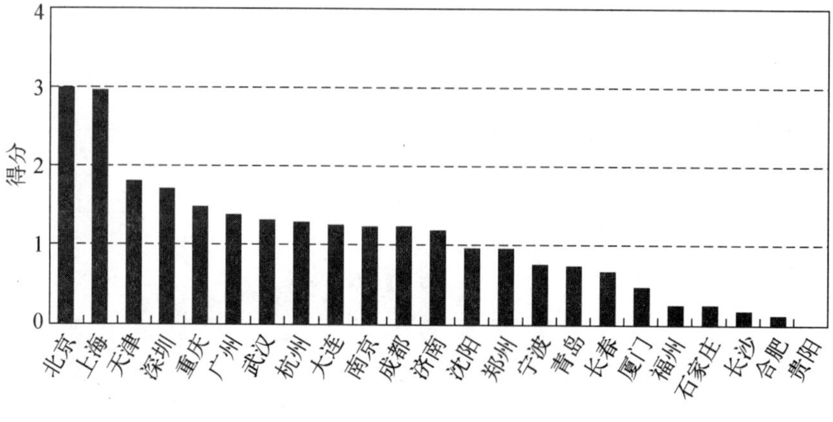

图 23－3　各城市信息控制力排名

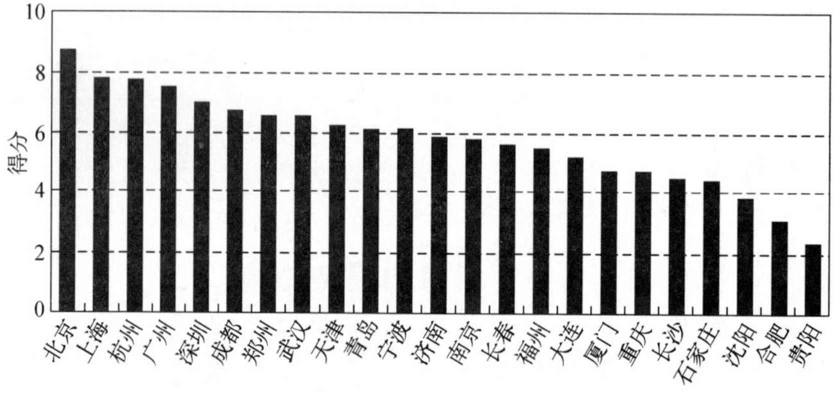

图 23－4　各城市信息权力总排名

表 23－2　依据信息权力的城市分级

级别	得分	城市
Ⅰ类	＞8	北京
Ⅱ类	7—8	上海、杭州、广州
Ⅲ类	6—7	深圳、成都、郑州、武汉、天津、青岛、宁波
Ⅳ类	5—6	济南、南京、长春、福州、大连
Ⅴ类	4—5	厦门、重庆、长沙、石家庄、沈阳
Ⅵ类	＜4	合肥、贵阳

根据信息权力的总体排名及各城市具体得分情况，可将研究对象的 23 个城市分为以下六类，如表 23－2 所示。

Ⅰ类：信息权力最强的城市——北京，是全国经济、文化、交通、科教和信息中心，区位条件优越，各类基础设施完善，科技人才汇集，经济国际化程度高，综合经济实力强，是大部分跨国金融公司与国内重要金融机构总部的首要选择地，掌控各种信息的能力对比于其他城市有很强的优势。

Ⅱ类：信息权力较强的城市，包括上海、杭州与广州。上海和广州是主要城市圈的中心，经济实力强，在信息基础设施方面建设也较为完善，信息产业的基础稳固且等级高、规模大，所以信息权力排名前列。而杭州的信息服务业与传统产业结合紧密，以阿里巴巴、淘宝为代表的电子商务服务业蓬勃发展，规模大且具有较大的潜力。

Ⅲ类：信息权力居中的城市，包括深圳、成都、郑州、武汉、天津、青岛和宁波。深圳作为全球最重要的电子信息产业基地，电子商务服务业也在全国领先，但由于市域内信息基础设施发展不平衡，整体水平不够高，所以排名居中。成都是西部地区信息化最强的城市，是国家无线城市的试点之一，信息权力较强。而其余城市都在积极发展智慧城市，无论信息基础设施、信息服务业，还是整体信息化程度都属于中等偏上。

Ⅳ类：信息权力偏弱的城市，包括济南、南京、长春、福州和大连，这些城市整体信息化水平居中，但在信息权力的三个指数中有一个或者两个偏弱，如南京的信息服务业发展水平不够高，相关指标排名倒数第四，信息基础设施的普及度较低，信息的控制排名居中，所以信息权力不强。这些城市若在某一项加大投入，还是有赶超前面城市的潜力。

Ⅴ类：信息权力较弱的城市，即厦门、重庆、长沙、石家庄和沈阳。这几个城市大部分在信息的获取方面排名居中或靠前，信息基础设施建设水平尚可，但信息产业规模小，信息服务企业数量少于国内同等城市，所以信息权力较弱。

Ⅵ：信息权力很弱的城市，主要是合肥和贵阳，它们的信息化建设起步较晚，还处于系统建设阶段，尚未形成规模。

23.5 与城市竞争力的比较

信息权力论作为衡量现代城市竞争的理论基础之一，亦是城市竞争力的构成要件。将上述 23 个城市的信息权力排名与中国城市统计年鉴的城市竞争力排名相对照（国家统计局城市社会经济调查司，2011），如图 23－5 所示。

在城市竞争力的排名中，前 10 名有 7 个城市也在信息权力排名的前 10，前 15 名有 10 个城市相同。大部分城市的竞争力和信息权力排名均较为吻合，只有大连、沈阳、长沙、合肥、成都、郑州相差较大。其中，大连、沈阳、合肥属于信息权力排名低于城市竞争力排名，成都、郑州属于信息权力排名高于城市竞争力排名。

提取出合肥、成都的信息权力雷达图（图 23－6、图 23－7），可以清楚看到，合肥在信息控制上得分两项为 0、技术支撑也排名靠后，而在信息的生产和获取力上表现平平，信息权力评价较低。但另一方面，其经济社会发展的排名远超过信息权力，于是合肥信息权力排名远低于其城市竞争力排名。相反，成都在信息生产力和获取力上均排名中上，信息控制力上也排名中等，因此综合排名之后信息权力发展远超其城市竞争力。

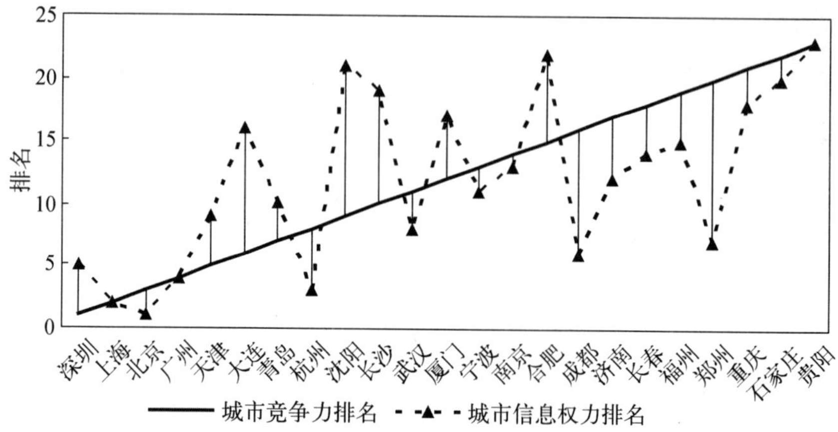

图 23-5　各城市信息权力与城市竞争力排名比较

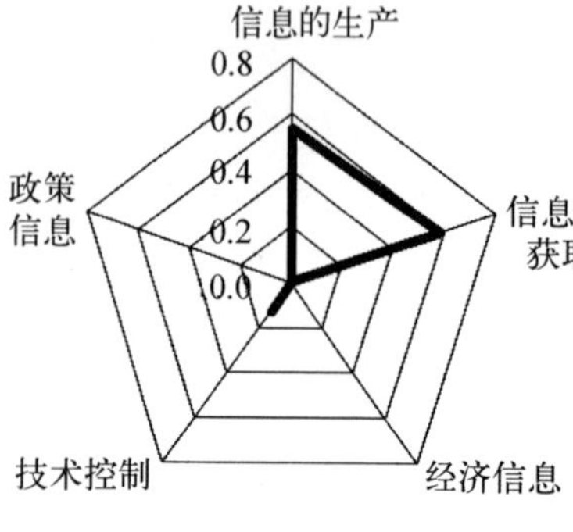

图 23-6　合肥的信息权力结构

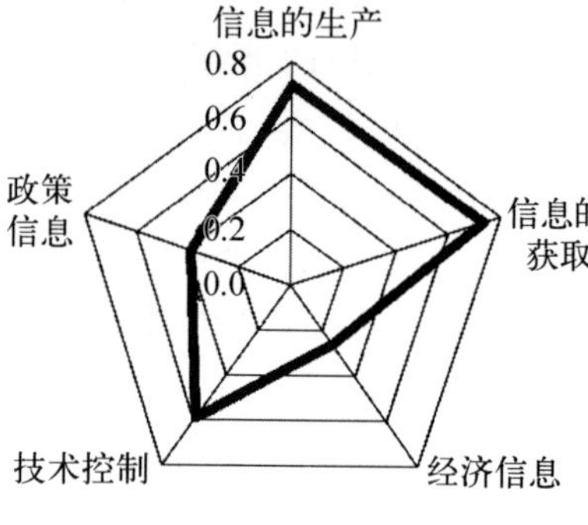

图 23-7　成都的信息权力结构

此外,在信息权力的排名中,杭州超越了广州、深圳,跃居第三,高于其城市竞争力排名中的第八。究其原因,和它的区位优势、投资环境优势等密不可分:(1)区位优势。杭州临近上海,是长三角南翼最大的中心城市,风景优美。(2)经济优势。杭州经济快速发展,投资创业日益兴旺,为信息化发展营造了良好的宏观经济环境。(3)体制机制优势。杭州经济成分呈多元化混合结构,大量民间资本为信息产业创造了先发优势。(4)投资环境优势。杭州政府服务意识强,高端人才汇集,产权交易活跃,为信息化发展提供了良好的服务和投资环境保障。(5)人本资源优势。杭州拥有浙江大学等高校和科研机构,人才、创新资源集中。(6)信息化基础优势。杭州市的电子信息产业处于国内前列,信息化应用水平不断提高、成效显著。对于北京来说,在信息的生产、获取和控制三方面都具有绝对性优势,与其基础设施完备、信息产业基础好且发展迅猛、各种机构总部、科研机构和高校高度集聚等密不可分。

总体来说,对比城市信息权力排名和城市竞争力排名可明显看到,既存在北京、广州、深圳等二者排名都较高的城市和石家庄、贵阳等二者排名都较低的城市，也存在大连、沈阳这种二者排名相差较大的城市。从信息权力论的角度看，之所以出现城市信息权力的落后，是因为在信息的生产、获取和控制三者中的某处存在一定问题，或者三者的发展不协调，出现“短板效应”，制约了城市信息权力的发展。

23.6 对智慧城市建设的启示

从信息权力论的角度看，智慧城市的建设实质是对现有城市等级体系的重构。对此，之前其实已有相当的研究积累。如孙中伟等(2009)指出世界互联网组织的受控特点，甄峰(2004)指出不同要素对信息空间形成的作用，汪明峰等(2006)指出互联网发展对中国城市体系影响的有限性等，这些现象的背后，其实都有信息权力的存在。

当前中国智慧城市的建设主要集中在三个方面，即基础设施、技术应用和产业发展(张永民等，2011；陈铭等，2011)。在基础设施建设方面，如实施城市道路、给排水管网、燃气管网、路灯等市政设施的智能化，建设无线城市、推进三网融合、建设云计算中心等；在技术应用方面，如利用物联网、云计算、人工智能、数据挖掘、知识管理等技术，在电子政务、两化深度融合、社会信息化等领域的应用；在信息产业发展方面，如将智慧城市相关产业发展列入国家和地方战略新兴产业规划，推动物联网等产业发展等。但对照信息权力论的研究，目前智慧城市建设的主要问题在于重信息获取力，轻信息生产力和信息控制力。在信息生产方面，多数信息产业未形成规模、集约化发展，缺乏相应的技术和服务支撑，导致资源不能得到有效的整合，无法实现协调发展。在信息控制方面，主要是信息缺乏、信息不对称，产学研结合的能力有待提升，缺乏自主知识产权的信息产品，应用研发力量不足。

针对此现状，根据信息权力论对目前智慧城市的建设提出以下建议。

(1) 大力发展信息产业，吸引高端技术人才，增强信息生产力。积极推进现代信息服务业产业化、网络化和规模化经营；发挥自身知识和人才优势，加大新科技对现代信息服务业的贡献力度。智慧城市的发展需要信息产业提供强有力的支撑，从而使智慧城市建设逐步推进和持续运营。

(2) 加强对经济、政策及技术信息的掌控。营造良好的投资和技术创新环境，吸引企业和总部集聚，促进民间投融资的渠道畅通；争取获得国家新区等国家级试点基地，以获得政策、经济的优势和更高的管理权限；建立多层次、多形式的产学研联合体，吸引社会资金参与科技开发，形成多元化的科技投资体制等。

(3) 促进信息生产、获取和控制三者的协调发展，避免“短板效应”。智慧城市涉及的技术和建设领域众多，各个城市建设模式也不尽相同。部分城市如杭州、合肥等希望通过从物联网、信息基础设施、应用领域切入进行智慧城市建设，也有城市如北京、沈阳通过以社会服务与管理应用为突破口来进行智慧城市建设。从信息权力论的角度看，信息的生产、获取和控制是相辅相成的，任何一者的缺失都有可能导致信息权力出现“短板”。因此，智慧城市的建设必须使三者协调发展，发挥最优效应。

23.7 结语

智慧城市建设不仅是信息基础设施建设，目前中国的信息化建设浪潮背后存在一些问题需要得到重视，各城市建设的质量良莠不齐，许多城市推出一系列方针，却没有对建设的内在与外部效果深入探讨，对信息化的内涵与动力机制缺乏分析。本文从信息权力论角度对中国城市的信息化建设现状进行探讨，只是选取了一种简单的分析方法，目的是尝试对其意义进行阐释。由于数据获取的难度，对各城市的评价体系仍是需要完善的，并且仍需要更多分析方法的支持。此外，随着我国城市的国际化程度越来越高，各城市的赛博空间安全也得到越来越多的重视，对信息安全的控制力也将会成为城市信息化发展的课题，这些都是需要进一步探讨的话题。

[本文为国家自然科学基金项目(41271165，41130747)，教育部人文社会科学研究规划基金(12YJAGJW007)资助]

参考文献

巴凯斯，路紫. 2000. 从地理空间到地理网络空间的变化趋势——兼论西方学者关于电信对地区影响的研究[J]. 地理学报，55(1)：104 - 109.

陈铭，王乾晨，张晓海，等. 2011. “智慧城市”评价指标体系研究：以“智慧南京”建设为例[J]. 城市发展研究，18(5)：84 - 89.

国家统计局城市社会经济调查司. 2011. 城市竞争力排名[M]//国家统计局城市社会经济调查司. 2010 中国城市统计年鉴. 北京：中国统计出版社.

刘卫东，甄峰. 2004. 信息化对社会经济空间组织的影响研究[J]. 地理学报，59(S)：67 - 75.

吕晶华. 2011. 奥巴马政府网络空间安全政策述评[J]. 国际观察，31(2)：23 - 29.

孙中伟，路紫，贺军亮. 2009. 世界互联网信息流的空间格局及其组织机理[J]. 人文地理，24(4)：43 - 49.

汤坚玉，王磊. 2006. 三种社会信息化测度方法的比较研究[J]. 情报杂志，30(6)：65 - 67.

滕丽，王铮，庞丽，等. 2006. 信息化对中国区域经济的影响[J]. 人文地理，21(1)：72 - 75.

汪明峰，宁越敏. 2004. 互联网与中国网络城市的崛起[J]. 地理学报，59(3)：446 - 454.

汪明峰,宁越敏. 2006. 城市的网络优势:中国互联网骨干网络结构与节点可达性分析[J]. 地理研究,25(2):193-203.
王兆进,王凯,冯东雷. 2012. 智慧城市发展趋势及案例[J]. 软件产业与工程,3(3):18-24.
巫细波,杨再高. 2010. 智慧城市理念与未来城市发展[J]. 城市发展研究,17(11):56-60,40.
张永民,杜中潮. 2011. 我国智慧城市建设的现状及思考[J]. 中国信息界,8(2):28-32.
赵捷,赵宝献,王世忠. 2011. 关于赛博空间与赛博空间作战问题的思考[J]. 中国电子科学研究院学报,6(3):235-239.
甄峰. 2004. 信息时代的区域空间结构[M]. 北京:商务印书馆:91-112.
Colin S G, Geoffrey S. 1999. Geopolitics, Geography and Strategy[M]. London: Frank Cass Publishers: 304.
David J L. 1999. Information power: strategy, geopolitics, and the fifth dimension[J]. Journal of Strategic Studies, 22(2):137-157.
Masahiro K. 2005. Information power and international security[J]. Progress in Informatics, 30(1):39-44.

(刘云刚、谢安琪、林浩曦　著)

图表来源

图 2－3 源自:Millard-Ball A,Schipper L. 2011. Are we reaching peak travel? Trends in passenger transport in eight industrialised countries[J]. Transport Reviews, 31(3):357－378

图 19－1 源自:TransLink. 2010. TransLink Transit Authority Annual Report 2010－2011[R]. Brisbane: TransLink

图 20－1 源自:Ben-Akiva M. 1996. Travel demand model system for the information era[J]. Transportation, 23:241－266

图 21－1 源自:《2011 年中国统计年鉴》、《2012 年北京区域统计年鉴》

图 21－2 源自:《北京市 2010 年交通运行报告》

注:以上未提及的图表均为原作者自制。